동남아의 이슬람화 **2**

동남아의 이슬람화

2

인도네시아, 말레이시아, 필리핀, 베트남에서의
정치, 사회문화의 다양성과 갈등

김형준, 홍석준(편)

눌민

머리말

2017년 초에 치러진 인도네시아 자까르따의 주지사 선거는 흥미로운 결과를 보여주었다. 2012년 자까르따 주지사 선거에 입후보했던 조꼬 위도도[Joko Widodo] 현대통령의 러닝메이트였으며 그의 대통령 당선 후 주지사직을 승계한 바수끼 짜하야 뿌르나마[Basuki Cahaya Purnama](아혹[Ahok]이라는 애칭으로 불림.)가 선거에서 패배했다. 2012년 선거에서 이들 역시 현직 주지사를 물리치고 승리했기 때문에 현직 후보의 패배 자체는 놀라운 일이 아니었다. 2017년 선거의 특이점은 압도적인 지지를 받던 아혹이 선거 직전에 발생한 "종교모독 스캔들"로 인해 타 후보와 대등한 경쟁 구도에 놓이게 되고, 이후 패배할 수 없는 것처럼 보였던 선거에서 패했다는 것이다.

아혹을 둘러싼 스캔들은 처음에는 그리 심각한 문제로 보이지 않았다. 주민 대상 유세 중 그가 꾸란[Quran] 구절을 언급하고(알마이다[al-Maidah] 51절) 그에 대해 논쟁적인 해석을 제시했다는 것 정도였다. 하지만 SNS를 통해 이 사실이 빠르게 확산되면서 유언비어식 평가가 첨부되자 상황은 급변했다. 그의 발언은 단순한 실수가 아닌 악의적 의도를 가지고 이슬람을 호도하려 한 행위로 규정되었다. 급진적 이슬람 단체 주도로 그를 비판하는 시위가 개최되어 수십만 명이 참가했고, 이들은 그를 종교모독죄로 기소하도록 요구했다.

아혹을 둘러싼 사건을 설명하기 위해서는 그가 인도네시아의 다수 종교도가 아닌 기독교도라는 점을 먼저 고려해야 한다. 주지사직을 승계한 2014년에도 그의 종교 정체성을 문제 삼는 반발이 나타나서 급진적 이슬람 단체들은 무슬림이 다수를 차지하는 지역의 수장으로 기독교도가 적절치 않다는 비판을 제기했다. 하지만 이들의 주장은 대중적 호응을 이끌어내지 못했고 자신들만의 불만으로 남게 되었다.

주지사 선거 과정에서 이전과 차이 나는 상황이 전개된 결정적 이유는 기독교도인 아혹이 꾸란 구절을 언급하고 그에 대한 자신의 해석을 제시했다는 점이었다. 이는 종교도 간 관계를 규정하는 규범으로 이슬람 지도자들에 의해 오랫동안 강조된 불간섭의 원칙을 위반한 행보로 비쳤다. 아혹이 인용한 구절이 알마이다였다는 사실은 이러한 인식을 강화했다. 이 구절은 비무슬림을 무슬림의 지도자로 삼을 수 없음을 지시하는 것으로 보통 해석되었기 때문에 정치적 목적을 가진 아혹이 자의적인 해석을 내렸다는 주장이 쉽게 받아들여질 수 있었다. 그의 행보는 불간섭의 원칙을 파기하고 이슬람을 모독하려는 의도를 가진 것으로 평가되었다.

아혹에 대한 비판이 대중적 호소력을 이끌어내고 아혹의 선거 패배를 초래했다는 사실을 설명할 보다 근본적인 요인은 『동남아의 이슬람화 1: 1970년대 이후 종교와 경제의 변화』(눌민, 2014)에서 검토한 이슬람 부흥Islamic resurgence 혹은 이슬람화Islamization이다. 이 책에서는 인도네시아, 말레이시아, 필리핀을 포함한 동남아시아 사회에서 이슬람 교리를 일상적으로 실천하려는 움직임이 확대되고 있음을 지적했다. 변화의 흐름은 하루 다섯 차례의 예배, 금식 등과 같은 종교적 의무를 수행하고 이슬람 관련 강연이나 모임에 참가하는 무슬림의 증가로 표현되었다. 종교적 영역에서 가시화된 이슬람화 움직임은 이후 경제적 영역으로 확장되어서 "이슬람식 경제", "할랄 경제"와 같은 담론이 공론화되었고 이슬람 은행이나 보험과 같은 이슬람식 금융 제도가 정착되었다. 소비 영역에서의 이슬람화 경향 역시 강화되어서 식음료, 화장품, 의약품을 대상으로 한 "할랄 인증"이 확대되었고 "할랄 관광"이나 "할랄 호텔"과 같이 새로운 소비 영역이 창 출되었다.

이슬람화 흐름은 정치와 사회문화적 영역으로도 확장되었다. 1998년 인도네 시아 민주화 이후 치러진 네 차례 총선에서 이슬람과 연계된 정당은 30퍼센트 에 달하는 득표율을 획득했고, 말레이시아의 범말레이시아이슬람당(빠스)^PAS: Partai Islam Se-Malaysia 역시 15퍼센트 내외의 득표율을 꾸준히 유지했다. 이들 정당이 명확한 이슬람식 정치 프로그램과 정책을 기반으로 지지기반을 다져왔다고 할 수는 없다. 대부분의 경우에 있어 이들 정당에 대한 지지는 무슬림이라면 이슬 람 정당을 선택해야 한다는 식의 정서에 기반을 두고 있기 때문이다. 하지만 주 목해야 할 점은 종교적 정체성에 호소하는 과정에서 이슬람 정당이 이슬람식 정책을 구현하려는 시도를 제한적으로나마 수행했다는 점이다. 이는 2000년대 들어 인도네시아 지방의회의 활동에서 가장 잘 나타났다. 이슬람 정당이 다수 를 차지하는 지역의 지방의회에서는 술 판매 금지, 히잡^hijab 착용, 꾸란 강독 의 무화와 같이 종교적 색채를 강하게 띤 정책을 조례로 제정했다. 국가적 수준으 로 확대되지 않았고 체계적인 정책 패키지로 발전하지 않았지만, 이러한 움직임 은 이슬람 정당의 활동이 질적 변화를 가져올 잠재력을 가지고 있음을 보여준 다. 즉, 무슬림이기에 이슬람 정당에 투표해야 한다는 식의 호소가 정책적 차이 에 기반을 둔 대중적 지지로 전환될 가능성이 존재함을 시사한다. 이러한 변화 의 흐름은 세속적 지향을 가진 정당에도 영향을 미쳤는데, 말레이시아의 집권 여당 통일말레이국민기구(암노)^UMNO: United Malays National Organization 가 이슬람 친화적 정책을 선제적으로 포용했던 점이 이를 예시한다.

종교적 영역에서의 이슬람화는 사회문화적 영역에도 영향을 미쳤다. 이슬람 교육이 일반 교육 과정의 필수 교과목으로 지정되고, 결혼과 상속에 있어 이슬람 교리가 보다 철저하게 적용되고, 히잡 착용이 일부 지역에서 강제화되고, 상업 방송에 이슬람 관련 프로그램이 필수 프로그램으로 자리 잡은 사실 등은 이슬람화가 미친 사회문화적 영향을 요약해준다. 이와 관련되어 특히 주목을 끄는 현상은 인도네시아에서 전개되어 온 표현의 자유를 둘러싼 논란이다. 이는 두 가지 측면에서 중요한 의미를 갖는데, 하나는 이슬람식 관점이 미디어, 예술을 포함한 창작 활동의 영역에 적용되기 시작했음을 보여준다는 점이고 다른 하나는 이슬람 집단의 강력한 대중운동을 통해 이 문제가 공론화되었다는 점이다.

이슬람 세력은 표현의 자유, 특히 신체적 노출이 용인되는 표현의 자유에 대해 거부감을 가졌지만, 기존의 법체계 내에서 이를 강제할 힘을 가지고 있지 않았다. 2000년대에 접어들어 민주화 국면이 지속되자 이슬람 세력의 불만은 집합적 대응을 통해 표출되었다. 이를 예시할 첫 사례는 합법적으로 출판된 인도네시아판 『플레이보이』에 대한 반대시위로서, 급진적 이슬람 단체를 중심으로 진행된 집단행동으로 이 잡지를 폐간시킬 수 있었다. 여세를 몰아 이들 이슬람 단체는 "반反포르노법" 제정을 위한 움직임을 가속화했고 2008년 법 제정에 성공했다. 이들의 집합행동은 이후에도 지속되어서 서양의 팝 가수 공연, 미스유니버스 대회에 반대하는 시위가 성공적으로 수행되었다.

표현의 자유 문제를 중심으로 진행된 일련의 시위는 급진 이슬람 단체의 대중 동원 네트워크를 공고히 하는 결과를 가져왔다. 이렇게 축적된 대중 동원 역량은 자까르따 주지사 선거에서 아혹의 패배를 가져온 원동력이 되었다. 이는 특정한 문제를 중심으로 축적된 이슬람 대중운동의 힘이 다른 영역을 대상으로 적용될 수 있음을 시사한다. 이런 의미에서 1970년대 이후 전개된 이슬람화는 개인적 차원에 머물지 않고 사회 전체를 이슬람화할 대중적 힘을 일정 정도 축적해왔다고 평가할 수 있다.

자까르따 주지사 선거만큼이나 주목을 받은 이슬람 관련 최근 사건은 필리핀 민다나오에서 발생한 무슬림 반군과 정부군 사이의 충돌이었다. 2016년 5월 이슬람 반군이 민다나오의 마라위Marawi 시를 공격하자 두테르테 대통령은 이 지역에 두 달간의 계엄령을 선포했고 이후 의회의 동의를 얻어 이를 연말까지 연장했다. 마르코스 대통령의 계엄령 통치로 인해 매우 부정적인 인식이 존재함에도 불구하고 두테르테 대통령이 계엄령 카드를 꺼낼 수 있었던 데에는 "마약과의 전쟁"이라는 그의 강압적 통치에 대한 대중의 호의적 태도가 중요한 역할을 했다.

필리핀 정부에 따르면 마라위를 공격한 무슬림 반군은 ISIslamic State에 충성 맹세를 한 마우테Maute라는 지도자의 추종세력이었다. 이러한 설명이 적절한지는 논란의 여지가 있다. 민다나오 지역의 이슬람 무장단체가 중동과 서남아시아의 이슬람 급진주의 단체 일반과 오랫동안 연대를 구축해왔기 때문이다.

국제적 연대의 시작은 아프가니스탄 전쟁이었다. 필리핀뿐만 아니라 인도네시아와 말레이시아의 무슬림이 무슬림 형제애를 명분으로 이 전쟁에 참전했고 귀국 후 이들은 초국가적 수준의 무슬림 연대를 구축했다. 따라서 민다나오의 무슬림 반군은 탈레반 세력이 득세할 때에는 탈레반과, 알카에다 세력이 득세

할 때에는 알카에다와, IS 득세 이후에는 IS와 연대를 구축했다고 보고되었으며, 동남아 급진주의 무슬림의 연대 조직으로 자마아 이슬라미야JI:Jamaah Islamiyah 가 지목되기도 했다.

국제적 수준의 연대가 가변적이었고, 인적, 물적 교류의 양상 역시 시기적으로 차이를 보였기 때문에 마우테 반군 집단과 IS 간 연대의 성격을 규정하기는 쉽지 않다. 필리핀 정부의 주장처럼 외부의 IS 세력이 무력 충돌에 직접 참여했을 수도 있으며, 선언적이고 상징적인 수준에서 연대가 이루어졌을 수도 있다.

아키노 정부와 모로이슬람해방전선MILF:Moro Islamic Liberation Front 사이에 체결된 2014년 평화협정의 후속 조치로 자치권 부여를 위한 논의가 진행되고 있으며, 정부와 다른 분리주의 무슬림 집단 간 대화가 이루어지고 있는 와중에 내려진 두테르테의 계엄령은 소수 종교도가 놓인 상황에 관심을 집중하도록 한다.

무슬림 학자들의 일반적인 교리 해석에 따르면 이슬람은 타 종교도의 존재를 인정하며 무슬림 다수와 함께 사는 소수 종교도의 권리를 보장한다. 하지만 이러한 교리가 현실에 있는 그대로 적용되기는 쉽지 않다. 무슬림이 다수를 구성하는 인도네시아와 말레이시아에서 이슬람화의 가속화는 종교적 관용을 축소해왔고 일상적 영역에서 무슬림과 비무슬림 사이의 사회문화적, 정치경제적 분리를 강화했다. 이러한 추세는 아혹 사건을 통해 요약적으로 표현되는데, 무슬림이기 때문에 비무슬림 지도자를 선출해서는 안 된다는 논리가 보다 광범위한 무슬림에 의해 받아들여지고 있음을 이 사례는 시사한다.

무슬림과 타 종교도 사이의 종교적 관용의 축소는 비단 인도네시아만의 문제는 아니다. 무슬림이 소수를 구성하는 필리핀에서 이들에 대한 기독교도의 태도는 두테르테의 계엄령 선포가 예시하듯 수용적인 성격을 띠고 있지 않다.

이로 인해 독립국가를 형성하려는 무슬림의 열망은 유지되었고, 이는 민다나오의 무슬림 반군이 현재까지도 존속할 수 있는 토대로 작용했다. 다수 종교도에 대해 소수 종교도가 느끼는 불안과 반감이 근거 없는 피해의식이 아니라는 사실은 최근 대륙부 동남아에서도 드러났다. 소수 무슬림인 로힝야^{Rohingya}족에 대한 미얀마 정부의 공격이 계속되었고, 최근에는 유엔에 의해 인종청소라 규정될 정도로 그 공세의 도가 강해졌다.

아혹의 주지사 선거 패배, 필리핀의 계엄령 그리고 로힝야에 대한 인종청소 등은 서로 연결되지 않은 지역에서 일어난 독자적인 사건이다. 하지만 이 사건 모두는 동남아시아 국가 일반의 특성에 기반을 두고 있다. 동남아 각국은 지배적인 종교도와 그렇지 않은 종교도로 구성되어 있으며, 이러한 구성은 종족적 구성과 거의 일치한다. 또한 정도의 차이는 있지만 종교가 가진 일상적 영향력의 확대가 최근 동남아시아 전역에서 나타났다. 이는 근원적 감정^{primordial sentiment}에 기반을 둔 종교적, 종족적 정체성이 현대 동남아시아 사회의 일상에 개입할 가능성이 확대되고 있음을 시사한다. 이러한 근원적 감정이 다수 종교도 내, 혹은 종교도 간 불평등한 정치경제적 자원 배분에 대한 불만과 연결될 때, 소수 종교도에 대한 반감과 공세가 증폭될 가능성이 농후해진다. 이러한 전망은 현대 동남아시아 사회의 이해에 있어 종교의 문제가 단순히 종교적 영역에 국한되지 않음을 의미한다. 종교는 동남아시아 국가의 제반 현실과 긴밀하게 연관되어 있으며 종교에 대한 이해는 동남아시아 사회의 현재 모습과 앞으로의 추이를 이해하기 위해 필수적으로 요구되는 작업이다.

이 책은 3년간 진행된 동남아시아 이슬람 관련 연구 중 2년 차와 3년 차의 연구 결과물을 담고 있다. 이 책에서 중점적으로 다루는 주제는 1970년대 이후 인도네시아, 말레이시아, 필리핀을 중심으로 전개된 이슬람화가 정치적, 사회문화적 삶에 미친 영향, 무슬림과 타 종교도 사이의 관계, 그리고 소수 종교도로서의 무슬림의 상황이다.

동남아시아 이슬람화의 종교적 차원, 이슬람화가 경제적 삶에 미친 영향을 검토했던 1년 차 연구 결과물과 함께 이 책은 이슬람에 대한 관심 확대에도 불구하고 상대적으로 소외되어 온 동남아시아 이슬람에 대한 이해를 심화시키는 데 일조할 수 있을 것이다. 이 연구를 통해 필자들은 이슬람에 대한 균형적인 시각을 형성하고, 이슬람권의 지역적 다양성과 공통성에 대한 이해를 확대하는 데 도움을 주고자 노력했다.

이 책에 실린 글 중 일부는 관련 전문 학술지에 발표된 논문을 수정, 보완한 것이다. 이는 이 책의 내용 중 상당 부분이 학문적으로 검증을 받은 수준 높은 연구 결과임을 시사한다. 이 책에 실린 연구가 처음 발표된 학술지 목록은 아래와 같다.

김동엽 "필리핀 방사모로 이슬람 정당의 장래" 『동남아시아연구』 24(4):
  147~194쪽.
김형준 "이슬람화와 성적 표현의 자유" 『동아연구』 34(2): 263~300쪽.
홍석준 "현대 말레이시아에서의 전통예술과 이슬람화의 문화적 의미" 『한국
  민요학』 27: 333~372쪽.
조태영 "필리핀의 이슬람화" 『동남아시아연구』 25(1): 157~200쪽.
김형준 " 인도네시아의 무슬림·기독교도 관계" 『사회과학연구』 41: 75~90쪽.

조태영 "서 파푸아 무슬림과 기독교도 간 긴장과 갈등의 원인" 『동남아시아 연구』 26(4): 217~277쪽.

김동엽 "필리핀 사회 속의 무슬림 소수민족" 『동아연구』 34(2): 215~262쪽.

이 책은 한국연구재단의 연구 지원을 받아 출판되었다. 동남아시아의 이슬람이라는 상대적으로 주목받지 못한 연구를 후원해준 재단 관계자 여러분께 감사드린다. 이 연구를 위해 물심양면의 지원을 아끼지 않은 사단법인 한국동남아연구소와 많은 제언과 격려를 해준 한국동남아학회 회원 여러분께 고마움을 표한다. 이 책을 정성스레 만들어준 도서출판 눌민에도 감사의 마음을 전한다.

필진을 대표하여

2017년 7월

김형준

차례

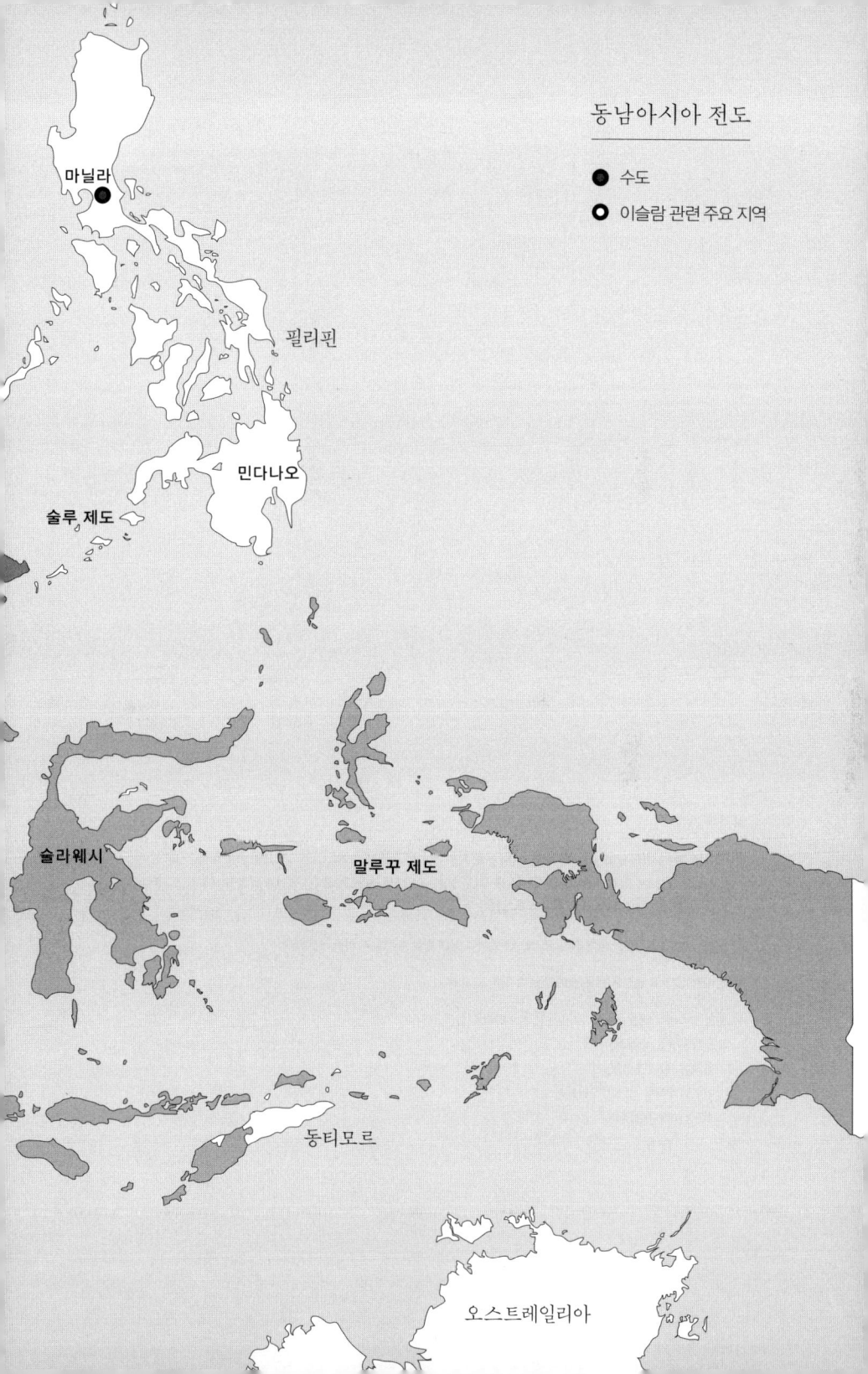

동남아시아 전도

● 수도
○ 이슬람 관련 주요 지역

마닐라

필리핀

민다나오

술루 제도

술라웨시

말루꾸 제도

동티모르

오스트레일리아

일러두기

1. 단행본, 총서, 저널 등은 겹낫표(「 」)로, 그의 하위 항목이나 논문 등은 홑낫표(「 」)로, 논문은 큰따옴표(" ")로 묶어
   표시했으며, 신문, 영화, 티비 드라마 등은 쌍꺾쇠(《 》)로, 그의 하위 항목은 홑꺾쇠(〈 〉)로 묶어 표시했다. 또 대화,
   강조, 인용 등은 큰따옴표를 사용하여 표시했다.

2. 인명, 지명, 저널, 신문 등의 발음 표기는 각 원어의 실제 발음에 가깝게 하려 노력했다.

3. 간략한 설명 및 첨언은 본문 속에 괄호로 묶어 표시했다.

4. 원화 100원에 대한 동남아 각국의 환율은 대략 다음과 같다.
   필리핀화 4.30페소
   말레이시아화 0.32링깃
   인도네시아화 1,150.75루삐아
   부르나이화 0.12달러

이슬람화와
성적 표현의 자유

김형준

인도네시아의 미스월드 반대시위를 중심으로

1. 들어가며

2013년 인도네시아에서 개최된 "미스월드^{Miss World}" 선발대회는 원래 계획과 달리 진행되어야 했다. 각국 대표들은 미인대회의 상징인 비키니 수영복 대신 인도네시아의 전통의상인 사롱^{sarong}을 입은 채 아름다움을 뽐냈다. 대회 기간 내내 계속된 반대시위로 인해 대회 본선은 원래 예정된 자까르따와 보고르^{Bogor} 시에서 열리지 못했다. 그 대안으로 선택된 곳은 대회의 예심이 진행된 장소 발리였다. 경찰의 경계하에 인근 섬으로부터 격리된 "피난처" 발리에서 본선이 개최되었다.

인도네시아인의 다수가 무슬림임을 고려해보면 미스월드 선발대회의 진행 양상은 일견 놀라운 일로 비추어지지 않을 수도 있다. 무슬림 인구가 절반 정도인 나이지리아에서 개최된 2002년 미스월드대회에서 200여 명의 희생자가 발생하고 개최지를 영국으로 변경해야 했음을 고려해보면 (Crawford et al. 2008: 63), 희생자 없이 진행된 인도네시아의 상황이 오히려 비정상적이라고 평가될 수도 있다. 하지만 인도네시아에서 국제 행사에 대한 대규모 반대시위의 선례를 쉽게 찾을 수 없으며 인도네시아 전역에서 시위가 발생했다는 사실은 미스월드를 둘러싼 사건 전개의 중요성을 시사한다.

미스월드 반대시위는 급진적^{radical}[1] 이슬람 세력에 의해 촉발, 주도되었으며 여기에 광범위한 대중적 참여와 지지가 표출되었다. 이는 급진적 이슬람의 영향력이 인도네시아 무슬림 사회에 확산되었고 이들의 주장이 수용될 환경이 형성되어 있음을 시사하는 듯하다. 수하르또 퇴진 이후의 민주화된 공간에서 가장 소리 높여 자기주장을 펼치고 가장 가시적인 행보를 펼친 집단이 급진 세력이었음을 고려해보면, 무슬림 대중이 이들의 이념과 활동에 지속적으로 노출되었음은 명확하다. 하지만 미스월드 반대시위를 이슬람 급진주의의 대중화를 입증하는 사례로 확대 해석하기에는 무리가 있다. 무엇보다도, 급진 세력에 의해 비슷한 시기에 주도된 시위가 항상 대중적 호응을 얻어낸 것은 아니었기 때문이다. 예를 들어, 급진 세력의 주요 활동인 반反기독교, 반反이단 시위는 커다란 대중적 공감을 얻지 못했고 그들만의 시위로 제한되었다.[2]

급진 세력이 확고한 대중적 영향력을 확보했다고 평가하기에는 무리가 있지만, 지속적인 활동을 통해 이들이 인도네시아 무슬림의 사회종교적 삶의 한 부분으로 자리 잡게 되었음은 부정할 수 없다. 이러한 면에서 볼 때, 급진 세력의 주장이 광범위한 대중적 호응을 이끌어내고 개최지의 변경이라는 가시적 성과를 가져온 미스월드 반대시위는 이슬람 급진 세력의 위상과 영향력, 나아가 인도네시아 이슬람의 현재 모습을 이해하기 위

---

1 "급진적" 이슬람을 정의하기는 쉽지 않으며 그것은 때로 "근본주의적fundamental", "살라피적salafi", "이슬람주의적Islamist", "지하드적jihadist" 등의 개념과 혼환되어 사용된다. 인도네시아의 맥락에서 급진적 이슬람은 샤리아(이슬람법)의 적용을 비타협적으로 요구하는 이념적 특징, 그리고 이러한 목적을 실현하기 위한 방법으로써 폭력이나 대중 동원과 같은 수단에 의존하는 활동상의 특징을 가진 움직임으로 규정될 수 있다. 이런 의미로 급진주의 개념을 규정할 때 이 글에서 논의되는 인도네시아의 급진주의 단체는 크게 세 부류로 나눌 수 있다. 첫번째는 "이슬람수호전선FPI: Front Pembela Islam"으로 대표되는 자경주의적 폭력vigilantism 사용 집단이다. 두번째는 대중 시위를 통해 활발하게 자기주장을 펼치지만, 폭력적 수단을 거의 이용하지 않는 집단으로, "인도네시아 히즈붓 타흐리르HTI: Hizbut Tahir Indonesia"가 대표적이다. 세번째는 정당체계를 갖추고 샤리아의 적용을 목표로 설정한 단체로서 "복지정의당PKS: Partai Keadilan Sejahtera"이 대표적이다. 이들 단체에 대한 소개는 추후 제시할 것이다.

2 대중집회를 통한 급진 세력의 문제 제기는 일부 영역에서 보다 빈번하게 표출되는 경향을 보였다. 성적性的 표현의 자유와 관련된 문제, 타 종교도, 특히 기독교도와 관련된 문제, 이슬람 내 다른 종파(이단)와 관련된 문제, 이슬람 모독 및 외국의 무슬림 박해 등과 관련된 문제가 이들의 주요 활동 이슈로 자리매김했다 (Heiduk 2012: 32~33; Daniels 2007: 232~236).

1장 이슬람화와 성적 표현의 자유 | 김형준

해 중요한 시사점을 제공한다.

수하르또 퇴진 이후 급진 세력의 활동이 가시화됨에 따라 이들의 이념적 지향, 조직 및 활동에 대한 연구 역시 활발히 진행되었다. 이러한 연구 중 상당수는 연구의 초점을 급진 세력 자체에 둠으로써 이들을 고립된 집단처럼 취급하는 경향을 보였으며, 이들 세력과 여타 이슬람 세력, 특히 기존의 중도적 이슬람 단체와의 상호작용에 많은 관심을 두지 않았다. 이로 인해 급진 세력의 영향이 제한된 범위의 무슬림에게만 국한되며, 이들과 중도적 이슬람 세력이 서로 분리되어 존재한다는 주장이 제기될 수 있었다(Daniels 2007: 233~239; Magnis-Suseno 2013: 80~81; Ricklefs 2012: 422; Wildan 2013: 218~219). 하지만 이러한 시각은 급진 세력이 주도한 일부 시위에 대중적 호응이 있었으며 중도 세력 역시 지지를 표명했다는 사실(Ichwan 2013: 75; Widjaja 2012)을 쉽게 설명하지 못한다. 또한 급진주의 활동을 고립된 것으로 바라봄으로써 보다 넓은 맥락에서 이들의 사회종교적 영향력을 조망하기 어렵게 한다.

이 글의 목적은 미스월드 반대시위에 대한 분석을 통해 급진 세력의 활동에서 나타나는 특성을 밝혀보고, 나아가 1970년대 이후 가속화된 이슬람화Islamization(김형준 2013)의 영향을 검토하는 것이다. 중점적으로 논의할 문제는 급진 세력의 활동이 가져온 이념적, 조직적 영향으로써, 성적性的 표현에 대한 이슬람식 시각 적용의 확대, 급진 세력과 중도적 세력과의 네트워크 형성을 미스월드 반대시위를 대상으로 검토할 것이다. 이 연구를 통해 급진 세력의 지속적 활동의 결과로 성적 표현에 대한 보수적 시각이 인도네시아 사회에 확고히 자리 잡았으며, 이 문제에 대처하는 이슬람 세력 간 네트워크 구축과 이념적 동조화를 가능하게 할 환경이 형성되었음을 주장할 것이다(Kolig 2005: 57; Wilson 2014: 263~264). 이는 이슬람화 움직임이 지속됨에 따라 비이슬람적이라 규정된 일부 사회문화적 문제에 대한 인도네시아 무슬림의 관용도가 축소되고 있음을 의미한다.

이 글의 2장에서는 미스월드 반대시위 이전에 발생한 성적 표현의 자유와 관련된 논란을 검토할 것이다. 3장에서는 미스월드 반대시위의 전개 과정 및 결과를 분석할 것이며, 이 과정에서 나타나는 이슬람 조직 간 연대 양상은 4장에서 다룰 것이다. 이 글에 인용된 주요 자료는 신문이나 인터넷 등을 통해 얻은 2차 자료이다.

2. 성적 표현을 둘러싼 이슬람 급진 세력의 대응

미스월드 반대시위와 유사한 성격을 띤 사건은 2006년에 발생한 『플레이보이』 잡지 발행 반대시위이다. 성적 표현의 자유를 문제시한 급진 세력의 집합적 대응은 2006년 이전에도 있었지만[3] 플레이보이 반대시위는 대중적 호응을 이끌어내고 원하던 결과를 성취했다는 점에서 미스월드 반대시위의 선례라 할 수 있다.

사건은 기자이며 영화제작자인 아르나다Erwin Arnada가 『플레이보이』 잡지의 인도네시아판 출판권을 확보하면서 시작되었다. 곧이어 그는 누드 사진을 게재하지 않고 성인에게만 판매한다는 조건하에 발행허가를 받

---

3 대표적인 사례 중의 하나는 당돗dangdut 가수 이눌 다라띠스따Inul Daratista에 대한 이슬람 세력의 공세였다. "인도네시아 이슬람지도자협의회MUI: Majelis Ulama Indonesia"와 이슬람 급진단체는 이눌의 춤, 노래, 복장이 성적 욕구를 자극하는 비도덕적인 것이라 비난하며 그녀의 텔레비전 출연에 반대하는 시위를 전개했다(Weintraub 2008: 379~380).

았다.[4] 이러한 약속은 창간호에서 대체적으로 지켜져서, 여배우 사진은 기존 성인잡지보다 더욱 보수적이었고 대다수 기사 역시 품위 있는 내용으로 채워졌다. 하지만 플레이보이라는 이름의 상징성으로 인해 창간호의 실제 구성은 이슬람 세력의 평가를 변화시키기에 역부족이었다.

『플레이보이』 발간 소식이 전해진 후 몇몇 이슬람 단체가 반대 의견을 제기했고 소규모 반대시위가 간헐적으로 진행되었다. 대규모 반발 없이 끝날 수 있던 상황을 전환시키고 이를 대중적 관심사로 증폭시킨 집단은 급진 이슬람 단체 이슬람수호전선[FPI]이었다.[5] 창간호 발행에 맞추어 FPI는 대중집회를 열고 잡지를 불태웠을 뿐 아니라 출판사 건물에 돌을 던지고 유리창을 부수는 공격을 감행했다. 이들은 출판사 운영진뿐만 아니라 사진기자와 모델의 처벌을 요구했고 광고를 게재한 광고주를 비난하는 집회를 경찰서 앞에서 개최했다. 곧이어 FPI를 위시한 이슬람 급진 세력은 보다 큰 사회적 반향을 야기할 전략을 동원했다. 몇몇 대도시에서 이들은 서점과 잡지판매상을 직접 순찰하며 『플레이보이』 판매 여부를 확인했고 발견된 잡지를 몰수했다.[6] 이들의 활동으로 인해 대중적 관심이 고양되자 수천 명이 참여한 대규모 시위가 자까르따와 몇몇 지방 도시에

---

4 플레이보이 관련 기술은 김형준(2006)에 기초하여 재구성했다.

5 FPI는 1998년 자까르따 거주 아랍계 후손 하빕 리직Habib Rizieq에 의해 설립되었다. 사우디아라비아에서의 유학 기간 동안 근본주의적 경향의 와하비즘wahhabism을 수용한 하빕은 샤리아shariah의 적용을 주장함으로써 이념적으로 다른 급진주의자들과 커다란 차이를 보이지 않았지만, 지하드jihad를 강조함으로써 직접적인 행동을 중요시했다. FPI의 활동 목표 중의 하나는 순교mati syahid로 설정되었고 죽음을 두려워하지 않는 성향을 습득할 것을 강조했다(Jahroni 2008: 51~52). 자경주의적 소규모 폭력을 강조함에 따라 FPI의 종교적 진정성조차 의문시되기도 하는데, 이 조직을 궁핍하고 교육받지 못한 조직원들로 구성된 청부폭력배 집단으로 규정한 경우가 있을 정도이다(Bruinessen 2002: 144). FPI의 활동에 대한 보다 자세한 설명은 김형준(2009: 75~79)을 참조할 것.

서 개최되었다.[7]

반대시위가 지속되던 중 이슬람 단체가 성명서를 발표했다.『플레이보이』출판사 앞에서 공표된 "포르노그래피와 포르노 관련 행위pornoaksi에 대한 전쟁 선포"에서 이들은『플레이보이』출판을 인도네시아에 대한 선전포고라 규정한 후,『플레이보이』를 포함한 포르노 잡지와의 전쟁을 천명했다.[8] 성명서 문안은 이슬람 세력의 문제 제기를 요약적으로 보여주었지만, 이보다 더욱 흥미로운 사실은 성명서에 서명한 단체가 86개에 이르렀다는 점이다. 이들 단체에는 반대시위를 선도하고 물리적 행동을 감행한 급진 세력뿐만 아니라[9] "나다뚤 울라마NU: Nahdlatul Ulama"와 "무함마디야 Muḥammadiyyah" 같은 중도적 성향의 대규모 단체[10], 반관반민半官半民의 성격

---

6   경찰은 이들 급진주의 단체의 행동을 허용하는 듯한 자세를 취했다. 중부 자바 경찰은『플레이보이』판매자가 구속될 수 있다는 경고문을 배포했고 자까르따 경찰은 소매상에게 판매 금지를 직접 요구했다. 경찰은『플레이보이』유통을 금지할 권한을 가지고 있지 않지만 시위대의 행동으로 인해 발생할 수 있을 치안 문제에 대처할 의무가 있다는 이유를 들며 자신들의 대응을 정당화했다.

7   이와 관련해서는 Wahyoe and Blontank(2006)를 참조.

8   인도네시아어로 성명서는 "Maklumat Perang Terhadap Pornografi & Pornoaksi: Lindungi Akhlaq Bangsa, Wujudkan Indonesia Bermartabat"이며, 그 원본은 다음의 인터넷 사이트에 게재되어 있다. http://www.komunitas3103.blogspot.kr/2006_06_01_archive.html(검색일: 2015. 04. 10.)

9   성명서에 서명한 주요 급진 세력은 FPI, HTI, "인도네시아 이슬람선교회DDII: Dewan Dakwah Islamiyah Indonesia", "인도네시아 이슬람전사위원회MMI: Majelis Mujahiddin Indonesia" 등이었다. HTI는 1965년 팔레스타인에서 창립된 조직의 인도네시아 지부이다. HTI의 주요 목표는 국제적 수준의 이슬람 국가Khalifah 설립이며, 근대 사회에서 만들어진 모든 정치적 제도를 거부한다. 이처럼 이념적으로 매우 급진적인 성향을 띠지만, HTI는 물리력 사용에 반대하며, 대중집회와 같은 평화적 방식을 통한 활동에 주력한다(Jamhari & Jahroni 2004: 164~165). DDII는 1967년 자까르따에서 설립된 오랜 역사를 가진 급진단체이다. 수하르또 통치기 동안 반기독교적 시각을 확산하고 기독교화를 저지할 선교활동에 역점을 기울였으며, 민주화 이후에는 샤리아 적용과 이슬람 옹호를 위한 대중활동에 적극 참여해왔다. MMI는 발리 테러의 배후로 지목된 아부 바까르 바시르Abu Bakar Ba'asyir가 주도하여 설립한 조직으로서 중소규모 급진단체들의 연합체이다. 이념적으로 샤리아에 기반을 둔 이슬람 국가 건립을 주장했으며, 소규모 폭력을 통해 제반 사회문화적 문제를 변화시키려고 시도했다. 수하르또 체제하 DDII의 활동 및 종교적 지향에 대해서는 Liddle(1996: 269~274)을, MMI에 대해서는 김형준(2009: 72~75)을 참조할 것.

1장 이슬람화와 성적 표현의 자유 | 김형준

을 띤 "인도네시아 이슬람지도자협의회MUI: Majelis Ulama Indonesia",[11] "뻬르사뚜안 이슬람(뻬르시스)Persis: Persatuan Islam", "알이르샤드Al-Irsyad"와 같이 오랜 설립 역사를 가진 중소규모의 단체,[12] PPP, PBB, PKS, PBR와 같은 이슬람 정당이 망라되어 있었다.

공동으로 성명서를 발표한 이슬람 단체의 다양한 이념적 스펙트럼은 특정 문제에 대한 시각이 공유될 경우 급진 세력과 여타 이슬람 세력과의 연합이 이루어질 수 있음을, 나아가 이러한 연합체 구성에 상당수 이슬람 단체가 익숙해 있음을 지적한다. 다른 식으로 표현한다면, 급진 세력의 과격한 행동이나 극단적 교리 해석에 대해 비판적 태도를 보였던 중도적 성향의 단체가 이를 일관되게 견지하기보다는 사안에 따라 비판과 공조를 유연하게 선택하는 상황이 전개되었다. 예를 들면 NU와 무함마디야는 급진 세력의 자경주의적 테러나 사상자를 초래한 테러에 대해 비판적 태도를 견지해왔고(Ichwan 2013: 79~80) 플레이보이 반대시위에 직접 참여하지는 않았지만, 급진 세력과 함께하는 성명 발표에 동의했다. 이는 중

---

10 NU와 무함마디야는 인도네시아에서 가장 오랜 역사를 가진 이슬람 단체이며, NU는 4,000만여 명, 무함마디야는 3,000만여 명의 지지자를 가진 것으로 추산되어 왔다. 두 단체에 대해서는 김형준(2012)을 참조할 것.

11 MUI는 수하르또 정권하 정부의 지원에 의해 결성된 이슬람 지도자의 연합체이다. NU와 무함마디야 소속 지도자들이 협의회의 핵심 지도부를 구성하지만, 그 포괄적 성격으로 인해 중소규모의 이슬람 단체, 나아가 급진주의 단체 출신의 지도자 역시 MUI에 소속되어 있다. MUI는 제반 사회문화적 문제에 대한 종교적 결정fatwa을 제시함으로써 영향력을 확대해왔는데, 최근 들어 보수적, 근본주의적 성향의 지도자들이 종교적 결정을 내리는 과정에 커다란 영향력을 행사함으로써 경전 중심적인scriptural 결정을 제시하는 경향을 보였다. MUI의 보수화 흐름에 대해서는 Ichwan(2013: 68~70 & 80~88)을 참조할 것.

12 뻬르시스는 1923년 서부 자바에 세워진 근대적 이슬람 단체로서, 무슬림의 삶에서 비이슬람적인 관습을 제거하고자 하는 순수주의적puritanic, 경전 중심적 지향을 보여왔다. 알이르샤드는 1924년 아랍계 후손을 중심으로 설립된 단체로서 보수적 종교 해석을 지향하고 학교 설립을 통한 교육활동에 주력해왔다. 뻬르시스의 경전 중심적 교리 해석에 대해서는 Federspiel(2009)을 참조할 것.

도 세력이 비판하는 행보를 급진 세력이 취하고 있음에도 불구하고 두 세력이 분리되어 존재하지 않으며, 이들 사이에 인적 유동성fluidity이 존재하고 있음(Kolig 2005: 56)을 시사한다.

급진 세력의 공세가 심해지고 그에 대한 대중적 호응이 확대되자 출판사를 발리로 옮기면서까지 출판에 대한 강한 의지를 표명했던 아르나다는 여섯번째 호를 마지막으로 출판을 포기했다. 하지만 급진 세력으로부터 고소를 당해 지루한 법적 공방에 놓이게 되었고 그는 결국 2년 형을 선고받았다(Pausacker 2012: 1).

플레이보이 반대시위에서 기세를 얻은 급진 세력은 공격 목표를 "반포르노 및 반포르노행위법Undang-undang tentang Anti-Pornografi dan Pornoaksi"(이하 반포르노법)의 입법화로 전환했다. 반포르노법의 취지는 종교와 관계없이 사회적 공감대를 이끌어낼 수도 있었지만, 이슬람적 편향으로 인해 논란의 대상이 되었다. 법안의 초안은 이슬람식 교리를 기준으로 삼고 있는데, 예를 들어 4조의 부연설명은 신체노출 규제 대상을 성기, 넓적다리, 엉덩이, 배꼽, (여성) 가슴 등으로 규정했다. 또한 키스와 같은 공공장소에서의 성적 행동, 육감적인 춤, 에로틱한 예술품 등을 규제에 포함함으로써 사적 행위와 예술 활동 역시 국가의 통제하에 놓여야 한다는 이슬람식 관점을 내포했다. 이 법의 또 다른 문제점은 법안의 내용 중 대다수가 형법과 미디어 관련 법 등 기존 법률에 의해 이미 규제되고 있는 내용이라는 점으로, 이는 기존의 국가 법체계에 만족하지 않고 이를 이슬람식 색채를 띤 법률로 대체하려는 이슬람 세력의 오랜 열망이 반영되어 있음을 의미했다.[13]

급진 세력은 반포르노법 제정을 촉구하는 대중집회를 선도했다. 이 과정에서 플레이보이 시위 때 나타났던 급진 세력과 중도 세력 사이의 연대가 보다 뚜렷하게 표현되었다. 급진 세력이 입법 찬성의 근거로 이슬람 경전뿐만 아니라 MUI의 파트와[fatwa]를 거론하자 이에 화답하듯 MUI 소속 이슬람 지도자 1,000여 명이 반포르노법을 요구하는 성명을 발표했다 (Pausacker 2012: 8). 반포르노법 입법을 요구하는 대중집회에 급진, 중도 이슬람 단체가 공동으로 참여했는데, "100만 무슬림 공동체 집회"에 대한 기사는 이를 다음과 같이 보도했다(Patung 2006).

반포르노법 초안을 지지하는 집회는 다음과 같은 이슬람 집단이 조직하고 참가했다: MUI, 무함마디야, NU, 뻬르시스, HTI, 알이르샤드, IKADI, FBR, PKS, DDII, FPI, BKMT.[14] 이 중 PKS 회원과 지지자들이 군중의 대다수를 구성했다.

급진 세력이 주도한 집회에 MUI, NU, 무함마디야 등으로 대표되는 중도

---

13 이슬람 세력 중 "자유주의적[liberal]" 경향의 무슬림은 반포르노법의 입법화에 반대했다. 예를 들어 자유주의 이슬람의 핵심 인물인 압두라흐만 와히드[Abdurrahman Wahid]는 "포르노그래피에 반대하지만, 법률 제정에는 반대한다. 법률은 국가의 (공공의) 문제이지만, 프로노그래피는 사적 문제이기 때문이나."라고 수상하며 (Suara Merdeka 2006. 06. 25) 차별적인 시각을 제시했다.

14 인용문에 제시된 이슬람 단체 중 앞에서 설명되지 않은 단체는 "인도네시아 이슬람선교사연합[IKADI: Ikatan Dai Indonesia]", "버따위 형제단 포럼[FBR: Forum Betawi Rumbug]", "탁림위원회연대[BKMT: Badan Kontak Majelis Taklim]"이다. IKADI는 자까르따에 본부를 둔 뻬산뜨렌[pesantren] 종교 지도자 중심의 연합체로서 중도보수적 성향을 띠고 있다. FBR은 버따위 종족을 중심으로 형성된 이익단체로서 자경주의적 폭력에 의존하는 급진적 성향의 단체이다. 1971년 설립된 BKMT는 무슬림 여성을 회원으로 하는 단체로서 주부를 대상으로 종교교육과 봉사활동을 행하는 중도적 성향의 단체이다. 인용문에 제시된 단체를 종교적 성향에 따라 분류하면, 중도보수적 단체는 MUI, 무함마디야, NU, 뻬르시스, 알이르샤드, IKADI, BKMT 등이며, 급진적 성향의 단체는 HTI, FBR, PKS, DDII, FPI 등이다. FBR의 활동에 대한 보다 자세한 설명은 Wilson(2006: 276~282)을, BKMT에 대해서는 Alfiah(2011)를 참조할 것.

세력이 참여했다는 사실은 앞서 플레이보이 반대시위와 마찬가지로 동일한 목표를 공유할 경우 두 세력 간의 연대에 거부감이나 부담감이 존재하지 않음을 시사했다. 이러한 공동 활동은 보다 체계적인 연대 활동으로 전환될 개연성을 가지고 있으며, 지역 수준에서 이러한 가능성이 일부 실현되었다. 반포르노법 입법 요구를 위해 결성된 "서부자바이슬람공동체연합Aliansi Ummat Islam Jawa Barat"이 그 사례로, 한시적 성격의 이 연합체에는 FPI와 MUI, 무함마디야의 지역 지부가 참여했다(Allen 2007: 104).

지역 수준에서 가시화된 무슬림 연대는 이슬람 급진 세력의 외연 확대에 있어 중요한 의미를 가진다. 이념적 다양성, 조직적 비대함 등으로 인해 신속한 결정을 내리기 힘든 이슬람 단체의 중앙 본부와 달리 지부에서는 구성원 간 이념적 편차가 적고 신속한 의사결정이 가능하다. 또한 NU와 무함마디야처럼 독자적으로 활동할 자율성이 지부에 일정 정도 부여된 경우도 있다. 따라서 특정한 이슈에 대한 공감대가 형성될 때 지역 수준에서의 이슬람 연대는 보다 용이하게 가시화될 수 있으며, 이는 급진 세력의 활동에 정당성을 부여하고 대중 동원력을 강화했다.

반포르노법 시위는 플레이보이 반대시위보다 더 큰 대중적 참여를 이끌어냈지만, 원하는 결과를 즉각적으로 얻지 못했다. 법 제정에 반대하는 예술가, 여성단체, 인권단체 등이 중심이 되어 시위를 벌이며 이슬람 세력의 요구에 대항했기 때문이었다.[15] 이들은 다원성을 특징으로 하는

---

15 발리인들의 움직임 역시 효과적이었다. 이들은 수차례에 걸쳐 대규모 시위를 주도했을 뿐만 아니라, 발리 주지사로 하여금 공식적 반대 의사를 천명하도록 유도했다. 이들이 제기한 가장 중요한 반대 논리는 토착 전통의 무시였다. 발리를 포함한 소수 종족들과 소수 종교도들 사이에서 나타났던 반대 움직임에 대해서는 Allen(2007: 109~111)을 참조할 것.

인도네시아 사회가 이슬람이라는 단일 가치에 의해 강제될 수 없음을 주장했고, 국가 통합에 미치는 부정적인 효과를 거론했다. 플레이보이 시위 때와 달리 급진 세력의 주장이 공적 담론을 주도하는 상황이 전개되지 못하자 반포르노법 요구는 소강상태에 진입했다. 반포르노법의 불길을 되살릴 역할은 급진 세력에서 중도 세력으로 넘어갔고 이들은 법안을 심의할 국회 위원회 구성을 이듬해 성사시켰다. 이후 우여곡절의 과정을 거쳐 2008년 "포르노법$^{UU\ tentang\ Pornografi}$"이 공포되었다. 입법 과정에서 몇몇 정당이 표결을 거부하며 항의했지만, 집권정당인 PD와 이슬람 계파 정당 모두가 지지함으로써 법률안 통과가 가능했다. 이러한 과정이 시사하듯 이슬람 세력의 요구 중 상당 부분은 새로운 법안에서 수정되어야 했다. 법안 명칭에서 포르노행동^{pornoaksi}이라는 표현이 제거되었고, 공공장소에서의 성적 행위 관련 조항이 삭제되었으며 초안에서 세세하게 규정된 신체 노출 규정이 없어졌다. 결과적으로 "포르노법"은 이슬람식 시각이 명시적으로 적용되지 않은 채 일반적 수준의 규제를 포함하는 내용으로 수정, 공포되었다.

명칭 변경과 내용 수정 과정을 거쳐야 했지만 포르노법이 『플레이보이』발간을 거치며 촉발된 이슬람 세력의 집단행동의 결과였음은 간과할 수 없다. 특히, 이 과정에서 대중집회를 선도하고 폭력적인 시위를 통해 미디어의 관심을 고양했던 급진 세력의 역할은 강조되어야 한다. 이들의 활동이 가시적인 결과를 가져온 배경으로는 크게 두 가지 측면이 거론될 수 있다. 첫째, 두 사건 모두 성적 표현과 관련된 문제로서 대중적 공감대를 보다 쉽게 이끌어낼 수 있었다. 급진 세력이 이러한 대중적 호응을 염두에 두고 이 문제를 공론화한 것은 아니었지만, 결과적으로 이들은 성적 표현이 자유롭게 허용되는 현실에 불만을 품은 무슬림의 의견을 대변하는 역할을 함으로써 대중적 지지를 이끌어낼 수 있었다. 둘째, 대규모 대중집회를 주도하는 과정에서 급진 세력이 중도 세력과 공조하고 연대할 수 있었다. 이를 통해 이들은 보다 광범위한 무슬림의 호응을 얻어내고 이들의 과격한 행동이 보다 많은 무슬림으로부터 한시적으로나마 용인될 기반을 확보할 수 있었다.

급진 세력이 주도한 집단행동의 "성공"은 인도네시아 이슬람의 현재 상황을 이해하기 위한 시사점을 제공했다. 무엇보다도, 이는 성적 표현의 자유를 규제하려는 이슬람식 주장이 호의적으로 수용될 환경과, 나아가 개인이나 사회의 자율이 아닌 국가적 강제를 통해 무슬림의 삶이 통제되어야 한다는 이슬람식 시각이 제한적으로나마 수용될 환경이 형성되었음을 보여주었다. 다른 한편으로 상이한 이념적 지향을 가진 이슬람 단체 간 연합전선의 형성은 급진 세력에 대한 중도 세력의 협조적인 태도가 형성되어 있음을 시사했다.

3. 미스월드 반대시위의 전개와 결과

반포르노법 시위 이후 한동안 수면 아래로 내려갔던 급진 세력과 중도 세력의 연합활동[16]은 2012년 재차 가시화했다. 세계적인 팝 가수 레이디 가가의 자까르따 공연 소식이 알려지자 급진 세력은 그녀의 선정적인 춤과 복장을 문제 삼아 공연 취소를 요구했다. 곧이어 상황은 "플레이보이 사태"와 유사한 방향으로 흘러가서, 대규모 공연 반대집회가 자까르따에서 열렸을 뿐 아니라 지방으로까지 확산되었다. 자까르따 경찰청이 레이디 가가와 공연 관계자 그리고 관객의 안전을 보장할 수 없다는 성명을 발표하자 주최 측은 공연 철회를 선언했다.

레이디 가가 공연 티켓 판매 상황은 급진 세력의 위상을 상징적으로 드러냈다. 미화 50불이라는 비싼 가격에도 불구하고 2만 5,000장의 티켓이 발매 후 곧바로 매진되었는데, 이 중 157장을 FPI가 구매했다(Simanjuntak 2012). 157장의 티켓만으로 2만 4,843장을 물리치고 공연 취소를 이끌어 낼 수 있었다는 사실은 성적 표현의 자유와 관련되어 급진 세력이 대중적 지지를 이끌어내고 자신들의 요구를 관철시킬 역량을 축적했음을 보여주었다.

"레이디 가가 사건"이 기억 속에 뚜렷하게 남아 있던 2012년 10월, 2013년 미스월드 미인대회가 언론재벌인 MNC[Media Nusantara Citra]의 주관하에 인도네시아에서 개최되리라는 소식이 전해졌다.[17] 일부 신문사에서 이 행

---

16 급진 세력과 중도 세력 간 연대에 부정적 영향을 미친 사건 중의 하나는 NU와 무함마디야 회원이 포함된 자유주의 이슬람 연합체가 빤짜실라[pancasila] 서꾸일을 기념하기 위해 2000년 개최된 대통 니외에 대한 FPI의 공격이었다. 평소 중도 세력이 자유주의적 성향의 무슬림을 비판했을지라도 FPI가 이들에 대해 물리력을 사용한 것은 대다수 무슬림의 공분을 자아냈다. FPI에 대한 비판적 여론이 비등하자 경찰은 FPI 회장을 포함해 30여 명의 회원을 체포했으며, 이후 FPI 회장은 징역형을 선고받았다. 이 사건과 관련해서는 Jakarta Post(2008. 06. 02. & 2008. 06. 04.)를 참조할 것.

17 미인대회에 대한 인도네시아 정부의 태도는 극과 극을 오갔다. 미인대회에 호의적이었던 수하르또 정부는 1970년대 후반 태도를 변경하여 인도네시아 대표의 국제대회 참여를 금지했고, 1984~1993년 사이 미인대회 자체를 불허했다. 1994년 재개된 국내 미인선발대회는 1996년 이슬람 세력의 반발로 인해 재차 금지되었지만, 2005년 다시 시작되어 현재까지 계속되고 있다. 70년대 후반과 80년대에 대두된 반(反)미인대회 담론은 여성의 상품화와 착취 같은 여성주의적 논거에 주로 기반을 두고 있다. 90년대 중반 이슬람식 시각에 기초한 비판이 처음 제기되었으며, 2000년대 이후 FPI는 미인대회에 반대하는 입장을 적극적으로 선전해왔다(Pausacker 2014: 278~281). 이로 인해 2013년 미스월드 개최 이전에도 반미인대회 정서와 논리는 상당 수 무슬림들 사이에서 공유되고 있었다.

사에 대한 의견을 MUI와 FPI 소속 인사에게 물었고 그들은 명백한 반대 의사를 표명했다(Bilal 2012). 미스월드와 관련된 추가적 행보가 기사화되지 않았기 때문에 이후 이 문제는 2013년 4월까지 수면 위로 부상하지 않았다.

2014년 4월 MNC는 미스월드 결선 장소로 선택된 보고르 시 국제컨벤션센터가 위치한 서부 자바의 주지사를 방문했고, 참가자들이 비키니 대신 전통의상인 사롱을 입을 예정이라는 소식을 전달했다. 주지사는 주최 측의 행보에 만족감을 표시하며 주정부의 협조를 약속했다(Islampos 2013).

주최국의 미풍양속을 고려하겠다는 파격적인 제안이 우호적으로만 수용되지는 않았으며, 주지사와의 면담은 미스월드 반대 움직임의 기폭제가 되었다. 포문은 두 명의 MUI 위원에 의해 시작되었고, 몇몇 소규모 이슬람 단체의 시위가 이어졌다. 곧이어 보고르 지역 이슬람 단체의 연합체인 "보고르무슬림공동체UIB: Umat Islam Bogor"가 공식적인 반대 성명을 발표했는데, 선언문의 일부 내용은 아래와 같았다(Saif 2013).

(1) 보고르를 포함한 모든 인도네시아 영토에서 미스월드 대회 개최를 명백히 거부한다.
(2) 미스월드 대회의 불허를 (…) 정부에 요구한다.
(3) 인도네시아의 모든 무슬림, 특히 서부 자바에 있는 무슬림에게 미스월드 대회 거부를 위한 반대전선 구축에 대해 서둘러 논의할 것을 요청한다.
(4) 국민의 보호자이고 국민에게 봉사하는 정부가 우리의 요구와 반대를 수

그림 1 | 비키니 대신 사롱을 입은 미스월드 참가자들

용하지 않는다면, 우리는 (…) 무슬림 대중을 동원하여 알라를 위한 지하
드^{jihad fi sabilillah}를 펼칠 것이다.

UIB의 요구 사항 중 세번째는 4~6월을 거치며 인도네시아 전역에서 자
연발생적으로 실현되었다. 일상적 종교모임에서 미스월드에 대한 반대
의견이 논의되었고, 이 문제만을 다루는 회의 역시 개최되었다(Abdul
2013). 이러한 과정을 거치며 종교적 근거뿐만 아니라 비종교적인 근거
를 포함하는 미스월드 반대 담론이 구체화되었다. HTI 모임에서 제시된
견해에는 반대 담론 중 비종교적 요인이 포괄적으로 요약되었다(Hizbut
Tahrir 2013).

(1) 여성의 신체를 착취하며, 여성의 존엄성을 낮춘다.

(2) 화장품과 패션업계의 상품을 광고하는 수단으로서 여성의 신체를 무대
위 거래물로 만든다.

(3) 미인대회의 3B 개념, 즉 두뇌^{brain}, 미^{beauty}, 행동^{behavior}은 단순히 여성을 착
취하기 위한 합법화된 포장에 불과하다. (…) 실제로 평가되는 것은 하나,
즉 미이다.

(4) 미인대회는 이윤을 가장 크게 남기기 위한 행사이다. 주최 측인 MNC는
텔레비전 광고, 상품 스폰서 등을 통해 놀라운 이윤을 얻을 것이다.

(5) 미스월드 개최를 통해 많은 외국인 관광객이 인도네시아를 방문할 것이
기 때문에 자랑스러워해야 한다는 주장은 터무니없다.

(6) 미스월드 개최는 정부가 국민의 도덕성을 지키는 데 관심이 없고, 또한 지

키지 못하고 있음을 보여준다.

미인대회에 대한 반대 근거는 여성의 노출을 금기시하는 종교적 교리를 전제로 하지만, 위 인용문에서 볼 수 있는 것처럼 다양한 차원에서 그 이유가 제기되었다. 이 중 인용문의 (1)~(3)에 나타난 것처럼 반대 담론은 서구의 여성주의적 시각을 포함했으며[18] 반자본주의적 정서, 정부에 대한 비판적 태도를 거론했다.

9월의 대회를 앞두고 이슬람 단체들은 미스월드 반대 성명을 발표했다. 공식 기자회견을 자청한 MUI는 이슬람 교리뿐만 아니라 인도네시아 문화에 대한 멸시, 여성의 존엄성에 대한 경시, 서구의 자유주의적 경제 논리의 강제 등을 반대 근거로 제시했다(Quriesh 2013). PKS 역시 공식적 반대 의사를 8월 말 표명했으며(Hasanuddin 2013), 9월에 접어들자 NU가 중심이 된 "이슬람민간단체교류위원회LPOI: Lembaga Persahabatan Ormas Islam", 동부 자바의 "통일이슬람공동체운동Gerakan Umat Islam Bersatu"과 같은 연합체가 반대 의사를 천명했다(Shodiq 2013). 이러한 와중에 종교부 장관이 정부의 의견에 맞서 미스월드 개최에 대한 반대 의견을 표방하기까지 했다(Ramadhian 2013).

이슬람 세력의 반대는 개최 시기가 다가올수록 행동으로 표출되었다.

---

18 반미스월드 담론의 특이점은 서구에서 제기된 미인대회 반대 이유 중 일부가 포함되었다는 점이다. "성 상품화", "여성 신체에 대한 착취"와 같은 여성주의적 시각(Dow 2003: 128)이 반대 담론에 포함되었다는 사실은 이슬람 세력이 여성주의자와의 논쟁 과정에서 여성주의 담론을 체화하고 이를 자신들의 필요에 맞추어 전용하였음을 보여주었다. 이는 전 지구화 과정에서 전개되는 여성주의 담론의 흐름에 대한 새로운 시사점을 제공한다.

소규모 시위가 자까르따에서 산발적으로 열리면서, 대규모 시위에 능숙한 급진 세력의 개입이 멀지 않았음을 예고했다. 이러한 예상에 발맞추듯 FPI 회장은 모든 방법을 동원하여 미스월드 대회를 저지할 것이며 자신이 그에 대한 모든 책임을 질 것이라고 엄포했다(Vania 2013). 곧이어 FPI는 행동을 개시했다. 9월 3일 FPI는 "이슬람전사대Laskar Mujahidin", "이슬람 수호대Laskar Pembela Islam"와 함께 MNC 건물로 몰려가 "미스월드를 거부하는 이슬람 공동체 연합시위"를 개최했다. 9월 6일 FPI는 수천 명으로 불어난 군중과 함께 자까르따 중심부에서 두번째 시위를 펼쳤다(Qathrunnada 2013).

자까르따에서의 시위 열기는 지방으로 확산되었다. 수백 명에서 수천 명에 이루는 시위대가 9월 4일에서 6일, 주도州都인 반둥, 수라바야, 족자까르따, 스마랑, 메단, 마타람(NTB), 사마린다(동-깔리만딴), 반자르마신(남깔리만딴), 마까사르(남술라웨시) 등지에서 시위를 벌였다. 반대시위는 도청소재지kabupaten로까지 확대되어, 자바의 끄디리, 뿌르워다디 등과 같은 곳에서도 반대시위가 개최되었다.

동시다발적 시위가 인도네시아 전역에서 발생하고 있는 와중에 FPI는 자신들의 트레이드마크를 꺼내 들어서, 동부 자바의 반유왕이 및 롬복섬에서 발리로 입항하여 대회를 무산시키겠다는 계획을 발표했다. FPI 대변인은 순교할 준비가 된 5,000명의 대원이 "결사항쟁perang puputan"을 수행할 것이라고 선언했다(Gusti 2013). 그의 주장과 달리 실제 시위에 참여한 인원은 반유왕이에 집합한 수백 명의 FPI회원뿐이었고 이들은 경찰과의 몸싸움 끝에 후퇴해야 했지만(Ika 2013), 이러한 행보는 발리가 무슬림에

그림 2 | 미스월드 반대시위

의해 포위되었고 미스월드가 이러한 고립 속에서 개최될 수밖에 없음을 상징적으로 표현했다. 이후 발리와 바다로 연결되는 두 지역에 경찰이 삼엄한 경비를 계속 펼치고 발리로의 입항이 공권력의 허가를 통해서만 가능해짐에 따라 FPI의 엄포는 현실에서 실현되는 양상을 보였다.

FPI의 위협과 집단행동, 전국으로 확산된 반대시위, 주요 이슬람 단체와 연합체의 반대 의사 표명 등은 결과적으로 정부의 "굴복"을 이끌어냈다. 미스월드 대회의 예심이 치러지는 동안 정부는 자까르따와 보고르에서의 결선 계획을 철회하고 발리에서만 행사를 진행할 것이라 선언했다(Mecca 2013). 정부의 이러한 태도 변화가 이슬람 세력의 완전한 성공을 의미하지는 않는다. 하지만 국제대회 개최에 호의적인 태도가 인도네시아 정부와 사회에 존재했음을 고려해보면, 미스월드 개최지 변화는『플레이보이』폐간에 상응할 만한 결과물을 급진 세력이 얻어냈음을 의미했다.

미스월드 전개 과정은 경전 중심적 교리 해석에 부합하지 않는 생각과 행동의 표현이 용인될 수 없고, 이를 규제할 의무가 정부에게 있다는 식의 관점이 성적 표현의 자유를 바라보는 주도적 시각으로 자리 잡았음을 보여주었다. 성적 표현의 자유 이외의 문제와 관련된 급진 세력의 요구가 대중과 정부에 의해 수용된 경우가 극히 제한적임을 고려해보면, 경전 중심적 시각이 공적인 삶의 제영역에 적용될 환경이 형성되었다고 주장하기에는 무리가 있다. 하지만 하나의 영역으로 국한될지라도 급진주의적 요구가 관철될 수 있었다는 사실의 중요성은 간과될 수 없다. 이슬람화의 흐름이 지속되고 있는 상태에서 한 부문에서의 "성공"은 다른 부문으로 확대될 개연성을 가지고 있기 때문이다. 이런 면에서 미스월드 반대시위는 급진적 시각의 공론화 과정을 통해 인도네시아 사회의 다원주의적 경향, 사회문화적 관용도가 축소되고 있음을 보여준다.

미스월드 반대 투쟁에서 급진 세력이 이용한 전략은 대규모 대중집회였다. 이들이 선도한 대중집회에 중도 세력을 포함한 대중의 참여가 광범위하게 이루어짐으로써 정부에 대해 효과적인 압력을 행사할 수 있었다. 성적 표현의 자유라는 문제를 대상으로 공동의 전선을 형성했던 과거의 경험 역시 대중집회의 규모를 확대하고 지속하는 원동력이 되었다. 특히, 지역 수준에서 형성된 이슬람 단체 간 연합은 대중 동원력을 고양시킬 수 있다는 점에서 중요하며, 이는 미스월드 반대 투쟁 과정에도 적용되었다. 다음 장에서는 미스월드 시위를 촉발했던 보고르 이슬람 연합체를 대상으로 하여 그것의 형성과 의미에 대해 논의할 것이다.

4. 이슬람 단체의 대응 및 단체 간 연합

미스월드 대응 과정에서 여론의 관심을 가장 많이 받은 단체는 FPI와 MUI였다. 급진적 성향으로 인해 FPI가 미스월드에 반대하리라는 점은 쉽게 예상할 수 있었다. MUI의 경우 공식적 입장을 발표한 8월 이전에도 반대 의견이 보도되었는데, 이는 예술 분야와 국제 분야 위원회 위원장인 콜릴 리드완Cholil Ridwan과 무히딘 주나에디Muhyidin Junaedi의 의견이 MUI의 입장처럼 간주되었기 때문이었다.[19] 같은 이유로 인해 MUI의 공식 의견과는 차이 나는 견해가 MUI 소속 위원에 의해 표명되기도 했다.

---

19 콜릴 리드완은 급진주의 단체 DDII의 회장이었으며, 무히딘 주나에디는 무함마디야 소속이었다.

미스월드에 대해 가장 다양한 의견을 표출한 단체는 NU였다. 공식적으로 NU는 반대 입장을 표명했지만, NU 산하 조직 중 청년단체인 "안소르Ansor", NU와 긴밀하게 연결된 "인도네시아 무슬림 문화와 예술단체Lembaga Seni dan Budaya Muslim Indonesia", 그리고 민족각성당PKB: Partai Kebangkitan Bangsa가 찬성 입장을 표명했다(Khairul 2013; Saiful 2013). 또한 NU의 동부 자바 주지부는 미스월드 대회의 개최지 제한을 요구 조건으로 하여 조건부 찬성 입장을 발표했다(Adi 2013). 다른 이슬람 단체에서는 이러한 다양한 입장을 찾을 수 없었으며, 반대 의견을 단체의 입장으로 제시했다. 미스월드를 둘러싼 주요 이슬람 단체의 입장을 정리하면 아래와 같다.

[그림 3]에 제시된 것처럼 NU와 MUI에는 상이한 의견이 존재했지만, 이는 두 가지 이유로 인해 사회적 주목을 받지 못했다. 첫째, 찬성이나 제한적 찬성 의견을 제시한 집단이 조직 내에서 수적 열세에 놓여 있었다. 둘째, 이슬람을 대변하는 단체로 MUI와 FPI가 부각됨으로써 다른 의견은 제한적으로만 보도되었다.

그림 3　미스월드 대응의 스펙트럼(주요 이슬람 단체)

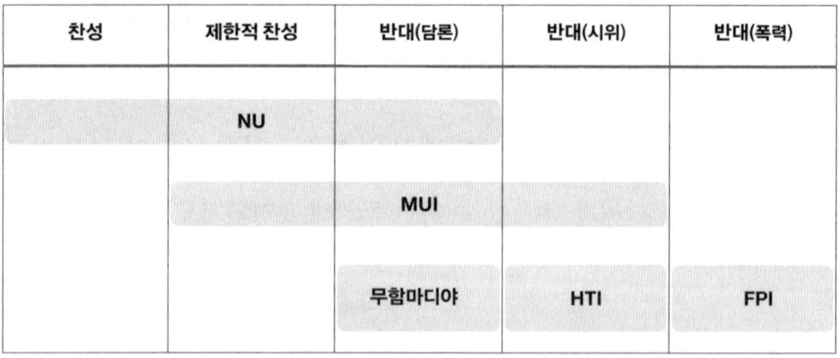

찬성	제한적 찬성	반대(담론)	반대(시위)	반대(폭력)
	NU			
		MUI		
	무함마디야	HTI		FPI

두 단체 중 MUI의 상황은 중요한 시사점을 내포한다. 급진 세력부터 중도, 진보(자유주의) 세력까지 다양한 종교적 지향을 가진 인물을 포함하는 MUI는 이념적 다양성을 단일화하는 역할을 수행하지만 이 과정에서 급진 세력의 목소리가 부각될 개연성이 높다. 이는 자기주장을 강경하게 표현함으로써 선명하게 전달할 수 있는 집단이 이들 급진 세력이기 때문이다. 이러한 조직적 특징으로 인해 MUI 내 의견 동조화가 급진화된 방향에서 이루어지는 경향이 나타났다.

이슬람 단체의 연합체가 다양한 입장을 급진화하는 방향으로 동조화할 수 있음은 보고르 이슬람 연합체의 미스월드 반대 선언으로 예시될 수 있다. 이를 위해서는 보고르에서 반대 성명을 발표한 장소가 "보고르 무슬림가족KMB: Keluarga Muslim Bogor"이라는 연합체의 13주년 결성 기념식이었던 데 반해, 반대 성명을 주도한 연합체가 "보고르무슬림공동체UIB"였다는 사실에 주목해야 한다.

2000년 보고르에서 결성된 KMB는 무슬림 형제애 강화를 목적으로 한 모임이었다.[20] 연합체에는 중도 조직부터 급진 조직까지 다양한 성향의 단체가 포진해 있었다. 중도적 단체로는 NU, 무함마디야, 아이시야 Aisyiyah(무함마디야 산하 여성단체), 뻐르시스 등의 보고르 지부, MUI, "종교도 간 화합 포럼FKUB: Forum Kerukunan Umat Beragama"[21]과 같이 정부의 지원을 받는 단체의 보고르 지부, 적십자사에 대응하는 이슬람권 단체 "적신월사"의 보고르 지부BSMB: Bulan Sabit Merah Bogor, 지역 수준에서 교육활동을 행하

---

20 KMB의 설립 목적과 활동은 다음의 인터넷 사이트에 제시되어 있다. http://keluargamuslimbogor. blogspot.kr/(검색일: 2015. 05. 10.)

는 중소규모 단체 "이슬람 사회를 위한 수니운동HASMI: Harakah Sunniyyah Untuk Masyarakat Islami", 그리고 민족수권당PAN: Partai Amanat Nasional, 통일개발당PPP: Partai Persatuan Pembangunan, 월성당PBB: Partai Bulan Bintang과 같은 이슬람 정당의 지부 등이 회원으로 포함되었다. 급진적 성향의 단체로는 HTI와 "이슬람공동체 포럼FUI: Forum Umat Islam "22의 지부, 지역에서 활동하는 중소규모 조직인 "무슬림 청년 간 연대 포럼Fos Armi: Forum Sillah Ukhuwah Antar Pemuda Muslim", "이슬람개혁운동Garis: Gerakan Reformis Islam "23 등이 KMB에 참여한 반면 급진 이슬람의 선도적 단체인 FPI와 DDII는 배제되었다. 수적으로 볼 때 중도 세력과 급진 세력이 균형 있게 포진한 형태를 취하며, 연합체의 활동 목적으로 이슬람 형제애를 강화할 네트워크 형성 및 상호 방문 증진, 이슬람 공동체의 이익 강화를 위한 정보 공유, 정부 정책에 대한 사회적 중재자로서의 역할 수행 등과 같은 중도적 목표가 표방되었다. 13주년 기념식의 의제 역시 이러한 성격을 드러내서, KMB의 운영위원으로 보고르 시장 선거에 입후보한 후보에 대한 지지 선언이 주요 의제 중 하나였다(Muslimdaily 2013).

창립 기념식과 시장 후보에 대한 지지가 주를 이루던 KMB 모임이 끝

---

21 FKUB는 종교도 간 대화와 화합을 촉진하려는 목적하에 설립된 단체로서, 공인된 종교의 대표자들을 주요 회원으로 포함한다. 종교 관련 건물 신축 시 협의 대상 중 하나로 규정됨으로써 최근 그 법적 지위가 강화된 FKUB는 보통 도kabupaten 단위까지 결성되어 있다. 종교도 간 연합체라는 성격으로 인해 보통 다원주의적이고 자유주의적인 교리 해석을 지지하는 이슬람 지도자들이 이슬람을 대표하는 회원으로 참석한다.

22 FUI는 급진단체가 연합하여 결성한 연합체로서 각종 항의 집회에 선도적으로 참여해왔다. FUI의 회장 마샤디Mashadi는 DDII의 회원이면서 PKS와도 연결되었으며, 그 설립자 역시 DDII의 회원이었다(Platzdasch 2013: 226 & 241).

23 Fos Armi와 Garis는 서부 자바에 근거를 둔 급진단체로서, Fos Armi는 자유주의 이슬람에 대한 반대, 급진 이슬람에 대한 정부의 탄압 반대 활동에 참여했으며, Garis는 최근 문제가 되는 "이슬람 국가Islamic State"에 충성 맹세를 하고 그 인도네시아 지부를 자청하기까지 했다. 이들 단체의 활동과 관련해서는 Arrahmah(2012)와 Bastiandy(2014)를 참조할 것.

그림 4 KMB와 UIB의 구성

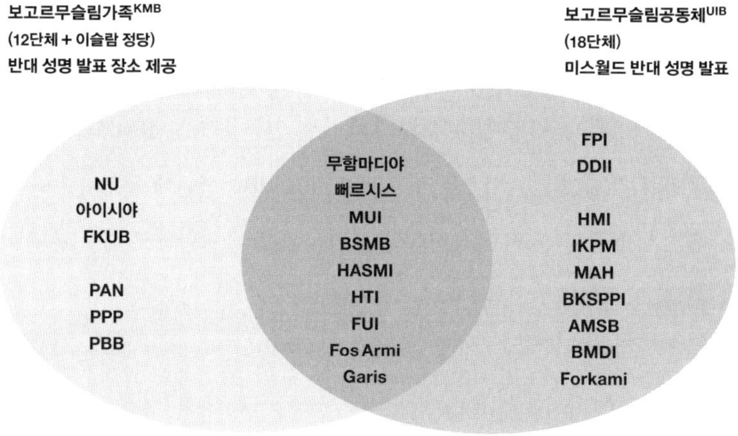

보고르무슬림가족[KMB]
(12단체 + 이슬람 정당)
반대 성명 발표 장소 제공

보고르무슬림공동체[UIB]
(18단체)
미스월드 반대 성명 발표

NU	무함마디야	FPI
아이시야	뻐르시스	DDII
FKUB	MUI	
	BSMB	HMI
PAN	HASMI	IKPM
PPP	HTI	MAH
PBB	FUI	BKSPPI
	Fos Armi	AMSB
	Garis	BMDI
		Forkami

출처 | Annida(2013)와 Saif(2013)에 기초하여 재구성.

난 후 UIB라는 제3의 단체가 등장하여 미스월드 반대 성명을 발표했다. 이것이 가능했던 이유는 KMB 회원 단체 중 상당수가 UIB에도 참여하고 있었기 때문이었다. 두 소속 단체의 구성을 정리해보면 [그림 4]와 같은 결과를 얻을 수 있다.

KMB와 UIB 모두에 속한 단체는 9개였으며, KMB에만 속한 단체가 6개(3개의 이슬람 정당 포함), UIB에만 속한 단체가 9개였다. 이를 다른 식으로 표현하면, KMB 소속 단체 중 6개가 UIB의 미스월드 반대 선언문에 서명하지 않았는데, 이들은 KMB 구성 단체 중 중도적 성격을 띠는 조직이었다.[24] 반면, UIB에만 소속된 단체에는 급진 이슬람을 상징하는 FPI

---

24 아이시야는 무함마디야 산하 여성단체이지만, 운영상의 자율권을 가지고 있어서 무함마디야와 상이한 입장을 취할 수 있었다.

와 DDII가 포함되었으며, 나머지 역시 급진적 성격을 띠는 지역 수준의 단체가 대다수였다.

UIB 선언문에 동조하지 않은 단체가 있었음에도 불구하고, 이러한 사실은 크게 주목받지 못했다. 오히려 대다수 언론 보도는 KMB와 UIB를 구분하지 않고 보고르의 이슬람 단체 모두가 반대 선언에 동조했음을 부각했으며, 일부 언론은 이러한 반대 선언을 주도한 연합체로 다음과 같이 KMB를 거론하기조차 했다(Annida 2013).

> 2013년 4월 6일에 개최된 KMB의 13주년 기념식에는 보고르 시 MUI, FKUB, 무함마디야, NU, 뻐르시스, 아이시야, HASMI, HTI, Fos Armi, Garis, BSMI, FUI, 그리고 PAN, PPP, PBB와 같은 이슬람 정당이 (…) 참석했다. 이들은 (…) (미스월드) 대회를 거부하는 성명서에 합의했다.

미스월드 반대 성명이 주로 이슬람 연합체라는 틀 내에서 이루어진 배경을 이해하기 위해서는 수하르또 퇴진 이후 민주화된 국면을 고려해야 한다. 이 시기 동안 과거와 비교할 수 없을 정도로 많이 출현한 신생 이슬람 단체는 소규모 회원으로 구성되었고 세력 확대를 도모할 방법이 제한적이었다. 따라서 기존의 대규모 단체가 포함된 연합체에 참여하는 것은 이들 단체가 형식적으로나마 기성 단체와 동등한 지위를 획득하고 자신을 과대 포장할 수단으로 작용할 수 있었다. 조직 외적으로 볼 때에는, 정치 활동 및 대중운동이 활성화된 사회적 분위기를 고려해야 한다. 이슬람 정당을 포함하여 다양한 정당이 설립되어 활동함에 따라 대표성을 띤 집단에 대한 정치적 수요가 증가했으며, 집단행동의 활성화에 따라 시위에 참여하는 단체 간 상호작용이 확대되었다. 이러한 상황에서 소규모 단체의 연합활동은 무슬림의 목소리를 대변하는 영향력 있는 조직체임을 드러낼 최적의 방식이었다.

미스월드 투쟁 과정에서 구성된 이슬람 연합체를 검토해보면, 인지도가 높은 이슬람 단체 역시 연합활동에 적극적이었음을 알 수 있다. 예를 들어 NU는 독자적으로 반대 의사를 표명하지 않은 채 13개 단체가 모여 결성한 "이슬람민간단체교류위원회"의 이름을 빌려 성명을 발표했다.[25] 이는 연합체를 통한 활동이 증가하는 추세에서 대규모 단체 역시 대표성의 문제를 고민하지 않을 수 없음을 시사하며, 이러한 필요는 자기 단체를 중심으로 한 연합체 결성을 촉진시켰다.[26]

연합체를 통한 활동은 이슬람 단체 내, 그리고 단체 간 다양성을 희석시키고 이를 단일한 목소리로 동조화하는 효과를 가져왔다. 이 과정에서 연합체를 구성하는 여러 세력 중 급진 세력의 입장이 보다 강하게 제기될 개연성이 높은데, 이는 조직 내 미스월드에 대한 다양한 목소리에도 불구

---

25 2012년에 설립된 LPOI은 13개 단체로 구성되어 있었는데, NU, 뻐르시스, 알이르샤드, 알이티하디야al-Ittihadiyah, 마트라울 안와르Matlaul Anwar, 아라비타 알알라위야Ar-Rabithah al-Alawiyah, 알와실리야al-Washliyah, 아지크라Az-Zikra, 사리깟 이슬람 인도네시아Syarikat Islam Indonesia, 뻐르사뚜안 이슬람 띠옹호아 인도네시아 Persatuan Islam Tionghoa Indonesia, IKADI, DDII가 그것이다. 결성 후 이들은 대통령과의 면담을 성사시켰으며, 이를 통해 인도네시아를 대표하는 조직으로서의 NU의 위상을 확고히 하고자 했다. 대통령과의 모임에 대해서는 Hisyam(2012)을 참조할 것.

26 연합체 결성에 상대적으로 많은 관심을 기울이지 않은 단체는 무함마디야이다. 무함마디야 하위 지부의 경우 지역 수준의 연합체에 소속되어 미스월드 반대 의견을 표현하기도 했지만, 중앙본부는 타 단체와 연대하지 않고 독자적으로 반대 의사를 표명했다. 이는 비대화된 조직으로 인해 신속한 의사결정이 쉽게 이루어질 수 없고 상대적으로 높은 자율성이 지부에 부여되어 있는 무함마디야의 조직적 특성에 기인한 듯하다.

하고 반대 의견이 공식 의견으로 채택된 NU의 경우를 통해 알 수 있다.

이슬람 연합체는 앞 장에서 검토한 성적 표현의 자유 축소, 사회문화적 관용도의 하락에 상응하는 조직상의 변화라 할 수 있다. 급진적 의견이 대표 입장으로 수렴될 가능성이 높은 연합체 활동이 증가함에 따라 급진적 시각이 보다 광범위하게 수용될 기반이 강화되었으며, 나아가 이를 집합적으로 표현할 대중적 움직임이 보다 효과적으로 전개될 수 있었다.

5. 맺으며

인도네시아 무슬림 사회에서 경전 중심적 교리 해석이 강화되었고 이는 종교적, 사회문화적 관용의 축소로 이어졌다는 주장이 제기되어 왔다 (Crouch 2012; Hamayotsu 2013: 659; Mietzner 2012: 123). 급진주의 단체의 자경주의적 테러 및 대규모 집회, 급진적 이슬람 정당의 활성화는 인도네시아인의 삶을 특징짓는 요소로 한때 강조되었던(Anderson 1965) 종교적 화합이나 관용의 감소를 보여주는 사례로 해석되었다.

미스월드 개최에 대한 반대 역시 종교적 다원성을 인정하지 않으려는 태도에 기인했다. 급진적 성향뿐만 아니라 중도적 성향의 이슬람 단체 모두 인구의 절대다수가 무슬림이라는 현실이 공적으로 인정되어야 한다는 데 목소리를 같이했으며, 자유로운 성적 표현이 이슬람식 가치에 위배되는 것으로 국가에 의해 통제되어야 한다고 주장했다.

하지만 본문에서 지적한 것처럼 급진 세력의 집단행동에 대한 대중적 호응이 주로 성적 표현의 문제와 관련되었다는 사실은 간과할 수 없다. 지난 몇 년 동안 지속된 아흐마디야[Ahmadiyya] 섹트에 대한 공격이 소수의 급진 단체에 의해 주도되었을 뿐 광범위한 대중적 참여를 이끌어내지 못했다는 사실 역시 종교적 관용의 감소가 전방위적으로 발생하지 않았음을 보여준다. 따라서 성적 표현의 자유와 같이 특정한 문제에 대한 무슬림의 시각과 대응에 뚜렷한 변화가 발생했다고 평가하는 것이 보다 적절하다.

성적 표현의 자유를 문제시하는 시위에 대중적 참여가 이루어진 이유는 그것이 일반인의 공감을 보다 쉽게 얻어낼 수 있는 도덕적 문제와 관련되었기 때문이다. 이 문제와 관련된 집합적 대응이 지속됨에 따라 대중 참여를 보다 용이하게 이끌 조직적 기반이 확립되었다는 점 역시 강조되어야 한다. 중도적 단체와 급진적 단체의 연합체적 활동은 급진화된 방향으로의 의견 동조화를 촉진하고 대중 참여의 외연을 확장시킬 수 있었다.

성적 표현의 자유를 억압하는 집단행동에 대중이 참여하고 이슬람 집단 간 연대가 구축되었다는 사실은 1970년대 후반 이후 지속된 이슬람화의 영향력이 공적 영역으로 확산될 교두보가 확보되었음을 시사한다. 이와 관련해 검토해야 할 문제는 미스월드 반대의 경우와 유사한 집합적 대응이 다른 사회문화적, 종교적 문제를 대상으로 적용될 수 있느냐이다. 이슬람을 희화화하거나 모독하는 사건에 대한 대응은 성적 표현의 자유와 유사하게 급진과 중도 세력을 포함하는 광범위한 이슬람 집단의 반대를 불러일으키는 문제로 확립되었다(김형준 2013: 190~193). 반이슬람적 담론 이외에도 반이단, 반기독교, 반서구, 친^親샤리아적 시각이 급진주의 세력에 의해 지속적으로 제기되어 왔음을 고려한다면, 이러한 이슈의 공론화 및 그에 대한 집합적 대응 여부는 향후 이슬람화의 진행 방향을 가늠할 중요한 자료를 제공해줄 것이다.

참고 문헌

김형준. 2006. "플레이보이와 인도네시아 이슬람". 『동아시아브리프』 1(3): 66~71쪽.

_____ . 2009. "인도네시아의 이슬람 급진주의: 역사적 전개과정과 이념적·실천적 특성". 『동남아시아연구』 19(2): 57~91쪽.

_____ . 2012. "인도네시아 이슬람 조직의 구조와 특성: 엔우와 무함마디야를 중심으로". 『동남아시아연구』 22(2): 95~131쪽.

_____ . 2013. "이슬람부흥의 전개와 영향: 인도네시아의 사례". 『동남아시아연구』 23(3): 181~215쪽.

Abdul, Wahid. 2013. "MUI Tegas Menolak Miss World 2013." http://www.muslimdaily. net/berita/nasional/mui-tegas-menolak-miss-world-2013.html (검색일: 2015. 04. 20.)

Adi. 2013. "Miss World 2013: NU Jatim Serukan Lokalisir Di Bali Saja." http://bandung. bisnis.com/read/20130908/34238/426743/miss-world-2013-nu-jatim-serukan-lokalisir-di-bali-saja (검색일: 2015. 04. 17.)

Alfiah. 2011. "Peranan Badan Kontak Majelis Ta'klim (BKMT) Kota Pekanbaru dalam Pengembangan Pendidikan Non Formal Keagamaan dan Non Keagamaan." *Kutubkhanah: Jurnal Penelitian Social Keagamaan* 14(1): pp. 88~106.

Allen, Pam. 2007. "Challenging Diversity?: Indonesia's Anti-Pornography Bill." *Asian Studies Review* 31: pp. 101~115.

Anderson, Benedict. 1965. *Mythology and the Tolerance of the Javanese*. Ithaca: Modern Indonesia Project, Cornell University.

Annida, Ummah. 2013. "Miss World Merusak Bangsa." http://www.republika.co.id/ berita/jurnalisme-warga/wacana/13/04/18/mlfcxh-miss-world-merusak-bangsa (검색일: 2015. 04. 11.)

Arrahmah. 2012. "Pernyataan Dukungan Fos Armi untuk FPI." Arrahmah.com. February 19. http://www.arrahmah.com/read/2012/02/19/18200-pernyataan-dukungan-fos-armi-untuk-fpi.html (검색일: 2015. 06. 11.)

Bastiandy, Benny. 2014. "Ketua Umum Garis Mengaku Pimpinan ISIS Indonesia." Inilahkoran.com August 7. http://m.inilah.com/news/detail/2125572/ketua-umum-garis-mengaku-pimpinan-isis-indonesia (검색일: 2015. 06. 11.)

Bilal. 2012. "FPI: Restui Miss World 2013 di Jakarta, Ahok seperti Mucikari." http://www.

arrahmah.com/read/2012/10/05/23725-fpi-restui-miss-world-2013-di-jakarta-ahok-seperti-mucikari.html# (검색일: 2015. 04. 20.)

Bruinessen, Martin. 2002. "Genealogies of Islamic Radicalism in Post-Suharto Indonesia." *Southeast Asia Research* 10(2): pp. 117~154.

Crawford, Mary et al. 2008. "Globalizing Beauty: Attitudes toward Beauty Pageants among Nepali Women." *Feminism & Psychology* 18(1): pp. 61~86.

Crouch, M. 2012. "Law and Religion in Indonesia: The Constitutional Court and the Blasphemy Law." *Asian Journal of Comparative Law* 7: pp. 1~46.

Daniels, Timothy. 2007. "Liberals, Moderates and Jihadists: Protesting Danish Cartoons in Indonesia." *Contemporary Islam* 1: pp. 231~246.

Dow, Bonnie. 2003. "Feminism, Miss America, and Media Mythology." *Rhetoric and Public Affairs* 6(1): pp. 127~160.

Federspiel, Howard M. 2009. *Persatuan Islam: Islamic Reform in Twentieth Century Indonesia.* Jakarta: Equinox Publishing.

Gusti, Putra. 2013. "Ribuan FPI Lombok Menyeberang ke Bali, Siap Perang Puputan." http://popbali.com/ribuan-fpi-lombok-menyeberang-ke-bali-siap-perang-puputan/ (검색일: 2015. 04. 17.)

Hamayotsu, Kikue. 2013. "The Limits of Civil Society in Democratic Indonesia: Media Freedom and Religious Intolerance." *Journal of Contemporary Asia* 43(4): pp. 658~677.

Hasanudin, Aco. 2013. "PKS Setuju MUI Tolak Pelaksanaan Miss World 2013 di Indonesia." http://www.tribunnews.com/nasional/2013/08/31/pks-setuju-mui-tolak-pelaksanaan-miss-world-2013-di-indonesia (검색일: 2015. 04. 11.)

Heiduk, Felix. 2012. "Between a Rock and a Hard Place: Radical Islam in Post-Suharto Indonesia." *International Journal of Conflict and Violence.* 6(1): pp. 26~40.

Hisyam, Dien. 2012. "PBNU Kumpulkan 13 Ormas Islam, Untuk Apa? Menandingi Siapa?" http://www.globalmuslim.web.id/2012/06/pbnu-kumpulkan-13-ormas-islam-untuk-apa.html (검색일: 2015. 04. 17.)

Hizbut Tahrir. 2013. "Audiensi Muslimah HTI DPD II Kota Surakarta ke Majelis Ulama Indonesia Surakarta." http://hizbut-tahrir.or.id/2013/07/16/audiensi-muslimah-hti-dpd-ii-kota-surakarta-ke-majelis-ulama-indonesia-surakarta/ (검색일: 2015. 04. 10.)

Ichwan, Nur. 2013. "Towards a Puritanical Moderate Islam: The Majelis Ulama Indonesia and the Politics of Religious Orthodoxy." Martin van Bruinessen (ed.), *Contemporary Developments in Indonesian Islam: Explaining the Conservative Turn.* Singapore: Institute of Southeast Asian Studies.

Ika Ningtyas. 2013. "Tolak Miss World, FPI Demo di Penyeberangan Bali." http://seleb.tempo.co/read/news/2013/09/13/219513020/tolak-miss-world-fpi-demo-di-penyeberangan-bali (검색일: 2015. 04. 13.)

Islampos. 2013. "Dukung Kontes Miss World, Ahmad Heryawan Dikecam." https://www.islampos.com/dukung-kontes-miss-world-ahmad-heryawan-dikecam-51727/ (검색일: 2015. 04. 10.)

Jahroni, Jajang. 2008. *Defending the Majesty of Islam: Indonesia's Front Pembela Islam 1998-2003.* Bangkok: Silkworm Books.

Jamhari & Jahroni, Jajang. 2004. *Gerakan Salafi Radikal di Indonesia.* Jakarta: Pt RajaGrafindo Persada.

Jakarta Post. 2008a. "Hard-liners Ambush Monas Rally." June 02. http://www.thejakartapost.com/news/2008/06/02/hardliners-ambush-monas-rally.html (검색일: 2015. 04. 10.)

_____. 2008b. "Police Arrest FPI Members over Monas Incident." June 04. http://www.thejakartapost.com/news/2008/06/04/police-arrest-fpi-members-over-monas-incident.html (검색일: 2015. 04. 10.)

Khairul, Anam. 2013. "PKB Dukung Miss World, Alat Diplomasi Budaya." http://nasional.tempo.co/read/news/2013/09/06/058511058/pkb-dukung-miss-world-alat-diplomasi-budaya (검색일: 2015. 04. 17.)

Kolig, Erick. 2005. "Radical Islam, Islamic Fervour, and Political Sentiments in Central Java, Indonesia." *European Journal of East Asian Studies* 4(1): pp. 55~86.

Liddle, William. 1996. "Media Dakwah Scripturalism: One Form of Islamic Political Thought and Action in New Order Indonesia." William Liddle. *Leadership and Culture in Indonesian Politics.* Sydney: Allen & Unwin.

Magnis-Suseno, Franz. 2013. "Christian and Muslim Minorities in Indonesia: State Policies and Majority Islamic Organizations." Mirjam Kunkler and Alfred Stepan (eds.)

Democracy & Islam in Indonesia. New York: Columbia University Press.

Mecca, Gorda. 2013. "Closing Miss World Di Sentul, Batal." http://www.spektanews. com/2013/09/closing-miss-world-di-sentul-batal.html?m=1 (검색일: 2015. 04. 17.)

Mietzner, M. 2012. "Indonesia: Yudhoyono's Legacy between Stability and Stagnation." *Southeast Asian Affairs 2012*. Singapore: Institute of Southeast Asian Studies.

Miss World. 2013. "Beach Fashion Finalists Photo Shoot." http://www.missworld.com/ News/2013-09-16/Beach-Fashion-Finalists-Photo-Shoot/ (검색일: 2015. 08. 10.)

Muslimdaily. 2013. "Milad Keluarga Muslim Bogor ke 13, Menentang Pemurtadan Hingga Solidaritas Palestina." http://www.muslimdaily.net/berita/nasional/milad-keluarga-muslim-bogor-ke-13-menentang-pemurtadan-hingga-solidaritas-palestina.html (검색일: 2015. 04. 16.)

Patung. 2006. "Debate on Morality Bill." http://www.indonesiamatters.com/214/debate-on-morality-bill/ (검색일: 2015. 04. 10.)

Pausacker, Helen. 2012. "Playboy, the Islamic Defenders' Front and the Law: Enforcing Islamic Norms in Post-Soeharto Indonesia?" *Australian Journal of Asian Law* 13(1): pp. 1~20.

_____. 2014. "Indonesian Beauty Queens: Embodying Ethnicity, Sexual Morality and the Nation." Linda Bennett & Sharyn Davies (eds.) *Sex and Sexualities in Contemporary Indonesia: Sexual Politics, Health, Diversity and Representation*. Oxen & New York: Routledge.

Platzdasch, Bernhard. 2013. "Religious Freedom in Contemporary Indonesia: The Case of the Ahmadiyah." Hui Yew-Foong (ed.), *Encountering Islam: The Politics of Religious Identities in Southeast Asia*. Singapore: ISEAS pp. 218~246.

Qathrunnada. 2013. "Ribuan Massa FUI Kembali Gelar Aksi Tolak Miss World." http://www.kiblat.net/2013/09/06/ribuan-massa-fui-kembali-gelar-aksi-tolak-miss-world/ (검색일: 2015. 04. 17.)

Quriesh, Medore. 2013. "MUI Tolak Pemilihan Miss World 2013." http://mui.or.id/mui/homepage/berita/berita-singkat/mui-tolak-pemilihan-miss-world-2013.html (검색일: 2015. 04. 10.)

Ricklefs, M.C. 2012. *Islamisation and Its Opponents in Java: A Political, Social, Cultural and*

Religious History, c. 1930 to the Present. Honolulu: University of Hawai'i Press.

Ramadhian, Fadillah. 2013. "Berpegang Fatwa MUI, Menteri Agama Tolak Miss World." http://www.merdeka.com/peristiwa/berpegang-fatwa-mui-menteri-agama-tolak-miss-world.html (검색일: 2015. 04. 10.)

Saif, Al Battar. 2013. "Pernyataan Sikap Umat Islam Bogor untuk Menolak Acara Miss World 2013." http://www.arrahmah.com/news/2013/04/08/pernyataan-sikap-umat-islam-bogor-untuk-menolak-acara-miss-world-2013.html (검색일: 2015. 04. 10.)

Saiful, Bahri. 2013. "Karena Dukung Miss World, Lesbumi dan GP Ansor Akan Kena Sanksi PBNU." http://www.dakwatuna.com/2013/09/07/38995/karena-dukung-miss-world-lesbumi-dan-gp-ansor-akan-kena-sanksi-pbnu/#axzz3iQIqHkBh (검색일: 2015. 04. 17.)

Shodiq, Ramadhan. 2013. "Umat Islam Menolak Miss World." http://www.suara-islam.com/read/tab/185/-Umat-Islam-Menolak-Miss-World (검색일: 2015. 04. 10.)

Simanjuntak, Laurencius. 2012. "FPI Beli Tiket Konser Lady Gaga." Merdeka. May 21. http://www.merdeka.com/peristiwa/fpi-beli-tiket-konser-lady-gaga.html (검색일: 2015. 04. 17.)

Suara Merdeka. 2006. "Gus Dur Tolak Pornografi, Tapi tanpa UU." Suara Merdeka. June 25. http://www.suaramerdeka.com/cybernews/harian/0606/25/nas10.htm (검색일: 2015. 04. 15.)

Syailendra. 2013. "Tolak Miss World, FPI: Bali Itu Bagian Indonesia." http://nasional.tempo.co/read/news/2013/09/04/078510377/tolak-miss-world-fpi-bali-itu-bagian-indonesia (검색일: 2015. 04. 17.)

Vania, Larissa. 2013. "FPI Siap Bubarkan Miss World 2013." http://www.kapanlagi.com/showbiz/selebriti/fpi-siap-bubarkan-miss-world-2013-34e70d.html (검색일: 2015. 04. 17.)

Wahyoe, Boediwardhana and Blontank, Pour. 2006. "Muslims Rally against Proselytization of Porn." *The Jakarta Post.* April 9. http://www.thejakartapost.com/news/2006/04/09/muslims-rally-against-proselytization-porn.html#sthash.hyqkwkMx.dpuf (검색일: 2015. 06. 15.)

Weintraub, Andrew. 2008. "Dance Drills, Faith Spills: Islam, Body Politics, and Popular

Music in Post-Suharto Indonesia." *Popular Music* 27(3): pp. 367~392.

Widjaja, Henky. 2012. "Convenient Thugs." *Inside Indonesia* 109. http://www. insideindonesia.org/convenient-thugs (검색일: 2015. 06. 10.)

Wildan, Muhammad. 2013. "Mapping Radical Islam: A Study of the Proliferation of Radical Islam in Solo, Central Java." Martin van Bruinessen (ed.) *Contemporary Developments in Indonesian Islam: Explaining the Conservative Turn.* Singapore: Institute of Southeast Asian Studies.

Wilson, Ian. 2006. "Continuity and Change: The Changing Contours of Organized Violence in Post-New Order Indonesia." *Critical Asian Studies* 38(2): pp. 265~297.

_____ . 2014. "Morality Racketeering: Vigilantism and Populist Islamic Militancy in Indonesia." Khoo Boo Teik, Vedi Hadiz & Yoshihiro Nakanishi (eds.) *Between Dissent and Power: The Transformation of Islamic Politics in the Middle East and Asia.* IDE-JETRO and Murdoch University.

현대 말레이시아에서의 전통예술과
이슬람화의 문화적 의미

홍석준

말레이시아의 민요 디끼르바랏, 방사완, 와양꿀릿을 중심으로

1. 들어가며

이 연구의 목적은 말레이시아를 대상으로 "전통의 부흥the revival of tradition"[1]이라는 현상을 전통예술, 특히 말레이 민요folk song의 이슬람과의 관련 속에서 말레이 전통예술과 이슬람화의 문화적 의미를 이해하기 위한 것이다. 말레이시아는 동남아시아에 속하는 나라로서, 19세기 말경부터 20세기 중반에 이르기까지 영국의 식민지배를 경험했고, 그 과정에서 예전부터 별다른 의문 없이 막연하게 "전통"이라 불리던 대상에 대한 인식이나 태도의 측면에서 급격한 변화를 겪었다. 근대의 시기라 일컫는 20세기에 접어들면서 말레이시아의 사회구조와 문화체계는 서구와 자국, 서구적인 것과 토착적인 것, 식민주의와 민족주의, 전통과 근대 등의 대립적 구도의 영향 아래에서 총체적인 변화를 경험하게 되었다. 근대 이후에 말레이시아 사회에서는 탈근대의 욕구와 근대적인 전통 사이에서 자신의 역사와 문화의 굴절과 파행을 경험하면서 나름대로의 독자적인 문화, 예컨대 "말레이시아적인 것" 또는 "말레이시아다움Malaysianess"이라는 정체성을 회복하고 이를 활성화하려는 강력한 사회적 압력이 작용할 수밖에 없는 사회문화적 환경이 조성되기 시작한 것이다. 독자적이면서 고유한 문화적 원형과 토착문화에 대한 향수와 그것의 부흥이라는 상징적 체계는 근대 이후의 말레이시아를 특징짓는 또 하나의 독특한 문화 현상으로 자리

---

[1] 이것은 여러 용어로 번역되어 사용될 수 있다. 예컨대 홉스봄과 랑거(Hobsbaum and Ranger et al. 1983)는 "전통의 발명the invention of tradition"이라는 용어를 고안해내 전통의 의미를 해석한 바 있고, 이와 거의 같은 의미로 "전통의 활성화the revitalization of tradition"라는 용어를 사용하기도 한다(김광억 1992, 1997). 여기서는 전통이 현대적 맥락에서 새로운 의미로 해석, 재해석된다는 의미에서 이 용어를 "전통의 부흥"으로 번역해 사용하기로 한다.

잡았다고 할 수 있다.

이러한 문제의식을 바탕으로 이 글에서는 1920년대 말레이시아(당시에는 말라야Malaya로 불렸다.) 사회에 급격한 사회변동을 발생시켰던 전통문화에 대한 관심이 영국과 일본의 식민지배 시대 이후 1957년 독립을 성취하면서 국가건설nation building을 위한 민족통합national unity을 목표로 다양한 종족집단ethnic groups 사이의 조화와 화합을 추구하는 과정에서 잠시 "잠복하거나 숨겨져 있었던 전통hidden tradition"으로 생각된 전통예술을 다룬다. 특히 민요는 1970년대 이슬람화의 움직임과 함께 급속하게 확산되어 1990년대를 거쳐 최근에 이르기까지 일종의 "문화적 신드롬cultural syndrome"이라 불릴 정도로 말레이시아 사회 전반에 걸쳐 급격한 변화를 가져왔는데, 이 글은 이러한 "전통의 부흥" 문제를 다룬다(Tan 2005; Pillai 2004). 이러한 문제 제기를 통한 말레이시아 민요에 대한 이론적 관심과 실천은 전통음악으로 대표되는 민요를 포함한 전통의례와 민속이 현대적 맥락에서 여가와 소비생활, 관광 등의 문화적 장치로 인해 어떤 과정을 거쳐 그 특징과 의미가 변화되며, 그것이 말레이시아의 문화적 다양성과 정체성과는 어떠한 관계가 있는지를 고찰하는 데 중요한 시사점을 던져줄 것으로 기대된다(Stokes 1994: 4).[2]

최근에 자기의 고유한 문화에 대한 말레이인들의 관심은 민요의 활성화를 포함한 전통 민속과 의례에 대한 인식의 변화와 맞물리면서 급속도로 증대되고 있다. 특히 이슬람 부흥과 같은 "전통의 부흥" 등 전통에 대한 관심이 부쩍 증대하고 있으며, 전통을 올바르게 이해하고자 하는 인식도 증대하기 시작했다. 전통의례에 대한 관심이 급증한 것도 이와 맥을 같이한다. 전통문예, 예술, 또는 의례에 대한 관심이 부쩍 늘게 된 가장 중요한 계기는 1992년 "말레이시아 방문의 해$^{Tahun\ Merawati\ Malaysia}$"를 맞이하여 관광을 진흥할 목적으로 각 지방의 전통의례를 활용한 관광 및 특정 지역의 개발에 관한 법률을 제정한 일이다. 이후 매 4년마다 "말레이시아 방문의 해"를 주요 슬로건으로 하여 민요를 비롯한 전통문화의 요소들을 관광을 위한 문화적 자원으로 활용함으로써 지역의 사회, 문화, 경제의 활성화를 도모하고 있다. 정부 차원에서 전통음악의 관광자원화를 적극 추진하고 있는 것이다.

말레이시아에서 전통예술의 부흥 문제에 관한 논의를 문화적 맥락 내에서 담론화하기 위해서는 우선 보다 근본적인 질문을 제기할 필요가 있다. 다문화사회$^{multicultural\ society}$로서의 말레이시아에서 말레이 문화가 차지하는 비중은 어떠하며, 말레이 사회와 문화의 환경 속에서 전통이란 과연 무엇이며, 그것이 의미하는 바는 과연 무엇인가? 물론 이 질문을 접한 사람들은 대체로 디끼르바랏$^{dikir\ barat}$(인도 음악의 영향을 받은 말레이 전통민요)과 방사완^{bangsawan}(전통적인 말레이 오페라), 와양꿀릿$^{wayang\ kulit}$(그림자 연극), 막용^{makyong}(주술적 성격이 강한 말레이 전통의례), 마인뿌떼리$^{main\ puteri}$(말레

---

2   여기서는 전통이란 하나의 실체로 존재하는 "순수한" 것이 아니라 특정의 사회적 맥락 속에서 끊임없이 변화하는 것으로 규정하고자 한다. 특히 현대사회에서는 전통문화라는 것이 탈구조적 사회체계, 또는 후기 자본주의적 경제 질서에 의해 지속적으로 재생산되는 문화적 매개$^{cultural\ media}$를 통해 끊임없이 구성되거나 새로이 변화되는 "전통의 부흥" 현상으로 간주될 수 있는 사회적 분위기가 형성된다. 예컨대 관광은 전통문화라는 것에 영향을 미치고 전통문화 역시 관광의 요구에 따라 변화하지 않으면 안 되는 상황이 만들어지는 것이다. 따라서 전통과 현대, 이 양자 간의 관계는 서로 독립된 실체로 존재하는 것이 아니라 끊임없이 상호작용하는 문화현상의 일부를 구성하고 있다고 보아야 할 것이다(Dirlik 2007: 10~11). 이러한 관점은 전통 또는 전통문화를 하나의 수동적이고 고정된 실체로 존재하는 "순수한 그 무엇"으로 간주하는 정태적인 시각을 벗어나게 하는 데 도움을 준다.

이 왕족이나 귀족들이 즐겼던 전통의례), 실랏^{silat}(전통무예로서 일종의 호신술) 등을 먼저 떠올릴 것이다. 이것들은 분명히 말레이 전통의 일부라고 할 수 있다. 그러나 이들 중 어느 부분을, 또 어떤 측면을 전통이라 부를 수 있을까? 그리고 전통의 시간적 범주는 어떻게 설정해야 하며, 그것의 적실성을 확보하기 위해선 전통의 시간 설정과 현대와의 연속성 또는 단절을 어떠한 기준에 의해 만들어내야 할 것인가 등의 문제가 제기될 수 있다.

21세기에 접어들면서 말레이시아 정부에서는 말레이 전통의례의 부흥에 특별한 관심을 기울이고 있다.[3] 말레이 전통의례가 전통문화재의 일부로 인식되면서 어떠한 사회문화적 맥락에서 전통이 부흥하며 그러한 현상을 어떻게 이해할 것인가에 대한 관심이 늘고 있는 것은 주목할 만한 사실이다.

그러나 무엇이 말레이 문화의 전통인지, 또한 말레이시아의 문화적 전통의 범위를 어디까지 설정할 것인지, 전통이 말레이시아 사람들에게 무엇을 의미하는지 등에 대한 연구 성과들은 거의 없는 편이다. 기존의 연구들은 주로 전통문화의 성격이 긍정적인 것인지 부정적인 것인지를 고찰하는 수준에 머물고 있으며, 그것들은 대부분 전통 또는 전통문화를 정태적이고 수동적이며 동질적인 실체로 간주하는 경향을 보이고 있다. 그러나 과연 전통이라는 것이 정말 "순수하고 불변의 원형을 지닌" 문화현상의 일부로 간주될 수 있는 것인가? 그리고 전통이라 불리는 것이 왜

---

3   예컨대, 말레이시아 정부에서는 와양꿀릿을 주요 무형문화재로 지정함으로써 말레이인의 문화적 정체성
    뿐만 아니라 말레이 예술의 특성을 이해할 수 있는 중요한 문화적 자원으로 만들고 있으며, 이를 관광산업
    발전에 적극 활용하고 있다.

최근에 와서 다시 관심과 주목의 대상으로 떠오르는 것일까? 이러한 의문으로부터 이 논문을 위한 기본적인 문제 제기와 연구의 방향이 정해졌다고 볼 수 있다.

오늘날 민요를 포함한 전통음악을 통해 재현되는 특정 장소 또는 현장이라고 할 수 있는 전통의례는 문화관광^{cultural tourism}을 장려하기 위한 훌륭한 관광자원으로 각광을 받고 있다. 그리고 그것은 현재 말레이시아 지역에서 고조되고 있는 전통의 부흥 문제, 즉 잊혀가는 문화유산의 현대적 구성을 위한 정책적 고려에서 출발하여 자신의 정체성을 확립, 강화하려는 시도로서, 일종의 말레이 정체성의 확립과 관련된 문화현상으로 인식되고 있다(홍석준 1993, 1997; Stokes 1994). 그중 대표적인 것으로 디끼르바랏과 방사완, 와양꿀릿 등을 들 수 있다. 이것들은 최근에 무형문화재로 지정되어 관광객을 상대로 말레이 전통의례의 한 형태를 보여주는 관광자원으로 이용되고 있다. 현재의 디끼르바랏과 방사완 그리고 와양꿀릿은 관광을 매개로 관광이 활성화되기 이전과는 매우 다른 형태로 존속되고 있다. 오늘날 말레이시아 사회에서 관찰되는 전통의 부흥 현상은 총 인구 2,800만 명(2008년 통계 기준) 중에서 극히 일부를 차지하는 오랑 아슬리^{orang asli}라 불리는 토착민들을 포함하여 사회 전체의 약 60퍼센트를 점할 정도로 다수를 형성하고 있으면서도 현실 세계에서 경제적, 사회적, 문화적 자원이나 자원에 대한 통로가 제한된 말레이인들이 자신의 역사적 경험에 대한 기억과 역사의식을 의례 또는 예술의 형식을 통해 조작적으로 재현, 또는 활용하고 있다는 의미에서 일종의 문화운동이라고 볼수 있을 것이다(Bujang 1987).[4]

여기서는 말레이인들이 근대 이후의 역사적 경험에 대해 국가 또는 민족 단위의 맥락에서 어떠한 의미를 부여하는지를 살펴봄으로써 근대의 역사적 경험에 대한 이해를 모색하고자 한다. 특히 전통문예 또는 전통예술에 대한 말레이인들의 관심의 높고 낮음을 국가의 정책과 이에 대한 일반 국민들의 반응을 중심으로 살펴봄으로써 "전통의 부흥"을 둘러싸고 국가와 국민 사이에 생겨나는 갈등과 대립의 문화적 의미를 밝혀보고자 한다.

이러한 갈등과 대립의 현상은 말레이인들이 주기적으로 국가에 의해 유도된 이념의 흐름에 크게 영향을 받으면서도 그 과정에서 때로 국가정책이나 이념에 저항적이거나 순치되지 않은 반응을 보임으로써 스스로에게 부과된 이념적, 구조적 통제에 대해 능동적이고 적극적인 반응을 보일 수 있음을 의미하는 것이다. 즉 특정의 국가시책으로 연출되는 "정치적 드라마political drama"에 대해 국민들은 방관자적 자세를 가지고 단순히 구경만 하는 구경꾼이 아니라 스스로 적극적인 조작적 행동을 통해 그러한 정치적 드라마의 정체를 밝혀내는 작업을 시도할 수 있는 주체라고 할 수 있다(김광억 1992, 1997). 따라서 이 글은 말레이 노래를 매개로 하여 말레이시아 역사의 주체로서 스스로의 "역사 만들기making history"를 통해 자신을 만들어가는 말레이인들의 역사적 경험을 재해석하기 위한 학술적 시도의 일환이기도 하다.

---

4   말레이시아는 2008년 말 기준으로 약 2,800만 명의 다양한 인구로 구성되어 있다. 이와 같이 다종족 사회인 말레이시아에는 화인들이 약 30퍼센트를 차지하고 있고, 인도계가 10퍼센트 미만을 유지하고 있다. 총 인구의 약 60퍼센트의 말레이인들 중에는 다른 종족집단보다 약 4,000년 전에 이곳에 정착한 것으로 알려진 오랑 아슬리라 불리는 토착민들이 있다(Nasaruddin 1992, 2009).

2. 말레이시아 전통예술 세계의 특징과 의미: 말레이 음악을 중심으로

1920년대 영국 식민주의로 인한 지배질서의 확립과 성장은 식민지 국가 권력에 의해 말레이 사회의 일상생활에 대한 통제와 간섭이 이전에 비해 더욱 강화되고 교묘해지고 있음을 의미한다. 말레이시아는 당시에 식민 정부의 간접통치의 지배하에 놓이게 됨으로써 사회문화적인 측면에서 급격한 변혁이 이루어졌다. 말레이 사회에서 이슬람교와 전통관습^{Agama} $^{Islam\ dan\ Istiadat}$은 정치와 행정, 그리고 다른 물적 구조에 대한 통제를 식민정 부에 빼앗긴 대신 말레이인들이 확보한 대체물이었다. 식민정부의 간섭 과 통제가 거세어지자 말레이인들은 자신의 문화적 정체성을 위한 상징 으로 이슬람과 전통관습을 내세우며 식민정부에 대항했다(Cartens 1986).

근대 초기의 전통이 오늘날에 다시 문화적 신드롬의 현상으로 나타나 는 이유는 무엇인가. 과거에 대한 기억을 되살리는 것은 단순히 과거의 기억을 되살려내는 과정이 아니라 그것을 만들고 얽어서 특정의 이야기 를 만드는 의도적인 작업 과정이다. 전통에 대해 이야기하고 관심을 기울 이는 것은 전통에 하나의 공식적인 자기들만의 역사로서의 의미를 부여 하는 것이다. 최근에 디끼르바랏과 방사완, 와양꿀릿 등과 같은 전통예 술의 일부로 민요에 대한 관심이 각별해진 데에는 그럴 만한 이유가 있다. 그것은 관습화되었던 것의 반복을 통해 말레이인의 역사를 기억이라는 형식으로 새롭게 구축할 수 있다고 믿기 때문인 것으로 풀이된다(Bujang 1987). 따라서 최근에 전통예술에 대한 말레이시아 정부와 말레이인들 사 이에 나타나는 긴장 또는 대립 관계는 말레이 정체성의 확립으로 민족통 합을 달성하려는 국가의 의도와 그에 대한 일반인들의 반응 사이의 긴장의 문화적 의미를 이해하는 데 중요한 단서를 제공한다(Brennan 2001).

기본적으로 말레이시아의 전통음악은 놋쇠로 만든 공^{gong} 종류의 유율 타악기를 중심으로 구성된 가믈란^{Gamelan} 음악[5]으로 통칭된다. 독특한 음색을 갖고 있는 다양한 타악기들로 이루어진 가믈란 음악은 말레이시아와 인도네시아를 중심으로 발달되어 왔다. 말레이시아의 가믈란 음악은 오랜 기간 다양하고 복합적으로 발전한 인도네시아의 경우와 달리 상대적으로 짧은 역사를 갖고 있다. 약 18세기 말경, 인도네시아로부터 전해진 말레이시아의 가믈란은 궁정의 예식에 특히 무용 공연의 반주 음악으로 제한적으로 사용되었으며, 일반 대중에게는 매우 낯선 악기의 집합체로 받아들여졌다. 그 이유는 말레이시아에서는 인도네시아처럼 힌두교가 대중 사이에서 신봉된 적이 거의 없었으며, 따라서 라마야나^{Ramayana}와 마하바라따^{Mahabharata} 등 힌두교 서사를 근간으로 하는 와양 공연이 인도네시아에 비해 상대적으로 발달하기 어려운 문화적 환경이 조성되었기 때문이다. 말레이시아에서는 가믈란 음악이 주요 요소가 되는 와양 공연이 자바에서 이주해 온 자바인들을 중심으로 극히 일부 계층이나 지역에서만 행해졌기 때문에 대중적으로 발달하기 어려웠던 것이다(김영수 1992: 250~251).

말레이시아의 가믈란은 18세기 말경 뻔녕앗^{Penyengat} 지역을 통치했던

---

5 인도네시아의 자바 지역에서 유래된 말레이시아의 가믈란은 리아우^{Riau}와 링가^{Lingga} 지역을 경유하여 말레이시아의 조호르^{Johor} 지역과 빠항^{Pahang} 지역을 거쳐 뜨렝가누^{Trengganu}와 끌란딴^{Kelantan} 지역으로 전해졌다(김영수 1993 : 250). 가믈란 음악을 말레이시아에 소개한 사람들은 주로 말레이시아로 이주한 자바인들이었으며, 그들은 자바어를 사용하는 와양꿀릿 공연을 위해 가믈란 음악을 말레이시아로 전했다고 한다. 이런 이유로 말레이시아에서의 가믈란 연주는 도입 초기에는 술탄 궁정에서 의례용 배경음악으로 소개되어 발전하게 된다.

술탄 자이날 아비딘Zainal Abidin 1세의 보호를 받게 되면서 궁정을 중심으로 정착, 발전하게 된다. 말레이시아 궁정 가믈란의 최대 융성기는 19세기 중엽부터 술탄 아흐맛Ahmad 통치 시기이며, 이때 세 개의 대규모 궁정 무용단을 위해 가믈란 연주단이 조직, 운영되었으며 효과적인 가믈란 교육과 운영을 위해 술탄의 왕비들이 직접 가믈란 악단을 이끌기도 했다. 그러나 1914년 술탄 아흐맛이 사망한 후 궁정 무용단과 함께 가믈란 악단이 동반 해체되면서 가믈란은 급속한 쇠퇴기를 맞이하게 된다.

1930년대에 술탄 아흐맛의 아들 떵꾸 아부 바까르Tengku Abu Bakar에 의해 이미 해체된 가믈란 악단이 재구성되었으며, 이를 통해 가믈란 음악은 부흥기를 맞는다. 그러나 2차 세계대전 중 일본의 침략으로 가믈란 음악은 다시 침체를 맞았다. 1970년대 이슬람 부흥운동의 전개와 더불어 가믈란 음악에 대한 재해석과 발전 방안이 음악계를 중심으로 논의되기도 했다. 그 후 1990년대를 거치면서 현재까지 가믈란 음악은 전성기를 맞이하고 있다. 이슬람 부흥과 함께 말레이 전통음악이 부활하게 된 것이다.

서구 식민주의의 영향으로 말레이인뿐만 아니라 화인, 인도계 등 도시의 다종족 인구가 증가하면서 새로운 오락과 유흥문화가 도시를 중심으로 발생하기 시작했다. 식민지 시대 이전에는 조겟 가믈란joget gamelan과 노밧nobat과 같은 전통음악과 춤이 오락과 술탄의 정통성을 지지하기 위해 술탄 궁정에서 공연되었다. 일반인들은 결혼식, 출생, 추수기의 축제, 장례식 때 와양꿀릿과 같은 민속예술을 공연하거나 이러한 음악을 즐겼다.[6] 이러한 민속예술들은 지역적인 형태를 띠고 구전되어 왔으며, 여기에는 노래를 하는 고정인물이 등장한다. 그 줄거리와 음악은 순환구조로 이루어져 있다.

　도시의 성장에 따라 말레이 문화와 외래 문화의 혼합으로 이루어진 혼종의 퓨전 문화의 형식과 내용을 지닌 디끼르바랏이나 방사완, 와양꿀릿과 같은 연극과 음악이 생겨났다(Mohamed 2000; Muhammad 2008). 당시 이것들은 말레이 사회의 변화 양상을 잘 보여주는 새로운 장르의 음악으로 소개되었다.[7] 전통적인 내용을 바탕으로 새로운 사회변화에 적응하기 위한 다양한 형태의 음악이 생산, 유통, 소비되었다. 이러한 음악의 특성은 변화하는 사회 속에서, 한편으로는 "전통적인 것"에 바탕을 둔 "근대적인 것"을 강조하면서 새로운 환경에 적응한 전통음악의 근대화를 주창했다. 방사완의 음악은 "전통적인 것"과 "근대적인 것"의 공존을 그 음악적 특징으로 한다. 여기에는 말레이인들에게 친숙한 민속극과 민요의 리듬과 멜로디가 이용되었다(Tan 2005: 97). 방사완의 "모던modern"은 말레이 전통과 혼합되어 공존과 대립의 변증 속에서 독자적인 민요 형식과 내용으로 진화한 것이다.

　한편, 디끼르바랏 역시 전통적으로 끌란딴적인 것과 현대적인 변형을

6　영국의 식민지배 후, 도시가 성장하면서 유럽과 미국의 오페라와 중국의 경극, 자바의 또닐tonil과 같은 외국의 상업적 극장예술단이 말레이시아 반도를 유람하며 도시에 거주하는 종족집단에게 오락을 제공했다. 음악, 연극, 춤, 스포츠 등을 통해 구성원들 간의 교류를 갖는 지역적인 사교클럽들이 생겨나게 된 것도 이 무렵부터이다(Tan 2005 :90). 말레이시아의 전통적이고 혼종적인 민요의 형식 분석에 대해서는 Matusky and Tan(2004)을 참조할 것.

7　특히 1920년대와 1930년대에 방사완은 매우 인기를 얻었고, 막간에 공연된 민요는 당대에 크게 히트했다. 이 노래들은 그 이후 말레이 민요를 대표하는 곡으로 자리 잡았다. 말레이 민요는 그 후 뻰따스 조겟pentas joget(조겟을 위한 무대)과 웸블리Wembley, 뉴월드New World 또는 그레이트월드Great World 등과 같은 놀이공원이나 무도회장(카바레), 아마추어 극장과 음악클럽 등에서 연주되기도 했다(Tan 2005: 91). 방사완에 대한 상세한 역사와 오케스트라, 음악과 무대 형식, 경향 등에 관해서는 Tan(1993)을 참조할 것.

거쳐 근대적인 형태를 띤 것이 있다. 이러한 대중성에도 불구하고 그동안 이 노래에 대한 연구는 거의 이루어지지 않았다. 심지어 종족음악학자들의 관심사에서도 멀리 떨어져 있었다. 하지만 끌란딴 주의 수도인 꼬따바루Kota Bharu의 야시장에서는 매달 2일 밤에 수많은 디끼르바랏을 들을 수 있다. 야외에서 공연되기 때문에 건기의 활동으로 인식되고 있으며, 도시와 농촌 마을 모두에서 대규모 공연단에 의한 공연이 펼쳐진다. 민요의 대중화가 이루어져 있는 것이다. 민요의 대중화는 가믈란의 대중화와 긴밀한 관련을 맺고 있는데, 원래 술탄 궁정과 자바에서 이주한 사람들을 중심으로 연주되는 제약성을 극복하기 위해 이슬람교와 가믈란 사이의 관계에 착목하여 상관성의 의미를 부여함으로써 가믈란과 민요의 대중화를 공히 꾀하고 있다.

　디끼르바랏을 노래하는 가수와 공연단의 연주를 담은 카세트테이프와 CD, VCD, DVD 등을 제작해서 판매하는 산업이 성행할 정도로 상업화가 이루어져 있다. 이 민요는 지끼르zikir라 불리는 이슬람 종교 암송의 한 형태에서 파생된 것으로, 남자들로 구성된 공연단이 합창의 형태로 알라와 이슬람, 예언자 무함마드Muhammad 등을 칭송하는 내용으로 되어 있다(Matusky 1985: 170). 다양한 말레이 전통 악기와 악단의 연주에 따라 남자 가수가 노래를 하면 남자 합창단이 가사 암송과 안무가 포함된 후렴구를 반복하는 형태로 이루어져 있다. 이슬람에 기원을 두고 있는 디끼르바랏은 멜로디의 소리를 설명하는 데 도움을 주며, 흔히 장엄하고 엄숙한 종교적 경건성과 성스러움을 표상한다. 이를 위해 장조보다는 단조가 자주 사용된다는 점이 특징적이다.

하지만 디끼르바랏은 말레이인들 사이에서 기본적으로 세속적인 예술 형태로 인식되고 있다. 디끼르바랏의 전형적인 앙상블은 똑 주아라tok juara와 뚜깡 까룻tukang karut이라 불리는 두 명의 가수와 합창단, 그리고 오케스트라를 위한 악기 연주자들에 의해 이루어진다. 악기에는 짜낭canang이라 불리는 두 개의 수평적인 징들과 르바나rebana라 불리는 크고 작은 드럼들, 마라카스와 아주 큰 징 등이 사용된다. 음악의 어떤 지점에서 합창단이 특정 형태로 두드리는 소리와 장단을 포함한 후렴구의 노래가 부가되기도 한다. 디끼르바랏은 그 형태의 특징으로 인해 매우 특이한 관심의 대상이 된다. 똑 주아라가 선창하는 서사적인 노래로 시작되어 이야기꾼인 뚜깡 까룻의 노래가 이어진다. 까룻이 노래하는 부분에서는 공연자가 상황에 따라 즉흥적으로 자기 나름대로의 서사를 가사로 만들어 부르는 것이 허용된다. 관객의 흥미를 끌기 위해 재미있는 농담이나 재담을 동원하기도 하고, 사람들이 일상생활에서 겪는 소소한 이야기들을 가사로 만들기도 한다. 이 대목이 재미있는 부분인데, 뚜깡 까룻의 재량에 따라 멜로디와 리듬이 일정한 패턴으로 계속 반복되며, 이는 관객을 이야기 속으로 끌어들이는 효과가 있다. 이 모든 것이 뚜깡 까룻의 소관이며, 그의 재량에 따라 노래 시간과 형태, 내용 등이 결정된다. 똑 주아라와 뚜깡 까룻이 제공하는 화제는 매우 다양하지만, 주된 소재는 알라에 대한 경배, 칭송, 사랑과 존경, 예기치 못한 사랑, 죄의 고백, 일상사 등이다.[8]

한편 방사완이 시작되기 전에 와딱watak, dratis personae이라 불리는 등장인물들은 연극에 쓰일 무대장면을 설치하고 준비한다. 무대가 완성되면 무대감독이 배우들의 역할을 정해준다. 이는 방사완의 주요 레퍼토리를 구

2장 현대 말레이시아에서의 전통예술과 이슬람화의 문화적 의미 | 홍석준

성할 이야기 주인공들을 정하는 일이다.[9]

　문화적 다양성을 강조하고 세계의 여러 음악, 노래, 춤, 이야기를 접목함으로써 방사완 연주자들과 음악가들은 자신들을 모던하게 드러낼 수 있었고, 그래서 다종족 관객들의 관심을 끌 수 있었다. 방사완은 코즈모폴리터니즘cosmopolitanism 이외에도 서양의 오케스트라와 춤, 음악, 노래, 기악 편성 등에서 당시 유행하던 경향을 말레이시아 사회에 적합한 방식으로 수용함으로써 고유하면서도 독자적인 말레이시아 근대성을 표현하는 데 성공했던 것이다.

　다른 한편으로, 오늘날 말레이시아에서 와양꿀릿은 주로 외국인 관광객이나 주민들과 같은 대중 앞에서 공연되고 있지만 전통 왕조시대에는 궁정에서 왕족이나 귀족들을 위한 일종의 의례적인 행위였다. 궁정에서는 이 공연을 적극 후원했다. 그 후 와양꿀릿은 마을 단위나 가구 단위로 행해졌는데, 이때에도 일상적인 유흥이나 오락이라기보다는 악마나 악령을 달래거나 물리치고 풍요로운 생활을 보장해주는 조상에 대한 일종

8　끌란딴에서 가장 유명한 똑 주아라 중 한 명으로 꼽히는 스따뽀Stapo의 노래 가사를 소개하면 다음과 같다. "Apa bulih buat kita due takdok temue / hati rasa berat terlepas dalam genggaman / sedih hati tokleh nok ghoyak / air mata tubik berlena(우리가 서로 만나지 않았다면 뚜잇를 찰 수 있었을까 / 당신을 그냥 가도록 내버려두는 것은 어려운 일이야 / 내가 겪고 있는 슬픔을 형용하기는 힘들어 / 당신이 떠난 것을 생각하니 주체할 수 없이 눈물이 흘러내리네)"(스따뽀의 "알라의 의지Takdir Ilahi" 중에서) (Brennon 2001: 307에서 재인용).

9　방사완에 등장하는 주요 인물은 와양꿀릿의 경우와 매우 유사하다. 주요 등장인물들은 다음과 같다. 첫째, 젊은 남자orang muda, 여자sripanggung주인공, 그리고 왕raja이 훌륭한 인물halus로 등장한다. 둘째, 해적이나 악령jin으로 나오는 악인, 어릿광대pelawak들이 천한 인물kasar로 등장한다. 다른 나머지 조연이나 엑스트라 같은 역할들은 여왕, 신하, 전사, 시녀, 마을 사람들, 정령mambang 등이 맡는다. 원작과는 상관없이, 이들 중요 인물들은 극 중에서 특정한 기능과 역할을 맡게 된다. 특정한 극본에 나오는 시간과 지리적 배경에 따라 약간의 변화가 있기는 하지만 각각의 인물들은 그 인물에게 정해져 있는 의상을 입어야 하고 이미 그 역할에 맡게 정해져 있는 표정이나 동작을 연기해야 한다(Tan 1993).

의 종교의례로 행해졌다(Camilleri 2001).

과거에 와양꿀릿 공연은 "우주와 자연의 평안을 기원하며 주문을 외우고 희생제물을 바침으로써 조상^{moyang}을 기리는 일종의 종교적 의례"(Brandon 1967)로 간주되었다. 그것은 그림자에는 인간의 혼이 담겨 있다는 믿음에서 출발한 것이었다. 이처럼 그것은 오락적 목적보다는 종교적, 주술적 목적에서 연행되는 경우가 대부분이었다. 인형은 조상을 상징하는 것으로 받아들여졌다. 공연 전에 신에게 예배하고 제물을 바치는 것은 바로 이 때문이었다.

와양꿀릿에 반영된 말레이인들의 관념이나 의식은 달랑^{dalang}에 대한 인식에서도 잘 드러난다. 달랑은 가죽 조각에 불과한 인형들에 의식 또는 힘을 부여하여 살아 있는 인격체로 만들어낸다. 그것은 달랑에게 초자연적, 주술적 능력이 있음을 의미하며, 그러한 능력으로 그는 삶과 죽음을 이어주는 중개자가 된다.

와양꿀릿의 음악은 말레이인들의 전통적 세계관을 구성하는 데 중요한 역할을 해왔으며, 오랜 기간 동안 예술적 형식이나 종교적 의례, 도덕교육의 수단이었다. 특히 와양꿀릿의 종교적, 도덕적 성격은 말레이인의 생활과 의식에 직접적인 영향을 미쳤다. 와양꿀릿의 음악은 말레이인들이 일월성신의 자연물에 대해 우주의 자비와 만물의 평안을 기원하며 희생제물을 바치는 정령 숭배적이고 범신론적인 성격을 지닌 정령신앙적인^{animistic} 주문의 형태로 발전해왔으며, 이러한 와양꿀릿 민요에 담긴 종교적, 주술적 성격은 개인과 가족의 차원을 넘어 결국 민족이나 국가 차원의 정체성을 확립하는 데 큰 영향을 끼쳤다고 할 수 있다.

그러나 와양꿀릿 음악의 이러한 종교적, 주술적 성격은 영국의 식민지 배 시기를 거쳐 독립정부가 들어서면서 종교적, 사상적, 경제적 혼란에 처하게 되었다. 이에 따라 새로운 의례나 연예의 형태가 소개되고 서구화된 오락물이 점차 대중성을 획득하는 상황이 발생했다. 서구화의 진전과 그로부터의 영향이 강화되면서 전통적인 와양꿀릿에 새로운 변화가 불가피하게 되었다. 서구의 세계관과 물질주의의 영향을 받은 사람들은 전통적인 문화유산으로서의 와양꿀릿의 정신과 내용을 낡은 것으로 여기는 경향이 늘어났다. 급속한 사회변화에 민감하게 반응하고 대처하려는 사람들에게 와양꿀릿의 인형들이 보여주는 종교적 의미와 도덕적 교훈은 그리 바람직하지 않은 것으로 간주되고 있다. 이에 따라 와양꿀릿의 내용과 공연 방식은 큰 변화를 맞게 되었다.

이러한 서구화와 물질주의의 파급에 대한 반작용으로 본래의 이슬람 규범과 원칙을 강조하는 움직임이 일어났다.[10] 이는 말레이인들 사이에 이슬람 본연의 정신과 원칙의 회복을 통해 이슬람 전통을 새롭게 해석하고자 하는 시도로 받아들여졌다. 이러한 이슬람 정신의 강화는 와양꿀릿에도 영향을 미쳤다. 와양꿀릿의 정신과 내용 중에서 이슬람의 기본 정신과 규범에 위배되는 것으로 간주되는 요소들은 규제의 대상이 된 것이다.

말레이시아 정부에서는 말레이 민족문화의 창달이라는 기치하에 와

---

10 이러한 움직임을 말레이시아에서는 다꽈dakwah라고 부른다. 이것은 이슬람의 교리와 원칙에 충실하자는 일종의 이슬람 부흥운동의 일환으로 일어났다(Ab. Aziz 2001 ; Abdul Ghafar et al. 2000 ; Azmi Aziz and Shamsul 2004). 과거의 힌두교적, 불교적, 정령신앙적 요소 등은 비이슬람적인 것으로 간주되어 이슬람의 기본 정신이나 규범에 위배되는 것으로 규정되었다. 따라서 와양꿀릿의 힌두교적 요소는 금지되었다. 예컨대 라마야나와 마하바라따의 서사 줄거리는 이슬람의 규범과 원칙에 위배되는 것으로 규정되어 이슬람 성인이나 영웅의 이야기로 대치되었다.

양꿀릿을 말레이 민족문화의 일부로 규정하고 이를 장려하는 정책을 시행했다.[11] 특히 이슬람의 기본 원칙과 규범을 일상생활에까지 철저하게 적용하려는 이슬람화 정책을 표방한 범말레이시아이슬람당(빠스)이 1990년에 재집권에 성공한 끌란딴 주에서는 와양꿀릿에 대한 규제와 비판이 더욱 심하게 나타났다. 그 결과 와양꿀릿의 공연 자체를 금지하지는 않았지만 예전처럼 공연 도중 힌두교의 색채가 짙은 노래와 춤으로 흥을 돋우는 것은 금지되었다. 이로써 정령신앙animism이나 힌두교, 불교, 그리고 이슬람 신비주의Islamic sufism의 영향을 받은 와양꿀릿의 전통적인 종교적, 주술적 성격은 이슬람 본연의 정신과 그를 통한 말레이인들의 단결을 고취하는 방향으로 전환되거나 쇠퇴했다. 따라서 와양꿀릿의 전통을 잇고자 하는 일련의 노력은 힌두교적 요소를 이슬람적 요소로 대치하거나 주로 궁중생활을 이야기하던 것을 일반 주민들을 위한 이야기로 바꾸는 등 일련의 각색 과정을 통해 이루어질 수밖에 없었다.

이러한 시대적 요청에 부응하기 위해 끌란딴 주정부에서는 이슬람을 홍보하는 정책의 일환으로 말레이 전통문화를 이슬람 교리와 규범에 적합한 내용으로 개조하여 적극 지원하기로 결정했다. 이를 위해 예술회관 Gelanggang Seni[12]을 새로 이전하여 재건립하는 등 이슬람 문화의 창달을 위해

---

11 말레이시아 문화예술관광부Ministry of Culture, Arts and Tourism에서는 와양꿀릿을 주요 무형문화재로 정하고 달랑을 경제적으로나 전통예술의 보전 차원에서 보호하는 운동을 전개했다.

12 이곳은 끌란딴 전통의례 공연이 펼쳐지는 곳이다. 커다란 팽이돌리기gasing나 전통악기 연주gamelan, 전통무예silat 재현, 연날리기wau, 그림자 연극 공연 등 다양한 공연 소재로 끌란딴 관광의 요람으로 일컬어진다. 입장료는 없으며 누구나 공연 일정에 맞춰 원하는 전통의례의 공연을 관람할 수 있다(Nasaruddin 2009).

말레이 전통문화를 활용하는 정책을 수립, 시행했다. 이슬람의 기본 원리와 규범에 위배되지 않는 새로운 전통문화의 창출을 위한 방안을 적극적으로 모색하기 시작한 것이다.[13]

와양꿀릿은 새로 건립된 예술회관에서 정기적으로 공연할 수 있도록 인가를 받았다. 더욱이 끌란딴 주정부에서는 보다 많은 외국인 관광객을 유치하기 위해 정책적으로 이슬람의 요소가 가미된 와양꿀릿을 장려했기 때문에 예술회관에서 공연되는 와양꿀릿은 점차 끌란딴 주를 대표하는 전통의례의 일부로 자리 잡기 시작했다.

이러한 정책적 노력에 힘입어 오늘날에는 예전처럼 마을에서 전통의례의 공연을 구경하기가 매우 어렵게 되었다. 와양꿀릿과 같이 말레이 전통의례의 맥을 잇는 이야기와 노래, 춤, 연주 등은 마을 사람들의 일상적 유흥이나 대중적 관심의 차원이 아니라 외국인 관광객의 흥을 돋우는 데 이용되었다. 와양꿀릿의 공연은 이제 하나의 관광 상품 또는 관광 이벤트가 된 것이다. 달랑들은 와양꿀릿의 전통적인 내용과 줄거리에 희극적인 장면을 첨부하여 현대적인 문제를 풍자하거나 현대적인 생활방식에 부응하기 위해 공연 시간을 단축하고 이제까지 야간에 상연하던 것을 주간에도 상연하는 등 일련의 변화를 이끌었다. 이와 같이 관광 이벤트로

---

13 예컨대 인도와 태국의 전통으로부터 영향을 받은 디끼르바랏(이 용어는 문자 그대로는 서쪽의 노래라는 의미를 담고 있는데, 여기서 서쪽이란 인도와 태국[시암]을 가리킨다. 이로부터 디끼르에 대한 인도와 태국의 영향을 짐작할 수 있다.) 중에서 인도의 힌두교적 전통과 태국의 불교문화의 전통을 이슬람 전통으로 전환하고, 여기에 이슬람적 규범과 가치로 대변되는 이슬람적 문화 요소를 강화한 현대적인 디끼르moden dikir를 개발했다. 끌란딴 주정부에서는 인도와 태국 문화로부터 영향을 받은 디끼르바랏을 이슬람 대중가요로 전환하고자, 이슬람적 색채가 강한 현대적인 디끼르를 제작하여 끌란딴 주민들을 포함한 말레이인들이 널리 부를 수 있도록 적극 독려했다. 현대적인 디끼르에는 전통적인 서사에 술탄의 업적을 찬양하거나untuk selamat Sultan 국가의 발전을 꾀하는untuk maju bangsa dan maju negara 가사 내용이 새로이 부가되었다.

서의 와양꿀릿은 주정부의 지원과 주민의 호응 그리고 적극적인 홍보 등이 삼위일체가 되어 전통에 대한 새로운 이미지를 외국인들에게 소개하는, 이 지역의 주요 관광 상품으로 자리매김하게 된 것이다.

와양꿀릿은 기본적으로 노래가 포함된 연극으로 일종의 뮤지컬이라고 할 수 있다(Brandon 1967). 연극이 상연되는 동안 민요가 음악으로 사용된다. 흰 스크린 뒤에서 소가죽이나 물소 가죽을 잘라서 만든 인형에 대나무로 만든 막대를 끼워 움직이면서 달랑은 여러 이야기를 풀어냈다.[14] 와양꿀릿의 연극과 노래는 예술회관에서의 공연으로서 관광객을 위한 관광자원이 되었다. 예술회관에서 와양꿀릿을 공연할 때 그것이 관객을 대상으로 한다는 사실은 전통의 관광 상품화라는 측면에서 매우 중요한 의미를 지닌다. 예술회관에서의 공연을 통해 달랑들은 연기에 대한 감각을 유지할 수 있었으며, 전통의례의 맥락에서 관객들과 소통할 수 있는 공식적인 통로를 개척했다. 그것은 전통문화에 대한 새로운 해석을 창출하는 계기가 되었다.

와양꿀릿이 공연되는 날이면 끌란딴 주를 찾은 거의 모든 관광객들이 예술회관에 모여든다. 이슬람식으로 각색된 새로운 와양꿀릿은 말레이 전통문화의 특징과 그 변화를 이해하는 중요한 단서를 제공한다. 전설적

---

14 1994년 필자가 끌란딴의 농촌 마을에서 현지조사를 할 때 관람했던 와양꿀릿의 내용을 간략히 묘사하면 다음과 같다. "관객들은 흰 스크린에 비친 그림자를 보면서 이야기 속으로 빠져 들어간다. 때로는 숨을 죽이는 침묵과 고요의 정적이 감돌기도 하고, 때로는 박장대소가 터져 나오기도 한다. 운동장을 가로지른 흰색의 스크린 뒤에서 달랑은 예술회관의 좁은 공간에서는 생각하지도 못했던 연기를 펼쳐 보일 수 있다. 그곳에서는 관객들이 이야기의 내용뿐만 아니라 달랑의 손놀림과 대사를 감칠맛 나게 만드는 화술과 동작, 그리고 목소리의 톤까지를 감지할 수 있다." 이런 점에서 농촌 마을의 와양꿀릿 공연은 예술회관의 공연과는 또 다른 새로운 문화를 창출할 수 있었다. 하지만 이후 와양꿀릿 공연은 농촌 마을에서 점차 자취를 감추고 도시로 이전되었다. 2000년 이후에는 관광객을 상대로 한 공연예술의 한 형태로 그 성격이 변모했다.

인 영웅들의 무용담이나 이슬람 성직자들의 행적에 관한 이야기가 포함되어 있기 때문에 말레이시아의 초기 이슬람의 도입과 전파 과정을 이해하는 데도 큰 도움을 준다.

최근에 성행하고 있는 예술회관에서의 공연은 분명 과거의 공연과는 많은 차이점을 갖고 있다(New Straits Times 2007. 5. 8.). "말레이 문화의 '진짜 순수한' 정수 또는 본질은 바로 저것이다."라는 말은 크게 잘못된 것이다. 왜냐하면 그 공연은 관광과 불가분의 관계를 맺고 있기 때문이다. 공연이 열리는 날에는 각지에서 찾아온 관광객들과 끌란딴 관광청의 요구에 부합하기 위해 그들의 "시선"이라는 요소가 강조될 수밖에 없다. 와양꿀릿의 내용과 형식은 관광객의 "시선"에 따라 재해석된다.

오늘날 와양꿀릿의 핵심은 달랑을 중심으로 구성된 연극단의 참가에 의해 새롭게 이루어지는 각종 행사를 통해 관광을 위한 이벤트로 변모하고 있다. 경연대회는 1년에 한 번씩 정기적으로 열리고 있으나 예술회관에서의 공연은 매주 수요일마다 하루에 두 차례씩 열리고 있는 상황이다. 관광객들을 위한 이벤트에 달랑들이 출연하는 기회는 줄어든 것이 아니라 예전에 비해 오히려 늘어났다. 이것은 매년 한 번씩 열리는 공연대회가 와양꿀릿을 관람할 수 있는 유일한 기회는 아니며, 와양꿀릿이라는 전통의례가 관광을 매개로 계속해서 재창조되는 문화 현상이라는 사실을 의미한다.

그렇다면 전통예술의 이러한 창조 과정은 어떻게 해석될 수 있을까? 디끄르바랏은 인도와 태국의 영향을 받은 말레이 전통 노래에 속한다. 방사완은 전통 말레이적 요소가 강한 의례에서 발전되어 온 음악에 의해 의례적 측면이 강화된 반면, 와양꿀릿은 원래 힌두문화로부터 영향을 받은 그림자 연극의 일종으로 주술적, 종교적 성격이 강한 의례를 위한 노래였다. 그러나 이슬람 교리와 규범의 강화로 인해 종교가 변동하면서 이를 일상적으로 즐기는 일이 점점 더 어렵게 되었으며, 이제는 예술회관이라는 특정 장소에서 특정한 날에만 공연되는 관광 상품으로 그 성격이 변모했다.

3. 말레이 음악의 문화적 다양성과 변화: 말레이 노래의 성격 변화와 이슬람 부흥

현대 말레이시아 사회에서 이슬람 부흥으로 인한 사회 변화는 말레이 민요의 성격을 변화시켰다. 말레이 민요가 단순한 노래와 오락, 유흥의 영역을 넘어 정치화를 위한 수단으로 변모하기도 했다. 이는 이슬람에 대한 해석의 차이와 밀접한 관련이 있다. 말레이 마을 내에서는 이슬람의 의례적, 상징적 관행들을 이슬람의 원리와 가치에 부합된 것으로 보고 이슬람 전통으로 받아들이는 사람들이 있는 반면에, 그것을 이슬람의 기본 원칙이나 교리와 대립되는 것으로 간주하여 강력히 반대하는 사람들도 있다. 전자는 이슬람의 세속적 요소를 인정하는 데 반해, 후자는 이슬람의 세속적 성격을 거부하고 교리적, 이념적 요소를 강조한다. 후자의 입장을 취하는 사람들은 이슬람 본연의 정신과 가치를 재생해야 한다고 주장한다. 그들은 "꾸란에 기초한 원래의 이슬람 기본 정신으로 돌아가자."라든지 "이슬람식으로 생활하자." 또는 "이슬람은 생활양식이다." 등의 구호를 통해 이슬람의 기본 교리와 원칙을 철저히 준수할 것을 천명한다.

　이슬람화의 강조는 이슬람이 점차 세속화되고 있는 사회현실에 대한 적극적인 반작용으로 볼 수 있다. 이런 관점에서 끌란딴에서 이슬람화는 사회현실에서 충족되지 못한 도덕적 이상을 이슬람의 종교적 규범과 가치를 통해 실현하고자 하는 도덕적 위기로부터 출발했다고 볼 수 있다 (Kessler 1978 : 208~214). 이슬람화는 이슬람의 가치와 규범에 대한 일대 쇄신을 불러일으켰다. 초자연적인 존재에 대한 범신론적 믿음이나 기복적 성향은 이슬람 교리로부터 배격당했다. 이슬람의 규범과 가치에 대한 재해석이 시도되었다. 이슬람의 기본적인 가르침으로 돌아가자는 움직임도 일어났다.

이슬람의 교리에 의하면, 진정한 무슬림은 항상 꾸란을 자기 행동의 준거로 삼는다. 진정한 무슬림은 규범적으로 노래와 음악 그 자체보다는 이슬람 교리와 율법을 더 강조한다. 그들에게 음악은 이차적인 것이다. 음악을 매개로 전달하고자 하는 메시지가 더 중요하다. 세속적인 국가를 이슬람법에 의해 이슬람의 원칙이 지배하는 이슬람 국가로 건설하는 것을 최종적인 목표로 삼는 무슬림들에게 이슬람 국가의 건설은 도덕적인 이상이며, 이를 이슬람 노래를 통해 실현할 수 있다고 믿는다. 말레이 마을 내에서 이슬람에 대해서 가장 잘 알고 이슬람 지식과 교리에 대해 해박한 지식을 지닌 사람들은 주로 이슬람 교육을 담당하는 종교 전문가들이거나 종교 교사들이다. 이슬람은 하나의 총체적인 생활양식al-Din으로 인식된다.

이슬람에서 가장 중요한 것은 기본 교리이며, 의례는 부차적인 것이다. 이슬람의 교리는 알라를 올바르게 숭배하는 방법을 제시하는 정신적 선도의 역할을 담당한다. 또한 그것은 일반적인 사회관계의 규칙을 포함하는 총체적 규범체계로서 이슬람 신앙을 선도하는 지침이다. 더 나아가 이슬람의 본연의 가르침은 인간의 경제적, 정치적, 문화적 생활을 위한 실질적 개념을 제공하고, 이슬람을 신봉하는 모든 무슬림들이 영적으로 성숙할 수 있는 이념적 바탕을 제공한다.

이슬람의 신조와 교리에 따라 행동하는 무슬림이 진정한 무슬림이다. 그의 마음이 믿고, 그의 입술이 말하고, 그의 온몸이 행하는 모든 것은 알라에 대한 복종으로부터 나오기 때문이다. 그의 믿음은 "알라는 유일신이고, 창조자이며, 최상의 존재임과 동시에 자비롭고, 사랑하시고, 전능하시며 영원하다"는 서약을 암송하는 데서 출발한다. 모든 무슬림은 사후세계akhirat를 믿는다. 무슬림은 이슬람의 기본적인 가르침을 "이 세상에서의 삶은 일시적이고, 심판의 날 이후로 예정되어 있는 영속적인 사후세계의 삶을 준비하는 기간에 불과하다. 심판의 날이 임하면, 현세에서 충실한 신념에 입각한 삶을 살다가 죽은 사람은 천국으로 보내지는 반면에, 올바른 신념을 지니지 못한 채 삶을 마친 사람은 끝없는 지옥의 나락으로 떨어지게 된다"고 받아들이며, 더 나아가 그들은 무슬림의 모든 활동이 종교적인 행위ibadah라는 규범적 교리에 충실해야 한다고 생각한다. 무슬림의 행동은 두 개의 범주, 즉 알라를 향한 행동과 다른 인간을 향한 행동fardhu kifayah으로 구분된다. 전자는 알라에 의해 예정된 행동으로 알라의 영도하에 수행되는 행동을 말하는데, 간단히 말해 이슬람의 기본 교리에 입각한 행동을 일컫는다. 알라를 향한 이러한 행동은 알라를 기쁘게 하고 그에게 영광을 돌리기 위해 행해지는데 주로 무슬림들과 알라 간의 관계라는 맥락 내에서 수행된다. 반면에 후자는 인간들 사이의 관계라는 맥락에서 수행되는 행동이나 의무를 말한다. 이슬람 문헌에는 이러한 행동을 "무알라맛mu'alamat"15으로 기록하고 있다. 인간을 위한 행동은 사회적 목적이나 사회적 의미를 담고 있지만 최종적으로 알라에게 심판을 받고 알라의 영도하에서 모든 행동이 수행된다는 점에서 본질적으로 종교적인 속성을 지닌다. 따라서 자기 동료를 향한 무슬림의 태도는 알라를 향한 그의 태도 중의 한 요소에 불과하다. 즉, 사회적 행위를 할 때 다른 무슬림을 선하게 대하거나 악하게 대하는 것을 결정하는 요소는 신을 향한 무슬림의 신념의 질을 결정하는 중요한 지표가 되는 것이다. 그러므로 훌륭한 무슬림은 알라를 향한 신념과 "아말amal"이라는 사회적 봉사를 끊임없이 지속하는 사람이다. 동시에 다른 사람들과의 관계도 이슬람에 의해 규정된 올바른 행실amal makruf에 기초하고 있다. 부당함과 착취 그리고 다른 잘못된 행동amal munkar은 알라에 대한 진정한 신념이 부족한 사람들의 행위방식을 나타내는 단어들이다.

따라서 이슬람식 생활방식은 "루꾼 이만Rukun Iman"과 알라의 의지에 복종하고 맡기는 태도와 밀접히 연결되어 있다. 알라와 천사들과 경전들 그리고 예언자들, 심판의 날, 그리고 사후세계에 대한 믿음 등의 "루꾼 이만"은 알라에 의해 예정되어 있으며 인간에 의해 예견될 수도 있다. 이슬람의 교리를 적극적으로 해석하면, 인간은 독실한 신앙을 통해 자신의 운명을 어느 정도 예견할 수 있다. 즉, 인간의 선택은 알라의 의지 안에서 무한할 수 있다. 개인의 선택과 의지ijtihad는 운명론적으로 규정된 것이 아니라 자신의 생활을 변화시킬 수 있는 가능성을 내포한다.

---

15 이 용어는 원래 아말amal에서 파생된 용어로 사회적 봉사 혹은 복지를 뜻한다.

1990년 이후 현재까지 끌란딴 주정부를 장악하고 있는 빠스는 말레이 무슬림의 문화적 정체성을 확립하기 위해 이슬람의 규범과 가치를 한층 더 강조하고 있다. 마을 사람의 일상적인 종교생활이나 관념에서 이러한 요소들이 완전히 사라진 것은 아니지만 이슬람 교리에 입각한 원칙이나 규범을 강조하는 경향은 급속도로 확산되고 있다. 즉, 근본주의 이슬람의 영향은 도시 지역뿐 아니라 농촌 지역까지 파급되고 있다.

이슬람 종교학교를 비롯한 교육기관에서 이슬람 교리에 대한 교육이 강화되었다. 근대적인 교육체계를 갖춘 일반 학교에서도 세속적인 교육과 더불어 종교교육이 병행되었다. 이슬람의 기본 교리를 가르치는 세미나와 포럼들이 급속히 증가했다. 또한 이슬람 사원Masjid과 이슬람 종교학교Madrasah는 본연의 종교적 기능을 회복했다. 종교시설은 마을 사람들의 회합 장소가 아니라 알라의 가르침을 배우고 실천하는 종교적 장소로 복귀했다. 이슬람 지식을 가르치는 종교적 집회와 이슬람 지식을 시험하고 경쟁하는 꾸란 암송 대회 등의 중요성에 대한 마을 사람들의 인식이 확대되었다. 주정부는 이슬람 행정체계를 도입하고, 자깟zakat(이슬람식 희사)의 종교적 의미를 강조했다. 이슬람을 홍보하고 이슬람 개종을 권고하는 내용의 게시판과 현수막이 나붙었다. 현세와 함께 사후세계의 중요성을 알리는 캠페인이 벌어졌다.

한편, 말레이인들의 전통적인 믿음체계에 따르면, 모든 만물에는 영혼이나 정령, 귀신과 같은 초자연적인 존재나 힘keramat이 존재한다(Goh 2005: 312~317). 말레이인들은 사람이 죽게 되면 몸에서 그의 영혼이 빠져나가며, 멀라이깟melaikat이라는 천사가 죽은 사람의 숨을 가져간다고 믿는다.

살아 있는 사람의 몸 안에도 영혼이 숨어 있다. 선한 영혼과 악한 영혼이 살아 있는 사람의 몸 안에서 서로 경쟁한다. 선한 영혼과 악한 영혼은 사람의 행동에 영향을 미친다. 사람이 병이 걸리는 것은 악한 영혼이 주술을 걸었기 때문이며, 악한 영혼을 달랠 수 있는 특별한 주술 기법을 통해서만 그 병을 치료할 수 있다고 믿는다. 따라서 어떤 사람이 병에 걸리면, 그 병을 치료하기 위한 의례를 행한다.

말레이인의 전통신앙은 애니미즘적 신앙관뿐만 아니라 인도의 힌두교와 태국의 상좌불교의 영향도 크게 받았다. 힌두교의 영향은 힌두교의 경전이면서 대서사시인 라마야나와 마하바르따가 말레이인의 토착신앙과 의례에 미친 영향을 통해 가장 잘 드러난다. 반면에, 태국 상좌불교의 영향은 고행과 참선 등의 신비주의적 경향과 밀접한 관련이 있다. 특히 와양꿀릿의 대사는 거의 인도의 대서사시를 각색한 내용으로 이루어져 있지만, 그 내용 중에는 삶의 의미를 파악하기 위해 고행과 수도의 길을 선택한 왕족의 이야기가 포함되어 있다. 이러한 내용은 와양꿀릿이 상좌불교로부터 영향을 받았다는 역사적 사실을 보여준다. 그 대표적인 경우가 끌란딴의 전통적인 연행인 와양꿀릿 시암^{wayang kulit Siam}이다. 이 연행은 힌두교의 다신관과 상좌불교의 고행과 참선을 통한 해탈과 같은 신비주의적 성격을 이슬람 신비주의의 전설적인 서사나 영웅담과 접목시켜 전통적인 토착 말레이 왕족의 궁중생활을 극화한 것이다.

끌란딴의 전통적인 뮤지컬인 막용에서 "르밥에게 인사를^{menghadap rebab}"이라는 제목의 노래[16]는 힌두교적 요소와 이슬람 신비주의적 요소가 적절하게 혼합된 말레이 전통신앙의 특징과 전통적인 말레이 왕족과 귀족들의 궁중생활의 면모를 잘 보여주고 있다. 이 노래의 가사는 주로 왕과 왕국에 대한 충성과 전쟁과 관련된 내용으로 이루어져 있다. 여기서 왕과 왕국에 대한 충성과 용맹성의 가치는 종교적인 신념과 행위로 승화된다. 전쟁에서 왕을 위해 죽는 것은 순교로 칭송된다. 왕과 왕국에 대한 충성이 종교적 신앙심과 동일시된다. 따라서 말레이인의 전통적인 신앙관은 애니미즘, 힌두교 그리고 이슬람의 요소들이 결합되어 각 지방의 무슬림 종교 지도자들이나 꾸란에 대한 다양한 해석 그리고 악한 영령들을 물리칠 유일신 알라에 대한 사고방식 등에 다양한 방식으로 영향을 미쳤다고 할 수 있다.

일반적으로 민요에 담긴 창조성은 그 민요를 최초로 만든 사람의 소유이긴 하지만 일단 만들어진 작품은 창작 당시의 사상이나 감정, 경험 등을 포괄하는 창조적 과정의 총합이기도 하다. 그것은 시간이 흐름에 따라 중요성과 가치가 배가되기 마련이다(Bujang 2005: 220). 민요에 관한 극 텍스트와 그 맥락이 문자화된 문화유산을 보존하는 데 크게 기여했음이 여러 연구 결과에 의해 밝혀졌다. 전통 연행은 말레이시아의 다양한 종족 집단을 구성하는 토착민들에 의해 지역화되었다.

하지만 말레이시아의 전통예술, 특히 음악은 전통적으로 글의 형태로 전해졌다기보다는 무대에서의 공연을 위해 제작된 것이 많다. 그러한 환경에서 전통예술의 형식은 풍부한 구전의 형태로 전해진 것이 많았다

---

16 끌란딴의 전통예술을 대표하는 이 민요는 한때 끌란딴 주의 주요 관광자원으로 지정되기도 했다. 그러나 이슬람화가 진행되면서 끌란딴 주정부에서는 이 노래의 가사 내용이 힌두교와 이슬람 신비주의를 지나치게 강조하고, 이 노래의 무대도 전설적인 영웅과 궁중생활을 중심으로 전개되고 있다고 판단하여 가사 내용을 전면적으로 수정할 것을 문화와 예술을 담당하는 일선 기관에 지시하기도 했다.

(Bujang 2005: 221). 이 점에서 말레이 민요 역시 예외가 아니다. 구전 형태의 전통적인 말레이 민요는 이슬람 부흥의 영향으로 그 성격이 변모하여 새로운 형태의 근대적인 양태를 띠게 되었다.

이슬람 부흥은 말레이 전통문화와 예술적 연행들의 내용에 영향을 미쳐 말레이 민요의 내용을 국민통합으로 국가의 안녕을 기원하고 사회적 병리현상의 방지를 통해 국민건강을 홍보하는 내용으로 변하게 만들었다. 디끼르바랏의 현대적인 변용이라고 할 수 있는 현대적인 디끼르, 즉 "모덴 디끼르moden dikir"의 내용은 주로 에이즈AIDS와 같은 질병을 예방하는 홍보용 가사로 개작되었다. 모든 무슬림들은 이슬람의 교리에서 정한 규율을 따름으로써 바람직한 성생활로 에이즈와 같은 질병을 미연에 방지하고, 건강을 유지하는 데 힘써야 한다는 점을 역설한다. 또한 전국적으로 위험에 노출되어 있는 말라리아나 열병을 예방하여 국민건강을 증진해야 한다는 내용을 강조하기도 한다.

"모덴 디끼르"는 멜로디는 전통적인 가락을 따라 그대로 유지되지만, 가사는 시대적 상황에 따라 항상 바뀌는 것을 특징으로 한다. 예전에는 알라와 왕을 찬미하는 내용이 주를 이루었으나, 최근에는 알라와 국가의 발전을 기원하는 내용이 주를 이루고 있다. 알라에 대한 찬미도 국가와의 관련 속에서 행해진다. 그 대표적인 예가 끌란딴의 주가州歌, 즉 "끌란딴 주의 노래Lagu Negri Kelantan"[17]라고 할 수 있다. 끌란딴 주가에는 이슬람에

---

17 끌란딴 주가의 가사 전문은 다음과 같다. "우리의 술탄이시여, 영원무궁하소서. 끌란딴의 술탄이여, 위대한 왕이시여, 자비하신 알라의 평화가 깃들기를. 영원이 우리에게 명하노니, 사랑과 충성을 받으시옵소서. 알라에게 기쁨과 영광을 돌리오니 이를 온전히 받으시옵소서. 알라는 위대합니다. 그의 위대한 능력이 만천하에 울려 퍼져 알라의 명예가 더하게 하소서."

대한 사상과 관념이 잘 나타나 있다. 이 노래는 알라에 대한 충성과 변함없는 신앙심, 그리고 술탄에 대한 존경심이 삼위일체를 이루어 이슬람의 영원한 발전을 기원하는 내용으로 되어 있다. 이 노래의 가사는 알라와 술탄을 최고의 가치로 부각하는 내용이다. 여기에는 알라의 유일신 사상과 이슬람 보편주의의 이념이 담겨 있다. 최근에 끌란딴 주정부가 이슬람화의 경향을 널리 확산하려는 정책적 시도의 일환으로 이 노래를 적극적으로 홍보한 것은 우연한 일이 아니다. 그것은 이슬람화의 올바른 방향을 제시하려는 정책적 노력과 무관하지 않다.

주정부 차원의 이슬람에 대한 강조는 이런 점에서 디끼르바랏과 방사완 및 와양꿀릿의 내용이나 형식뿐만 아니라 실제로 전통 말레이적 요소가 강했던 방사완과 힌두교적 요소가 강했던 디끼르바랏이나 와양꿀릿의 존재 자체를 위협했다고 볼 수 있다. 하지만 현재 이 공연에 참가하는 사람들은 이슬람식으로 새롭게 각색된 시나리오로 연행되는 공연에서 디끼르바랏과 방사완 및 와양꿀릿의 존재 이유를 발견한다. 예컨대 새로 만들어진 디끼르바랏이나 방사완과 와양꿀릿은 일종의 이벤트로 인식되는 것이다.[18]

방사완의 경우, 줄거리 구성의 측면에서 전통적인 말레이 연극적 요소와 현대 서구적인 연극적 요소를 동시에 보여준다. 연기자들은 여전히 무

---

18 예를 들면 이 연행에 참가하는 사람들은 꺼르똑kertok(말레이 전통음악의 일종으로 다양한 악기가 사용된다.)과 같은 다른 전통의례의 경연대회를 계기로 연기하는 기쁨이나 보여주기 위한 기쁨에서 이전에 마을 사람들만을 대상으로 공연할 때 경험했던 것과는 다른 종류의 기쁨이나 감각을 갖게 된다. 이는 참가자들이 관광을 와양꿀릿을 생산 또는 재생산하는 자원으로 이용함으로써 자신의 존재 이유를 획득해가는 창조의 과정으로 볼 수 있다. 게다가 그들은 이러한 감각을 유지하기 위해 아주 특별한 전략을 구사한다.

대장면에 따라 줄거리를 구성하지만 줄거리의 구성이 다소 단선적이라고 할 수 있다. 그러나 이야기의 주 내용보다는 현장감 있는 무대배경이나 노래, 춤 그리고 아름다운 코러스걸들이 보다 중요한 요소로 등장하게 된다.

와양꿀릿에 참석하는 사람들은 과거에 유행했던 경연대회를 계기로, 말레이 전통을 보전한다는 자부심과 연기자로서의 만족감, 그리고 연기자들과 관객과의 합치된 정체성을 확인하며 우월감 등의 감각을 잃지 않으려는 노력을 경주해왔다. 그러나 이것이 관광자원으로 활용되면서부터 이 전통의례를 연기하는 사람들은 관광을 매개로 고유한 전통을 생산 또는 재생산함으로써 자신의 존재 이유를 획득하고, 자신의 문화를 널리 알린다는 자부심을 창조하는 과정을 경험하게 되었다.

물론 와양꿀릿의 활동에 참가하는 사람들은 전통문화를 예전의 상태 그대로 보존하는 것이 바람직한 것인가, 아니면 관광 이벤트를 통해 새롭게 변모된 형태나 내용을 제시하는 것이 바람직한 것인가라는 딜레마에 빠진다. 그 갈림길에서 그들은 종종 보존과 관광이라는 두 가지 전략을 동시에 활용할 수 있는 방안을 모색한다. 그러나 그들은 대개 관광이라는 현실을 마냥 외면할 수만은 없는 상황에 처해 있다. 전통의례의 보존과 관광으로 인한 상업화의 틈에서 부자연스러운 곡예를 하면서도 그들은 여전히 자신의 존재 가치를 확보하기 위해 와양꿀릿을 해석 또는 재해석하는 것이다. 이러한 과정은 전통이란 그것을 담당하는 사람들의 감각이나 해석에 따라 새롭게 창출되는 것이라는 사실을 입증한다.

이런 점에서 볼 때, 전통의 부흥은 지역주민의 국가정책에 대한 반응이기도 하지만 자신의 정체성을 유지하기 위한 전략적 수단이기도 하다. 이러한 전략의 핵심은 변화를 위한 새로운 방법의 모색일 뿐만 아니라 새로운 패러다임의 창조라고 할 수 있다. 전통의 부흥은 단순히 과거로의 회귀를 의미하는 것이 아니다. 전통을 있는 그대로 복원하는 것도 아니다. 전통은 파괴되거나 소멸되는 것이 사회적 상황의 변화에 의해 재구성되고 재창조되는 것이다(Bloch 1989).[19]

4. 맺음말에 대신하여: 이슬람 부흥에 따른 말레이 음악의 지속과 변화

최근 말레이 사회에서 전통의 부흥에 대한 관심은 여러 학문 분야에서 다양하게 일어나고 있다. 그 대표적인 예가 매년 관광부 주최로 열리는 "컬러 오브 말레이시아colour of Malaysia"라는 축제 행사다. 이 축제는 말레이시아의 다양한 인종, 다양한 문화, 다양한 전통적 공동체들의 다채로운 색깔을 거리 공연을 통한 춤과 음악으로 보여준다. 2009년에는 제11회를 맞이했다. 2008년에 열렸던 제10회 축제에는 "말레이시아의 맛"이라는 테마를 가지고 각 주에서 선정한 가장 인기 있는 음식들을 선보였다. "꽃과 동물의 왕국"이라는 주제의 대형 퍼레이드는 1,600명의 공연자들로 이루어지는데, 이 퍼레이드를 보기 위해 2008년에는 뿌뜨라자야Putrajaya에 5만여 명 이상의 시민들이 모였다. 첨단 영상과 함께 말레이시아 문화와 예술의 다양한 면들을 매력적으로 보여준 안무가들의 공연, 심금을

---

19 예컨대 와양꿀릿이라는 말레이 전통의례는 그것을 공연하는 달랑들의 주체적 인식, 그들이 만들어내는 연출과 해석에 의해 계속 새롭게 만들어지고 있다. 이런 점에서 "전통적인 것"이라든지 "소박한 것", "고풍스러운 것" 등의 이미지에 얽매이지 않는 전통의례의 다른 측면을 읽어낼 필요가 있다. 따라서 말레이 전통의례를 올바르게 이해하는 데 보다 중요한 것은 전통 자체가 아니라 그것을 만들어내는 주체들의 변화하는 인식과 실천인 것이다.

울리는 노래와 음악들이 한데 어우러져 화려한 밤을 수놓았으며, 메인이 벤트라 할 수 있는 레이저쇼, 불꽃놀이, 각종 축하공연, 전통음악과 춤 등이 이어졌다. 이러한 컬러 오브 말레이시아 축제는 극장 공연과 거리 공연들이 함께 진행되었다(한나프레스 2008. 6. 3.). 이 축제는 말레이시아 예술전통의 부흥이라는 문화 현상의 일면을 잘 보여준 축제로 평가되었다.

이러한 말레이시아 문화전통 전체에 대한 논의를 제외하곤, 대부분의 논의가 화인Malaysian Chinese을 중심으로 말레이시아의 화인문화에 대한 관심에 한정되어 있는 반면, 말레이 전통문화를 대상으로 한 논의는 찾아보기 어려운 것이 사실이다. 1990년대 이후 말레이 사회와 문화의 지속과 변화의 문제에 관심을 기울여온 문화인류학자들은 식민지 시대의 문화적 전통이 현대적 맥락에서 부흥, 재생, 또는 재발견되는 현상에 주목하기 시작했다. 이는 말레이시아에서 근대의 형성과 발전의 문화적 의미를 모색하고 해석하기 위한 작업의 일환으로 진행되었다. 말레이 문화를 통해 실제로 삶을 영위해가는 말레이인들에게 이러한 전통의 부흥은 어떠한 의미를 부여하고 있으며, 그들 스스로 이러한 현상을 어떻게 인식하고 있는가? 그들의 일상적 삶 속에 전통은 "화석화된 옛날 것"이라는 의미 이상의 그 무엇이 있는가? 등등의 질문은 이 문제에 대한 이론적인 연구뿐만 아니라 실증적이고 경험적인 연구를 동시에 요구하고 있다.

말레이 전통은 고정된 실체가 아니라 현재의 사회적 맥락에 따라 끊임없이 변화하는 과정에서 새롭게 구성된 것이다. 전통의례에 담긴(또는 담겨 있다고 간주되는) 과거의 심미적, 정서적, 사회적 의미는 새로운 공간적, 시간적 배열의 구성으로 부여된 새로운 기준에 의해 변형되거나 새로이 창출되기도 한다. 그 과정은 과거의 의미나 상징, 또는 이미지가 변형 또는 생성되는 창조적 과정이다.

디끼르바랏, 방사완, 와양꿀릿을 통해 재현되는 말레이 전통예술의 전통적 이미지는 새로운 형태로 변화되어 새롭게 만들어지고 있다. 이런 점에서 달랑은 새로운 문화의 창출이라는 전략을 구사하는 주체이자 전통의 소비자라고 말할 수 있다. 이는 예전에 농촌 마을을 중심으로 사적인 공간에서 내수 지향적인 목적으로 행해졌던 전통의례가 공적인 문화상품으로 변화되었음을 의미한다. 이때 전통의 부흥이라는 의미 변화를 사회적 맥락 속에서 이해하는 것이 가능해진다. 말레이 전통과의 조우라는 문화적 전략의 핵심에는 새로움을 향한 자기 감각이나 해석을 만들어내는 일뿐만 아니라 전통의 창출이라는 작업에 참여함으로써 문화를 재해석하고 자신의 존재 이유를 획득하려는 의지의 표명이 자리 잡고 있다. 전통은 "순수한" 그 무엇이 아니라 변화하는 사회문화적 맥락 속에서 새로이 "생성되거나" "구성되는" 것이다.

이런 점에서 디끼르바랏, 방사완, 와양꿀릿에서 재현되는 전통적인 이미지는 전통을 생산하고 유통하는 사람들의 해석 또는 재해석 과정을 통해 새로운 이미지가 구현되는, 이른바 문화가 새롭게 구성되는 장일 뿐만 아니라, 그것을 즐김으로써 색다른 경험을 추구하는 장 속에서 이전과는 다른 이미지를 구현한다고 보아야 할 것이다.

오늘날 모든 사회는 일차적으로는 그 지역주민의 삶의 현장이지만 그 규모와 관계없이 세계 단위의 시간과 공간을 축으로 하는 상품과 서비스 및 정보의 시장에 의해 지배를 받고 있다. 특히 급속도로 진행되고 있는 세계화 과정 속에서 각 민족집단들은 서로 어우러져 자기만의 독특한 문화를 만들어가고 있다. 전통예술의 부흥은 이러한 과정의 성격과 변화를 가장 극명하게 보여주는 좋은 예가 될 것이다(Virtual Malaysia 2008; Weekend mail 2008).

최근에 말레이시아에서 일고 있는 전통 또는 전통의 부흥에 대한 관심은 단순한 과거로의 복귀가 아닐 뿐만 아니라 과거의 문화적 유산에 대한 신변잡기적인 즐거움에 대한 관심에 그치지 않는다. 전통문화에 대한 정형화된 틀에서 벗어나 말레이인들의 개인적, 집단적 체험이나 자아의 역사적 기억의 발견과 회복, 그리고 문화적 의미의 현대적 창조 등과 같이 사회적으로 필요한 개인적, 집단적 욕구와 욕망을 구현하기 위한 일련의 체계화된 노력으로의 전환이 모색되고 있다.

이와 같이 전통에 대한 일반인의 욕구가 다양한 만큼 문화에 대한 정책도 이러한 반응을 고려하는 방향으로 전환이 이루어질 수밖에 없다. 그러나 전통문화에 대한 의미 부여의 방식이나 내용은 정부 측과 일반 대중 사이에 차이가 있을 수밖에 없다. 정부의 전통에 대한 정책적 홍보자료나 선전물 등이 일반 대중의 욕구를 창출하는 데 유용한 측면이 있는 것 또한 사실이지만, 정부의 노력이 항상 일반 대중의 욕구에 부합하는 것은 아니다. 전통문화에 대해 주로 다양성을 겸비한 환상적이면서도 독특한 측면을 부각시키고 있는 말레이시아의 경우, 문화진흥을 위한 전략에서는, 이제까지 다민족의 특성을 고려하여 상당히 중립적인 입장에서 정책을 시행했기 때문에 논란의 여지가 별로 없었던 것이 사실이다. 그것은 이슬람을 국교로 하고 있는 말레이시아 정부가 종족집단 간 갈등의 소지가 있을 만한 것에 주의를 기울이고 있고, 말레이시아 전통문화라는 것이 말레이 전통문화와 동일시되지는 않는다는 식의 일반 인식에 항상 민감하게 반응해왔기 때문이다.

그러나 최근에 들어 말레이시아 정부는 전통문화의 활성화에 매우 적극적으로 나서고 있다. 전통과 관련된 산업에 대한 정부의 적극적 지원과 장려는 단지 경제적인 이유만이 아니라 산업이나 경제 분야에 문화를 결합함으로써 다양한 민족으로 구성된 문화로부터 조화와 통일의 개념을 끌어내 민족통합과 민족정체성의 문화적 통합을 확립하려는 국가목표에 공헌하는 차원에서 구체적인 청사진을 가지고 진행되고 있다. 이는 국가경영의 전략적 차원에서도 매우 중요한 의미를 지닌다. 정부는 이슬람의 교리나 원칙에 위배된다는 이유로 논쟁의 여지가 있는 문화적인 요소들은 배제하는 대신, 전통문화 또는 전통문화의 유산(유형문화유산과 무형문화유산을 포함한), 일상생활의 경험 등을 부각시키는 문화상품을 개발하는 데 주력하고 있다.[20]

이런 점에서 말레이시아의 디끼르바랏과 방사완 및 와양꿀릿의 사례는 전통의례가 특정 지역의 사회적, 문화적 맥락에 따라 어떻게 재현되고, 또 지역주민의 요구에 따라 어떻게 재편되는가를 알 수 있는 단서를

---

[20] 예컨대 관광자원으로서 컨벤션 산업을 육성하는 말레이시아 정부의 관광 진흥 정책을 들 수 있다. 말레이시아는 컨벤션 산업 박람회의 주최국으로서 이벤트 및 프로모션 서비스 제공, 관련 물자와 컨벤션 장소의 제공, 전통 공연과 민요 경연대회의 주최(필자 강조) 등을 통해 컨벤션 사업 시행자들에 대한 지원을 아끼지 않고 있으며 관광국 본부는 이벤트 달력 제공, 관련 웹사이트 링크의 개제, 홍보물 배부 등의 연관된 지원 활동을 통해 대중에게 적극적으로 컨벤션 사업을 널리 알리는 데 앞장서고 있다(한나프레스 2008. 6. 3.). 종교적 자원을 관광에 활용하는 경우에는 이슬람 사원이나 왕궁, 그리고 단식절 축제Hari Raya Puasa, Aidil Fitri(단식월인 라마단이 끝나는 것을 기념하여 행하는 축제)를 비롯한 각종 축제 등을 관광 진흥을 위한 주요 자원으로 활용하려는 계획을 수립, 시행하고 있다.

제공한다. 방사완은 국가 차원에서 지원하는 전통적인 말레이 문화의 정수로 자리매김하고 있다. 방사완 공연의 정기화를 통해, 이른바 맥켄넬(MacCannell 1992)이 말한 "무대화된 고유성staged authenticity"을 실현하고 있다는 점에서 방사완은 말레이 문화의 새로운 전통으로서의 지위를 확보하고 있는 것이다.

따라서 이 글의 의의 중 하나는 말레이시아를 대상으로 디끼르바랏과 방사완, 와양꿀릿의 사례를 비교함으로써 전통예술의 부흥이 어떠한 사회문화적 맥락 속에서 이루어지는가를 비교문화론적 관점에서 파악할 수 있다는 점이다. 말레이시아에서의 전통예술의 문화적 의미를 "전통의 부흥"이라는 개념으로 이해하고자 하는 학술적 시도는 말레이시아 전통문화의 부흥이라는 문화적 현상을 이해하는 데 도움을 줄 뿐만 아니라 다른 동남아시아 지역의 전통문화가 어떠한 사회문화적 맥락 속에서 하나의 문화적 현상으로서의 위상을 가지는지 이해하는 비교론적 관점을 제공한다. 더 나아가 한국, 중국, 일본 등 동북아시아의 전통문화의 현대적 의미를 파악하기 위한 비교 자료로서의 성격도 아울러 갖는다고 할 수 있다.

이제 말레이시아에서 전통의 문제는 하나의 키워드가 되어 새로운 상징적 표상으로 부각되고 있다. 문화인류학에서는 구체적인 경험적 자료를 바탕으로 이 문제에 접근하고자 한다. 이에 대한 해답을 구하고자 하는 문화인류학자들의 이론적, 실천적 관심은 이제까지 그들이 주로 다루어왔던 문화 또는 하위문화, 부족사회, 계급 등의 개념의 지위가 전통과 관련된 식민주의 담론 또는 전통 회귀의 담론 속에 담긴 문화 해석을 위한 이론과 실천의 문제 등의 개념으로 대체되고 있는 작금의 세계 문화인류학계의 동향을 반영한다. 사회가 점차 복잡해지고 다양화하는 과정에서 서로 다른 문화에 대한 이해가 곧 지식, 권력, 담론, 기호, 상징 등에 대한 의미 해석의 영역으로 확대되고 있는 것이다.

전통예술의 부흥을 통한 말레이 전통문화의 지속과 변화라는 주제는 비단 문화인류학의 독점적인 연구 영역이 결코 될 수 없다. 전통에 대한 올바른 이해는 현대 문화를 제대로 이해하는 이론적, 실천적 지침이나 이정표를 제공한다. 이것이 우리가 과거를 제대로 알고자 하는 노력을 게을리 하지 말아야 할 중요한 이유다. 말레이 전통문화의 현대성을 "부흥"이라는 개념으로 이해하려는 본 주제에 대한 이론적 관심과 실천적 욕구는 이미 세계화를 통한 문화 교류와 상호 이해가 긴급히 요구되는 현시점에서 매우 중요한 의의를 갖는다. 말레이 문화의 다양하고 복합적인 양상과 변화에 대한 관심은 문화인류학의 이론의 발전을 위해서뿐만 아니라 여타 학문과의 원활한 의사소통을 위해서도 매우 긴요한 일이다. 이는 전통에 대한 학제적 연구의 가능성을 여는 일이기도 하다.

그러나 이러한 중요성에도 불구하고 이제까지 민요에 대한 이론적 접근은 그다지 활발하게 이루어지지 못했다. 전통문화, 특히 말레이 전통문화와 예술에 대한 연구의 역사는 일천할 뿐만 아니라 그에 대한 연구 성과의 축적도 거의 이루어지지 않았다. 1980년대 후반부터 지역연구에 대한 관심이 구체화되기 시작하면서 동남아시아 전반에 관한 본격적인 연구가 이루어지기 시작했지만, 그 지역사회의 문화에 대한 이론적 함의를 지역적 맥락을 고려하여 심층적으로 다룬 연구들은 양적으로나 질적으로나 만족할 만한 수준에 이르지 못하고 있는 것이 사실이다. 더욱이 이에 대한 학제 간 연구는 거의 걸음마 수준이라고 말해도 과언이 아니다.

이제 지역연구와 결합된 문화연구는 장기간의 현지조사를 통한 1차 자료의 수집과 현지 사정을 잘 알고 그것을 체계적으로 엮어낼 수 있는 현지 지역전문가의 연구 성과를 기대해야 할 시점에 와 있다. 이런 점에서 본 연구는 문학, 예술사, 예술사회학, 문예비평, 문화인류학 등이 공통 주제를 선정하여 함께 토론하고 조사, 연구하는 연구 영역의 심화와 확대를 가져다줄 것으로 기대된다.

이미 세계화의 정도가 날로 증대하고 있는 현시점에서 민요를 비롯한 전통음악의 지속과 변화 및 그 문화적 의미에 대한 연구는 단순히 거시적, 이론적 조망에 그치고 있는 기존 연구의 수준을 한 단계 높여줄 수 있을 것이다. 이 글은 말레이시아 사회에서 문화적 공간cultural matrix 속에서 다양하고 복잡한 사회적 관계를 맺으며 살아가는 사람들의 문화적 실천과 대응을 고찰할 수 있는 좋은 기회가 될 것이다. 특히 이 글은 다종족사회multi-ethnic society로 널리 알려진 말레이시아를 대상으로 한다는 점에서, 그리고 그 지역의 전통문화의 부흥을 현대적 맥락에서 다루기 위해 그 지역에서 현재를 살아가는 일반 대중의 일상적인 삶에 초점을 맞춘다는 점에서 전통이나 문화와 같은 추상적 개념이 실제 생활에서는 어떻게 구체화되는가를 학문적으로 이해할 수 있는 좋은 계기가 될 것이다. 특히 전통문화의 부흥을 전통의 문화 핵심culture core이라고 할 수 있는 디끼르바랏, 방사완과 와양꿀릿에 대한 이해와 다각적인 비교연구를 통해 접근했다는 점에서, 이 글은 세계 각 사회에서 전통이 갖는 문화적 맥락을 비교 이해할 수 있는 이론적 근거를 제공할 뿐만 아니라, 통일 이후의 남북한 문화적 이질성을 극소화하고 동질성을 회복하는 데 적용될 수 있는 이론과 방법론의 가능성을 타진해보는 이론적 실험실을 제공할 수 있을 것으로 기대된다.

참고 문헌

김광억. 1993. "현대 중국의 민속부활과 사회주의 정신문명화 운동". 『비교문화연구』 1.

김영수. 1993. "인도네시아 가믈란(Gamelan)에 대한 소고". 『중앙음악연구』 4.

소병국. 1997. "말레이시아 이슬람부흥운동의 발전과 침체(1970~1997)". 『동남아시아연구』 제6
집.

한나프레스. 2008. "10년쩨를 맞은 Colour of Malaysia". 6월 3일.

홍석준. 1993. "현대 말레이시아의 말레이 민족정체성의 문화적 의미". 『지역연구』 2(4): 101~122
쪽.

———. 1997. "도서부 동남아시아의 종족성 연구를 위한 시론". 홍석준 외 저, 『동남아의 사회
와 문화』. 도서출판 오름.

———. 2001. "현대 말레이시아 이슬람부흥운동의 문화적 의미". 『동남아시아연구』 제11권.

Ab. Aziz Mohd Zin. 2001. *Metodologi Dakwah*. University of Malaya Press.

Abdul Ghafar Don, Berhanundin Abdullah, Zulkiple Abd. Ghani. 2000. *Dakwah dan
Pengurusan Islam di Malaysia: Konsep dan Pelaksanaan*. Universiti Kebangsaan Malaysia
Press.

Abdul Rahman Haji Abdullah. 1997. *Pemikiran Islam di Malaysia: Sejarah dan Aliran*. Jakarta:
Gema Insani Press.

Alatas, Syed Farid. 1985. "Notes on Various Theories Regarding the Islamization of the
Malay Archipelago." *The Muslim World* LXXV(324): pp. 162~175.

Azmi AZIZ & Shamsul A. B. 2004. "The Religious, the Plural, the Secular and the
Modern: A Brief Critical Survey on Islam in Malaysia." *Inter-Asia Cultural Studies* 5(3):
pp. 341~356.

Bloch, M. 1989. *Ritual, History and Power*. London: Athlone Press.

Brandon, James R. 1967. *Theatre in Southeast Asia*. Harvard University Press.

Brennan, Carolyn. 2001. "Religion, Cultural Identity, and Kelantan's Dikir Barat." *The
Austalian Journal of Anthropology* 12(3): pp. 302~311.

Bujang, Rahmah Haji. 1987. *Boria: A Form of Malay Theatre, Local History and Memoirs*.
Singapore: Institute of Southeast Asian Studies.

Bujang, Rahmah Haji. 2005. "Continuity & Relevance of Traditional Performance art in
this Millenium." *Jurnal Pengajian Melayu* 15: pp. 220~231.

Camilleri, J. A. (ed.). 2001. *Religion and Culture in Asia Pacific: Violence or Healing?* Vista Publication.

Cartens, Sharon A. (ed.). 1986. *Cultural Identity in Northern Peninsular Malaysia.* Ohio University Center for International Studies Center for Southeast Asian Studies.

Chopyak, James. 1987. "The Role of Music in Mass Media, Public Education and the Formation of a Malaysian National Culture." *Ethnomusicology* 31(3): pp. 431~454.

Dirlik, Arif. 2007. *Global Modernity: Modernity in the Age of Global Capitalism.* Boulder London: Paradigm Publishers.

Goh, Beng-Lan. 2005. "Malay-Muslim spirits and Malaysian Capitalist Modernity: A Study of Keramat Propitiation among Property Developers in Penang." *Asia Pacific Viewpoint* 46(3): pp. 307~321.

Hobsbawm, Eric and Ranger, Terence (eds.). 1983. *The Invention of Tradition.* Cambridge: Cambridge University Press.

Kessler, Clive S. 1978. *Islam and Politics in a Malay State, Kelantan: 1838-1969.* Cornell University Press.

MacCannell, D. 1992. *Empty Meeting Grounds.* London and New York: Routledge.

Matusky, Patricia and Tan Sooi Beng. 2004. *The Music of Malaysia: The Classical, Folk and Syncretic Traditions.* London: Ashgate, SOAS Musicology Series.

Matusky, Patricia. 1993. *Malaysian Shadow Play and Music.* Kuala Lumpur: Oxford University Press.

Mohamed Ali Abdul Rahman. 2000. *Modern Malaysian Art: Manifestation of Malay Form and Content.* Shah Alam: Universiti Teknologi Mara.

Muhammad Izzuddin Syakir Hj Ishak. 2008. *Mixing Culture and Nature.* Prospect Malaysia 005: pp. 84~85.

Nagata, Judith. 1984. *The Reflowering of Malaysian Islam.* Vancouver: University of British Columbia Press.

Nasaruddin, Mohd. Ghouse. 1995. *The Malay Dance.* Kuala Lumpur: Dewan Bahasa dan Pustaka.

Nasaruddin, Mohd. Ghouse, 2009. *The Malay Traditional Music.* Kuala Lumpur: Dewan Bahasa dan Pustaka.

Pillai, Janet. 2004. "Non-Formal Arts Education – New Relational Structures to Facilitate Access to Resources." *Journal of Korean Music Educational Engineering* 3(1): pp. 125~132.

Shamsul A. B. 1983. "A Revival in the Study of Islam in Malaysia." *Man* (n.s.) 18(2): pp. 399~404.

Shamsul A. B. 1997. "Identity construction, nation formation, and Islamic revivalism in Malaysia." Robert W. Hefner and Patricia Horvatich (eds.), *Politics and Religious Renewal in Muslim Southeast Asia*. Honolulu: University of Hawaii Press.

Shamsul A. B. and Azmi Aziz. 2004. "Political Islam and Governance in Southeast Asia: A Malaysian Viewpoint." Asian Cultures and Modernity Research Report No.8, Department of Oriental Languages & Department of Political Science, University of Stockholm, Sweden.

Stokes, Martin. 1994. "Introduction: Ethnicity, Identity and Music." Martin Stokes (ed.), *Ethnicity, Identity and Music: The Musical Construction of Place*.

Sweeney P. L. Amin. 1972. *The Ramayana and the Malay Shadow Play*. Kuala Lumpur: Universiti Kebangsaan Malaysia.

Tan Sooi Beng. 1993. *Bangsawan: A Social and Stylistic History of Popular Malay Opera*. Singapore: Oxford University Press.

_____. 2005. "Cultural Diversity and Change: Performing Modernity in Colonial Malaya in the 1920s and 1930s." *Korean Music Educational Engineering* 4(1): pp. 73~104.

Urry, J. 1990. *The Tourist Gaze: Leisure and Travel in Contemporary Societies*. London: Sage.

Virtual Malaysia 2007. "Culture, Kualal Lumpur Craft Complex. Centre for Malaysian Handicrafts." Vol. 6. Issue No. 5.

Weekend Mail. 2007. "Malay Culture on Show." September 29~30.

Zainah Anwar. 1987. *Islamic Revivalism in Malaysia: Dakwah Among the Students*. Petaling Jaya : Pelanduk Publications.

3

최경희

인도네시아 이슬람식
정치실천

이데올로기와 조직형태에 따른 정치개입 방식의 차이

1. 들어가며

인도네시아는 지구상에 존재하는 세번째로 큰 민주주의 국가이고, 무슬림 인구를 최대로 보유한 국가로서 세계적 차원에서 관심이 높은 사례에 속한다. 이러한 맥락에서 2014년 인도네시아 총선과 대선은 전 세계가 주목한 선거 중의 하나였다. 최초 민간인 출신의 개혁적이고 친서민적인 조꼬 위도도(이하 조꼬위) 대통령 후보와 과거 권위주의 체제의 상징 인물이자 거부巨富 정치인 쁘라보워 수비안또Probowo Subianto 대통령 후보 간의 박빙의 경쟁(대선 결과 조꼬위 후보 53.1퍼센트, 쁘라보워 후보 46.9퍼센트)은 여러 가지 이유에서 관심을 받았다.

무엇보다 민주주의 맥락에서 인도네시아 2014년 선거가 주목받았던 이유는 다음과 같다. 첫째, 민주주의 위기 논쟁(Diamond 2015; Schmitter 2015; Plattner 2015; Levitsky and Way 2015) 때문이다.[1] 본 논쟁에서 다이아몬드Larry Diamond, 플래트너Marc F. Plattner 후쿠야마Fracis Fukuyama 등은 현재 전 세계 민주주의가 후퇴 또는 위기라고 보는 입장이고, 슈미터Philippe C. Schmitter, 레비츠키Steven Levitsky와 웨이Lucan Way 등은 민주주의 후퇴 또는 위기보다는 새로운 변화의 시기로 해석하거나 민주주의 위기론자들이 생각하는 만큼 심각하지 않다는 입장에 있다. 우선, 전자의 입장에서 다이아몬드는 제3의 민주화물결이 시작된 1975년부터 2006년까지 민주주의는 어느 정도 진전된 그리고 확장되는 경향을 보였지만, 2006년을 기점으로 선거

---

1 2015년을 시작하면서 『민주주의 저널Journal of Democracy』은 민주주의 위기 이슈를 다루었다. 그리고 『이코노미스트The Economist』는 2015년 전 세계 민주주의 지수democracy index를 발표한 보고서에서 "우려스러운 민주주의Democracy in an age of anxiety"라는 표현으로 전 세계 민주주의 상태를 표현한 바 있다.

민주주의electoral democracy로의 확장은 나타나지 않았다고 지적했다. 다시 말하자면, 전 세계적 차원에서 1974년 자유민주주의 체제는 29퍼센트, 선거민주주의 체제는 21퍼센트를 각각 차지하고 있다가, 2005년까지 자유민주주의 체제는 61퍼센트로 증가했고, 선거민주주의 체제는 41퍼센트까지 증가했는데 2006년을 기점으로 그 비율이 하락하여 2011년에는 자유민주주의 체제가 59퍼센트, 선거민주주의 체제는 40퍼센트로 줄어들었다(Diamond 2015: 143~149). 또한 더 심각한 문제는 민주주의 후퇴 또는 위기가 신생 민주주의에서만 나타나는 것이 아니라 미국과 같은 오래된 민주주의 국가에서 거버넌스 위기 등으로 나타난다는 점이다(Diamond 2015: 152). 슈미터는 후자의 입장이다. 이상으로서의 민주주의democracy as an ideal와 실제로서의 민주주의democracy as a practice 사이에 존재하는 간극이 있는데, 현재의 위기는 이러한 간극이 더 많이 벌어진 데 있다는 지적이다(Schmitter 2015: 32). 그러나 이러한 간극이 민주주의를 붕괴시키는 방향으로 가는 것이 아닌 새로운 변화를 일으키는 과정으로 의미가 있다고 슈미터는 해석했다. 오히려 슈미터는 민주주의가 구체적으로 작동되는 다양성, 상황, 변화 등에 더 많은 관심을 가져야 한다고 지적했다. 민주주의는 오직 변화를 통해서만 생존할 수 있고, 현재는 다양한 상황에서 변화들을 포착할 수 있기 때문에, 이러한 상황을 단순히 민주주의 위기 또는 후퇴로 보는 것을 경계하는 입장이다(Schmitter 2015). 이러한 맥락에서 동남아 신생 민주주의 국가의 대표적인 사례인 인도네시아에서의 2014년 대통령 선거는 충분한 관심의 대상이었다. 미츠너Marcus Mietzner는 민주주의 체제 안에서 민주주의 가치를 폄하하는 대통령 후보인 쁘라보워가 상대적으로 높은 지지를 획득한 이 현상을 민주주의의 위기적 징후로 해석했다. 그 원인은 유도요노$^{Susilo\ Bambang\ Yudoyono}$ 10년 집권 동안 진행된 민주적 개혁의 한계와 실패로 인한 구조적 위기라고 그는 설명했다(Mietzner 2014). 다시 말하자면, 유도요노 정부가 정치경제적 차원에서 민주적 개혁을 성공하지 못함으로써 대중적 기대는 오히려 대중적 불만으로 표출되었고, 이러한 대중적 불만을 지지기반으로 만들어간 쁘라보워 강세 현상은 민주주의 위기의 단면으로 볼 수 있다. 따라서 2014년 인도네시아 대선은 민주주의 위기 논쟁의 적합한 사례이다.

둘째, "아랍의 봄$^{Arab\ spring}$"의 실패 이후 인도네시아 민주주의가 갖고 있는 매우 중요한 위치 때문이다. 즉, 무슬림이 다수인 사회에서 상대적으로 성공한 민주주의를 경험하고 있는 인도네시아는 이슬람과 민주주의 관계에서 주목할 만한 사례이다. 1970년대부터 남부 유럽, 아시아, 라틴 아메리카, 아프리카 지역의 독재국가들이 민주화로 이행되는 "제3의 민주화물결"과 소련 및 동유럽 사회주의 국가들의 변화인 "제4의 민주화 물결"이 진행되는 동안 민주화라는 바람의 순풍을 타지 못했던 중동 및 북아프리카 이슬람 세계는 "민주화의 예외 지역"으로 분류되어 있다. 그러나 2011년 중동 및 북아프리카 지역 민주화운동인 "아랍의 봄"이 시작되면서 민주화에 대한 기대는 높아졌다. 2010년 말부터 시작된 아랍 민주화 현상은 튀니지와 리비아, 이집트, 예멘을 거쳐 시리아로 이어졌다. 이러한 변화로 "무슬림과 민주주의" 양립 가능성 논의가 더욱 현실화되었고, 다양한 논의들이 전개되었다. 그러나 2016년 이집트, 알제리, 튀니지 등의 북아프리카 및 시리아, 레바논, 이라크, 터키 등 이슬람 세계 국가들은 민주화가 아닌 정치적 불안정성이 고조된 상태이다. 시리아 사태와 국제 테러단체 IS 사례는 중동에서 민주주의가 얼마나 어려운가를 말해주고 있다. 따라서 현재까지 민주주의 확산은 아랍 지역을 제외하고 진행되었다고 평가할 수밖에 없다(Masoud 2015: 85). 이러한 상황을 비추어 보았을 때, 인도네시아 국민의 최대 다수파가 무슬림이기에, 인도네시아에서 민주주의가 비교적 성공적으로 정착하고 있다는 점은 전체 이슬람 세계에서 인도네시아를 주목할 만한 충분한 이유가 된다.

본 논문은 이와 같은 맥락에서 인도네시아 정치와 이슬람 사이의 관계, 특히 인도네시아 민주주의와 이슬람 사이의 관계를 분석하고자 한다. 본 논문은 "이슬람식 정치형태 또는 정치실천"은 매우 다양한 실천적 형태를 갖고 있다는 데 초점을 맞추고자 한다. 이슬람식 정치실천의 다양성은 우선, 조직형태의 다양성으로부터 생긴다. 흔히 이슬람식 정치활동이라고 한다면 정당의 형태만을 생각할 수 있지만, 정당 외의 다른 조직형태로도 충분히 정치활동이 가능하다. 정당은 정치권력을 획득하기 위한 직접적인 조직형태이지만, 비정당 조직은 정치권력이 아닌 다른 목적으로 정치적 영향력을 행사하고자 하는 것이다. 따라서 한 사회의 이슬람식 정치실천을 분석한다고 했을 때, 두 가지 조직형태를 모두 고려하는 것이 필요하다고 판단한다. 그다음으로 이슬람식 정치실천의 다양한 형태를 결정짓는 것은 이슬람 사상의 넓은 스펙트럼으로부터 기원한다는 점이다. 이슬람은 하나의 단일한 입장에 기초한 것이 아니라 온건주의, 자유주의, 전통주의, 실용주의, 근본주의, 급진주의와 같은 다양한 견해가 존재한다. 예를 들면, 1970년대부터 시작된 "인도네시아 이슬람화"가 인도네시아 정치에 어떤 영향을 주었는가, 또는 "종교적 보수화"가 정치적 보수주의로 일대일 조응하는 결과를 가져왔는가 등등 정치와 이데올로기 관련한 질문을 제기할 수 있다.[2] 그리고 중요한 것은 이슬람 사상의 스펙트럼 안에서 어떤 견해와 입장이 지배적인 것인가는 각 나라와 지역의 구체적인 정치경제적·역사적·사회문화적 조건과 정치행위자들의 선택에 의해 만들어진다는 점이다. 정리하자면, 이슬람식 정치형태는 선험적으로 결정되는 것이 아니라 구성된다는 점을 주목하고자 한다.

이러한 문제의식에 기초하여 아래에서 인도네시아 이슬람식 정치실천의 양상과 특징들을 설명하려고 한다. 2장에서는 이론적 자원으로 첫째, 전통적 차원에서 이슬람과 민주주의 논의, 둘째, 현대 무슬림 민주주의 개념이 갖는 이론적 함의, 셋째, 인도네시아 이슬람 사상적 스펙트럼과 민주주의 관련성 논의를 전개하고자 한다. 그다음으로 3장에서는 인도네시아 이슬람 대중조직의 이데올로기와 정치활동의 특성을 분석하고자 한다. 4장에서는 인도네시아 이슬람 정당의 이데올로기와 정치활동의 특성을 분석하고자 한다. 결론에서는 이러한 분석의 함의를 도출해보고자 한다.

2. 이슬람식 정치에 대한 이론적 고찰

본 장에서는 이슬람과 정치에 대한 논의를 전통적인 해석과 현대적인 해석 두 가지로 나누어 정리하고자 한다. 전통적인 차원에서는 이슬람이 정

---

2 정치는 우선 정치행위자에 초점이 맞춰져 있고, 정치행위자의 행위를 결정짓는 데 이데올로기는 매우 중요한 작용을 하고 있다.

치를 어떻게 이해하고 있는가, 즉 "이슬람식 정치"가 무엇인가를 다루는 것이고, 이 전통적 관점에서 민주주의란 어떻게 이해되고 있는지를 분석하고자 한다. 다음으로는 민주주의가 일반화된 현대적인 환경 속에서 이슬람과 민주주의 양립 가능성에 대한 논의의 맥을 정리하고, 이슬람식 정치와의 관계 속에서 무슬림 민주주의 개념의 유용성을 분석하고자 한다. 마지막으로는 인도네시아에 존재하는 이슬람의 이념적 스펙트럼에 관한 논의를 분석하고자 한다.

1) 이슬람식 정치와 이슬람식 민주주의

이슬람에게 있어서 정치란 어떤 의미를 갖고 있는가? 정치와 종교의 관계는 종교인들이 현실을 어떻게 이해하고 있는가와 의미를 같이한다. 일반적으로 종교적 행위인 믿음은 인간의 내부적인 것이다. 즉, 정치적 성격을 띤 요소라기보다는 정신과 관련된 개념이다. 그러나 실제로 종교는 현실세계와 직접적인 관계를 맺어왔다. 카렌 암스트롱Karen Amstrong은 이슬람을 제외하고 힌두교, 불교 그리고 기독교는 종교생활과 현실을 구분하려고 한다고 설명한다.[3] 이슬람 경전인 꾸란은 무슬림(이슬람교도)들에게 역사적인 사명을 부여한다. 역사적 사명이란 남녀노소 빈부격차를 떠나 무슬림 모두가 절대적인 사랑과 존경 안에서 살 수 있는 이슬람 공동체를 형

---

3 본 문장이 갖는 함의는 이슬람을 제외하고 다른 종교가 정치와 무관하다는 것을 설명하려고 하는 것이 아니다. 무함마드 생애와 꾸란에서는 현실에서 "이슬람 종교 공동체"를 만드는 것을 중요한 목적으로 여긴다. 현실에서 만들어지는 "이상적인 이슬람 공동체"는 곧 종교적 목적이자 정치적 목적인 것이다. 그러나 다른 종교에서는 이와는 다르다는 것이다. 예를 들어 성경에서 언급되는 "하느님 나라"는 현실에서 가시적인 정치적 형태로 만들어지는 것을 의미하지 않는다. "하느님 나라"는 영적인 문제이자 개인적인 신앙실천 행위의 문제이지 집단적인 정치적 목적은 아니다.

성하는 것이다. 따라서 무슬림에게 있어 정치는 그 안에서 신을 체험하고 종교가 현실세계에 잘 적용되도록 하는 각축장인 셈이다. 그래서 정치적 내분, 내전, 침략, 왕조의 흥망성쇠 등 이슬람 사회의 여러 고난과 시련은 종교와 분리되어 일어나는 것이 아니라, 이슬람이 궁극적으로 추구하는 목표를 위한 기초가 된다(카렌 암스트롱 2003: 11~13). 결국 무슬림은 "이상적인 이슬람 공동체" 건설이란 종교적 소명을 이루어내기 위해서 현실 안에서 정치는 필연적으로 동반되는 것으로 해석한다.

무슬림의 소명은 예배와 종교적 삶이 우선시되는 이상적인 공동체를 이루는 것이 목표이고, 이러한 이상적인 공동체가 무슬림에게는 이슬람 국가Islamic state이다. 이슬람 국가에서는 칼리파khilafah or caliphate가 종교 및 정치 권한을 한 손에 쥐고 정치와 종교 일원적 통치권자로서 존속해왔다는 것이 이슬람 정치사상가, 법학자들의 일치된 견해였다(손주영 1993: 116). 이러한 칼리파제는 이슬람 창시자 무함마드(570~632)로부터 온 것이다. 무함마드는 이슬람 이전 시기 아랍 사회가 부족주의로 파편화되었던 상태를 이슬람 공동체, 움마Ummah로 집결하고자 했다. 이 종교 공동체가 곧 국가인 것이다. 무함마드는 종교·군사·외교 모든 면에서 움마의 최고 권위자이고, 결정권자였다. 그러나 주지하는 바와 같이 이러한 칼리파제는 변화했다. 무함마드와 초기 네 명의 칼리파들이 통치하던 시대와 그 이후 우마이야 칼리파제는 매우 달랐다. 그리고 우마이야 칼리파제를 시작으로 다시 부족주의나 왕권체제가 등장하거나 일부 칼리파들은 독재자로 군림했다. 따라서 무함마드와 그의 사후 첫 네 명의 칼리파들만이 칼리파제의 시행 목적에 맞기 때문에 정통 칼리파라고 부른다(손주영 1997). 이러한 칼리파제를 중심으로 한 전통 이슬람 정치원리는 다양한 정치형태(군주정, 신정, 귀족정, 그리고 민주정 등)로 나타날 수 있었다. 결국 이슬람 원리를 기초로 한 정치는 다양한 형태로 가능한 것이다. 이슬람식 정치형태란 원론적으로 다양성을 함축한다.

이러한 맥락에서 이슬람식 정치형태의 하나인 이슬람식 민주주의^{Islamic} Democracy란 민주주의 근원을 이슬람 경전인 꾸란, 예언자 무함마드의 언행을 기록한 순나^{sunna}와 하디쓰^{hadith} 그리고 이슬람법인 샤리아에서 찾는 것이다(이성수 2012: 102). 이슬람 국가의 원리를 제공하는 꾸란, 순나와 하디쓰, 샤리아는 전제정, 관료제 군주제, 공화제, 독재, 입헌제, 협의제, 민주정, 사회주의체제 등 많은 정치체제 중에서 어떤 정치체제와 연관성을 갖고 있는가? 이러한 질문에 이슬람이 민주정과 상당한 연관성을 갖고 있다고 보는 입장이 "이슬람식 민주주의"를 주장하는 견해이다. 이성수는 "이슬람식 민주주의"를 여덟 가지 특징으로 설명하고 있다. 첫째, 기본적으로 이슬람식 사고방식과 정치사상이 바탕이 되어야 한다는 것이다. 즉, 이는 꾸란과 하디쓰에 바탕을 둔 이슬람 정치체계에 벗어나지 않아야 한다는 점이다. 이 점에서 이슬람식 민주주의는 서구식 민주주의와 출발점부터 다르다. 둘째, 절차적 민주주의에 바탕을 두어야 한다는 점이다. 독재나 전체주의가 아닌 절차적 민주주의가 이루어질 때 이슬람식 민주주의가 이루어졌다고 볼 수 있다. 셋째, 서구의 민주주의 체제가 인간 중심이라면 이슬람식 민주주의 체제는 기본적으로 신을 중심으로 하면서도 인간의 권리를 인정해야 한다는 점을 간과해서는 안 된다. 넷째, 오늘날 민주주의 국가가 입헌주의에 바탕을 두고 있듯이 이슬람식 민주주의도 샤리아에 바탕을 두어야 한다. 샤리아는 서구의 법과는 달리 도덕적·종교적 규범을 포함하고 있기 때문에 인간과 인간과의 관계를 규정한 서구의 법보다 훨씬 포괄적이고 도덕적인 내용까지 포함하고 있다. 다섯째, 오늘날의 민주주의 체제에서 가장 중요한 국민들의 대표 기관인 의회는 이슬람 사회의 협의제인 슈라shura제와 비슷하기 때문에 의회제 민주주의 특성을 살린 슈라제가 대안이 될 수 있다. 여섯째, 이슬람 국가의 특성을 살리기 위한 기본으로 예배와 자깟이 기본적인 사회구조의 방식으로 확립되어야 한다. 예배와 자깟은 이슬람 사회를 규정짓는 특징이고, 예배와 자깟이 제대로 이행될 때 비로소 이슬람 국가의 기반이 되는 것이다. 일곱째, 이슬람식 민주주의는 기본적으로 권력이 분리되어야 한다. 서구 민주주의에서 삼권분리는 독재를 막는 가장 기초적인 사항이듯이 이슬람 국가도 사법부와 행정부가 독립되어야 한다. 여덟째, 샤리아에 의하면 국가원수가 국가에 반역하거나 국법을 위반했을 때 그 책임을 추궁하는 규정을 명문화해야 한다. 그 이유는 샤리아에서 탄핵소추권을 이슬람 정치원리의 하나로 규정해놓고 있기 때문이다(이성수 2012: 110~112). 결국 서구식 민주주의는 아니지만 "이슬람식 민주주의" 관점은 이슬람의 핵심적인 정치원리와 일반 민주주의 원리가 서로 위배되지 않는다는 것이다.

2) 현대 이슬람과 민주주의 양립 가능성 논쟁과 무슬림 민주주의 개념의 유용성

앞에서 논의한 것과는 달리 서구학자들에게 이슬람과 민주주의는 여전히 논쟁의 대상으로 인식된다. 왜냐하면 서구학자들은 민주주의를 "자유민주주의"로 제한하는 경향이 강하기 때문이다. 한때 이슬람 세력과 자유민주주의 또는 서구적 가치는 양립 불가능하다는 입장이 더 팽배했었고, 아랍권과 서구세력 간의 갈등으로 드러난 2001년 9.11테러를 경험하면서 그것이 확증되는 것처럼 보였다. 2001년 프리덤 하우스 지수는 이슬람 국가들과 그 나머지 세계 사이에 "민주적 차이democratic gap"가 상당히 크다는 것을 지적했다. 이슬람 세계에서 "자유로운 국가"로 말리Mali만이 측정되었고, 이슬람 세계에서 18개의 국가들은 "부분적으로 자유롭고", 28개 국가는 "자유롭지 않은" 국가로 측정된 것이다. 반대로 비이슬람 세계에서는 85개 국가가 "자유로운 국가"이고, 39개의 국가들은 "부분적으로 자유롭고", 21개의 국가들이 "자유롭지 않은" 것으로 나타났다(Karatnycky 2002). 즉, 이슬람 세계가 민주주의와 양립할 수 없다는 주장이 증명되는 듯했다. 따라서 21세기 들어서 이슬람과 민주주의에 관한 논의는 무슬림 세계 안과 밖에서 가속화되었다.

힐미Masdar Hilmy는 이슬람과 민주주의 양립 가능성 테제에 대해 두 가지 입장을 제시했다. 첫째, 양립 불가능 테제incompatibility thesis인 "문화-본질주의 접근"으로, 대표적인 학자로는 루이스Bernard Lewis, 헌팅턴Samuel P. Huntington, 후쿠야먀 등이다. 이러한 입장은 『프로테스탄트 윤리와 자본주의 정신』을 썼던 베버Max Weber의 문화-본질주의 입장을 이어오고 있다. 즉, 민주주의란 서구적 발견이기에 서구적 문화 안에서만 가능하다고 보는 입장이다. 따라서 불교나 힌두교도 민주주의와 양립 불가능하다고 본다. 이러한 입장에서는 서구와 중동, 기독교와 이슬람은 제로섬 관계로 해석한다. 둘째, 양립 가능성 테제인 "구조-도구주의적 접근"이다. 1980년대 초반부터 문화-본질주의 입장에 대한 비판이 제기되었다. 그 이유의 하나는 민주화를 추동해내는 결정적인 요소는 정치행위자들이지 문화가 아니라는 입장이다. 문화는 민주화 원인과 대개 관계가 없거나 부차적인 요소라고 본다. 다른 하나는 현대 정치문화를 형성하는 데 있어 문화-본질주의자들이 종교 역할을 너무나 지나치게 보고 있다는 반박이다. 이는 민주주의에 대한 새로운 지적 전통으로서 민주주의를 구성하는 데는 문화적 요소 대신에 제도적 그리고 구조적 요인이 훨씬 더 영향력을 발휘한다는 입장이다(Hilmy 2010: 19~30). 필자도 후자의 입장에서 인도네시아 민주주의를 후술할 것이다. 왜냐하면 인도네시아의 경우는 근대 독립국가가 탄생되는 구조적 상황과 그로부터 결정된 제도적 선택이 현재의 인도네시아 민주주의를 특징짓는 데 결정적인 역할을 했기 때문이다. 예를 들면, 서구학자가 아닌 하디즈^{Vedi R. Hadiz}와 구부택^{Khoo Boo Teik}도 인도네시아와 말레이시아 이슬람 정치를 자본주의 정치경제 맥락 속에서 분석하고 있다(Haiz and Khoo 2011). 즉, 민주주의라고 하는 것이 종교를 포함한 문화요소라기보다는 제도적 선택, 구조적 상황 그리고 정치경제적 맥락이라는 의미가 훨씬 더 중요하다는 입장이다. 특히 하디즈는 정치경제적 맥락에서 이슬람과 정치를 고려한다(Hadiz 2013).

다른 각도에서 "무슬림 민주주의^{Muslim Democracy}" 개념의 등장을 흥미롭게 엿볼 수 있다. 무슬림 민주주의는 중동이 아닌 다른 지역에 다수의 무슬림이 존재하는 사회에서 표출되는 민주주의에 대한 특징을 포착하는 개념이다. 나스르^{Vali Nasr}는 "무슬림 민주주의"를 아랍권 밖에서 무슬림이 다수로 존재하는 국가들에서, 이슬람주의자^{Islamist}가 아닌 이슬람적 정향을 갖는 정당들이 선거를 통해 유의미한 정치세력이 된 방글라데시, 인도네시아, 말레이시아, 파키스탄, 터키에서 볼 수 있다고 지적했다. 또한 나스르는 무슬림 민주주의자Muslim Democrats란 샤리아 즉, 이슬람법에 기초한 국가를 만든다거나, 칼리프 체제를 만드는 생각을 갖는 것이 아니라, 실용주의적 시선으로 정치적 삶을 보려는 입장이라고 설명한다. 이슬람주의자들은 민주주의를 어떤 정당성이 있는 것으로 보는 것이 아니라, 기껏해야 이슬람 국가를 만들기 위해 권력을 얻을 목적으로 사용하는 도구 또는 전술로 본다. 그러나 무슬림 민주주의자들은 정치적 영역에서 이슬람이란 것을 강조하지 않는 입장이다(Nasr 2005: 13~14). 말하자면, "무슬림 민주주의" 개념에서 무슬림은 이슬람주의자가 아니라는 점에서 약간의 형용 모순적이지만 "무슬림 민주주의자"가 현실에 확실하게 존재하기 때문에, "무슬림 민주주의"는 존재하는 정치적 실체를 포착한 개념이다. 그렇다면 "이슬람주의자Islamists"는 누구인가? 여기서 이슬람Islam, 이슬람주의Islamism 그리고 이슬람주의자와의 관계는 다음과 같다. 이슬람이란 하나의 종교를 지칭하는 것이고, 하나의 사상으로서 이슬람을 이해하려고 했을 때는 "이슬람주의"로 언급된다. 힐미는 이슬람주의자는 살라피적 이데올로기[4]에 순응하는 자들로서 그들은 꾸란, 순나 그리고 샤리아로 돌아갈 것을 주장하는 자들이라고 정리한다. 그리고 이슬람주의는 이슬람의 기초인 신적 개념, 타우히드tauhid 즉, 신성divine oneness과 함께 시작되

---

4   살라피즘Salafism은 이슬람 경전에 대한 엄격한 문자적, 원리원칙적puritanical 접근과 연관된다. 살라피즘은 초기 이슬람에서 기원했다고 보지만, 근대적 출현은 사우디아라비아 국가에서 시작되어 국가적 지원으로 해외로 확산되고 있다. 살라피즘은 공식적인 조직보단 비공식적 네트워크를 지향한다. 사우디아라비아에서 시작되어 쿠웨이트, 카타르, 예멘, 인도네시아까지 영향을 끼쳤다. 살라피즘은 중동과 동남아 사이에 네트워크를 발달시켰다(Pall 2015).

는 것으로, 신은 초월적이고 유일하며 단일하다는 믿음으로부터 시작된다. 이슬람주의자는 이러한 신학적 입장을 사회에 적용하는 것을 추구하는 자들이라고 정의한다(Hilmy 2010: 7). 이러한 이슬람주의는 두 가지 방식으로 표출된다. 하나는 이슬람 법률을 실체화하거나, 이슬람 국가와 정치체제를 만들고자 하는 목적을 분명히 하는 정치적 이슬람 근본주의 fundamentalist가 존재하고, 다른 하나는 정치적 이슬람 운동Islamic movement, 문화사회 운동을 지향하는 입장을 포괄하는 방향이다. 즉, 전자가 정치권력이라는 방향이 명확하다면, 후자는 반드시 그렇지 않다는 점이다. 하지만 둘 다 공적 영역에 대한 정치적 영향력을 행사하려고 하는 것은 분명하다(Sakai and Fauzia 2014: 42).[5]

따라서 매우 흥미로운 부분은 정치적으로 표출되는 과정에서 무슬림 Muslim과 이슬람주의자Islamists는 다르다는 점이다. 즉, 모든 이슬람을 믿는 사람들이 행위의 차원에서 이슬람주의자가 될 필요는 없다는 것이다. 따라서 무슬림 정치를 정당 차원의 표현에서 보았을 때, 이슬람 정당Islamic Party과 이슬람주의자 정당Islamist Party도 구별된다. 결국 무슬림 민주주의 개념은 이슬람식 정치를 설명하는 데 하나의 개념도구로 의의가 있으나, 이슬람적 가치를 우선시하는 이슬람주의자들의 정치적 행위들을 포괄하

---

5 중동 이슬람에서도 정치적 이슬람political Islam, 이슬람주의자가 적용된다. 세 가지로 분류된다. 첫번째 분류는 상대적으로 규모는 작지만, 이데올로기 운동을 주도하는 그룹을 말한다. 타크피리takfiri로 불리며, 무슬림 이교도들이나 변절자에 대한 폭력행위를 서슴지 않는 집단이다. 알카에다Al-Qaeda가 대표적이다. 두 번째 분류는 특정 지역에 기초한 민족주의자로서 군사주의적 이슬람 운동을 말한다. 레바논의 헤즈볼라 Hezbollah, 팔레스타인의 하마스Hamas 등이다. 세번째 분류는 가장 큰 범주로서 폭력을 회피하면서 목적을 실현하려고 하는 집단으로 아랍 세계에서 민주적 변화를 가장 이끌어낼 수 있는 세력으로 말할 수 있다. 요르단의 이슬람 행동전선Islamic Action Front, 모로코의 정의발전당Party of Justice and Developmet, 이집트의 무슬림형제단Muslim Brotherhood 등이다(Wittes 2008: 8~9).

진 않는다. 따라서 앞에서 논의된 "이슬람식 민주주의"와 "무슬림 민주주의"는 매우 다른 개념이며, 이슬람주의자들이 추구하는 정치가 민주주의 방식 안에서 이루어진다고 한다면, 더욱더 포괄적인 의미에서 이슬람식 민주주의가 될 수도 있다. 따라서 이슬람식 정치가 "이슬람식 민주주의"가 될 수 있고, "이슬람식 신정정치"도 될 수 있으며, "무슬림 민주주의"도 될 수 있다. 즉, 이렇게 형태가 구별되는 것은 이슬람 안에 존재하는 이데올로기적 스펙트럼이 존재하기 때문이다.

3) 인도네시아 이슬람의 사상적 스펙트럼

계속적으로 언급하고 있듯이 이슬람 안에도 하나의 입장으로 해석되지 않는, 다양한 입장과 견해가 존재한다.[6] 이러한 이슬람 내의 다양한 입장이 해석되어야만 이슬람식 정치에 대한 역동적인 설명이 비로소 가능하다. 리클레프스M. C. Ricklefs는 인도네시아 무슬림의 이데올로기적 분화를 온건주의, 자유주의 그리고 급진주의 또는 극단주의로 구분하는 것은 매우 불충분하다고 설명한다. 그는 인도네시아 무슬림의 다양한 분파를 설명하기 위해 여덟 가지 측정기준(기본적 신학, 그 신학에 대한 해석, 여성에 대한 태도, 토착문화에 대한 태도, 신비주의에 대한 태도, 다른 종교 특히 기독교에 대한 태도, 정치적 태도, 행동양식[예를 들어 폭력에 대한 태도])을 제시하고, 여덟 가지 기준에 대해 이슬람 가치를 드러내는 개인이나 조직의 양태는 매우 다양

---

6 이종택은 현대 아랍 이슬람 정치사상을 이슬람 전통주의Islamic Traditionalist, 이슬람 개혁주의Islamic Reformism 또는 이슬람 근대주의Islamic Modernism, 무슬림 세속주의Muslim Secularism, 이슬람 원리주의Islamic Fundamentalism로 구분한다(이종택 2008: 5~10).

하고 복잡하다고 설명한다(Rickefs 2008: 123).

무엇보다 21세기 초 현대 인도네시아 이슬람 세력에게 나타나는 가장 지배적인 특징은 "보수주의로의 전환conservative turn"이다(Bruinessen 2013). 수하르또 체제 이후 인도네시아 이슬람에는 중요한 징후들이 있었는데, 첫째, 종교 간 분쟁 발발 그리고 지하드 운동 출현 등이다. 둘째, 발리 테러와 같은 사건이 있었음에도 불구하고, 당시 2000년대 초반에는 인도네시아에서 급진적 이슬람에 대한 높은 공감이 형성되어 있었다. 셋째, 샤리아를 포함한 자까르따 헌장의 도입을 요구하는 정치적 요구가 민주화 이후 2000년대 초반 증폭되었다. 넷째, 결정적으로 2005년 인도네시아 이슬람지도자협의회MUI7의 두 가지 종교적 결정이다. 하나는 이슬람 급진주의자들이 계속 주장해오던 세속주의, 다원주의, 종교적 자유주의는 이슬람과 양립할 수 없다는 종교적 결정fatwa을 내린 것과, 다른 하나는 종교 간 기도모임을 금지하고 종교가 다른 사람과의 결혼을 금지한 것이다(Bruinessen 2013: 2~4).8 즉, 종교적 보수주의로의 전환이다.9 이러한 종교적 보수주의로의 전환을 만들어낸 원인은 첫째, 인도네시아 민주화와 자

---

7   MUI는 1975년 무슬림 공동체와 정부 사이의 소통 채널로서 이슬람에 관해 정부정책에 조언을 주기 위해 설립되었다. 창립 이래 반세기 동안 MUI의 목소리는 온건하고 타협적 성향이 지배적이었다. 수하르또 체제 몰락 이후 MUI는 정부로부터 독립을 선포했다(Bruinessen 2013: 4).

8   또한 MUI는 2005년 아흐마디야의 추종자들의 예배를 금지하고 보고르 지역 인도네시아 크리스천 교회 GKI Yasmin의 예배의 권리를 침해하기도 했다. 그러나 2010년 인도네시아 대법원은 크리스천의 예배권을 인정하는 판결을 내렸다(Sakai and Fauzia 2014: 41).

9   종교적 보수주의로의 전환의 정치적 결과는 이후 글에서 전개될 것이다. 우선, 두 가지 차원으로 설명되는데 "정당 및 의회정치" 안에서는 이슬람 정당의 강세로 이어지지 않는다는 점과, "시민사회" 안에서는 급진주의 이슬람 단체들의 강경행위가 증가하고 있다는 점이다. 물론 후자에 대해서 일반 무슬림 신자들이 긍정적으로 받아들이는지 아닌지는 별개의 문제이다.

유주의 그리고 진보주의 견해에 대한 영향력 감소와의 직접적인 연관성이다. 권위주의 체제 시기 동안 정부와 후원관계를 맺고 있었던 자유주의 이슬람은 민주화 이후 그 영향력을 상실했다. 둘째, 중동과 아라비아반도로부터 받는 영향이다. 특히 사우디 또는 쿠웨이트 대학에서 공부하고 온 유학생들이 귀국하면서 초국가적 이슬람 운동뿐만 아니라 이슬람 근본주의에 대한 세례를 받았다. 아랍 이슬람, 아랍 펀드의 증가는 무시할 수 없다. 셋째, 무함마디야, 나다뚤 울라마의 중요성은 줄어들고, 새로운 초국가적 이슬람 운동의 등장은 중요한 현상이 되었다(Bruinessen 2013: 5). 따라서 2005년 MUI의 결정은 1970년대 진행되었던 "인도네시아 이슬람화"의 직접적 결과는 아니라고 평가할 수 있다. 오히려 1970년대 "인도네시아 이슬람화"는 인도네시아에서 이슬람 안에서 다양한 사상적 스펙트럼을 만들어내는 계기를 마련해주었다.

김형준은 인도네시아의 이슬람화Islamization, 이슬람 부흥Resurgence, 부활Revival, 재생Renaissance은 1970년대 중반부터 시작되었다고 설명한다.[10] 또한 그는 "이슬람 부활은 종교를 삶의 중심부로 위치시키려는 움직임으로 지적한다(김형준 2006: 81~82)." 또는 "이슬람화란 명확한 이념이나 주도세력의 부재로 인해 이슬람 부흥을 규정하기에는 어려움이 있지만, 일상생활에서 이슬람의 중요성과 종교적 의무실천을 강조한다는 점이 그 공통적인 특징"(김형준 2014: 22~23)이라고 설명한다. 인도네시아 이슬람화에 영향을 미친 이슬람 근대주의는 무슬림에 의한 합리적 종교 해석을 지지하

---

10 이 부분에 대한 자세한 연구는 김형준(2013)의 논문 "이슬람 부흥의 전개와 영향: 인도네시아 사례"를 참조할 것.

는 동시에 경전으로의 회귀의 필요성을 지지한다(김형준 2006: 85). 무슬림에 의한 합리적 종교 해석이란 종교 지도자의 결정을 무조건적으로 받아들이는 관행을 이슬람 사회의 후진성을 초래했던 요소로 규정하고, 근대적 변화를 수용할 수 있는 새로운 종교 해석을 위해서 개별 무슬림에 의해 합리적으로 경전을 해석하는 방식이다(김형준 2006: 84). 본고는 바로 이 부분이 현대 인도네시아 이슬람의 넓은 사상적 스펙트럼의 출현과 연관되어 있다고 본다. 즉, 한편으로 이러한 입장의 수용은 무슬림 사회 안에서 자유주의, 온건주의, 다원주의적 성향을 인정하게 만들고, 다른 한편으로 경전으로의 회귀 필요성에 대한 강조는 이슬람 근본주의에서부터 이슬람 급진주의 또는 극단주의까지로 그 스펙트럼이 확장되는 것을 의미한다. 뿐만 아니라 이슬람 근대주의는 기존 이슬람 전통의 변화를 추구하고 있기 때문에 기본적으로 개혁주의 성향을 표출한다. 따라서 이러한 이슬람 부흥운동으로 인해 이슬람식 정치에 대한 새로운 그리고 다양한 도전들이 시도되는 것은 인과적 결과라고 볼 수 있다. 또한 이슬람에 대한 근대주의적 시각은 이슬람과 민주주의를 더욱 가깝게 만들어놓았다고 볼 수 있다. "자유주의, 온건주의, 다원주의 무슬림"들에게 민주주의는 그 자체로 완벽히 이슬람적인 것이다. 이슬람 정치사상에서 슈라는 합의의 개념이고, 무사와musawah는 평등원리의 개념이고, 이즈마ijma'는 합의의 개념이고, 이흐틸라르ikhtilaf는 반대 의견 수용의 원리이고, 알후리야al-hurriya는 자유 개념이고, 아들'adl은 정의 개념이다. 따라서 이슬람 정치원리는 충분히 민주적이라고 해석될 수 있다. 오히려 무슬림 세계의 역사에서 권위주의와 전제주의 등이 이러한 가치들을 훼손해왔다고 본다(Hilmy

2010: 33). 정리하자면, 1970년대 전개된 "인도네시아 이슬람화"는 이슬람 경전을 둘러싼 다양한 해석이 가능할 수 있도록 하는 계기로 분명히 작동했다. 하지만 앞에서도 설명했듯이 이러한 경향은 2000년대가 되면서 다른 차원의 원인으로 인도네시아에서 "종교적 보수주의"로의 뚜렷한 선회로 이어진 것이다.

따라서 인도네시아 사회의 "이슬람화"에 대한 이해를 높이기 위해 시기적 구분이 필요하다. 특히 무슬림이 다수인 인도네시아에서 이슬람화가 진행된다는 것은 특별한 의미를 갖기 때문이다. 그리고 이러한 시기 구분에 따라 인도네시아 이슬람의 이데올로기적 분파 구도는 다르게 편재되어 나타난다. 리클레프스는 독립 이전의 시기(1830년에서 1930년까지), 독립 이후부터 수하르또 신질서 시기(1945년에서 1998년까지) 그리고 포스트post 수하르또에서 현재까지(1998년 이후부터 현재까지)로 구분하고, 자기의 개념인 "신비적 합일mystic synthesis"에 기초하여[11] 인도네시아 이슬람의 종교 사상, 종교 태도 등의 다양성을 시기적으로 분석하고 있다. 이러한 리클레프스의 거시적 시기 구분에 기초하여 인도네시아 이슬람화의 특징은 1기, 2기 그리고 3기로 구분될 수 있다. 1970년대 시작된 "인도네시아 이슬람화"는 리클레프스의 시기 구분에 따르면 2기에 해당되는 것이고, 3기는 브라네센Martin van Bruinessen이 분석했던 2000년대 이후 "종교적 보수주의" 시기로 또 다른 차원의 이슬람화로 설명될 수 있다. 3기에 비해 2기

---

11 리클레프스가 제기하는 "신비적 합일"은 세 가지 특징을 갖고 있다. 일반적으로 수피즘Sufism 맥락 안에서 첫째, 이슬람 정체성에 대한 강력한 감각을 갖고 있고, 둘째, 신앙의 다섯 가지 행위(신앙고백, 하루 다섯 번 기도, 금식, 희사, 순례)가 관찰되고, 셋째, 다양한 토착적 정신세계의 실재를 인정한다는 점이다(Ricklefs 2008: 115).

는 종교적 자유주의, 다원주의가 지배적이었던 때를 의미한다. 브라네센의 설명처럼 3기의 등장은 자유주의와 진보주의 영향력에 대한 감소, 중동과 아라비아반도의 영향으로 초국가적 이슬람 근본주의의 세례, NU와 무함마디야의 약화 등으로 설명하고 있다. 결과적으로 1기는 인도네시아에 이슬람이 처음으로 도입된 시기부터 독립 이전까지 넓은 시기를 의미할 수 있지만, 리클레프스는 1기를 1830년에서 1930년 사이로 분석하고 있다. 그 이유는 이 시기부터 두 가지 근대성(유럽적 스타일의 근대성[12]과 글로벌 이슬람 개혁[아랍의 영향])이 인도네시아 자바 사회에 영향을 미쳤기 때문이다. 이슬람 개혁주의가 자바에 미친 영향은 "샤리아 지향적인 입장sharia-oriented strand"과 "수피 지향적인 입장sufi-oriented strand" 두 가지 방향으로 나타나고, 유럽의 근대성의 영향은 쁘리야이priyayi 엘리트 집단에서 나타난다. 리클레프스는 그의 신비적 합일에 부합하는 경향이 쁘리야이에서 발견된다고 설명한다(Ricklefs 2008: 117). 그리고 기어츠Geertz는 기존 인도네시아 이슬람을 아방안abangan, 쁘리야이, 산뜨리santri 세 가지 유형으로 구분했는데, 오명석은 이러한 기어츠의 분석이 이슬람 근대주의 입장이 반영된 해석이라고 설명하고 있다. 즉, 근대주의 이슬람(이슬람 근대주의)은 꾸란과 하디쓰, 샤리아에 기초한 교리와 의례만을 진정한 이슬람 전통으로 인정하고, 여기에 덧붙여진 외래적인 요소들, 예를 들면 정령숭배, 성인숭배, 묘지순례, 환각적인 의례는 비이슬람적인 것으로 정화의 대상으로 간주했다(오명석 2013: 22~23).[13] 다시 말하자면, 이슬람 근대주의적 시

---

12 1830년 자바전쟁에서 승리한 네덜란드가 이때부터 인도네시아 자바에 완전한 통제력을 발휘했다 (Ricklefs 2008: 116).

각에 의하면, 인도네시아 이슬람 전통에서 아방안과 쁘리야이는 애니미즘, 힌두불교적 요소들을 포함한 명목적 이슬람이고, 산뜨리는 순수한 이슬람적 가치를 추구하는 집단으로 분류될 수 있기 때문이다. 어쨌든 인도네시아에서 이슬람은 외래 종교로 시작되었기 때문에, 처음 출발부터 광범위한 차원에서 토착 종교적 요소를 충분히 포함한 혼합적 성격으로 시작되었고, 이러한 기존의 성격을 변화시킨 이슬람 개혁주의 또는 근대주의는 인도네시아 이슬람 정치를 설명하는 데 중요한 위치를 차지하고 있다.

이렇듯 인도네시아의 오랜 이슬람 역사에서 무슬림은 온건주의 경향부터 급진주의까지 다양하게 포진되어 있다. 그러나 여기서 정치적으로 어느 집단이 주도권을 갖고 있는가는 새로운 차원의 논의이다. 이슬람식 정치는 각 국가마다 또는 각 지역마다 그리고 시기마다 다를 수 있기에 사례 및 비교연구가 앞으로 충분히 진전되어야 하는 이유이기도 하다. 기존 연구 중에서 가장 흥미로운 결과 중의 하나는 이슬람주의자들은 경제적으로 어려운 조건에서 유권자의 지지를 끌어내는 내재적인 힘이 있고, 비이슬람 정당 또는 운동세력들은 그렇지 않다는 결과이다(Pepinsky, Liddle and Mujani 2012). 이러한 연구들은 사회경제적 조건과 이슬람 정당의 이데올로기적 스펙트럼 사이에 상관성이 있음을 보여준다. 즉, 해당 지역의 경제후진성, 만연된 빈곤, 경제위기 및 경기침체가 지속될수록 이슬람 급진주의 세력이 강화되는 경향이 높다는 설명이다. 결국 이슬람식 정

---

13 무엇보다 동남아의 수피즘에 대한 오명석의 최근 연구(2013, 2016)는 동남아 전체뿐만 아니라 특히 인도네시아 이슬람을 이해하는 데 한국적 차원에서 풍부한 해석과 접근을 제공해준다.

치실천이란 이슬람의 가치와 원리를 어떻게 이해하느냐에 따라 다양한
사상적 이데올로기적 스펙트럼을 만들어내고 정치와 사회라는 두 가지
공적 영역 중에서 어느 영역을 중심으로 개입을 확장하려고 하는지에 따
라 매우 넓은 정치실천 범위를 갖게 된다고 볼 수 있다.

3. 대중조직의 정치개입으로서 이슬람식 정치실천

본 장에서는 대중조직 형태를 통한 이슬람식 정치실천을 다루려고 한다.
대중조직도 전통주의, 자유주의, 온건주의로 읽히는 근대주의 조직과 이
슬람 근본주의, 이슬람 급진주의 이데올로기를 추구하는 조직들은 정치
실천 방식에 있어서 차이를 보인다. 전자의 가장 대표적인 인도네시아 이
슬람 조직은 NU와 무함마디야 등이고, 후자로 대표되는 급진주의 단체
들은 민주화 이후 인도네시아에서 가장 활성화된 흐름이라고 볼 수 있다.

1) 전통주의, 근대주의 이슬람 단체의 정치활동

인도네시아 이슬람은 이례적으로 높은 조직화를 보이는 것이 특징인데,
대표적인 예가 무함마디야와 NU이다. 이 두 조직은 인도네시아 무슬림
의 일상적인 사회생활과 교육활동에서 지배적인 역할을 해오고 있다. 브
라네센은 이 두 조직을 전체 무슬림 세계에서 가장 크고 복잡한 조직으
로 평가한다. 무함마디야와 NU는 인도네시아 무슬림 인구의 각각 12퍼
센트와 42퍼센트의 높은 조직률을 보인다(Bruinessen 2013: 21). 두 조직
의 조직률을 합치면 54퍼센트이다. 따라서 인도네시아 사회에서 이 두
조직의 영향력은 미루어 짐작할 수 있고, 한국에서도 이 두 조직에 대한

연구는 꾸준히 진행되어 왔다(양승윤 1999, 2008; 강영순 2007; 김형준 2012). 두 대중조직이 "근대주의Modernism 또는 개혁주의Reformism"와 "전통주의Traditionalism"를 각각 표방하고 있다는 것은 전체 인도네시아 이슬람 사회가 어떤 이데올로기에 의해 영향을 받고 있는지 충분히 가늠할 수 있는 척도이다. 무엇보다 김형준의 무함마디야와 NU에 관한 최근 2012년 연구는 두 조직의 교리 해석, 종교 지도자의 위상, 조직구조 그리고 활동에 있어 어떤 차이를 갖고 있는지 상세한 설명을 통해(김형준 2012) 인도네시아 무슬림 사회에 대한 해석을 도와주고 있다.

이데올로기로서 이슬람 근대주의와 이슬람 전통주의의 특징은 다음과 같다. 인도네시아에서 이슬람 근대주의 또는 개혁주의는 이슬람 전통주의자들에 의해 연구되었던 이슬람 법학Islamic Jurisprudence, fiqh이나 신비주의mysticism, tasawwuf와 관련된 텍스트보다는 꾸란과 하디쓰 내용을 더 선호하는 것을 의미한다. 또한 전근대적 이슬람의 학적 전통을 거부하는 인도네시아 무슬림 근대주의자들은 꾸란과 하디쓰로의 회귀뿐만 아니라 이러한 경전에 대해 시간의 흐름을 고려하고 근대과학에 따른 합리적 해석을 주장한다. 그러나 인도네시아에서 이슬람 전통주의자들은 선지자의 탄생을 기념하는 무릇Mulud, 공동체적인 기도문 암송, 선지자 찬양을 위한 헌양시, 종교 지도자들의 죽음예식과 같은 카울khaul, 그 외의 죽음 예식 지야라ziyarah와 같은 종교적 의례들을 중요하게 여긴다. 전통주의자들은 종교적 삶에서 지역적 종교문화 형태와의 융합에 대해서 매우 관용적인 입장을 갖고 있다. 이슬람 학자들인 울라마ulama는 매우 높은 존경을 받고 있고, 울라마적 전통을 따르는 것을 선호한다. 교육의 가장 선호하는 형태는 뻬산뜨렌pesantren 교육과정이다. 이것은 고전적 아랍 교재에 대한 연구로, 이슬람법인 피크fiqh를 매우 강조하는 것이 특징이다. 전통주의자들이 선호하는 자기-목표Ahlus Sunnah wal Jama'ah는 "선지자의 전통과 회중을 따르는 자들"이다(Bruinessen 2013: 22). 이렇듯 이슬람 근대주의와 이슬람 전통주의는 다른 종교적 지향을 갖고 있다. 특히 각각을 대표하는 무함마디야와 NU를 구별 짓는 핵심적인 요소는 종교적 권위 개념이다. NU에서는 끼아이kiai의 절대적 권위가 인정되고, 이들에게 성스러움이 부가되며, 이들의 종교적 권위는 종교 외적 영역에도 적용된다. 반면 무함마디야는 포괄적 의미의 종교 지도자가 존재하지 않으며, 단체 내 특정한 직위에 부합하는 지도자만이 존재한다. 따라서 절대적인 성격의 권위는 인정되지 않으며 종교적 권위는 종교 외적 영역으로 확장되지 않는다(김형준 2012: 104).

인도네시아에서 이슬람 개혁주의 또는 근대주의를 표방하는 조직들은 1912년 족자까르따Yogyakarta를 중심으로 만들어진 무함마디야를 비롯하여 1913년에 출현한 알이르샤드, 1923년에 창립한 뻬르시스와 1912년에 만들어진 시르깟 이슬람Sarekat Islam 등이 있다. 무엇보다도 주지하는 바와 같이 이러한 개혁주의 조직 중에서 현재까지 인도네시아 사회에서 지대한 영향을 미치고 있는 것은 무함마디야이다. 무함마디야 조직 내부에는 족자까르따 지역과 서부 수마뜨라로 대별되는 두 가지 경쟁축이 존재한다. 무함마디야 창시자인 다흐란Ahmad Dahlan이 족자까르따 출신이지만 서부 수마뜨라는 무함마디야 출현 이전부터 강력한 개혁주의 전통을 갖고 있었다. 그래서 수마뜨라 무함마디야 지부는 자바 지부보다 좀 더 원리원칙puritan적 경향(꾸란이나 하디쓰에 의해 지지되기보단 실천의 이슬람을 추구하는 경향)이 강하다. 즉, 무함마디야의 주 활동은 학교, 병원, 고아원 등을 건립하고 운영하는 것이다. 무함마디야 학교는 원칙적으로 근대적 과목을 가르치고, 종교적 가르침도 온건한 입장을 견지하고, 아랍 교재가 아닌 인도네시아 교재를 사용한다. 식민시기 동안 무슬림 기업가로 대표되는 족자까르따와 쁘까롱안Pekalongan의 바틱 생산자들과 상인들은 무함마디야의 강력한 지지자들로 활동했다. 독립 이후, 무함마디야는 무슬림 공무원의 연합체가 되었다. 이때 무함마디야에 공무원 정서가 침투되었다. 또한 무함마디야는 초등학교SMP와 중학교SMA 교육에 광범위한 네트워크를 유지하고 있다. 그리고 무함마디야는 교육부에 상당한 영향력을 갖고 있고, 민주화 이후에도 교육 이슈에 지대한 영향을 미치고 있다(Bruinessen 2013: 23~24). 다음으로 사르깟 이슬람은 다른 조직과는 달리 정치적 입장이 분명한 것이 특징이다. 출범 당시 토착 상인들의 이해를 보호하기 위해 만들어진 단체로, 곧 무슬림 민족주의 단체로 전환했다. 1920년대가 되면서 노동자, 농민 계층을 조직화했다. 사르깟 이슬람은 무슬림 개혁주의 운동이라기보다는 인도네시아 최초 근대 대중운동이고, 그 이후 정당 형태로 전환되었다. 즉, 1929년에 출범한 사르깟 이슬람 정당PSI: Partai Sarekat Islam은 사르깟 인도네시아 이슬람 정당PSII: Partai Sarekat Islam Indonesia으로 이어졌다. PSII는 1920년대까지 대중운동을 이끌어온 정당으로서 영향력을 갖고 있었지만, 1930년대 그 영향력을 잃었고, 명맥을 유지해오다가 1973년 무슬림 정당으로 통합되었다(Bruinessen 2013: 25).

인도네시아 전통주의 이슬람 단체는 NU가 가장 대표적이다. 1926년에 대중조직으로 출범한 NU는 국내외적인 상황에 대한 반응으로 출발했다. 국내적으로는 무함마디야의 출현 이후 전통적인 종교관습들이 위협을 받고 있다는 판단 때문이고, 국외적으로는 1924년 케말^Mustafa Kemal에 의해 칼리파제가 폐지되고 같은 해에 이븐사우드^Abd al-Aziz ibn Saud에 의해 메카가 정복되었기 때문이다. NU의 창시자들은 메카의 전통 이슬람학^Islamic studies을 추구하기 때문에, 터키 케말주의자들의 득세도 사우드가에 의해 지배적인 아랍도 환영하지 않았다. NU 창시자들은 종교학자들과 그들과 연관된 상인들이었다. NU 조직은 전통적인 종교 학교인 뼈산뜨렌과 카리스마적인 선생님인 끼아이와 밀접히 연관된다. 끼아이는 조직 내에서 특별한 엘리트 위치를 유지하는데, 행정위원회 엘리트를 탄피지아^tanfidziyah라고 말하고, 종교위원회 엘리트를 슈리아^syuriah라고 부른다(Bruinessen 2013: 25~26). 즉, NU의 조직력은 끼아이의 능력에 기초한다. 끼아이의 권위는 가르침을 받는 산뜨리 학생에만 제한되지 않았으며, 뼈산뜨렌 주변 일반인에게도 적용되었다. 높은 종교적 지식과 신비적인 힘, 넓은 인적 연계망, 경제적 자원 등은 이러한 권위를 뒷받침해주는 요소였다. 일반인들은 주기적으로 끼아이를 방문하여 축복을 빌거나 어려움을 토로하고 해결책을 구했으며, 이들에 대해 끼아이는 광범위한 수준의 영향을 미쳤다(김형준 2012: 105).

NU에 대해서 흥미로운 지점은 같은 이름으로 때로는 정당으로 때로는 대중조직으로 기능했다는 점이다. 1955년 첫 선거에서 18.5퍼센트를 획득하면서 전국적 지지율로는 세번째로 큰 정당이 되기도 했다. 그러나 수하르또 집권체제에서 1973년 무슬림 정당 통합 과정에서 NU는 독립적인 정당으로서의 기능을 상실하게 되면서, 통일개발당PPP으로 통합되었다. 그래서 1984년 NU는 정당 기능으로부터 후퇴를 결정한다. 즉, PPP 안에서 독자적인 조직 흐름으로 NU를 유지할 수 없는 상황이 되면서 정당으로서의 NU는 포기하고 대중조직으로서의 NU를 선택했는데, 이러한 선택은 당시 행정위원회 탄피지야의 대표인 와히드Abdurahman Wahid의 결정이었다. 와히드는 1984년부터 1999년까지 그 자리를 유지했다. 수하르또 집권 시기 동안 PPP로부터 이탈하고 대중조직으로서 NU를 유지하면서 수하르또 권위주의 체제에 대한 비판 세력이자 가장 영향력 있는 시민단체의 하나가 되었다. 무엇보다 민주화 이후 NU는 새로운 정당인 민족각성당PKB을 창단하면서 새로운 정치적 도전을 한다. 하지만 NU와 PKB는 대중조직과 정당으로 각각 독자적인 조직형태를 가졌다(Bruinessen 2013: 27).[14]

무함마디야와 NU가 인도네시아 사회에 미친 가장 중요한 정치적 영향은 그들이 표방한 이슬람 근대주의와 이슬람 전통주의 안에서 "자유주의"적 입장이 출현하고, 갈등하고 또는 수용되거나 배척되는 경험이 있었다는 점이다. 무함마디야 조직 내부에서 자유주의의 출현은 1990년대 신근대주의의 출현으로 설명된다(김형준 2006).[15] 이것은 무함마디야 내

---

14 NU가 전국적인 조직형태를 가졌다고 한다면, 특정 지역이나 종족에 기초한 이슬람 전통주의 단체들이 존재한다. 뻬르띠Perti: Persatuan Tarbiyah Islamiyah는 서부 수마뜨라 미낭까바우Minangkabau 종족과 관련된 조직이다. 이 조직은 자바 전통의 뻬산뜨렌과는 달리 전통적인 이슬람 학교인 수라우surau와 마드라사madrasah의 교사들과 연관된다. 그 외 다른 전통적 지역조직에는 북부 수마뜨라에 기초한 알와실리야al-Washliyah, 중부 술라웨시에 있는 알까리야뜨al-Khairat와 서부 자바에 있는 뿌이PUI: Persatuan Umat Islam 등이다. 이러한 단체들은 교육방법에 있어서 개혁을 주장하지만 교리와 의례에 있어서 전통주의자들이다. 그 외에 아쩨Aceh 지역에 기초한 뿌사PUSA: Persatuan Ulama Seluruh Ace가 있고, 인도네시아 중국계 무슬림 연합체인 삐띠PITI: Persatuan Islam Tionghwa Indonesia 등이 있다(Bruinessen 2013: 28).

에 종교적 해석에 대한 다원주의와 자유주의적 입장이 발현되는 계기를 마련했다. 하지만 결과적으로 무함마디야 내에 신근대주의는 종언을 고하게 된다. 2000년대 중앙의 최고 지도자 그룹은 보수 회원으로 구성되었으며, 선거 과정에서 그들은 신근대주의 학자들에 대한 반대로 표를 얻었기 때문이다. 또한 무함마디야에 영향을 강하게 주는 MUI가 신근대주의와 종교 다원주의를 금지하는 종교적 결정^{fatwa}을 공포한 것이다(김형준 2006: 103). 이와 달리 NU 안에서 자유주의는 무함마디야에 비해 성공적이다. 2002년 "자유주의이슬람네트워크^{Jaringan Islam Liberal}"가 NU 내 조직적 기반을 확보한 것을 시작으로, 자유주의자의 새로운 세대의 인물인 울릴^{Ulil Abshar Abdhalla}이 2010년 행정위원회 회장 선거에 입후보하며 정치활동을 지속하는 것처럼 NU 내에 자유주의 분파의 활동은 계속되고 있다(김형준 2012). 인도네시아 무슬림을 다수 조직하고 있는 NU와 무함마디야 조직 내에서 이러한 다양한 정치적 분파가 만들어지고 정치활동이 실험된다는 것 자체가 인도네시아 민주주의를 증진시키는 데 매우 큰 긍정적인 영향을 주는 것으로 해석될 수 있다. 무엇보다 이 두 대중조직은 전통적으로 도시와 농촌의 쁘띠 부르주아의 이해를 대변했고, 역사적으로 세속화된 국가권위를 공개적으로 인정하는 태도를 보였기 때문에, 중앙집권화된 권위주의뿐만 아니라 선거민주주의와도 공정하게 양립하면서 생존할 수 있었다(Hadiz 2013: 216). 아래에서도 분석하겠지만, 수하르또 집권

---

15 신근대주의자들은 경전의 내용이 문자 그대로가 아닌 그 정신에 기초하여 해석되어야 한다고 주장하기에, 신근대주의적 종교 해석은 종교적 가르침의 절대적인 적용 가능성을 부정하고 상황에 따른 상대성을 인정한다(김형준 2006: 89).

신질서 시기 동안 이슬람 급진주의 세력이 정치적으로 어려운 시기였다고 한다면, 맛지드Nurcholish Madjid와 와히드와 같은 자유주의, 관용주의 그리고 개방성을 지향하는 이슬람 세력들이 신질서 기간 동안 헤게모니를 이루고 있었다(Bruinessen 2013: 2).

2) 근본주의, 급진주의 이슬람 단체의 정치활동

인도네시아에서 다수 대중에 영향을 미치는 이슬람 단체인 무함마디야와 NU는 위에서 언급한 것처럼 그들의 이슬람적 지향이 근대주의와 전통주의에 기초하고 있기 때문에 정치적으로는 자유주의, 온건주의 그리고 때로는 실용주의적 색채가 강하다. 하지만 이러한 성격과는 달리 종교적 자유주의를 인정하지 않는 이슬람 근본주의나 행위로서의 온건주의 방식이 아닌 과격 또는 급진적인 행동방식을 선택하는 이슬람 단체들이 인도네시아에 분명히 존재한다. 특히 아래에서 좀 더 구체적으로 분석하겠지만, 인도네시아 이슬람 정당들이 기대했던 것만큼의 대중적 지지를 획득하지 못함으로써, 비정당 형태의 이슬람 대중조직의 정치활동은 좀 더 이슬람적 근본 가치를 주장하는 방향으로 나아가거나 대중운동을 이끄는 방식을 취한다. 위의 이론적 논의에서 언급한 개념으로 설명하자면, 무함마디야와 NU는 무슬림 민주주의자로서 정치적 행위를 표출한다면, 이슬람주의를 실현하기 위한 이슬람주의자 또는 정치적 이슬람의 표출은 인도네시아 히즈붓 타흐리르HTI, 이슬람수호전선FPI 등으로 표출된다.

　2014년 사카이Minako Sakai와 파우지아Amelia Fauzia의 연구는 인도네시아에서 이슬람주의가 어떤 지역에서 왜 강화되고 있는지를 분석하고 있다.

인도네시아에서 이슬람주의는 2002년부터 증가했다고 밝힌다. 그리고 2002년에는 전국적으로 6퍼센트였다고 한다면, 2010년에는 20퍼센트를 차지한다고 밝히고 있다. 아래 [표 1]을 보면, 지역적으로는 아쩨, 반뜬, 북부 술라웨시, 서부 수마뜨라, 남부 술라웨시 순으로 이슬람주의가 뜨겁다. 인도네시아에서 이슬람주의자들의 증가는 평범한 무슬림이 이슬람주의자로 전환한 것을 의미한다(Sakai and Fauzia 2014: 43). 매스미디어의 발달로 이슬람에 대해 TV, 라디오, 인터넷 등으로 쉽게 접근할 수 있고, 지역 차원에서 이슬람 학습 그룹이 활성화된다거나, 자기의 윤리적 삶을 개선하기 위해 이슬람 지식을 활용하는 등 개인의 삶 차원에서 이슬람이

순서	인도네시아 주에 따른 이슬람주의자 비율	
	주	이슬람주의자 비율
1	아쩨	50
2	반뜬	34
3	북부 술라웨시	25
4	서부 수마뜨라	19.8
5	남부 술라웨시	16.5
6	동부 자바	16
7	북부 수마뜨라	15.4
8	동부 깔리만딴	14.3
9	자까르따	14
10	발리	0

출처 | Sakai, Minako and Amelia Fauzia. 2014. "Islamic orientations in contemporary Indonesia: Islamism on the rise?" Asian Ethnicity 15(1), p.45.

더욱 활성화되고 있기 때문이다. 김형준도 이슬람 부흥의 영향의 하나로 이슬람 급진주의의 대두를 설명하고 있다. 또한 그는 이슬람 급진주의의 예로 이슬람 교육운동으로서 따르비야Tarbiyah, 자마아 이슬라미야JI, FPI 등을 제시하고 있다(김형준 2013: 201~204).

인도네시아에서 급진주의 이슬람 운동의 뿌리는 다룰이슬람DI: Darul Islam 운동이다. DI로부터 이슬람 국가 건설이라는 이슬람 근본주의적 가치가 조직적으로 표출되기 시작했다. DI는 서부 자바 레지스탕스 조직에서 기원하며 독립운동을 이끌면서 출현했다. DI의 리더인 까르또수위르요S. M. Kartosoewirjo는 당시 사르깟 이슬람의 활동적인 회원이었고, 인도네시아 무슬림연합체 마슈미Masyumi: Majelis Syura Muslim Indonesia를 이끌어가는 정치인의 한 사람이었다. 즉, DI는 인도네시아에서 이슬람 국가를 만들 것을 공표하기 전에 독립운동 단체로 시작했고, 독립의 목표는 이슬람 국가 건설이었다. 남부 술라웨시와 아쩨에서 이러한 흐름과 유사한 운동은 서부 자바 중심으로 결합되었다(Bruinessen 2013: 35). DI는 1948년 독립 선포와 함께 이슬람 국가의 헌법을 공포했다. 헌법은 철저하게 이슬람의 가르침에 기반을 두고 있었는데 헌법 2조에는 인도네시아 최상위 법을 꾸란과 하디쓰로 했다(김형준 2009: 62). 1948년부터 까르또수위르요가 체포되는 1962년까지 DI와 정부군은 군사적 대립을 지속했다. 그가 체포된 이후 DI는 지하 운동조직이 되었다. 1970년대 나이트클럽, 영화관 그리고 교회 등에서의 폭탄 테러는 그들의 소행으로 기록된다(Bruinessen 2013: 35). 시간이 흐르면서 이 흐름은 비합법적인 네트워크 조직형태를 가졌으며, 이들의 목표는 이슬람 국가 건설에 맞춰져 있다. 그리고 정치적 이슬람, 이슬람주의자 또는 급진 이슬람이 다시 주목받게 된 계기는 2002년 발리 폭탄 테러였다. 발리 폭탄 테러의 주범으로 JI가 지명되었다. JI는 알카에다가 이끄는 지하드 운동과 연관된 인도네시아 급진 이슬람 단체이다(Hadiz 2008: 638). 숭까르[Abdullah Sungkar]와 바시르는 JI를 이끌었다. 그중에서 숭까르는 DI의 지하 네트워크 조직과 연계성을 갖다가 1990년대 중반 DI와 단절했다. 그 이후 JI를 창설했다. 그리고 2008년 8월 8일 족자까르따에서 하나의 조직이 탄생했는데, 그날은 DI의 지도자 까르또수위르요가 인도네시아에 이슬람 국가를 선포한 날이다. 이를 기념하며 인도네시아 이슬람전사위원회[MMI]가 출범했고, 당시 다양한 이슬람주의자 조직들이 나타났는데, 대부분 DI와 연관된 조직들이다(Bruinessen 2013: 37). 여전히 비합 지하조직의 형태로 DI 네트워크는 존재하는 것으로 추론할 수 있다.

그리고 위와 다른 인도네시아 이슬람 급진주의 흐름에는 HTI와 FPI가 있다. HTI는 초국가적 조직인 히즈붓 타흐리르[Party for Liberation]의 인도네시아 지부이다. 자유민주주의를 부정하고, 선거를 거부한다. 그들의 궁극적인 목표는 전체 무슬림 세계를 칼리파 체제로 통일하는 것이다. 하지만 이것을 어떻게 실현할 것인지는 전략적으로 분명하지 않다. 하지만 정치적 폭력은 반대한다(Bruinessen 2013: 38). FPI는 1998년 자까르따 거주 아랍계 후손 하빕 리직에 의해 설립되었다. 그는 사우디아라비아 유학 기간 동안 이슬람 근본주의 경향의 와하비즘을 수용하면서, 샤리아의 적용을 주장함으로써 이념적으로 다른 급진주의자들과 커다란 차이를 보이지 않았지만, 지하드를 강조함으로써 직접적인 행동을 중요시했다. 다른 급

진주의 조직과 비교할 때 FPI의 활동은 국가적 수준의 문제뿐만 아니라
현실의 구체적 문제와도 긴밀하게 연관되어 있다. 현실의 구체적인 문제
라고 한다면, 매춘, 도박, 포르노, 마약, 갈취, 음주, 폭력 등과 같이 종교적
으로 금지된 부도덕한 행위를 말한다(김형준 2009: 76). 예를 들면, 2006년
FPI는『플레이보이』잡지 인도네시아 창간 반대를 위한 대중적 시위를 주
도한다거나, 2008년 반포르노 입법 요구를 주장한다거나, 2012년 팝 가
수 레이디 가가 자까르따 공연을 반대하거나, 2014년 미스월드 반대시위
를 전개했다(김형준 2015). 특히 FPI는 이런 이슈를 다루면서 폭력적 행위
를 서슴지 않기 때문에 역으로 사회적 불안정을 조장하는 계기를 마련하
곤 한다.

[표 2]를 통해 각각 이슬람 급진단체가 추구하는 정치적 입장을 정리해
볼 수 있다. DI, JI, HT, FPI는 모두 민주주의를 반대하는 이슬람주의자들
이고, 그중에서도 샤리아법에 기초하여 칼리파제로 통치하는 이슬람 국
가를 원하는 정통 이슬람은 JI와 HT라고 한다면, FPI는 정치적 목적이 뚜
렷하기보다는 이슬람 가치가 훼손되는 현대 사회 분위기에 대한 경종을

표 2 인도네시아 이슬람 급진주의 단체들의 정치적 태도				
단체	샤리아	이슬람 국가	칼리파제	민주주의
DI	○	○	×	×
JI	○	○	○	×
HT	○	○	○	×
FPI	○	×	×	×

출처 | Fealy, Greg. 2004. "Islamic Radicalism in Indonesia", p.107. 표 1을 본 논문에서 언급한 단체에 맞게 재구성함.

　　　　　　　　　　　　　　3장 인도네시아 이슬람식 정치실천 | 최경희

울리는 급진적 행동에 초점이 맞춰져 있다고 볼 수 있다.

　이러한 인도네시아 이슬람 근본주의 또는 급진주의의 출현의 원인은 다양한 각도에서 설명할 수 있다. 앞에서도 지적한 것처럼 김형준은 이슬람 부흥운동의 결과로 이슬람 급진주의 출현을 설명하는 입장이다. 그리고 하디즈는 인도네시아 이슬람 급진주의의 기원을 역사적 사회학적으로 설명하고 있다. 첫째, 식민주의의 유산이다. 정치적 이슬람은 범이슬람주의와 같은 20세기 초반에 반식민주의 운동에 큰 영향을 받았다. 그리고 "공산주의자로서 무슬림Muslim-as-communist" 또는 좌파의 출현도 이러한 범이슬람주의자 또는 사회주의와 공산주의 운동으로부터 영향을 받았다.[16] 둘째, 냉전의 유산이다. 반서구주의와 제3세계노선을 선택하고, 민족주의자인 수까르노가 1960년대 초중반 인도네시아 공산당PKI과 점점 가까워짐에 따라, 그는 마슈미와 같은 이슬람 정당을 금지했다. 이러한 과정에서 인도네시아 군대는 PKI와 힘을 견줄 수 있는 국내 사회 세력과의 연합을 도모했다. 즉, 인도네시아 군대와 PKI 사이의 군사적 대치 상황에서 NU와 같은 온건 세력도 당시는 시민 군사조직으로 폭력 상황에 휘말렸다. 이슬람 학생연합HMI도 반수까르노와 PKI에 저항했다. 즉, 이 시기에 다양한 이슬람 세력은 DI처럼 군사적으로 조직화되는 영향을 받은 것이다. 셋째, 수하르또 32년 집권의 유산이다. 기본적으로 공산주의 세력을 거세한 이후 수하르또는 자기 권력에 반할 수 있는 조직화된 이슬람 세력에 적대를 표했다. 수하르또는 위로부터 정당 통폐합을 실행하면

---

16 인도네시아 공산주의 리더였던 멀라까Tan Malaka도 범이슬람주의와 국제 공산주의 운동의 연합을 제안했다(Hadiz 2008: 640).

서, 기존 이슬람 정당들은 PPP로 통합하면서 관리하기 시작했다. 무엇보다 신질서 시기에 중국계 기업인들의 영향력이 높아짐에 따라 억압받는 급진적 이슬람 세력과 중국계 기업인 사이에 긴장이 시작되었다. 1970년대 이슬람 세력은 정치적 영역으로부터 이탈하여 이슬람선교위원회DDI: Dewan Dakwah Islamiya와 같은 조직을 만들어 선교에 집중하는 새로운 흐름을 만들었다. DDI는 보수적 이슬람 철학을 유지할 뿐만 아니라 신질서를 반대하는 세력의 근원이 되었다. 1970년대 말과 1980년대 초는 코만도 지하드Komando Jihad가 출현했다.[17] 이 시기 동안 가장 폭력적으로 반수하르또 전선을 만든 세력이다. 1980년대 중반이 되면서 신질서와 정치적 이슬람 세력 사이의 긴장이 폭력적으로 표출되었다.[18] 1970년대와 1980년대 인도네시아는 경제적으로 매우 발전하면서 사회구조가 급격히 변화하는 시기였다. 그러나 시장경제 발전의 모순인 경제적 불평등의 심화는 국가와 정치적 이슬람 세력 사이의 긴장을 더욱 증폭시키는 원인으로 작용했다.

넷째, 개혁 시기의 유산이다. 앞에서 언급된 정치적 이슬람 세력과 국가 사이의 증폭된 긴장을 완화시키기 위해 1990년 인도네시아 무슬림지식인연대ICMI: Ikatan Cendekiawan Muslim Se-Indonesia를 만들었으나 결과적으로 ICMI는 정치적으로 실패했다.[19] ICMI는 수하르또의 오른팔 하비비B. J. Habibie와 새롭게 등장한 무슬림 중산층 관료들이 함께 만들었고, 수하르또의 사위

---

17 JI의 리더인 압둘라 숭까르 그리고 아부 바까르 바시르도 코만도 지하드 조직과 연관되었다고 회자된다 (Hadiz 2008: 643).

18 동부 자바 보로부두르Borobudur와 중국계 소유 중앙아시아 은행 자까르따 두 개 지부에 대한 폭파 사건, 북부 자까르따 딴중 쁘리옥Tanjung Priok 항구의 폭동 사건 등이다.

인 쁘라보워와 같은 군부세력과도 연합했다. ICMI 네트워크는 잠재적으로 존재했던 군부의 이해와 정치적 이슬람 이해를 연결시키는 조직이 되었다. 하지만 수하르또 신질서의 붕괴 과정에서 ICMI는 큰 역할을 발휘하지 못했다. 오히려 수하르또 체제를 유지하려고 하는 세력과 하비비를 중심으로 한 ICMI는 분열했다(Hadiz 2008: 640~646). 현재 인도네시아의 이슬람 급진주의, 정치적 이슬람 세력은 반식민주의 독립운동, 냉전 시기 권위주의 체제 기간의 정치적 탄압과 무력화 그리고 자본주의 근대화와 산업화로부터의 소외로 인해 인도네시아에서 계속적으로 양산되고 있다. 따라서 결국 이슬람 급진주의는 사회 부정의와 엘리트의 부도덕 또는 탐욕에 대한 불만을 표출하는 하나의 정치적 통로 역할을 하는 측면이 분명히 존재한다.

4. 이슬람 정당을 통한 이슬람식 정치실천

본 장에서는 인도네시아 정당정치 구조에서 이슬람 정당이 차지하고 있는 의미가 무엇인지를 분석하고자 한다. 무엇보다 정당의 존재 이유가 한 나라의 정치권력을 획득하여 정치권력을 행사하는 것이 목적이기 때문에 한 국가의 통치를 결정짓는 헌법이념은 정당정치와 긴밀한 관련을 갖고 있으며, 어떤 헌법이념인가가 정치권력 투쟁에 있어서 궁극적인 쟁점

---

19 수하르또 시기 동안 정부와 이슬람 세력 사이는 적대적이었다. 이러한 긴장이 증폭되면서 문제가 발생하여 수하르또 정부는 이러한 갈등을 완화하기 위해 ICMI를 만들었는데, 신질서 체제에 부정적인 인식을 덜 갖고 있는 무슬림 중산층, 이슬람 지식인을 선택했다. 그리고 ICMI에 대한 기획은 "정치적 이슬람"이 아닌 "문화적 이슬람" 또는 "시민" 이슬람을 지향했다. 왜냐하면 정치적 이슬람이 대개의 경우 정치적 이슈와 연관하여 반정부적 색채를 갖고 있다고 한다면, 문화적 이슬람은 윤리적 문화적 가이드로서 삶 속에서의 이슬람 역할을 찾고자 하는 것이다(Hefner 1993: 4).

이 된다는 전제에서 인도네시아 헌법을 둘러싼 이슬람식 정치의 의미를 분석하고, 최근 2014년 총선과 대선을 중심으로 이슬람 정당정치의 역할과 기능에 대해 다루어보고자 한다.

1) 온건주의와 실용주의 이슬람 정당의 강세와 근본주의 정당의 약세

인도네시아 정당정치는 수까르노 집권 시기인 1955년에서 1965년까지의 구질서 시기, 수하르또 집권 시기인 1966년에서 1998년까지의 신질서 시기, 그리고 1998년 민주화 이후부터 현재까지 크게 세 시기로 구분된다. 무엇보다 정당이 자유롭고 공정한 선거를 통해 집권의 핵심적인 정치행위자로 기능할 수 있는 조건은 민주화이기 때문에, 인도네시아에 있어서도 정당정치가 실질적인 의미를 획득하는 것은 민주화 이후의 시기라고 볼 수 있다.

　[표 3]은 민주화 이후 1999년, 2004년, 2009년 그리고 2014년까지 네 번의 국회의원 선거 결과이다. 이러한 네 번의 국회의원 선거 결과는 인도네시아 정당구조가 다당제의 정당구조임을 잘 보여주고 있다. 그리고 선거에서 다수의 지지를 획득하는 것은 이슬람 정당이 아닌 빤짜실라 이념[20]을 갖는 세속주의 정당이라고 요약할 수 있다. 이에 무자니Saiful Mujani 와 리들William Liddle은 인도네시아 민주주의를 세속민주주의Secular Democracy 로 명명한다거나(Mujani and Liddle 2009), 민주화 이후 2014년 총선까지의 결과를 통해 이슬람 정당들은 대중적 지지 획득에 실패한 것으로 평가한다(Sakai and Fauzia 2014).

　[표 3]에서 2014년 총선을 기준으로 의회에 진출한 정당 중에 빤짜실

표 3   민주화 이후 총선 결과

	1999년		2004년		2009년		2014년	
	득표율	의석수	득표율	의석수	득표율	의석수	득표율	의석수
Golkar	22.46	120	21.6	129	14.5	106	14.75	91
PDI-P	33.73	153	18.5	109	14.0	94	18.95	109
PKB	12.66	51	10.6	52	4.9	28	9.04	49
PPP	10.72	58	8.2	58	5.3	38	6.53	35
PD	-	-	7.5	55	20.9	148	10.19	61
PKS	1.36	7	7.3	45	7.9	57	6.79	40
PAN	7.12	34	6.4	53	6.0	45	7.59	47
PBB	1.94	13	2.62	11	-	-	1.46	0
PBR	-	-	2.44	13	-	-	-	-
PDS	-	-	2.13	12	-	-	-	-
PKPB	-	-	2.11	2	-	-	-	-
Gerindra					4.5	26	11.81	73
Hanura							5.26	16
NasDem							6.72	39
PKPI							0.91	0
Total			80.1	501	81.8	560	100	560

출처 | Suryadinata(2005), Mietzner(2010), 인도네시아선거관리위원회(KPU, 2014)

20 빤짜실라는 가장 인도네시아적인 언어라고 볼 수 있다. 인도네시아에서만 통하는 용어이기 때문이다. panca는 다섯, sila는 기둥(원칙)을 의미하는 산스크리트어이다. 독립준비위원회에서 인도네시아 헌법을 발표하며 세상에 출현한 언어이다. 빤짜실라는 인도네시아 헌법에 나타난 통치이념으로 시작되어, 수까르노 시절 위로부터 빤짜실라 이념을 인도네시아 사회에 내면화하면서 사회이념, 정당이념이 되었다. 인도네시아 헌법 전문에 있는 빤짜실라는 첫째, 유일의 신성 혹은 신의 존재성, 둘째, 정의롭고 인간적인 인류애, 셋째, 인도네시아의 하나 됨, 넷째, 협상(합의)과 대표 원리 안에서 지혜와 슬기에 의해 지도되는 민주주의, 다섯째, 전 민중을 위한 사회정의이다(최경희 2014: 153).

라 이념 정당은 골까르Golkar: Partai Golongan Karya, 인도네시아투쟁민주당PDI-P: Partai Demokrat Indonesia Perjuangan, 민주당PD: Partai Demokrat, 인도네시아대약진운동 당Gerindra: Partai Gerakan Indonesia Raya, 민중양심당Hanura: Partai Hati Nurani Rakyat, 민족 민주당NasDem: Partai Nasional Demokrat 등이다. 그리고 이슬람 이념 정당은 PPP, PKB, PAN, PKS 등이다. 1999년 총선 결과는 세속주의 정당 지지율 약 56.19퍼센트 대 이슬람 정당 약 33.8퍼센트이고, 2004년 총선 결과는 세 속주의 정당 지지율 약 47.46퍼센트 대 이슬람 정당 약 35.12퍼센트이고, 2009년 총선 결과는 세속주의 정당 지지율 약 57.41퍼센트 대 이슬람 정 당 약 25.94퍼센트이고, 2014년 총선 결과는 세속주의 정당 지지율 약 68.12퍼센트 대 이슬람 정당 약 31.85퍼센트이다.[21] 인도네시아 정당 구도 는 민주화 이후 빤짜실라 이념 정당이 상대적인 우위를 점하고 있다고 정 리될 수 있다.

위에서 언급한 이슬람 이념 정당으로 구분한 정당 중에 가장 오래된 정 당은 PPP이다. 앞에서도 계속적으로 언급했듯이 1973년 수하르또 집권 시절 이슬람 세력은 NU, 인도네시아 무슬림정당Indonesian Muslims Party, PSII, 뻐르띠 등으로 분화되어 있었는데, 위로부터 정당 통폐합에 의해 이러 한 정치세력들이 PPP로 규합되면서 출현했다. 수하르또 집권 시절 PPP 는 이슬람적 색채를 포기하고 민족주의 정당으로의 표출을 강요받았다.

---

21 이러한 결과는 1999년과 2004년에는 세속주의 정당은 Golkar, PDI-P, PD의 지지율을, 이슬람 정당은 PKB, PPP, PKS, PAN, PBB의 지지율을 더한 것이고, 2009년 이후 Gerindra, Hanura, NasDem 등 세 속주의 정당을 더한 것이다. 그러나 페핀스키Pepinsky, 리들 그리고 무자니의 분류에 따르면, PKB, PAN도 빤짜실라 정당으로 분류하기에 이 정당들을 세속주의 정당으로 포함하여 계산하면 그 지지율의 격차는 더 크게 벌어진다.

그래서 PPP 로고는 카바 신전을 상징했으나 로고를 별로 변경해야 했다. 그럼에도 불구하고 이 시기 동안 이슬람 교육제도, 이슬람 법원의 위상 제고와 같은 무슬림의 이해를 대변하기 위해 노력한 것으로 평가된다 (Bruinessen 2013: 33). 하지만 수하르또 신질서가 붕괴되자, PPP는 이슬람 정당으로 변화했고 로고도 원래 카바 신전 상징으로 변경했다. 다음으로 민주화 이후 새롭게 출현한 신생 이슬람 정당은 PKB, PAN, PK이다. PKB 는 NU의 대표인 와히드의 정치적 열망으로 출범한 정당이다. 그러나 PKB는 공공연히 이슬람 정당이 되기를 열망하기보다는 민족주의 정당으로 표현되기를 원했다(Bruinessen 2013: 33). 즉, 1950년대 NU는 빤짜실라에 저항했다면, 민주화 이후 NU는 와히드 리더십의 선택으로 빤짜실라를 수용하게 된 것이다(Ananta et al. 2005: 12). 그리고 PKB는 NU가 지원한 유일한 정당이 아니다. PKB 외에도 신앙공동체건설당Partai Kebangkitan Umat, 신앙공동체각성당Partai Nahdlatul Ummah 등이 있다(Bruinessen 2013: 33). PAN은 아민 라이스Amien Rais가 이끌었던 개혁주의 운동과 긴밀하게 연관되어 있고, 수하르또 체제를 비판했다. 아민 라이스는 PAN이라는 새로운 정당의 대표로 출발할 때까지 무함마디야 대표였기 때문에, PAN은 종종 무함마디야와 연관된 정당이라고 이해된다. 하지만 PAN은 민중위임협의회MARA: Majelis Amanat Rakyat와 같은 비무슬림 계열도 포함하는 무지개 연합정당으로 출발했다. 또한 무함마디야를 배경으로 한 젊은 청년들이 2006년 창립한 PMBPartai Matahari Bangsa 등이 있다(Bruinessen 2013: 34). 신생 무슬림 정당으로 가장 주목받는 정당이라고 한다면, PKS이다. PKS의 전신이 정의당PK: Partai Keadlilan이다. PK는 무슬림형제단에 의해 영향을 받은 반합semi-underground 이슬람 학생운동 활동가 그리고 다꽈 운동과 따르비야 운동으로부터 출발한다(Hilmy 2010: 123). PK는 출범 당시 가장 세련된 강령과 가장 투명한 구조를 가진 정당이었다. 그러나 1999년 첫 선거에서 1.3퍼센트의 지지율, 7석 의석만을 갖게 되었다. 그 이후 2002년 PKS로 당명을 변경했다. 그 해 총선에서 7퍼센트의 지지율과 45석 의석을 차지했다. PKS는 "민족과 국가 차원에서 문제 해결책으로서 이슬람에 기초할 것"이라 정당의 비전을 밝혔다(Ananta et al. 2005: 24). 하지만 최근 PKS 정당이념은 변화했다고 지적된다. 예를 들면, PKS를 이슬람 정당이지만 자유민주주의와 경제적 자유주의를 선호하는 정당이라고 평가하거나(Bruinessen 2013: 35), 이슬람 정당으로부터 종교적 민족주의 정당으로 포지션이 변화했다(Sakai and Fauzia 2014: 42)고 평가한다.

이와 같이 이슬람 정당의 기원과 특징을 보았을 때, 현대 인도네시아 이슬람 정당은 빤짜실라와 같은 세속주의 이념을 수용하는 매우 실용주의를 선택하는 이슬람 정당이라고 볼 수 있다. 그 뚜렷한 증거는 1999~2002년 재개된 샤리아 헌법논쟁에서 볼 수 있다. 우선 결론적으로 현행 빤짜실라 헌법체제를 유지하자는 입장을 갖는 정당은 Golkar, PDI-P, PD뿐만 아니라 이슬람 정당으로 구별되는 PKB와 PAN도 현재의 헌법체제를 유지하자는 그룹에 속한다. 오직 PPP와 월성당PBB[22]만이 "자까르따 헌장Jakarta Charter의 잃어버린 일곱 단어"의 복원, 헌법 29항의 수정을 주장했다. 이슬람주의자 정당 PKS는 자까르따 헌장이 아닌 메디나

---

22 PBB도 민주화 이후 만들어진 정당으로 1999년 총선부터 꾸준히 입후보했다. 이슬람 정당이고, 유르실 Yursil I. M.이 정당을 이끈다. 유르실은 ICMI의 적극적인 활동가이다(Ananta, Arifin and Suryadinata 2005).

헌장·Median Charter**23**을 지지했다(Hosen 2005; Mujani and Liddle 2009). 결국 샤리아 헌법체계(일명 자까르따 헌장)로의 전환 노력은 2001년과 2002년 회기에 국민협의회MPR에서 거부되었다(Bruinessen 2013: 2). 이러한 계기를 통해서 보았을 때, 인도네시아 이슬람 정당으로 읽히는 PKB, PAN, PKS는 이슬람주의를 정치적으로 실천하고자 하는 이슬람주의자라기보다는 무슬림 민주주의자Muslim Democrat로서 정치를 실천하는 것이고, 반면에 PPP와 PBB 정당의 정치적 실천은 이슬람주의자로서의 정치적 실천이라고 볼 수 있다. 그리고 한 발 더 나아가 PKB와 PAN를 이슬람 정당이 아닌 빤짜실라 정당으로 분류하는 연구자들도 있다(Pepinsky, Liddle and Mujani 2012: 590).

인도네시아에서 "자까르따 헌장의 잃어버린 일곱 단어"의 의미는 정치적으로 매우 중요한 부분이기 때문에 좀 더 들어가 보자. 인도네시아가 최대 다수 무슬림 보유국이면서도 이슬람 율법이 아닌 세속법을 갖게 된 것은 1945년 독립을 전후로 한 그 해 5월부터 8월까지 네 달 사이에 있었던 정치 과정 때문이다.**24** 자까르따 헌장은 최초로 9인 위원회Committee of Nine, Panita Sembilan**25**에 의해 작성되었다. 9인 위원회는 다섯 명의 민족주의자

---

23 메디나 헌장은 선지자 무함마드의 메디나 시절에 만든 종교에 대한 정부의 입장을 말한다. 메디나 헌장은 유대교, 기독교 그리고 다른 종교도 보호받아야 한다는 무함마드 입장을 의미한다. 그러나 메디나 헌장을 주장하는 PKS의 입장이 그리 두드러지게 문제될 것이 없는 것은 결국 메디나 헌장은 종교의 자유를 인정하는 차원에서 충분히 소통 가능하기 때문이다.

24 그리고 독립의 혼돈 속에서 사회 전반적으로 충분한 논의를 통해 헌법에 대한 논의를 진행시키지 못했기 때문에, 이슬람 국가를 만들고자 했던 세력들은 이러한 첫 출발부터 정치적 배제를 당한 것이고, 그로부터 인도네시아에서 이슬람 국가를 원하는 무슬림 세력들은 다양한 경로와 방법을 통해서 자까르따 헌장을 주장하게 된 것이다.

와 네 명의 이슬람주의자로 구성되었다. 이러한 구성은 종교로부터 자유로운 국가를 보존하기를 바라는 자들과 이슬람 국가를 지지하는 자들 사이에 깊은 갈등을 반영한다(Denny 2008: 10). 그러나 6월 22일 자까르따 헌장이란 이름으로 최종 완성된 헌장은 8월 18일에 인도네시아 독립준비위원회Panitia Persiapan Kemerdekaan Indonesia에 의해 발표되면서 일곱 개 단어가 사라진 것이다.[26] 왜 일곱 개 단어가 사라졌는가? 그 이유는 정치적 역학이 크게 작용한 것으로 보인다. 다시 말하자면, 9인 위원회 내에서 민족주의자 계열인 수까르노와 하따Hatta Rajasa의 정치적 의지가 강하게 작용했다. 독립 선포 이후 하따는 일곱 개 단어의 철회를 주장했다. 즉, 독립 이후 다양한 종교를 가진 인도네시아 종족들과의 통합을 우선 선택한 것이다. 그리고 독립준비실무조사위원회Badan Penyelidik Usaha Persiapan Kmerdekaan Indonesia 62명 위원의 온건중도파 성향도 한몫했다(변해철 2012: 431). 결국 현대 인도네시아 헌법은 인도네시아 민족주의적인 무슬림들의 선택에 의해 만들어진 것이다. 이슬람주의자들의 이념적 가치인 샤리아 헌법보다는 신생 인도네시아의 통합된 민족국가 수립이라는 현실적인 가치를 인도네시아 무슬림 지도자들은 선택한 것이라고 평가할 수 있다. 그리고 이러한 흐름은 발

---

25 9인 위원은 수까르노Haji Soekarno, 수바르조Haji Achmad Soebardjo, 무자끼르Haji Abdul Kahar Muzakkir, 마라미스Alex Andries Maramis, 아비꾸스노Abikoesno Tjokrosoejoso, 하따Haji Mohammad Hatta, 하심Haji Abdul Wahid Hasyim, 살림Haji Agus Salim, 야미Haji Mohammad Yami이다.

26 자까르따 헌장 초안은 "Negara berdasar atas Ketuhahan Yang Maha Esa dengan kewajiban menjalankan syariah Islam bagi pemeluk-pemeluknya(국가는 이슬람이 따르는 샤리아를 실천해야 하는 의무를 갖고 유일신에 대한 믿음을 기초로 해야 한다.)"였는데, 7개 단어 "dengan kewajiban menjalankan syariah Islam bagi pemeluk-pemeluknya(이슬람이 따르는 샤리아를 실천해야 하는 의무)"가 사라진 상태에서 발표되었다(Hosen 2005, Denny 2008).

전주의를 통치전략으로 설정한 수하르또 집권 시기에 더욱더 강하게 나타났고, 이러한 흐름은 민주화 이후 이슬람 정당들에게도 영향을 끼쳤다고 볼 수 있다.

1945년 "잃어버린 일곱 개 단어"는 그 이후로도 인도네시아 정치에 적잖은 쟁점이 되었고, 인도네시아에서 이슬람 국가를 지향하는 이슬람 급진주의 세력은 여전히 "잃어버린 일곱 개 단어"를 포함한 이슬람 율법의 헌법화를 주장하고 있는 것도 사실이다. 그러나 지금까지 민주화 이후의 정치 과정을 보았을 때, 앞으로 공적인 차원에서 이 논의는 다시 발의되기 어렵다고 판단된다. 또한 현재의 인도네시아 헌법은 단순히 세속헌법이 아니라 빤짜실라라는 복합적 요소의 헌법으로서 무엇보다 종교적 영향이 짙게 배어 있는 헌법이기 때문이다. 즉, 세속 국가도 아니고 이슬람 국가도 아닌 세속주의와 단일 이슬람 종교성 사이의 타협의 산물이다(Hosen 2005: 424). 그 이유는 첫째, 빤짜실라의 첫번째 원리인 "유일신에 대한 믿음"은 타협의 산물이다. 종교적 지향을 헌법에 뚜렷이 하는 것과 "알라Allah"라는 이슬람의 유일신 고유명사를 삭제함으로써 유일신을 믿는 다른 종교와의 타협을 가능하게 할 수 있었다. 따라서 타 종교에 대한 인정을 통해 종교의 자유를 인정했다는 것이 우선적인 의미이나 이슬람의 이교도와 무신론자를 인정하지 못하는 차원에서 현재의 종교의 자유는 소극적 차원의 자유라고 볼 수 있다. 그러나 동남아의 말레이시아나 다른 중동 이슬람 국가들의 종교의 자유보다 인도네시아 종교의 자유는 한층 높은 수준이라고 볼 수 있다. 둘째, 또한 궁극적으로 이슬람법, 샤리아가 의미하는 것을 실현한다고 보았을 때, 현재 인도네시아 헌법체제 안에서도 불가능한 것은 아니다. 샤리아는 개인적 삶(결혼, 이혼), 경제문제(은행), 비이슬람적 관행(음주, 도박, 부적절한 의상), 범죄를 다루는 형법, 그리고 정부 및 공공 영역을 다루는 공법의 다섯 가지 차원이다. 그리고 다섯 가지 윤리적·법적 범주인 의무적인wajib, 권장하는mandub, 허락된mubah, 비난받을 만한makruh 그리고 삼가는haram 행위의 영역이다. 그러나 이슬람 학자 안에서도 샤리아 헌법이 구체적으로 어떤 내용을 담고 있어야 하는지는 합의되지 않은 것이 현실이다(Hosen 2005: 430). 그리고 무엇보다 인도네시아에서는 이슬람 종교 문제를 다룰 만한 공적인 체계가 충분하다는 것이다. 인도네시아 헌법체계에는 국가기관으로 종교부가 있고, 1989년 헌법체계에 따라 사법기관으로 종교재판부Religious Courts, Pengadilan Agama가 별도로 존재하기 때문에, 인도네시아에서 이슬람 율법에 따른 재판과 처벌은 불가능하지 않다. 따라서 샤리아를 기초한 이슬람 국가라는 추상적 개념을 과연 얼마나 구체화할 것인가라는 합의가 무슬림 세계 내에서 광범위하게 존재하지 않는 한 이 부분 또한 구체적 상황과 맥락에 따라 논의될 필요가 있다. 이러한 맥락에서 정치적 이슬람 세력들이 주장하는 요구도 현재 인도네시아 헌정체제 안에서 충분히 가능하다고 볼 수 있다.

2) 이슬람 정당들의 지지율, 정치행위 그리고 2014년 선거

인도네시아 최초 이슬람 정당은 인도네시아 무슬림연합체, 즉 마슈미였다. 마슈미는 일본 식민지 시절 독립을 위해 인도네시아 모든 무슬림 조직의 연합체 상위 조직으로 시작되었고, 그 이후 하나의 정당이 되었다. 마슈미에는 이슬람 전통주의 그룹이 없는 것은 아니지만 이슬람 개혁주의와 좀 더 강한 연계성을 갖는다. 또한 인도네시아 헌법에 관한 논쟁 때 마슈미도 자까르따 헌장을 지지했다(Bruinessen 2013: 31). 인도네시아 정당 정치와 정당구조를 이해하는 데 있어 독립 이후 최초 민주선거라고 말하는 1955년 총선 결과를 주목한다. 1955년 총선에서 인도네시아 민족당 PNI이 22퍼센트, 이슬람 개혁주의를 표방하는 정당 마슈미가 20퍼센트, 이슬람 전통주의를 표방하는 NU가 18퍼센트, 인도네시아 공산당PKI이 16퍼센트를 각각 획득했다(Ananta, Arifin and Suryadinate 2005: 1~2). 여기서 이슬람 계열의 정치세력인 마슈미와 NU가 총 38퍼센트의 지지를 획득했고, 민족주의와 공산주의 등 세속주의 이념 정당도 38퍼센트 지지를 획득했다. 즉, 당시 세속주의 정당과 이슬람 정당의 지지는 막상막하하였다. 그러나 민주화 이후의 이슬람 정당의 지지율은 1955년 선거 결과와는 확연히 다르다. 그 이유는 수하르또 집권의 결과이다. 1970년대와 1980년대 수하르또 신질서 시기 동안의 인도네시아에서 지배적인 담론은 "근대주의"였고 국가발전 프로그램을 광범위하게 지지하는 층으로 빤짜실라 국가이념을 수용하게 되었다. 기존 이슬람 정당은 탈정치화되거나 수하르또의 국가발전 전략에 동의하면서 정치적 색채를 변화시켰다고 볼 수 있다.

그럼에도 불구하고 민주화 이후 수하르또 32년 집권 시기 동안의 Golkar 일당지배체제의 정당구조를 깨고 빤짜실라 이념 정당과 이슬람 정당의 대립구도로서의 다당제 정당구조를 만든 것은 민주화의 가장 큰 효과라고 볼 수 있다. 무엇보다 이슬람 정당 안에서 지지율의 변화는 이슬람 정당 내에 경쟁성이 존재한다는 의미이다. 이러한 맥락에서 인도네시아 이슬람 정당은 이데올로기적으로 스펙트럼이 존재하고, 이슬람 정당의 지지율도 현재까지 고착화되었다기보다는 유동성을 보이는 것이 특징이다.

아래의 [표 4]를 보았을 때 가장 눈에 띄는 것은 2009년 총선 이슬람 정당 전체 지지율이 민주화 이후 최하 지지율을 나타냈다면, 2014년에는 다시 30퍼센트대로 재진입했다는 점이다. 현재 존재하는 이슬람 정당 중에 가장 오래된 정당은 PPP이다. 이데올로기적 스펙트럼으로 보았을 때, 샤리아 헌법에 기초한 이슬람 국가건설을 계속적으로 주장하는 측면에서 이슬람 근본주의적 경향을 갖고 있다고 진단된다. PPP의 지지율은 민주화 이후 계속적으로 하락하는 추세로, 2009년 선거에서는 지지율 5.32퍼센트였다가 2014년에는 6.64퍼센트로 약간 상승세를 보인다. 그리고 전체적으로 이슬람 온건주의와 실용주의를 지향하는 PKB와 PAN 정당이 있다. 두 정당 중에서 조금 더 대중적 지지를 획득한 것은 PKB이다. PAN은

표 4 인도네시아 이슬람 정당의 총선 지지율 변화 추이				
	1999년	2004년	2009년	2014년
PKB	12.66	10.57	4.94	9.18
PAN	7.12	6.44	6.01	7.5
PKS(PK)	1.36	7.34	7.88	6.93
PPP	10.72	8.15	5.32	6.64
PBB	1.94	2.62	1.79	1.6
총계	33.8	35.12	25.94	31.85

출처 | 위의 [표 3]을 재구성

전체적으로 6~7퍼센트의 지지를 유지하고 있다. PBB는 네 번의 선거 중에서 2004년에만 의회에 진출했다. 이렇듯 이슬람 정당 안에서도 인도네시아 대중은 이슬람 근본주의 계열 정당에 속하는 PPP와 PBB보다는 이슬람 온건주의와 실용주의 정당인 PAN, PKB에게 상대적으로 더 높은 지지를 보낸다.

이러한 이슬람 정당들이 인도네시아 선거 공간에서 어떤 정치적 의미를 갖고 있는가? 민주주의 선거에서 정당의 정책 경쟁이 선거의 수준을 결정하지만 인도네시아 선거는 정책 경쟁 선거라기보다는 인물 중심 또는 선거연합 전술에 기초한 특징을 보여준다. 인도네시아 대통령 선거는 선거연합의 결정판이다. 그리고 총선은 대선의 선거연합 전술의 전초전과 같다. 또한 총선과 대선의 결과는 그 이후 내각을 구성하는 데 결정적인 영향을 미치고, 내각 안에서의 정당구도는 인도네시아 정당정치의 권력이 작동하는 기본구조로 작용한다. 따라서 이슬람 정당들도 대통령 선거연합 전술에서 자기 정당의 이해를 관철시키는 데 노력한다. 인도네시아 선거제도는 총선과 대통령 선거가 제도적으로 직접적 연관성을 갖는다는 점을 상기할 필요가 있다. 총선의 결과는 대선에, 대선의 결과는 내각 구성에 직접적인 연계효과를 갖는다. 왜냐하면 총선과 대선을 동시에 실시하고, 총선에서 전국적 지지율을 20퍼센트 얻거나 국회의석의 25퍼센트를 차지한 정당만이 대통령 선거에서 정부통령 후보를 낼 수 있는 제도적 효과 때문이다.

2014년 총선과 대선을 중심으로 보면 다음과 같다. 2014년 총선 결과에서 단독으로 20퍼센트의 지지율을 획득한 정당은 하나도 없다. 따라서

20퍼센트의 지지율 조합을 위해서 각 정당들은 정부통령 후보 구성을 위해 정당연합을 만든다. 총선 이후 대선후보 등록까지의 정당연합 조성 기간은 인도네시아 정치의 가장 큰 특징을 매우 잘 보여주는 시기이다. 대통령 후보 등록까지 어떻게 정당연합이 이루어지는지 예측하기는 매우 어렵다. 또한 이러한 정당 간 선거연합은 이후 내각을 구성하는 연립정부의 기본구도를 만든다.[27] 2014년 7월에 치러진 대선구도는 양자구도였다. 그리고 조꼬위와 하따 라자사는 2014년 대선에서 처음으로 입후보했지만 유숩 깔라Jusuf Kalla는 2004년 부통령, 2009년 대통령, 2014년 부통령 후보로 나왔고, 쁘라보워는 2009년부터 계속 대선후보로 정치적 야망을 표출했다. 2014년 대선은 쁘라보워와 하따 진영과 조꼬위와 깔라 진영 간 경쟁이었다. 매우 흥미로운 것은 2004년부터 2014년 집권했던 PD가 어떤 후보 진영에게도 정부통령 후보를 타진하지 않았고, 정당 간 선거연합에도 뜻을 표출하지 않았다는 점이다. 대개의 경우 모든 정당들은 대선 경쟁구도에서 정당연합을 선택하는데, 유도요노 정부의 집권정당인 PD는 2014년 대선에서 정당연합 전술을 선택하지 않았다.

두 후보 진영의 정당연합은 다음과 같다. 한쪽으로는 조꼬위 대통령

---

27 인도네시아의 경우, 민주화 이후 세 번의 직선제 대통령 선거가 2004년, 2009년, 2014년 각각 치러졌다. 2004년 대선은 최초 직선제답게 출마한 후보 진영이 많았다. 그래서 선거법에 맞게 결선투표가 진행되었다. 2004년 대선 1차 선거 후보 진영은 유도요노(PD)-깔라(Golkar) / 메가와띠(PDI-P)-하심(NU의장) / 위란또(Golkar)-솔라후딘(NU부의장) / 아민(PAN)-시스워노(전장관) / 하즈(PPP)-아굼(군인) 다섯 후보군이 경쟁했고, 2차 선거 후보 진영 메가와띠(PDI-P)-하심(NU의장)과 유도요노(PD)-깔라(Golkar)에서 유도요노와 깔라 후보가 득표율 60.62퍼센트로 승리했다(Suryadinata 2005). 2009년 대선에서는 세 후보군이 1차 선거만으로 결론이 났다. 메가와띠(PDI-P)와 쁘라보워(Gerindra) / 유도요노(PD)와 브디오노(전 BI총재) / 깔라(Golkar)-위란또(Hanura) 세 후보 진영은 각각 26.79퍼센트와 60.80퍼센트, 12.41퍼센트의 득표율을 얻었다(Mietzner 2010).

3장 인도네시아 이슬람식 정치실천 | 최경희

과 깔라 부통령 후보를 추대하는 정당 PDI-P, Hanura, PKB, NasDem이 있다. 깔라는 Golkar 소속이지만, 개인적으로 조꼬위 후보군에 속했다. 그리고 이 그룹에 가장 대표적인 이슬람 정당은 PKB만이다. 다른 한쪽으로는 쁘라보워 대통령 후보와 하따 부통령 후보의 정당 그룹 Gerindra, PAN, PKS, PPP, Golkar가 있다. 조꼬위 후보 진영은 최소 정당연합이고, 쁘라보워 후보 진영은 최대 정당연합 전술이다. 조꼬위는 선거 이후 개혁을 가능하게 하기 위해서는 정당연합을 최소한으로 구성하는 것이 유리하다는 판단을 했고, 쁘라보워는 총선에서의 지지율을 최대로 규합하는 최대 선거연합 전술을 선택했다. 그래서 쁘라보워 진영에 PAN, PKS, PPP 세 개 이슬람 정당이 모두 집결했다. PKB와 PAN은 경쟁관계의 역사를 갖고 있다는 것에 비춰봤을 때, 둘은 양 진영으로 나뉘는 것이 자연스러웠고, 무엇보다 정치인물 간 친화성이 각각 작용했다고 볼수 있다. 역사적으로 2004년과 2009년 대선에서 PDI-P와 NU는 꾸준히 연합관계를 취했고, 2014년 대선에서 PDI-P와 PKB는 강고한 연대관계를 재확인했다. 그리고 하따가 PAN 대표로서, PAN은 쁘라보워 후보 진영에 결합했다. 무엇보다 이슬람주의 정당으로 읽히는 PKS, PPP가 쁘라보워 후보 진영과의 연합을 선택했는데, 이러한 현상은 인도네시아 정치가 과두제적 정치 스타일로 작동하는 것을 잘 보여준다. 다시 말하자면 과두제적 정치 스타일이란 유권자, 또는 당원 대중에 의한 정당정치보다 정당 엘리트 주도의 정치행위가 다른 어떤 요인보다 우선하는 것을 말한다. 즉, 총선 이후 대선후보 진영 구축은 오직 정치 엘리트의 이해에 기초한 이합집산의 규칙이 작용하는 것이다.

2014년 대선 정당연합 구조를 보면, 조꼬위 후보 진영은 네 개 정당으로 쁘라보워 후보 진영은 다섯 개 정당으로 선거연합을 구성했다. 2014년 총선 지지율을 기초로 선거연합 정당의 전국적 지지율을 계산하면 조꼬위 후보 진영은 39.97퍼센트이고, 쁘라보워 후보 진영은 47.47퍼센트이다. 2014년 총선 지지율만으로 단순히 보았을 때는 쁘라보워 후보의 대선 승리를 예측할 수 있었으나, 결과는 그렇지 않았다. 대선 결과는 각각 조꼬위 후보 진영 53.5퍼센트, 쁘라보워 후보 진영 46.9퍼센트를 획득한 것으로 나왔다. 그 이유는 첫째, PD 지지율인 10.19퍼센트의 향방이다. PD가 어떤 후보 진영과도 연립후보를 만들지 않았기 때문에 PD 지지자들은 대통령 선거에서 자유로웠다. 둘째, 인도네시아 유권자들은 총선에서 지지했던 정당을 대통령 선거에서 반드시 지지하지 않는 경향이 있기 때문이다. 대통령 선거는 정당연합을 기초한 선거연합이지만 인도네시아 유권자들은 후보 개인에 대한 지지 성향에 따라 투표가 표출된다고 전문가들은 말한다. 다시 말하자면, 총선에서 지지했던 정당과 대선에서 지지했던 정당은 반드시 일치하지 않을 수 있고, 대통령 후보 개인의 능력과 자질이 훨씬 더 투표의 결정적 요인으로 작용한다는 점이다.

대통령 선거에서의 정당연합 전술은 이후 내각을 구성하는 데 결정적인 역할을 한다. 2014년 10월부터 5년간 통치하는 조꼬위 정부는 "일하는 내각Working Cabinet"이란 캐치프레이즈로 네 명의 조정장관과 서른 명의 장관을 임명했다. 조꼬위 내각 구성은 대통령 선거 정당연합 전술이 결과적으로 어떻게 반영되었는지를 보여준다. 정치·법·안보 조정장관은 NasDem 정당 출신이자 전직 해양부 관료, 경제 조정장관은 전직 장관

출신의 전문 관료를 임명하고, 해양 조정장관은 국제기구 출신 전문 관료, 인적개발·문화 조정장관에는 PDI-P 출신의 국회의원을 임명했다. 내각의 핵심을 구성하는 국무총리급 조정장관에는 NasDem과 PDI-P 각각 한 명의 정치인과 두 명의 전문 관료 출신을 안배했다. 우선 서른 개 장관직 중에서 스무 개를 관료, 학자 및 전문가 출신으로 임명했다.[28] PDI-P 정치인은 내무부, 법무부, 중소기업조정부 세 개 부서에 임명되었고, Hanura 정치인은 산업부, 농업 및 공간계획부, 행정과 관료개혁부 세 개 부서에 임명되었으며, NasDem 정치인은 환경산림부 한 개 부서에 임명되었고, 마지막 PKB 정치인은 인적자원부, 마을·소외지역·이민부, 청년스포츠부 세 개 부서에 임명되었다(Parlina and Widhiarto 2014).[29] 조꼬위 정부의 내각 구성의 가장 큰 특징은 첫째, 전문 관료, 학자, 전문가들의 대거 등용이다. 둘째, 대통령 선거를 위한 최소 정당연합에 기초하여 네 개 정당의 정치인을 장관으로 기용했다. 이러한 내각을 기초로 향후 5년 간 인도네시아 정치는 조꼬위 정부가 제시한 중장기 정책을 둘러싼 행정부와 국회 사이의 거시정치가 진행되는 것이다. 따라서 정당의 공적활동을 하고 있는 인도네시아 이슬람 정당의 역할도 이러한 거시적인 차원의 정치구조 속에서 작동된다고 볼 수 있다.

---

28 외교부, 국방부, 재정부, 에너지·자연자원부, 무역부, 농업부, 교육부, 해양어업부, 공사 및 공공주택 관리부, 보건부, 문화와 초중등교육부, 사회부, 종교부, 정보통신부, 국가사무총장, 연구·기술·고등교육부, 여성증진·아동보호부, 국가개발부, 국유기업부, 관광부 등이다.

29 조꼬위 정부는 2015년 10월에 몇 개의 부서에서 내각을 개편했지만 1기 내각 구도와 큰 틀에서는 변함이 없다고 평가할 수 있다.

5. 맺으며

본 논문은 이슬람식 정치실천이란 첫째, 이슬람 안에는 이슬람 가치와 원리를 어떻게 이해하느냐에 따라 다양한 이데올로기적 스펙트럼이 존재한다는 전제, 둘째, 이슬람 조직은 정당 형태와 비정당 대중조직 형태로 크게 구별될 수 있다는 전제, 셋째, 이슬람식 정치형태는 선험적으로 결정되는 것이 아니라 구체적 정치경제적, 역사 상황에서 만들어진다는 전제하에서 인도네시아 이슬람식 정치실천을 분석하고자 했다. 이러한 전제는 현재 동남아 이슬람 정치 이슈의 세 가지 차원, 테러(정치불안)와 안보(정치안정) 사이의 이슬람 정치, "온건(또는 자유주의) 세력"과 "급진주의(또는 강경) 세력" 사이의 정치, 그리고 급진주의 세력 등장의 원인 분석(Hadiz and Khoo 2011: 464~465)과 연관된다.

이슬람과 민주주의를 둘러싼 인도네시아 이슬람식 정치실천에 관한 연구 내용, 한계와 향후 연구 과제는 다음과 같다.[30] 첫째, 인도네시아 민주주의는 서구에서 말하는 자유민주주의는 아니다. 물론 인도네시아는 자유민주주의에서 말하는 기본적 제도(삼권분립, 법치, 정당정치, 선거제도, 헌법 등)를 갖고 있다. 그러나 인도네시아에만 존재하는 빤짜실라 개념은 인도네시아 민주주의가 자유민주주의 개념으로 설명될 수 없다는 것을 잘 보여주고 있다. 따라서 인도네시아 민주주의는 "형용사"가 붙는 민주주의로서 다양한 민주주의 중의 독특한 하나의 형태로 이해되어야 한다.

---

30 본 논문은 인도네시아 이슬람식 정치실천을 분석하는 데 있어서 시기 구분 없이 분석하는 한계를 분명히 갖고 있다. 향후 연구는 조직형태로만 독자적으로 분석한다거나, 분석 시기를 세분한다거나 하는 방식으로 인도네시아 이슬람식 정치실천의 다양성을 좀 더 자세히 분석할 필요가 있다.

이러한 전제를 받아들인다고 한다면, 이슬람과 민주주의 양립 가능성 논의는 "형용사"가 붙은 다양한 민주주의 논의로 확대될 수 있고, 이러한 맥락에서 인도네시아는 이슬람과 민주주의 사이에 독특한 특징을 갖고 있는 연구 사례이다.

둘째, 인도네시아 민주주의는 이슬람주의자보단 다수의 무슬림 민주주의자에 기초한다. 두 용어는 이론적 논의에서 구별했는데, 이슬람주의자는 꾸란, 순나, 샤리아 등 이슬람 경전의 신학적 내용을 사회 전 영역에 적용할 것을 추구하는 자들이고, 무슬림 민주주의자는 이슬람법에 기초한 국가를 만든다거나 칼리프 체제를 만드는 생각을 하는 것이 아니라 실용주의적 시선으로 정치적 삶을 보려는 입장이다. 다시 말하자면, 후자는 정치적 영역에서 이슬람이란 것을 강조하지 않는 입장이다. 그렇기 때문에 반대로 이슬람주의자를 정치적 이슬람이라고 명명한다. 이러한 두 개념으로 보았을 때, 인도네시아 빤짜실라 헌법이념의 형성과 유지는 인도네시아 무슬림들의 이데올로기적 특징이 어디에 있는지 잘 보여주는 지점이다. 인도네시아 이슬람 정당구조에서는 온건주의, 실용주의를 표방하는 이슬람 정당들이 근본주의를 주장하는 이슬람 정당보다 더 많은 대중적 지지를 획득하고 있다. 그리고 대중조직 차원에서도 무함마디야와 NU 조직의 이데올로기도 인도네시아 이슬람 사회 분위기를 좌우하는 데 기초를 이룬다. 각각 전통주의와 근대주의를 표방하는 두 조직으로 인해, 인도네시아 이슬람은 전반적으로 온건주의 이슬람에 기초를 두고 있다고 평가할 수 있다. 온건주의가 민주주의 발달에 도움을 주는 이유는 "게임의 결과"에 승복하는 민주주의 룰을 정착시키는 데 크게 기여하기 때문이라고 본다.

셋째, 2000년대 이후 증폭되어 나타나는 "정치적 그리고 급진적 이슬람 세력"의 확산 원인은 인도네시아 민주주의의 결핍 또는 약점으로 해석하고자 한다. 본문에서도 설명했던 것처럼 인도네시아 정치적 이슬람, 급진주의 세력의 등장은 식민지 시기로까지 거슬러 올라간다. 따라서 그들은 사회적으로 통합되지 못한 오래된 불만 세력, 소수자로 남아 있다. 특히 민주화 이후 민주주의 형태는 갖추어졌지만 사회의 만연된 불평등 구조와 부패는 이들을 정치적으로 급진화시키는 계기를 충분히 제공하고 있다. 무엇보다 주지해야 하는 것은 중동에서 이슬람 급진주의의 급격한 대두는 장기적인 경기침체, 경제위기, 만연된 빈곤이라는 경제적 원인과 근본적으로 연관된다는 점이다. 심각한 불평등 구조와 취약한 재정 상태의 인도네시아 경제에서 다시 경제위기와 같은 상황을 맞이한다면 인도네시아 이슬람 정치의 향방은 짐작하기가 어려워질 수 있다. 따라서 인도네시아 민주주의가 더욱 심화되어 정치적 이슬람 세력, 급진주의 이슬람 세력이 사회적으로 포용될 수 있도록 경제 및 사회문화적 조건을 시급히 그리고 충분히 만들어야 한다.

넷째, 앞으로 인도네시아 이슬람화 경향과 민주주의 사이의 긍정적 연관성을 어떻게 지식화할 것인가는 남아 있는 과제라고 본다. 이것은 인도네시아 사회가 중동의 이슬람에 영향을 받으면 받을수록 더욱더 준비해야 할 과제이다. 현재까지 인도네시아 이슬람화 경향의 결과는 이슬람 급진주의가 출현한다거나 사회가 전반적으로 종교 다원주의나 종교의 자유를 제한하는 보수적인 방향으로 전환되는 것을 의미하는데, 이것은 민주적 사회 분위기와 매우 상반되는 경향이라고 본다. 종교인들이 자기가 믿는 종교의 경전에 심취하는 것, 경전에 대해 깊이 있는 해석을 하고 경전의 내용을 실천하고 싶어 하는 것은 그 자체로 문제가 될 것이 없다. 하지만 이러한 노력이 종교적 배타성과 문명적 배타성으로 이어진다면 문제의 영역은 달라진다고 본다.[31] 따라서 이 시점에서 인도네시아에서 이슬람 학자, 지식인의 역할이 매우 중요하다고 판단한다. 그러나 본 논문은 이러한 영역을 전혀 다루지 못했다. 인도네시아 이슬람 학자들이 타 문명, 타 종교에 대해서 어떻게 이해하고 있는지, 종교 간 또는 문명 간 대화를 시도하는 그룹은 없는지 등이 매우 중요하다. 앞으로 인도네시아 민주주의가 심화되기 위해서는 이슬람 종교, 이슬람 가치, 이슬람 문화가 전 세계적 차원에서 어떤 보편성을 갖고 있는지 다양한 차원에서 회자되어야 한다고 생각한다. 현재 중동 사태는 이슬람 가치에 대한 혼란을 부추기며 오히려 부정적 인식을 확산시키고 있다. 인도네시아 민주주의 확대와 심화를 위해 글로벌 이슬람 담론의 질적 성장이 절실히 필요하며, 글로벌

---

31 이러한 논의는 매우 다차원적인 주제들과 연관되어 있다. 이슬람이 종교 및 문명적 배타성이 있다면, 어니 그것이 이슬람에게만 있겠는가 인류 역사적으로 종교에 기초한 전쟁이 너무나도 많았기 때문에 이러한 배타성 논의로부터 기독교도 자유로울 수 없고, 유대교도 자유로울 수 없다. 그래서 인류의 또 하나의 시도라고 보는 가톨릭의 선회를 눈여겨볼 필요가 있다. 가톨릭은 제2차 바티칸공의회(1962~1965)를 통해 이전과는 질적으로 다른 행보를 스스로에게 다짐했다. 예를 들면, 십자군 전쟁과 같이 "하느님"의 이름으로 치른 전쟁에 대해서 회개와 용서를 구하고, 가톨릭 내에서 교리의 차이로 나뉘었던 서방 교회와 동방 교회의 화합을 이루려는 노력을 계속적으로 하고 있다. 왜냐하면 이 모든 것은 "인간의 이름"으로 만들어낸 분열이라는 회개로부터 시작하기 때문이다. 그래서 종교 간, 문명 간 대화를 통해 오해를 넘어서 서로 이해하려는 노력을 시작했다. 또 하나의 중요한 사례가 있다. 종교학자 카렌 암스트롱은 21세기 종교가 종교다울 수 있으려면 종교인의 심성에 "타인을 측은히 여기는 마음compassion"이 살아 있어야 한다고 말한다. 종교적 교리는 종교적 심성을 만들어가는 도구일 뿐이다. 만약 종교적 교리 그 자체가 신화화된다면 종교사회 안에는 오히려 더욱더 많은 갈등이 만들어질 것이다. 그래서 종교적 교리를 논의하는 그 차원조차 종교적 권위를 유지하기 위해서 반드시 민주주의가 확고히 확보되어야 하는 것이다.

이슬람 담론 차원에서 인도네시아 이슬람 학자들의 활동은 역으로 인도네시아 민주주의를 더욱 진전시키는 데 밑거름이 될 수 있다. 현재 중동의 불안으로부터 지구에 있는 누구도 자유로울 수 없다. 직접적으로 중동 민주화 예외성은 지금의 중동과 유럽의 관계처럼 전 세계적으로 민주주의를 불안하게 하는 요인이기도 하다. 따라서 무슬림 세계 안에서 인도네시아 국가의 세계적 활동을 기대하고 싶은 이유도 여기에 있다.

참고 문헌

강영순. 2007. "현대 인도네시아 선거정치에서 이슬람조직의 경쟁과 협력: 나흐다뚤 울라마와 무함마디야를 중심으로."『동남아시아연구』17(1): 69~113쪽.

김형준. 1997. "종교자유에 대한 변화하는 해석: 인도네시아의 사례".『동남아시아연구』5: 3~23쪽.

_____ . 2006. "이슬람 신근대주의의 출현과 반응: 인도네시아 무함마디야의 사례".『비교문화연구』12(1): 81~110쪽.

_____ . 2009. "인도네시아의 이슬람 급진주의: 역사적 전개과정과 이념적·실천적 특성".『동남아시아연구』19(2): 57~91쪽.

_____ . 2012. "인도네시아 이슬람 조직의 구조와 특성: 엔우와 무함마디야를 중심으로".『동남아시아연구』22(2): 95~131쪽.

_____ . 2013. "이슬람부흥의 전개와 영향: 인도네시아의 사례".『동남아시아연구』23(3): 181~215쪽.

_____ . 2014. "인도네시아 이슬람 조직 무함마디야의 민주주의적 전통: 지도체제와 선거를 중심으로".『한국이슬람학회논총』24(2): 205~236쪽.

_____ . 2015. "이슬람화와 성적표현의 자유: 인도네시아의 미스월드 반대시위를 중심으로".『동아연구』34(2): 263~300쪽.

금상문. 2009. "이슬람 슈라와 서구 민주주의 비교: 사우디아라비아에서 이슬람 슈라 원칙 적용을 중심으로".『중동연구』28(2): 153~173쪽.

류모세. 2010.『이슬람 바로보기』. 서울: 두란노.

민예림. 2012. "인도네시아 년법의 기론 이념인 빤짜실라의 행성과성과 의미".『토지공법연구』56: 421~441쪽.

손주영. 1993. "이슬람 국가의 정치제도에 관한 연구: 정치원리와 제도적 특성을 중심으로".『한국이슬람학회논총』3: 115~146쪽.

_____ . 1997.『이슬람 칼리파制史』. 서울: 민음사.

양승윤. 1999. "인도네시아 이슬람 정치세력에 관한 연구".『동남아연구』8: 75~96쪽.

_____ . 2008. "인도네시아 양대 이슬람 세력: 무함마디야와 나흐다툴 울라마에 관한 연구".『한국이슬람학회』18(2): 163~178쪽.

오명석. 2011. "동남아 이슬람의 쟁점: 이슬람과 현대성".『아시아리뷰』1(1): 197~226.

_____ . 2013. "동남아의 수피즘".『한국이슬람논총』23(2): 19~56쪽.

_____. 2016. "동남아의 수피즘". 김중순·이희수 외.『수피즘: 실크로드를 읽는 문화코드』. 서울: 소통. 98~145쪽.

이성수. 2012. "이슬람식 민주주의 모델과 아랍 민주화 이후의 민주주의: 리비아와 이라크를 중심으로".『한국중동학회논총』 33(3): 101~132쪽.

이종택. 2008. "근 현대 아랍 이슬람 정치사상에 비친 이슬람과 민주주의".『중동문제연구』 7: 1~36쪽.

카렌 암스트롱. 2003. 장병옥 옮김.『이슬람』. 서울: 을유문화사.

캐롤 힐렌브렌드. 2016. 고지민 옮김.『이슬람 이야기: 무함마드의 생애부터 무슬림의 현재까지』. 서울: 시그마북스.

최경희. 2014. "제4장 인도네시아 민주주의 심화와 헌정공학".『동남아의 헌정체제와 민주주의』. 서울: 명인문화사. 135~194쪽.

_____. 2014. "인도네시아 2014년 4월 9일 총선결과분석과 대선 전망". 서울대아시아연구소 동남아센터 홈페이지(http://seacenter.snu.ac.kr/) 전문가 칼럼.

한국천주교중앙협의회. 2008.『제2차 바티칸 공의회 문헌(라틴어 대역)』. 서울: 한국천주교중앙협의회.

Ananta, Aris, Arifin, Evi Nurvidya and Leo Suryadinate. 2005. *Emerging Democracy in Indonesia*. Singapore: ISEAS.

Armstrong, Karen. 1993. *A History of God: The 4,000 Year Quest of Judaism, Christianity and Islam*. U.S.A.: A Ballantine Book.

Bruinessen, Martin Van. 2013. "Introduction: Contempoary Developments in Indonesian Islam and the 'Conservative Turn' on the Early Twenty First Century." Bruinessen, Martin Van. ed. *Contemporary Developments in Indonesian Islam: Explaining the "Conservative Turn"*. Singapore: ISEAS.

_____. 2013. "Overview of Muslim Organizations, Associations and Movements in Indonesia." Bruinessen, Martin Van. ed. *Contemporary Developments in Indonesian Islam: Explaining the "Conservative Turn"*. Singapore: ISEAS.

Denny Indra Yana. 2008. *Indonesian Constitutional Reform 1999-2002*. Ph.D. Dissertation. Jakarta: KOMPAS Book Publishing.

Diamond, Larry. 2015. "Facing up to the Democracy Recession." *Journal of Democracy* 26(1): pp. 141~155.

Fealy, Greg. 2004. "Islamic Radicalism in Indonesia: The Faltering Revival?." *Southeast Asian Affairs 2004*. Singapore: ISEAS.

Fukyyama, Francis. 2015. "Why is Democracy Performing So Poorly?" *Journal of Democracy* 26(1): pp. 11~20.

Hadiz, Vedi R. 2008. "Towards a Sociological Understanding of Islamic Radicalism in Indonesia." *Journal of Contemporary Asia* 38(4): pp. 638~647.

_____. 2013. "Islamic Politics in Southeast Asia: A Critical Reassessment." *TRaNS* 1(2): pp. 215~235.

Haiz, Vedi R. and Khoo Boo Teik. 2011. "Approaching Islam and Politics from political economy: a comparative study of Indonesian and Malaysia." *The Pacific Review* 24(4): pp. 463~485.

Hefner, Robert W. 1993. "Islam, State and Civil Society: ICMI and the Struggle for the Indonesian Middle Class." *Indonesia* 56: pp. 1~35.

Hilmy, Masdar. 2010. *Islamism and Democracy in Indonesia: Piety and Pragmatism*. Singapore: ISEAS.

Hosen, Nadirsyah. 2005. "Religion and the Indonesian Constitution: A Recent Debate." *Journal of Southeast Asian Studies* 36(3): pp. 419~440.

Ibrahim, Anwar. 2006. "Universal values and Muslim Democracy." *Journal of Democracy* 17(3): pp. 5~12.

Karatnycky, Adrian. 2002. "Muslim Countries and the Democracy Gap." *Journal of Democracy* 13(1): pp. 99~111.

Kingsbury, Damien. 2007. "The Free Aceh Movement: Islam and Democratisation." *Journal of Contemporary Asia*. 37(2): pp. 166~189.

Levistsky, Steven and Lucan Way. 2015. "The Myth of Democratic Recession" *Journal of Democracy* 26(1): pp. 45~58.

Masoud, Tarek. 2015. "Has the Door Closed on Arab Democracy?." *Journal of Democracy* 26(1): pp. 74~87.

Mietzner, Marcus. 2010. "Indonesia in 2009: Electoral Contestation and Economic Resilience." *Asian Survey* 50(1): pp. 185~194.

_____. 2014. "How Jokowi Won and Democracy Survived." *Journal of Democracy* 25(4):

pp. 111~125.

Mujani, Saiful and R. William Liddle. 2009. "Muslim Indonesia's Secular Democracy." *Asian Survey* 49(4): pp. 575~590.

Nasr, Vali. 2005. "The Rise of Muslim Democracy." *Journal of Democracy* 16(2): pp. 13~27.

Pall, Zoltan. 2015. "Salafi Networks between the Arabian Gulf and Southeast Asia." Presentation at the Asia Research Center, SNU, 19 May 2015.

Parlina, Ina and Hasyim Widhiarto. 2014. "Jokowi's Cabinet announced, here is the lineup." *The Jakarta Post* 26 October.

Pepinsky, Thomas B., R. William Liddle and Saiful Mujani. 2012. "Testing Islam's Political Advantage: Evidence from Indonesia." *American Journal of Political Science* 56(3): pp. 584~600.

Plattner, Marc F. 2015. "Is Democracy in Decline?," *Journal of Democracy* 26(1): pp. 5~10.

Ricklefs, M.C. 2008. "Religion, Politics and Social Dynamics in Java: Historical and Contemporary Rhymes," Grea Fealy and Sally White eds., *Expressing Islam: Religious Life and Politics in Indonesia.* Singapore: ISEAS.

Rudnycky, Daromir. 2009. "Spiritual Economics: Islam and Neoliberalism in Contemporary Indonesia." *Cultural Anthropology* 24(1): pp. 104~141.

Sakai, Minako and Amelia Fauzia. 2014. "Islamic orientations in contemporary Indonesia: Islamism on the rise?" *Asian Ethnicity* 15(1): pp. 41~61.

Schmitter, Philppe C. 2015. "Crisis and Transition, But Not Decline," *Journal of Democracy* 26(1): pp. 32~44.

Suryadinata, L. 2005. 2005. "Indonesia: The Year of a Democratic Election." *Southeast Asain Affairs* 2005: pp. 133~149.

Wittes, Tamara Cofman. 2008. "Islamist Parties: Three Kinds of Movement." *Journal of Democracy* 19(3): pp. 7~12.

4

김동엽

필리핀 방사모로
이슬람 정당의 장래

라나오델수르의 옴피아당이 남긴 교훈을 중심으로

1. 들어가며

최근 필리핀에서는 1960년대 말부터 시작된 이슬람 반군운동에 종지부를 찍고, 분쟁으로 얼룩졌던 민다나오 이슬람 지역에 평화를 정착시키려는 막바지 논의가 진행되고 있다. 지난 2012년 10월 15일 아키노^{Benigno} ^{Aquino III} 대통령과 에브라힘^{Murad Ebrahim} 모로이슬람해방전선^{MILF} 의장이 일본에서 전격적인 회동을 갖고, 분쟁의 종식과 평화 정착을 위한 기본 틀에 합의함으로써 평화협상이 급진전되었다. 양측이 합의한 기본 틀은 MILF 측에서 그동안 지속적으로 주장해왔던 이슬람 국가로의 분리독립 요구를 포기하는 대신, 필리핀 정부가 이슬람 지역에 실질적인 자치권을 인정하는 1국가 2체제^{sub-state system}를 수용하는 내용이었다. 이를 구체화하기 위해 양측 협상단 간의 지속적인 논의가 이루어졌으며, 2014년 3월 27일 드디어 필리핀 대통령궁에서 양측이 합의한 평화협정이 조인되었다. 본 평화협정을 바탕으로 방사모로[1] 지역에는 독립적 정치체제가 탄생될 예정이며, 이를 위한 방사모로기본법^{BBL: Bangsamoro Basic Law}을 입안하여 필리핀 의회에 제출했다. 그러나 아키노 정부에서 제출한 BBL은 많은 논란 끝에 의회를 통과하지 못했으며, 현 두테르테 행정부하에서 이에 내한 처리가 추진되고 있다.

본 평화협정이 중요한 의미를 가지는 것은 필리핀에서 처음으로 1국가 2체제를 기초로 하는 새로운 정치체제가 도입된다는 것이다. 즉 방사모로 정부는 단순히 지방자치 정부가 아닌 독자적 의회와 행정부 그리고 사

---

1 방사모로는 다양하게 해석되고 있지만, 본 글에서는 단순히 필리핀 무슬림 공동체를 의미하는 용어로 사용한다.

법체계를 갖춘 실질적 독립정부가 들어서는 것을 의미한다. 물론 외교와 국방 그리고 통화와 같은 권한은 여전히 필리핀 정부의 권한으로 남게 되지만, 기타의 영역에서는 독립적인 지위를 보장받는 것이다. 따라서 방사모로 지역에서는 독자적 선거를 통해 의회가 소집되고, 그 의회에서 총리 Chief Minister가 선출되며, 그 총리에 의해 행정부가 구성될 예정이다. 이는 방사모로 지역에 의원내각제를 기본 틀로 하는 민주주의 정부가 들어서는 것을 의미한다. 이처럼 필리핀 중앙정부와 분리된 방사모로 정부가 출범하면 필리핀 무슬림들에게는 그동안 가톨릭이 절대다수를 차지하는 필리핀에서 문화적 소수자로 머물렀던 정치환경에서 벗어나, 다수자로서 스스로의 정치를 펼칠 수 있는 여건이 조성되는 것이다. 더불어 전체 필리핀으로서는 그동안 많은 논의에도 불구하고 실현되지 못했던 의원내각제라는 새로운 민주주의 정부 형태를 실험하는 의미를 가지게 된다. 의원내각제의 특성상 정치 과정에서 정당의 역할이 지대하다는 점 때문에 방사모로 지역에서는 이미 정당 발족을 위한 다양한 움직임이 일어나고 있다. 이미 지역의 전통적 엘리트들은 방사모로 정부의 장관직을 미끼로 다양한 세력들을 규합하고 있다는 소식이 널리 퍼져 있다(Barra 인터뷰, 2014. 07. 31.). 또한 본 평화협정의 무슬림 측 주도 세력인 MILF도 다양한 외부의 지원을 받아 무장투쟁 단체에서 민주적 정당으로 탈바꿈하려는 노력을 경주하고 있다.

새롭게 조성되고 있는 방사모로 지역의 정치환경에서 이슬람 신앙과 무슬림 정체성을 기반으로 한 새로운 정당의 출현이 전통적 정치 행태에 어떠한 파장을 일으킬지 많은 관심이 집중되고 있다. 이는 단순히 방사모로 지역의 정치뿐만 아니라 필리핀 지방정치의 역동성을 살펴볼 수 있는 중요한 잣대가 될 수 있기 때문이다.[2] 그동안 필리핀 지방정치는 유력 정치가문이 세대를 이어 권력을 독점하는 현상이 일반적이었다. 필리핀의 전통적 엘리트들은 평상시에 지역민들과의 견고한 후원Patronage 체제를 구축하여 정치적 기반을 다지고, 선거 시에는 소위 폭력, 조직 그리고 돈(Guns, Goons, Gold)으로 대변되는 3G로 선거를 지배해왔다. 특히 반군활동으로 인해 외부의 감시와 통제가 어려운 무슬림 지역에서는 이와 같은 선거 폭력과 선거 부정행위가 여타 지역보다 더욱 심각하게 나타났다.[3] 이러한 상황에서 그동안 주류 정치에서 벗어나 있었던 MILF를 포함한 새로운 정치세력의 출현은 그 성공 여부에 따라 필리핀 지방정치의 변화 가능성을 엿볼 수 있는 중요한 의미를 가진다고 볼 수 있다.

역사적인 맥락에서 보면 최근 필리핀 이슬람 지역의 정치적 변화는 1970년대부터 본격적으로 전파된 이슬람 부흥운동의 산물인 무장독립투쟁과 사회개혁운동이라는 두 개의 큰 줄기가 하나로 통합되는 의미로 해석할 수 있다. 그동안 무장독립투쟁 세력은 필리핀 무슬림 문제를 국제화하여 외부 이슬람 세계의 지원을 이끌어냄으로써 이를 기반으로 무력투쟁과 함께 필리핀 정부와의 평화협상을 지속적으로 추진해왔다. 과거 수차례 평화협정이 조인되었지만 그 내용이 제대로 실행되지 못했으며, 양측 간의 무력충돌은 간헐적으로 수십 년간 지속되어 왔다. 한편

---

2 필리핀 지방정치의 역동성에 관해서는 류석춘·왕혜숙(2009)의 연구와 비교적 관점에서 살펴볼 수 있다.

3 이러한 정치적 행태는 최근까지 이어지고 있으며, 선거와 관련된 대표적 사건으로 2009년 11월에 발생한 마긴다나오 학살 사건이 있다. 이 사건은 상대방의 후보 등록을 방해하기 위해 언론인 34명을 포함해 총 59명을 살해한 사건이다. 이 사건의 책임자들에 대한 재판이 아직도 진행 중이다.

1970년대 이슬람 부흥운동의 결과로 배출된 이슬람 지식인들, 즉 울라마는 필리핀 무슬림 개혁운동의 또 다른 줄기를 형성해왔다. 이들은 무력투쟁이 아니라 무슬림 사회와 정치를 개혁하기 위해 제도권 정치 속으로 뛰어들었다. 1986년 장기 집권했던 마르코스 독재정권이 붕괴되고, 민주화 시대를 여는 정치변혁의 시대에 편승하여 개혁을 내세운 정당을 조직하고 일정 기간 동안 정치적 성공을 거두기도 했다. 최근 평화협정에 따른 방사모로 정부의 탄생을 계기로 이 두 세력이 상호 결합하여 그동안 소외되었던 필리핀 무슬림 지역의 발전에 새로운 계기를 마련하려 하고 있다. 비록 이러한 계기를 마련한 세력은 MILF로 대변되는 무장투쟁 세력이지만 이들이 뛰어든 정치 현실은 이슬람 정당을 통해 실현하고자 했던 개혁정치의 장인 것이다.

이러한 맥락에서 본 논문에서는 과거 울라마에 의해 추진되었던 이슬람 정당이 어떠한 정치이념하에 어떠한 정치적 업적을 남겼으며, 또한 이들이 지속적인 성공을 거두지 못한 원인은 무엇인지 살펴본다. 이는 새롭게 탄생할 방사모로 정치체제 내에서 정당정치의 발전적 미래를 위해 중요한 시사점을 제공할 수 있을 것이다. 더불어 방사모로 과도정부를 이끌 MILF와 새로운 정치세력이 지역의 전통적 엘리트들과의 민주적 경쟁에서 어떻게 살아남아 의미 있는 대안세력으로 자리매김할 수 있는가를 살펴볼 수 있을 것이다. 본 연구는 필리핀에서 이슬람적 영향이 가장 강하게 남아 있는 라나오델수르^{Lanao del Sur} 지역을 기반으로 탄생했던 옴피아당 ^{Ompia Party}을 사례로 살펴볼 것이다. 본 연구에 사용한 기초 자료는 마닐라와 마라위 시에서 다수의 무슬림 전문가들을 대상으로 실시한 집중 인터뷰 내용이다. 또한 현지조사를 통해 습득한 다양한 도서와 논문, 그리고 기타 문헌 등을 참조했다. 아직 치안이 제대로 확보되지 않은 필리핀 이슬람 지역에서는 외부 학자들이 자유롭게 조사하는 것이 쉽지 않다. 이러한 현실적 한계를 고려하여 현지 주민들의 의견을 살펴볼 수 있는 방안으로 마라위 시에 있는 민다나오국립대학교^MSU: Mindanao State University 킹파이살센터^King Faisal Center for Islamic, Arabic and Asian Studies를 방문해, 학생들의 학위논문에 실린 현지인 설문조사 결과를 재구성하고 재해석하여 사용했다.

2. 민주주의와 필리핀 이슬람 정당정치

1970년대 이후 확산된 이슬람 부흥운동은 정치적 측면에서 서구식 근대화가 만들어낸 다양한 문제들을 이슬람적 원칙으로 바로잡을 수 있다는 신념을 내포하고 있다. 이처럼 이슬람은 단지 종교적 경건성이나 개인적 도덕성, 혹은 의식의 고양과 같은 사적인 신앙의 차원을 넘어 공적 영역인 현실 정치에 대한 대안으로 간주되기도 했다. 한편 이슬람이 개인적 신앙의 차원을 넘어 정치적 영역에 개입하는 문제에 대해 다양한 우려가 제기되기도 한다. 이는 이슬람 원리가 경제발전과 같은 국민의 복리증진에 유효하며 성별이나 종교 그리고 입장의 차이에서 오는 다양한 이해관계를 제대로 수렴할 수 있는가에 대한 의문에서 출발한다. 곧 이슬람의 원리가 개인의 자유를 보장하는 근대 대의민주주의에 부합하는가에 대한 의문이기도 하다.

서구의 근대 민주주의 체제는 교회와 세속적 권력 사이의 오랜 투쟁 과정을 거쳐 오늘날의 정교분리라는 원칙을 형성하게 되었다. 근대화 이론에서는 이를 정치적 근대화로 설명한다. 티비(Tibi 1990: 139)는 근대화 이론에 근거한 세속화가 이슬람 세계에서도 예외일 수 없다고 봤다. 기어츠 (Geertz 1968: 88)도 이슬람 부흥운동의 성격을 대안적인 근대화라기보다는 반근대화 운동으로 간주했다. 그에 따르면, "사상의 세속화는 근대사회의 일반적인 현상이며, 과학 발달과 전파의 결과이고, 또한 이는 사회적 혼란을 초래하기도 한다"고 했다. 헤프너(Hefner 1997: 19)는 근대화 과정에서 종교적 상징을 이용한 전통적 권력의 약화 현상이 그에 대한 반작용으로 종교를 이상적 모델로 내세워 반근대화 혹은 근대화에 대한 대안으로 부상시켰다고 설명했다. 이처럼 많은 이들이 근대사회에서 이슬람의 정치적 역할에 대해 부정적인 의견을 나타내고 있으며, 정교일치를 지향하는 이슬람 정치를 전근대적인 행태로 간주한다. 그러나 오늘날 필리핀을 포함하여 정교분리 원칙을 헌법에 내세우고 있는 많은 근대 민주주의 국가에서도 정치에 대한 종교의 영향력은 여전히 무시할 수 없는 것이 현실이다. 또한 근래 아랍 이슬람 국가에서 일어난 민주화운동은 이슬람이 민주주의 이념과 조화를 찾을 수 있는가에 대한 의문을 불러일으켰다. 이러한 맥락에서 이슬람과 근대 민주주의 이념의 정합성에 대한 적절한 논의가 요구된다.

이슬람 국가는 선지자 무함마드의 지도를 따르던 메디나 공동체를 그 원형으로 삼고 있다. 공동체는 계시된 원칙을 법으로 지켜야 하며, 무함마드 삶의 본보기를 샤리아라고 하는 사법적 규율의 근본으로 삼는다. 계시된 법을 지키고 보호하기 위하여 공동체는 이를 적용하는 보호자이자 보증인으로서 지도자를 필요로 하며, 이에 대해 경전은 다음과 같이

4장 필리핀 방사모로 이슬람 정당의 장래 | 김동엽

기술하고 있다. "알라께서 그들에게 성서를 계시했나니, 이로써 백성들을 다스릴 것이라. 알라께서는 그대를 주시하고 계시나니, 믿음을 배반하는 자를 변호하지 말라"(꾸란 4장 105절). 이는 지도자가 신과 국민 모두에게 책임을 지고, 무슬림은 지배자의 행위를 감시하고 충고할 권리를 가진다는 의미로 해석한다(이성수 2013: 108). 선지자의 사망 후 메디나 공동체의 지도자들은 언제나 신자와 이슬람법의 보호를 통해 통치권의 정당성을 찾았다. 사회부조나 행정의 효율성과 같은 것은 신학적인 자격이 충족되는 한 정치적 정당성을 위해 부차적인 것으로 간주되었다(Donoso 2013: 25~28). 즉 주권자인 국민들에 대한 책임을 가장 중요하게 여기는 근대 민주주의 체제와는 지도자를 평가하는 기준에 있어 차이를 보이고 있다.

그러나 이슬람 정치철학에서도 경전의 의미를 세속적인 일에 적용하는 방식에 대해 유일한 해석만이 존재하는 것은 아니다. 일반적으로 이슬람은 삶의 총체적인 방식으로 간주되고, 신의 통일성tauhid, God's oneness 개념은 국가에 의해 관리되는 성스러운 단일 원칙에 복종하는 것으로 종교와 세속의 일을 구분하지 않는다. 그러나 이집트의 무함마드 압두Muhammad Abduh와 같은 보다 자유주의적 성향의 무슬림 학자는 이슬람 국가에서도 종교와 세속을 구분해야 하며, 후자에 많은 인간적인 여지를 부여해야 한다고 했다. 그의 논리에 따르면, 진리로서의 신의 통일성은 특정 국가나 정치적 기구, 혹은 권력자와 일치되어서는 안 된다는 것이다. 신은 지침을 제시하지만, 그것에 대한 정확한 해석은 쉬운 일이 아니기 때문에 타인에 대한 인내와 다원주의가 요망된다는 것이다(Hefner 1997: 27~28).

이슬람의 전통적 권위체계에서 국가는 금요기도와 자깟을 제도화함으로써 주권이 신에게 있음을 인정한다. 또한 종교적 의무와 상관이 없는 비무슬림들은 신으로부터 부여된 통치의 권위에서 벗어나 있다(Donoso 2013: 29). 따라서 이와 같은 전통적 이슬람 국가의 권위체계는 오늘날의 다원주의적 민주주의 국가체제와는 근본적인 차이를 나타낸다. 하지만 오늘날 대부분의 무슬림 다수 국가에서도 원형적인 이슬람 공동체와는 달리 인구의 구성이 다종족, 다문화, 다종교를 이루고 있다. 이러한 현실은 이슬람의 전통적 권위체계를 그대로 적용할 수 없게 만들며, 주어진 여건을 고려한 다양한 정치체제의 모습으로 나타나고 있다.

이슬람과 민주주의의 양립 가능성에 대한 논쟁은 이미 오랫동안 진행되어 왔다. 양립 불가능성을 주장하는 입장에서는 서구 민주주의의 정교분리와 주권재민主權在民의 원칙과 이슬람의 정교일치와 주권재신主權在神의 원칙이 상호 대립함을 강조한다. 한편 양립 가능성을 주장하는 입장에서는 이슬람 교리가 담고 있는 협의shura, consulation, 자유ijtihad, independent reasoning, 합의ijma, consensus와 같은 정신이 민주주의와 부합된다는 것이다(김형준 2014: 208~209). 필리핀의 무슬림 학자들ulama 사이에서도 이슬람 원칙과 민주주의의 양립 가능성에 대해 의견이 팽팽히 맞서고 있다. 123명의 울라마를 대상으로 실시한 조사에 따르면(Co 2013: 3), 53퍼센트가 이슬람 사상과 민주주의 원칙이 상호 양립할 수 있다고 대답한 반면, 나머지는 민주주의의 정교분립 원칙 때문에 양립이 불가능하다고 대답한 것으로 나타났다.

위의 두 입장을 놓고 보면, 양립 불가능성에 대한 주장은 주로 추상적이고 선언적인 측면에서의 차이를 강조하고 있는 반면, 양립 가능성에 대한 주장은 보다 현실적이고 실질적인 측면을 강조하고 있음을 알 수 있다. 앞에서 언급한 바와 같이, 비록 선언적인 차원에서 정교분리를 내세우지만, 종교는 여전히 정치에 상당한 영향력을 미치고 있는 것이 현실이다. 또한 지도자가 신의 뜻에 책임을 진다고 하는 주권재신의 원칙은 대부분의 민주주의 체제에서 지키고 있는 자유와 평등 그리고 인간의 존엄성과 같은 보편적 가치에 대한 책임과 부합하는 것으로 볼 수도 있다. 더불어 경전을 해석하고 적용하는 과정에서 이루어지는 협의나 합의와 같은 내용은 절차적 민주주의와 크게 다르지 않다. 이러한 맥락에서 비록 서구식 민주주의 원형과는 일정 부분 차이가 있지만, "이슬람식 민주주의"라는 개념이 나타나기도 했다.

이슬람식 민주주의는 이슬람의 정치이념과 통치방식을 그 기본으로 삼는다. 이성수(2013: 110~112)에 따르면, 이슬람식 민주주의는 우선, 기본적으로 인간을 중심으로 하는 서구식 민주주의 개념 위에 먼저 신 중심의 사상이 뒷받침되는 예배와 자깟이 확립된 사회체계를 갖추어야 하며, 둘째, 이슬람 성법인 샤리아가 법체계의 바탕을 이루어야 하며, 셋째, 무슬림 사회의 협의를 이끌어내는 의회체제를 구비해야 하며, 넷째, 사법부, 행정부 그리고 입법부의 삼권이 분립되어야 하며, 다섯째, 지도자에 대한 탄핵소추권을 보장해야 하며, 이외에도 절차적 정당성의 확보와 인간의 권리를 인정하는 등 다양한 내용을 담고 있다. 이상의 정의를 중심으로 살펴보면, 이슬람식 민주주의는 서구식 민주주의에서 나타날 수 있는 무제한적인 개인의 자유에 대해 종교적 차원에서의 일정한 제한을 더한 민주주의 체제로 볼 수 있다. 서구식 민주주의가 전파되는 과정에서 다양한 모습으로 적용된 것과 마찬가지로 이슬람식 민주주의도 해당 지역의 이슬람 전통과 토착문화, 그리고 경제적 상황 등 다양한 요소에 의해 다른 모습으로 나타난다.

헤프너(Hefner 1997: 10)는 이슬람이 동남아에 전파된 배경이 아라비아나 북아프리카처럼 전쟁과 정복을 통해서가 아니라 주로 무역과 인종 간의 통혼에 의해 이루어졌음에 주목했다. 그는 동남아 이슬람에 대한 올바른 이해를 위해서는 서구와 중동의 정통 이슬람 학자들처럼 샤리아법에 기초한 법률적 접근보다는 지역의 특성을 중심으로 접근해야 함을 강조했다. 왕실권력을 기반으로 한 동남아 이슬람 전통에서는 울라마와 같은 독립적 종교학자보다는 통치자가 종교 공동체의 신비주의적 지도자로 간주되었다. 그는 신앙의 수호자이고, 세상에서 신의 그림자이며, 신비로운 힘을 가진 "완벽한 인간"으로 간주되었음을 지적하고 있다. 필리핀 이슬람 지역의 전통적인 권위체계도 이와 같은 일반적인 동남아 이슬람의 전통에서 크게 벗어나지 않는다. 필리핀의 전통적 무슬림 사회는 술탄과 다투Datu와 같은 지역 통치자를 중심으로 권위체계를 형성했다. 벤틀리(Bentley 1995: 245~284)의 연구에 등장하는 마라나오 지역 전통적 엘리트 디마포로Mohamad Ali Dimaporo의 이야기에서 이러한 측면을 발견할 수 있다. 벤틀리에 따르면, 전통적인 필리핀 무슬림 사회에서 다투는 권력 분산적인 경향이 강한 사회의 구심력 역할을 했으며, 두려움과 존경이라는 양면적인 능력을 발휘하며 군림했다. 통치자의 권력은 질서나 정당성과 같은 것에 좌우되는 것이 아니라, 권력 자체가 정당성의 근거가 된다는 것이다. 만약 다투가 이슬람법이나 관습을 강요할 힘이 있다면, 동시에 그

4장 필리핀 방사모로 이슬람 정당의 장래 | 김동엽

것을 거스를 힘도 있는 것으로 간주되었다.

　필리핀 무슬림 사회에서 이와 같은 전통적 권위체계는 1935년부터 본격 시행되기 시작한 근대적 선거제도에 의해 일정 부분 변화를 겪었다. 일부 전통적 엘리트들은 선출직 정치인으로 전환하여 지속적으로 정치가문의 명성을 이어갔으며, 일부는 근대화의 시대적 흐름을 제대로 타지 못하고 새로운 경쟁자에 의해 밀려나기도 했다(Panda 2009: 14). 한편 인근 인도네시아나 말레이시아와는 달리 필리핀 무슬림은 가톨릭이 지배적인 국가 내에서 극히 소수자에 불과하기 때문에 더욱 복잡한 정치적 현실에 놓여 있다. 무슬림 정치가문을 연구한 아비날레스(Abinales 2000: 134~145)에 따르면, 무슬림 지역의 전통적 엘리트들은 그 권력기반을 지역주민들에게 두지 않고, 주로 중앙정치와의 연계에서 구한다는 것이다. 이와 같은 중앙 의존적 권력기반은 무슬림 지역에서 발생하는 다양한 문제, 특히 비무슬림 이주민의 유입으로 촉발된 다양한 문화적, 경제적 갈등에 대해 무슬림의 입장만을 대변할 수 없게 만들었다. 이러한 정치적 현실이 무슬림 공동체의 소외감과 상대적 박탈감을 고조시켰다. 이처럼 필리핀 무슬림 공동체의 이익을 제대로 대변하지 못하는 전통적 엘리트들에 대한 대안세력이 등장하기 시작했으며, 이는 1970년대부터 본격화된 필리핀 이슬람 부흥운동의 결과로 볼 수 있다(김동엽 2013: 273~276). 이슬람식 교육의 확대는 필리핀 무슬림 개인과 사회 전반에 무슬림 정체성의 강화와 이슬람식 삶의 방식에 대한 인식을 고양시켰다. 또한 마닐라와 아랍 국가에서 유학한 새로운 무슬림 지식인들이 필리핀 무슬림 사회가 겪는 다양한 문제들을 인식하고 이를 개혁해야 한다는 인식을 공유하게 되었다. 그 결과로 나타난 것이 분리독립을 위한 무장투쟁 조직들과 세력을 규합하여 제도권 정치에 뛰어든 울라마정당이었다.

필리핀에서 마르코스 독재정권의 붕괴는 이슬람 지역정치에 많은 변화를 가져왔다. 1987년 제정된 새로운 헌법에 무슬림자치구ARMM: Autonomous Region of Muslim Mindanao의 설치가 명문화되었고, 1989년 11월에 법령 제6734호를 통해 ARMM이 출범했다. 그러나 이는 1976년 마르코스 정권과 합의한 트리폴리협정Tripoli Agreement의 내용을 제대로 담지 못함으로써 반군단체로부터 거부당했다. 1996년에 라모스Fidel V. Ramos 정부는 당시 최대 반군조직이었던 모로민족해방전선MNLF: Moro National Liberation Front과 평화협정을 체결하여, 새로운 ARMM을 출범시켰으며, 2002년 8월 14일에는 주민투표를 통해 기존의 네 개 도에다 추가로 한 개 도와 한 개 시가 ARMM에 포함되었다(Lingga 2005: 1). 이 평화협정에도 모든 무슬림 반군단체가 동의한 것이 아니었으며, 더 급진적인 반군단체인 MILF의 세력을 더욱 강화하는 결과를 낳았다.

아키노 정부가 추진한 방사모로 정치체제 탄생과 관련된 정치적 변화는 1996년 당시 라모스 정부와 MNLF가 체결한 평화협정과 많은 점에서 흡사하다. 당시에도 막대한 예산을 들여 다양한 개발계획을 추진했고, MNLF가 ARMM 정부를 주도할 수 있도록 행정부 차원에서 적극적으로 지원했다. 그러나 당시의 평화협정은 필리핀 무슬림 정치발전에 중요한 전기였지만 별다른 성과를 거두지 못한 것으로 평가된다. 메이스버거(Meisburger 2013: 20~21)에 따르면, MNLF 지도자였던 미수아리Nur Misuary 가 중앙의 권력자들과 연합함으로써 MNLF를 민주적 정당으로 전환시키지 못한 것이 실패의 가장 큰 원인이었다고 한다. 대의민주주의 정치에서 가장 중요한 요소 중의 하나가 정당정치이다. 정당은 일반적으로 국민의 의견을 수렴하고 정책화하며, 또한 선거라는 국민의 선택 과정을 통해 집권하는 것을 목표로 삼는다. 이러한 정당의 활동은 민주적 정치 과정에서 빼놓을 수 없는 중요한 요소이다. 그러나 필리핀 정당정치의 현실은 이러한 민주적 역할보다는 개인의 정치적 야망을 실현하기 위한 도구로 간주되고 있다. 정당의 제도화 수준도 낮아 대부분 정당들이 제대로 된 조직과 정당원, 그리고 사무실도 갖추지 못하고 있다(김동엽 2008). 이러한 필리핀 정당정치의 특징은 무슬림 지역에서 더욱 두드러지게 나타난다. 중앙의 정당과 연결된 전통적 엘리트들 사이의 경쟁은 각종 부정부패, 그리고 폭력을 수반해왔다.

최근 MILF가 중심이 되어 추진하고 있는 방사모로 정부의 출범과 더불어 과거의 실수를 번복하지 않으려는 다양한 노력들이 이루어지고 있다. 이러한 노력들은 필리핀 무슬림 지역에 이슬람식 민주주의를 성공적으로 정착시키는 것에 초점을 맞추고 있다. 2014년 3월 14일 조인된 평화협정에 따라 출범할 방사모로 정부는 1국가 2체제라는 새로운 틀 속에서 중앙정부로부터 독립된 정치체제를 구축할 수 있게 되었다. 또한 의원내각제를 기초로 한 방사모로 정부의 등장은 정당의 역할을 더욱 강화할 것이다. 이러한 새로운 정치적 환경 속에서 방사모로 지역에 등장하게 될 정당들, 특히 기존의 전통적 엘리트들에 의한 정당들과 경쟁하게 될 개혁정당들의 성공 여부는 무슬림 지역뿐만 아니라, 필리핀의 정당정치의 개혁 가능성을 엿볼 수 있는 중요한 시험대가 될 것이다. 이러한 맥락에서 과거에 정치개혁을 내세우며 등장했던 옴피아당[4]의 성공과 실패의 요인들을 살펴보는 것은 방사모로 지역의 정당정치와 민주주의 발전을 위한 중요한 시사점을 제공할 것이다.

3. 옴피아당의 출현과 전개

1) 옴피아당의 출현 배경

필리핀 무슬림 공동체는 13개의 주요 종족집단으로 구성되어 있으며, 이들은 각자의 언어와 전통을 가지고 있다. 이들 중 필리핀 무슬림 인구의 대다수를 차지하는 종족은 따우숙$^{Tau\ Sug}$(해류의 사람), 마긴다나오 ^{Magindanaw}(범람원 사람), 그리고 마라나오^{Maranaw}(호수의 사람) 등 세 집단이다. 지역적으로 따우숙은 민다나오 남서부에 작은 섬들로 구성된 술루 지역에 집단적으로 거주하며, 마긴다나오는 민다나오섬 남서부 평원 지역에 거주하고, 마라나오는 마긴다나오의 북쪽에 위치한 거대한 라나오 호수 인근에 거주한다. 이들은 각기 따우숙, 마긴다나오, 그리고 마라나오라는 지방언어를 사용하며, 종족적 정체성이 두드러진다. 이들은 필리핀 행정구역 구분상 지역 9$^{Region\ IX}$와 지역 12$^{Region\ XII}$, 그리고 무슬림자치구에 분포해 있다. 필리핀 민다나오 전체의 인구구조는 크리스천이 약 72퍼센트, 무슬림이 약 20퍼센트, 그리고 기타 원주민이 약 8퍼센트를 나타내며 여전히 크리스천이 다수를 차지한다. 그러나 무슬림자치구의 인구구조

---

4   옴피아^{Ompia}는 마라나오 언어에서 악으로부터 선으로, 그릇된 것에서 올바른 것으로, 이슬람이 알려지기 이전 "무지의 시대^{Jahiliyah}"에서 "이슬람 사회"로 변화하는 것을 의미하는 개혁^{reform}의 뜻을 나타낸다 (Panda 1989: 13).

그림 1　라나오델수르의 지리적 위치

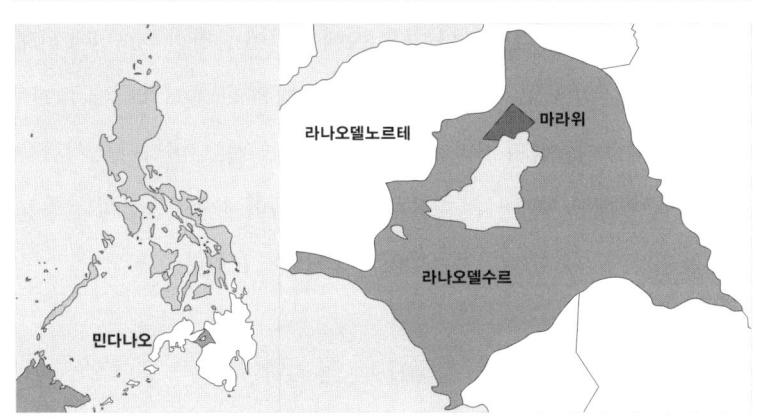

라나오델노르테

마라위

민다나오

라나오델수르

출처 | www.zamboanga.com

는 크리스천이 약 8퍼센트, 무슬림이 약 89퍼센트, 그리고 기타 원주민이

약 3퍼센트를 나타내 무슬림이 절대다수를 차지한다.

　옴피아당의 지역적 배경은 [그림 1]에서 보는 바와 같이, 민다나오 중서

부의 라나오 호수를 둘러싸고 있는 라나오델수르이다. 하나의 시와 39개

의 군으로 이루어져 있으며, 현재 무슬림자치구에 포함되어 있다. 언어는

전체 인구의 약 88퍼센트가 가정에서 마라나오리는 지방언어를 사용하

고 있다(Co 2013: 23). 라나오 호수는 필리핀에서 라구나 호수에 이어 두번

째로 큰 담수호이며, 18종의 희귀 어종이 살고 있는 고대 호수로 알려져

있다. 이곳에서 발원하는 강에서 7개 수력 발전소가 건설되어 5개가 운영

중에 있으며, 민다나오 전체 전력 공급의 약 70퍼센트를 담당하고 있다

(Panda 2009: 36). 필리핀 이슬람 역사가 마홀(Mahul 1999: 76)에 따르면, 라

나오델수르 지역에 이슬람이 전파되기 시작한 것은 17세기 초이다. 이는

술루 지역에 최초로 이슬람이 전파되기 시작한 14세기 후반과, 술루에 술탄이 등장한 1450년, 그리고 마긴다나오에 술탄이 등장한 1515년에 비해 다소 늦은 시기임을 알 수 있다(김동엽 2013: 271; Finley 1916: 36; Majul 1999: 11~31). 이처럼 이슬람의 전파가 늦었음에도 불구하고, 마라나오 사람들의 이슬람에 대한 자부심은 대단하다. 이들 사이에는 이슬람의 전파를 망고의 전파에 비유한 재미있는 이야기가 전해지고 있다.

> 필리핀에서 처음으로 망고(이슬람의 비유)를 받아들인 부족은 따우숙이며, 이들은 망고의 한쪽 면을 잘라 먹었다. 그 후 망고는 이웃한 마긴다나오 부족에게 전파되었으며, 이들은 그것의 다른 한쪽 면을 잘라 먹었다. 그리고 망고가 마라나오 부족에게 전달될 때에는 가운데 씨밖에 남지 않았다. 그래서 마라나오 사람들은 그 씨를 땅에 심어 많은 망고를 수확했다(Cayamodin 인터뷰, 2014. 08. 03.).

위의 이야기가 의미하는 바와 같이 오늘날 마라나오는 필리핀 무슬림 중에서 가장 많은 울라마를 배출하고, 이슬람 학교인 마드라사를 가장 많이 운영하고 있으며, 가장 이슬람 교리에 가까운 생활을 하고 있다. 또한 시 단위로서는 필리핀에서 유일하게 무슬림이 인구의 다수를 차지하는 마라위 시도 여기에 포함된다. 그리고 민다나오 지역을 벗어나 다른 필리핀 지역에 모스크를 짓는 사람은 대부분 마라나오 사람들이라고 했다 (Cayamodin 인터뷰, 2014. 08. 03.). 마라위 시 거리를 다니는 대부분의 무슬림 여성들은 히잡을 착용하고 있으며, 동남아 무슬림 여성들에게는 흔히

표 1   필리핀에서 가장 가난한 10개 도(2000년, 2006년)

2000년				2006년			
도	지역	빈곤율	순위	도	지역	빈곤율	순위
마스베이트	V	61.3	1	타위타위	ARMM	78.9	1
마긴다나오	ARMM	59.3	2	잠보앙가 노르테	IX	63.0	2
술루	ARMM	58.9	3	마긴다나오	ARMM	62.0	3
이푸가오	CAR	55.7	4	암빠야오	CAR	57.5	4
라나오델수르	ARMM	54.7	5	수리가오 노르테	Caraga	53.2	5
까미긴	X	54.2	6	라나오델수르	ARMM	52.5	6
까마리네스 노르테	V	52.7	7	북부 사마르	VIII	52.2	7
타위타위	ARMM	52.4	8	마스베이트	V	51.0	8
아구산데수르	Caraga	52.3	9	아브라	CAR	50.1	9
롬블론	IV-B	52.2	10	미사미스 동부	X	48.8	10

출처 | NSO, Poverty Statistics 2000 and 2006(SoLD, 45).

볼 수 없는, 눈과 손만 제외하고 온몸을 검은 천으로 가리는 니캅[niqab]을 착용한 모습도 흔하게 볼 수 있다. 오후에 해 질 무렵이면 이슬람의 경전 외우는 소리가 마이크를 통해 마라위 시 전체에 울려 퍼진다.

   라나오델수르의 경제·사회적 상황은 다른 무슬림자치구에 속한 지역과 함께 필리핀에서 가장 열악한 것으로 나타난다. 위의 [표 1]에 볼 수 있는 바와 같이, 필리핀의 81개 도 가운데 라나오델수르는 빈곤율이 높은 순위로 2000년에 5위, 2006년에 6위에 올랐다. 또한 [표 2]에서 보여주듯이 인적개발 지수나 기타 경제사회 지표에서도 필리핀 평균에서 현저하

표 2	필리핀 무슬림 지역 사회경제 지표(2000년, 2006년)									
지역/도	인적개발 (HDI)		고등학교 졸업률 (18세 이상)		일인당 소득 (PPP US$)		기대수명 (년)		소득불평등 (Gini Index)	
	2000	2006	2000	2006	2000	2006	2000	2006	2000	2006
필리핀	0.695	0.716	49.4	55.3	2,260	2,707	67.7	70.6	0.429	0.414
메트로 마닐라	0.774	0.792	74.3	81.1	4,750	5,101	69.9	71.8	0.449	0.397
ARMM	0.533	0.558	30.5	37.0	1,114	1,308	55.5	57.5	0.269	0.264
바실란	0.546	0.592	28.6	38.9	1,074	1,397	60.5	62.1	0.271	0.320
라나오델수르	0.542	0.602	35.7	44.9	1,221	1,503	56.7	58.7	0.236	0.263
마긴다나오	0.543	0.535	36.1	40.6	1,052	1,384	55.6	57.6	0.368	0.311
술루	0.511	0.500	18.1	23.1	1,201	1,314	53.0	55.5	0.192	0.183
타위타위	0.525	0.560	34.2	37.4	1,020	942	51.5	53.4	0.276	0.242

출처 | Human Development Network 2009(SoLD, 51, 79, 재구성).

게 뒤처져 있음을 볼 수 있다. 이러한 저발전 원인에 대해서는 다양한 설명이 제기된다. 현지인이 생각하는 저발전의 원인은 주로 반군활동으로 인한 치안불안과 이로 인한 외부인 투자 감소, 그리고 부패한 정치인들에 의한 개발자금의 사적인 전용 등이다(Barra 인터뷰, 2014. 07. 31.). 이와 더불어 필리핀 무슬림 지역에 대한 과장된 편견과 오해도 한몫을 차지한다고 했다. 인터뷰한 한 무슬림 교수에 따르면(Panda 인터뷰, 2014. 07. 30.), 필리핀 사회의 일부에서 무슬림 경제에 대한 사보타주가 이루어지고 있는 것 같다고 했다. 특히 일부에서 비무슬림 필리핀 국민들로 하여금 이슬람 지역을 실제보다 과장되게 위험한 지역으로 인식하게끔 조장한다는 것이다. 실제로 필자가 비무슬림 필리핀 친구들에게 무슬림 지역을 방문한다

     4장 필리핀 방사모로 이슬람 정당의 장래 | 김동엽

고 했을 때, 이들은 마치 금지된 지역을 가는 것과 같은 반응을 보였다. 오랜 분쟁으로 인해 발전에 필요한 기본 인프라가 제대로 갖추어지지 못한 것도 저발전의 원인으로 꼽고 있다. 이전에 마라위 시와 일리간 시 사이에 있던 공항도 폐쇄되고, 지금은 카가얀데오로 시에 있는 공항을 이용하고 있으며, 이를 위해 마라위 시에서 두세 시간 정도를 차로 이동해야 한다. 또한 과거 마라위 시는 민다나오의 중심 도시로서 다른 도시에 갈 때에는 이곳을 경유해야 했지만, 지금은 주변의 다른 도시들을 연결하는 우회도로가 건설되면서 더욱 소외되는 현상을 낳고 있다는 것이다.

라나오델수르 지역의 전통적인 지배계급으로는 술탄과 다투가 있다. 술탄은 이슬람의 전통적 통치자를 의미하지만 오늘날에는 그 어떠한 공식적인 권력도 지니지 않는다. 그러나 스스로를 과시하는 의미에서 아직도 많은 이들이 술탄이라는 칭호를 사용하고 있다. 마라나오 지역에는 15명의 소위 공인된 술탄이 있고, 이 외에도 28명이 스스로 술탄이라 칭하고 있다. 이들은 상호 간에 주장하는 영역이 겹치기도 하고, 한 가문에서 여러 명의 술탄이 나오기도 한다. 또 다른 전통적 지배계급으로 다투가 있으며, 이 계급의 일부는 근대화 과정에서 정부의 요직을 치지하고 많은 토지를 소유함으로써 근대적 권력으로 전환되었다. 물론 일부는 시대적 흐름을 따르지 못하고 뒤처져서 권력의 주변으로 물러난 경우도 있다. 전통적 엘리트로서 오늘날에도 강력한 권력을 유지하는 인물들은 주로 과거 식민지 지배세력과 결탁한 가문이나, 태평양전쟁 시 항일 게릴라 활동으로 유명했던 인물들, 그리고 외부 세력과 연계하여 경제적인 부를 축적한 사람들이 주를 이루고 있다. 오늘날 라나오델수르 지역의 전통적 정치가문으로는 알론토^{Alonto}, 아디옹^{Adiong}, 그리고 룩만^{Luckman} 가문 등이 있다. 이들은 상호 혼인관계로 연결되기도 하고, 또한 선거 때에 경쟁자로 맞서기도 한다.[5]

　한편, 필리핀 중앙정부의 정책적 고려에 의해 라나오델수르를 포함한 필리핀 무슬림 지역으로 많은 비무슬림 외지인들이 이주했다. 이들은 토착 무슬림 주민과 다양한 경제적, 문화적 갈등을 야기했다. 이러한 문제들에 대해 지역의 전통적 정치 엘리트들은 적절한 대응을 하지 못했고, 오히려 정치적 라이벌 간의 과도한 경쟁으로 인해 사회적 불안감만 고조되었다. 이들은 지역의 발전과 무슬림의 권익을 보호하기보다는 중앙 정치세력의 하수인 역할을 함으로써 지역 무슬림들의 불신을 가중시켰다. 이러한 전통적 지도자에 대한 불신은 바라의 인터뷰를 통해 오늘날에도 지속되고 있음을 발견할 수 있다. 그에 따르면(Barra 인터뷰, 2014. 07. 31.), 대부분의 무슬림 지역 정치인들은 인근의 번화한 도시에서 생활하면서 가난한 자신의 선거구를 조정하고 있다고 했다. 예를 들어, 마라위의 정치인들은 카가얀데오로에 살고, 코타바또의 정치인들은 다바오에 살고, 술루의 정치인들은 잠보앙가에 살며 자신들의 지역구를 원격조종하고 있다는 것이다. 이러한 전통적 엘리트들에 대한 불신은 무장투쟁과 같은 급진적 선택의 배경이 되기도 했다.

5　벤틀리(Bently 1995)의 알리 디마포로에 대한 연구는 마라나오 정치의 단면을 잘 보여주고 있다. 지역의 전통적 엘리트는 혈연^{clan} 관계를 중심으로 권력을 독점하고 있으며, 중앙정치의 특정 후원자와 연결되어 있다. 이 후원자는 정권이 바뀔 때마다 교체되는 것이 일반적이다. 높은 빈곤율과 낮은 교육수준, 개인적 관계를 중요시 여기는 전통, 그리고 제대로 작동하지 않는 사법체계 등은 금권선거, 조직선거, 폭력선거의 토양이 된다. 1959년에 라나오는 북부(노르테)와 남부(수르)로 분리되었으며, 디마포로 가문은 오늘날에도 라나오델노르테에서 강력한 정치가문으로 남아 있다.

앞서 서술한 바와 같이 필리핀 이슬람 부흥운동은 무장투쟁 세력뿐만 아니라 개혁적이며 현실 참여적인 이슬람 학자들도 다수 양산해냈다. 이들은 개별적으로는 알림^{Aleem}이라 칭하고, 집단적으로는 울라마라 부른다. 꾸란(35: 28)에 따르면 "그의 수하들 중에서 진정으로 알라를 두려워하는 자"를 알림이라고 불렀으며, 무함마드는 이들을 "선지자의 진정한 후계자"라고 했다. 일반적으로 울라마는 이슬람 교리에 정통한 사람으로서 해당 무슬림 공동체의 합의에 의해 무슬림을 대표하는 사람들로 볼 수 있다. 그러나 필리핀에서는 울라마의 자격조건으로 외국에서 이슬람 사상과 법을 공부하고 꾸란의 언어인 아랍어에 능통한 사람을 일컫는다 (Panda 2009: 4~6). 오늘날 필리핀에서 울라마의 수는 정확히 알 수 없으나 수천 명에 이르는 것으로 추정하고 있다(Cayamodin 인터뷰, 2014. 07. 29.).

라나오델수르의 울라마가 정치적 지향성을 가지게 된 것은 1960년대 젊은 무슬림들이 아랍 국가에 유학하고 있던 때로 거슬러 올라간다. 당시 젊은 유학생들은 필리핀 무슬림 사회가 처한 다양한 문제들을 인식하고, 또한 필리핀 무슬림 정치인들이 그들을 직접 방문하여 만남으로써 현실 정치에 관심을 갖게 된 것이었다. 라나오델수르 출신 정치인 타마노^{Mamintal} ^{Tamano}는 그들과의 만남에 대해 "카이로를 방문하여 저들을 만났을 때, 저들의 문명화된 넓은 식견에 감명을 받았다. 장차 필리핀 이슬람 지역의 미래가 저들 손에 달려 있음을 깨달았다"고 술회하기도 했다(Panda 2009: 45~46). 선지자의 후손으로서 울라마는 정교일치를 실현한 전통적 이슬람 공동체에서 종교는 물론 정치적 지도자의 역할도 담당했다. 근대 들어 울라마의 정치 참여에 대해서 두 가지 상반된 견해가 존재한다. 하나는 17세기 이집트에서 울라마가 정치에 참여함으로써 그들의 지적인 성취는 물론 사회적 영향력도 상실했다는 부정적인 견해가 있다. 반면 20세기 이란의 경우에는 울라마의 정치 참여가 봉건 왕조를 붕괴시키고 무슬림 사회의 정의를 바로 세우는 결과를 가져왔다는 긍정적인 의견도 있다(Panda 2009: 10). 1970년대 이슬람 부흥운동에 활력을 불어넣었던 이란혁명은 많은 이슬람 국가의 종교 지도자들이 정치 참여에 대한 긍정적인 견해를 가지게 하는 계기가 되기도 했다. 판다(Panda 인터뷰, 2014. 07. 30.)의 의견에 따르면, 필리핀에서 울라마가 정치에 참여하게 된 것은 그동안 무슬림 사회가 겪어왔던 그 많은 문제들을 더는 회피할 수 없는 상황에서 선택한 길이라고 했다.

2) 옴피아당의 설립과 전개

옴피아당은 마히드 믈틸란Mahid Mutilan(1943~2007)의 지도하에 1986년에 공식적으로 조직되었다. 믈틸란은 어린 시절 생계를 위해 거리에서 구두를 닦아야 했을 정도로 가난했다. 그는 어려운 환경 속에서 지역 마드라사에서 공부를 하고, 장학생으로 이집트에 유학을 떠났으며, 그곳에서 종교학 박사학위를 취득했다. 이러한 그의 성장배경은 전통적 엘리트들의 그것과는 거리가 멀었다. 믈틸란은 옴피아당의 설립 목적을 이슬람 정신의 사회적 구현에 두었다. 그는 또한 필리핀 무슬림들이 기존의 필리핀 정치체제를 인정해야 하며, 필리핀 국가로의 온전한 통합이 이루어져야 한다고 강조했다. 이러한 그의 정치적 사상은 1919년 인도에서 조직된 힌디 울라마그룹Jamiat Ulema-I-Hind의 사상과 맥을 같이한다. 이들은 인도로부터 파키스탄이 분리되는 것에 반대했으며, 종교에 관계없이 인도 국민들 사이의 통합과 단결을 강조했다(Panda 2009: 81). 믈틸란의 이러한 정치사상은 그동안 분리독립을 주장하며 투쟁해온 그룹과 근본적인 차이를 나타내는 것이었으며, 다른 많은 온건한 무슬림 조직들이 동참하는 결과를 가져왔다.[6]

옴피아당은 1986년 8월 7일 라나오델수르에서 처음으로 설립되었으며, 정당으로서의 공식적인 등록 절차를 밟아 1987년 3월 18일 선관위원회로부터 지역 정당으로 승인을 받았다. 이후 1988년에 개최된 지방선거에 후보를 냄으로써 공식적인 선거 참여를 시작했다(Panda 1989: 13~20). 옴피아당이 설립된 시기는 필리핀에서 오랜 마르코스 정권이 붕괴되고 민주화를 이룩한 정치적 변혁의 시기였다. 민주화와 더불어 기존의 정치세력들이 약화되고 새로운 정치세력이 등장하는 시기이기도 했다. 옴피아당은 선거개혁을 캠페인 이슈로 등장시켰으며, 기존의 정당들과는 달리 민주적 절차에 따른 후보자 선정, 유권자의 자율적 투표권 보호, 금권선거 배척 등을 적극 홍보했다. 이슬람의 정체성을 강조하기 위해 정치연설회에서는 모든 후보자들이 동일하게 종교적 행위를 먼저 실시하고 연설을 진행했다. 즉 알라의 이름으로 개회를 선포하고, 무함마드에 대한 기도와 이슬람식 인사가 이어지고, 선거와 지도자에 관한 꾸란의 구절을 암

---

6 옴피아당에 참여한 이슬람 조직들은 다음과 같다: Muslim Missionaries in the Philippines(MMP), The Asatidz in different madaris, The Imam Society(IS) of Marawi City, The Arabic Teachers League of the Philippines(ATLP), The Markas Al-Da'wah, The Muslim Students of Social Reforms(MUSREF), The Darul Ifta Wal Qadah, The Muslim Students Council(MSC), The King Faisal Center Students Organization(KFCSO), The Subaanul Muslimeen Tableeg(SMT)-Manila Chapter.

송한 후, 옴피아당의 목표와 목적을 설명했다. 그리고 울라마가 선거에 참여한 이유에 대해 설명하고 선거 승리와 공동체의 안녕을 기원하는 기도 순서로 전개되었다. 기존의 정당들과는 달리 선거비용은 오로지 교통, 음식, 홍보물에만 국한해 지출했고, 유권자들에게는 특정 후보자에게 투표할 것에 대해 꾸란에 맹세하도록 강요하는 행위도 금지했다(Panda 1989: 61~63).

옴피아당의 출현은 마라나오 지역민들에게 신선한 충격이었으며, 오랜 마르코스 독재정권과 협력하여 지역 정치를 독점하던 전통적 엘리트들에게는 강력한 도전이 되었다. 1988년 선거에서 옴피아당은 23명의 후보가 출마했으며, 이들 중 상당수가 당선되었다. 특히 마라위 시에서는 선출직 직위 12개 중 10개를 옴피아당 후보가 차지했다. 단체장 선거에서는 마라위 시장에 플틸란이 당선되었지만, 마라위 시를 제외한 당시 라나오델수르 전체 37개 군에서는 오직 한 명의 군수만을 당선시키는 데 그쳤다. 이처럼 군 단위에서 옴피아당의 실적이 저조했던 이유는 우선, 울라마 세력이 마라위 시에 집중되어 있었으며, 둘째로, 군 단위에서는 여전히 전통적 정치인의 지배력이 강했으며, 셋째, 대부분의 군 단위에서는 이슬람에 대한 의식이 높지 않았기 때문으로 분석했다(Panda 2009: 76~77).

옴피아당은 1992년 선거를 앞두고 전국적으로 정당들 간의 선거연합이 이루어질 때에 라모스를 중심으로 한 정당연합(LAKAS ng EDSA)에 일원으로 참가했다. 본 정당연합은 1992년 라모스를 대통령으로 당선시킴으로써 여권연합이 되었다.[7] 물론 본 정당연합에 참여하는 것을 반대하는 사람들도 있었으며, 이들은 비무슬림 정치세력과 연합함으로써 이슬람적 가치를 정치에 실현할 수 없을 것이라고 주장했다. 또한 옴피아당이 중앙의 정치세력과 연합하는 것은 기존의 전통적 정치인들의 행태와 차별성이 없다고 비판하기도 했다. 반면 일부에서는 정당연합은 단지 옴피아당이 선거부정으로부터 스스로를 보호하기 위한 방편이며, 더불어 무슬림과 비무슬림 간의 평화적 공존을 지향하는 의미도 있다고 주장했다(Panda 2009: 98~100). 실제로 필리핀 정당정치의 관행상 정당연합은 참여한 모든 정당들이 자신들의 정당정책을 그대로 유지하며, 단순히 선거에서 상호 공조체제를 유지하는 것을 의미한다. 또한 당시 공공연히 이루어지던 개표와 집계 과정에서의 부정행위로부터 획득한 표를 지킬 수 있는 방안으로 정당연합에 참여한다는 것은 설득력 있는 주장이었다.

1992년 선거를 앞두고 마라위 시에서는 이머지IMERGG: Islamic Movement on Electoral Reforms for Good Government라는 시민사회가 조직되어 선거 행태 개혁에 앞장서기도 했다. 이머지는 정치개혁 운동에 동조하는 모든 사람들을 회원으로 받아들였으며, 이 운동에는 유권자들의 환심을 사기 위한 전통적인 정치 엘리트들도 일부 참가했다. 1992년 중앙과 지방 통합선거에서 믈틸란은 라나오델수르의 도지사에 당선되었으며, 옴피아당은 43명의 후보자가 출마하여 시의회 의원 등 대부분의 마라위 시 선출직 자리를 석권했다(Panda 2009: 93). 이후 믈틸란은 라나오델수르의 도지사로서 2001년까지 3선을 지냈다. 그가 재임하던 9년 동안에 라나오델수르의 울라마 정

7 　본 집권연합에 참여한 정당들로는 National Union of Christian Democrats, Patido Democratico, Partido Lakastao, Edsa Party of the Philippines, People's Coalition, Ompia Party, Partido Katutubo 등이 있다.

치는 최고의 전성기를 맞이했다. 그러나 이 기간 동안에 울라마 정치에 대한 유권자들의 불만도 점차 증가했다. 플틸란은 선거 때에 자신은 결코 사적인 부를 많이 축적하지 않을 것이며, 큰 저택과 값비싼 자동차를 소유하지 않겠다고 공약했다. 하지만 이 기간 동안 그는 많은 개인 재산을 축적했으며, 마라위 시에 웅장한 저택을 지음으로써 다른 전통적 정치인들의 면모를 그대로 드러냈다(Philstar 2007).

2001년에 주민투표를 통해 마라위 시는 추가적으로 무슬림자치구 ARMM에 포함되었으며, 2001년 11월 26에 있었던 무슬림자치구 주지사와 부주지사 선거에서 플틸란은 실질적인 여권연합(LAKAS-CMC)의 후보로 출마하여 부지사에 당선되었다. 그는 2007년 12월 6일 교통사고로 사망할 때까지 ARMM의 부지사를 지냈다. 그는 부지사로 재임 중에 무슬림자치구 교육감을 겸했으며, 이 기간 동안 수많은 학교 선생들이 임금과 수당 미지급에 대해 불만을 토로하며 시위를 벌이기도 했다(Philstar 2007). 울라마가 제도권 정치에 진입한 후, 이제는 종교적 문제가 아닌 국민들 간의 계층 갈등과 저발전의 문제 등 보다 현실적인 문제를 해결해야 하는 입장에 직면하게 된 것이었다. 대부분의 울라마는 경전을 읽고 해석하는 데는 익숙했지만, 실질적으로 현실적인 거버넌스의 문제에서는 지식과 경험의 부족을 여실히 드러냈다.

한편 무슬림 지역에서 울라마의 정치적 위상이 높아지자 정치에 입문하려는 울라마의 수가 증가했다. 옴피아당이 이러한 울라마를 모두 수용할 수 없게 되자 일부 울라마는 당을 이탈하여 무소속 후보로 출마하기도 하고, 일부는 새로운 정당을 조직하기도 했다. 전통적인 엘리트들도 옴피아당의 활동에 참여하기 시작했으며, 스스로가 옴피아당의 후보로 나서기도 하고, 자신이 후원하는 울라마를 후보로 내세워 옴피아당과의 정치적 연합을 도모하기도 했다(Panda 2009: 103). 필리핀 지방정치에서 선거의 승패는 주로 중앙 정치세력과의 연계와 직접적인 연관을 가진다. 이러한 특징은 라나오델수르에서도 예외는 아니었다. 옴피아당의 지도자 믈틸란이 정치적 성공을 거둘 수 있었던 요인 중에 상당 부분은 그가 중앙정치의 여권과 긴밀한 관계를 유지했기 때문으로 볼 수 있다.

지도자 믈틸란이 2007년 돌연 교통사고로 사망한 후 옴피아당은 정당의 주도권 다툼에 휘말려 압둘살람 Elias Abdulsalam이 이끄는 옴피아당과 하지노르 Abdul Basi Hadji Nor가 이끄는 옴피아당으로 분열되었다(Panda 2009: 46). 이러한 분파적 행태에 반대하여 옴피아당을 이탈한 사람들을 중심으로 울라마정당 Ulamma Party이 창설되었다. 이로써 과거 옴피아당은 세 개의 그룹으로 나뉘었다. 이후 옴피아당은 2008년 11월 선거를 앞두고 당시 대통령이면서 각종 부정부패 혐의로 민심을 잃고 있던 아로요의 집권여당(Lakas-Christian-Muslim Democrats)에 통합되었다. 이로써 옴피아당은 울라마정당으로서의 정체성은 사라졌으며, 그 명맥을 울라마정당이 이어가고 있다고는 하지만 이후의 선거에서 거의 존재감을 드러내지 못하고 있다.

옴피아당에 대한 까야모딘(Cayamodin 인터뷰 2014. 07. 21. & 27.)의 견해에 따르면, 옴피아당은 MNLF나 MILF처럼 기존의 정치체제 자체를 바꾸려 하지 않았으며, 기존의 정치 틀 안에 들어가 부패한 전통적 정치인을 몰아내고 올바른 정치를 펼치고자 했다. 그러나 옴피아당의 정치 행태는 중앙의 권력과 연계하여 지방의 권력을 장악하는 후원-수혜 관계를 벗어나지 못했으며, 기존의 정당들과 마찬가지로 단지 중앙으로부터 받은 혜택을 지역민들에게 전달하는 데 그쳤다는 것이다. 이처럼 옴피아당이 기존의 전통적 정치인들의 행태에서 크게 벗어나지 못한 이유는 중앙집권적인 필리핀 정치체제에서 중앙 정치인과의 연계가 지역정당의 존립에 지대한 영향을 미치는 현실을 극복하지 못했기 때문으로 볼 수 있다. 결국 옴피아당은 중앙정치 세력과의 연결 고리 역할을 했던 중심인물이 사라지면서 그 세력이 급속히 약화되었고, 이와 더불어 전통적 엘리트들의 강력한 금권정치가 다시금 부상했다. 2006년 라나오델수르 제1선거구에 하원의원으로 출마했다가 낙선한 바라는 전통적 엘리트들의 금권선거를 피부로 느낄 수 있었다고 했다(Barra 인터뷰, 2014. 07. 31.). 그는 라나오델수르 정치에 강력한 영향을 미쳤던 지난 20여 년 가까운 기간 동안 옴피아당이 지역민들의 경제사회적 문제를 해결하고, 이슬람의 원칙에 입각한 사회적 개혁을 이루는 데 실패했다고 평가했다.

4. 필리핀 이슬람 정당의 한계와 가능성

2014년 9월 10일 필리핀 의회에 제출된 방사모로기본법에 따르면, 방사모로 정부는 의원내각제를 기본으로 하고 있으며, 의회 의석은 최소한 60명 이상으로 규정하고 있다(Art VI, Sec. 4). 행정부를 구성할 총리를 선출하게 될 의회의 의원 선출 방식은 40퍼센트를 소선거구제로 지역구에서 선출하고, 50퍼센트를 정당비례대표제로 선출하고, 나머지 10퍼센트를 특정 분야, 특히 비무슬림 원주민, 이주민, 그리고 여성을 위한 의석으로 배정하고 있다(Art VI, Sec 5). 이러한 의원 선출 방식은 방사모로 정치체제에서 정당의 역할이 강조되고 있음을 볼 수 있다. 또한 과거의 이슬람 정당들은 중앙의 정당과 연계되어 지역적 대변인 역할밖에 하지 못했지만, 방사모로기본법에서는 방사모로 선거에 참여할 수 있는 정당을 오직 지역정당으로만 제한하고 있다(Art 7, Sec 7). 이러한 측면에서 건전한 이슬람 정당들의 출현과 정당정치의 확립이 방사모로 정당정치의 미래를 좌우하는 중요한 요소가 될 것이 분명하다. 비록 맥락의 차이는 있지만, 과거 필리핀 무슬림 지역에서 발생했던 옴피아당의 경험은 그 역할이 더욱 중요시되는 방사모로 정치체제에서의 정당정치 발전에 중요한 시사점을 제시할 수 있을 것이다.

옴피아당의 경험을 바탕으로 필리핀 이슬람 정당의 한계와 가능성에 관하여 제도적 분야, 주체적 분야, 그리고 객체적 분야로 나누어 살펴볼 수 있다. 제도적 분야는 이슬람과 민주주의 간의 관계를 필리핀에서 어떻게 해석하고 실천하고 있는가와 관련된다. 또한 이슬람 정당의 제도화 수준에 관한 문제이며, 필리핀에서 이슬람적 민주주의의 실현 가능성에 관한 문제이기도 하다. 주체적 분야는 이슬람 정당의 주도세력인 울라마의 정치적 역할과 역량에 관한 문제이다. 이는 오랜 기간 동안 필리핀 무슬림 사회를 민주적이고 발전적으로 이끌지 못했던 전통적 엘리트들에 대한 유일한 대안세력으로서 울라마의 역할에 관한 문제이기도 하다. 마지막으로 객체적 분야는 이슬람 정당의 주도세력인 울라마의 정치 참여를 바라보는 주민들의 의식에 관한 문제이다. 민주주의 체제에서 유권자들의 선택은 곧 정당의 운명을 좌우하는 중요한 문제이다. 과거의 경험을 통해 필리핀 무슬림들이 울라마의 세속적 역할에 대해 어떻게 평가하고 있는가는 장차 이슬람 정당의 추진 방향에 중요한 지침이 될 것이다.

제도적 차원에서 정통 이슬람 국가는 민주주의 체제와는 달리 주권을 신의 뜻에 두며, 정당 혹은 정치인의 역할은 신의 뜻을 제대로 해석하여 국민들에게 올바로 적용하는 것이다. 이러한 주권의 소재에 관한 문제는 필리핀 무슬림 사회에서 그다지 큰 논란으로 부각되지 않는다. 필리핀 무슬림은 이미 오랜 기간 동안 비록 왜곡되게나마 민주주의적 정치체제에 익숙해져 있으며, 그러한 민주주의 정치체제에 관해 부정하는 태도를 나타내지 않았다. 방사모로기본법의 전문에서도 민주주의와 보편적인 인권에 관한 기본원칙을 천명함으로써 종교적 방식이 아닌 민주적 절차에 따라 정치인을 선출하도록 명시하고 있다. 바라(Barra 인터뷰, 2014. 07. 31.)에 따르면, 서구 민주주의 체제에서는 정치인들이 정부와 국민에게 책임을 지지만, 이슬람식 민주주의에서는 그것에 더하여 신에게도 책임을 지며, 이는 경전에 명시하고 있는 다양한 규율들을 충실히 이행함으로써 정치인들의 도덕적 기준을 향상시킨다고 설명했다. 따라서 제도의 기본 정신을 제공하는 이념적 차원에서 필리핀 이슬람 정당의 민주적 역할에 관해서는 그다지 큰 문제가 없어 보인다.

옴피아당의 사례에서 나타났던 필리핀 이슬람 정당의 제도적 한계는 중앙정당과의 종속적 관계와 이념이 아닌 인물 중심의 정당체제에서 찾을 수 있다. 이는 필리핀의 여타 지역정당들이 가지는 한계와 크게 다르지 않다. 필리핀의 정치체제에서 중앙의 정치세력, 특히 여권과의 연계는 지역정당의 존립에 지대한 영향을 미친다. 이러한 현실은 지역 정치인들

4장 필리핀 방사모로 이슬람 정당의 장래 | 김동엽

의 관심을 지역의 문제보다 중앙과의 후원관계에 더욱 집중하게 만들었다. 더불어 아무리 지역적 문제에 정통하고 이를 개선할 의지가 있는 정치인이라고 할지라도 중앙 정치세력과 연줄이 닿지 않으면 자신의 정책을 실현할 수 있는 위치에 오르지 못하는 것이 현실이었다. 마루홈에 따르면(Maruhom 인터뷰, 2014. 08. 01.), 마라나오 지역의 가장 큰 문제는 잘못된 지도자, 즉 부패한 지도자를 선택하기 때문이라고 했다. 비록 좋은 지도자가 있더라도 중앙과 제대로 연결되어 있지 않는 이상, 부정과 부패 그리고 폭력이 난무하며, 사법적 정의가 제대로 작동하지 않는 선거에서 승리하기 힘들다는 것이다. 이러한 정치 현실은 또한 정당의 제도화 수준에도 영향을 주었다. 정당이 이념에 따라 결집되고, 능력에 따라 지도자를 선출하기보다는 단순히 중앙에 연줄이 닿을 수 있는 인물을 중심으로 결집되는 모습이 나타났다. 옴피아당의 경우에도 플틸란의 개인적인 카리스마와 중앙정치와의 연계로 일정 기간 동안 성공적인 모습을 보였지만, 플틸란이 사망하자 곧바로 세력이 약화되는 현상을 경험했다. 옴피아당을 통해 볼 수 있는 또 다른 제도적 차원의 한계는 대중정당으로 발전하지 못했다는 것이다. 옴피아당은 울라마와 일부 지식인 계층으로 한정된 간부정당 혹은 엘리트 정당의 범위를 벗어나지 못했다. 이는 옴피아당이 가지는 특이성이라기보다는 필리핀의 다른 모든 정당들이 가지는 일반적 특성이 그대로 나타나는 것으로 볼 수 있다. 이러한 필리핀 정당의 특성은 오랜 식민지적 역사와 경제사회적 계층구조에서 찾을 수 있다(김동엽 2008: 44).

 방사모로 정부의 출범은 이슬람 정당에게 이전과는 다른 정치환경을 제공할 것이다. 우선 필리핀의 중앙정치와 독립된 독자적인 정당정치를 실현할 수 있는 환경이 조성되고, 의원내각제를 도입함으로써 인물 중심이 아닌 정당 중심의 정치가 실현될 수 있는 보다 유리한 여건이 주어졌다. 이러한 새로운 정치적 환경에서 이슬람 정당이 그 역할을 제대로 수행하기 위해서는 다양한 장벽들을 넘어야 한다. 우선 소수 엘리트와 다수 민중으로 구분되어 있는 경제사회적 구조가 여전히 존재하는 가운데 제도적 변화만으로 민주적인 정당정치가 이루어질 수 있을지는 의문이다. 따라서 이러한 현실적 한계를 감안하고 정당정치의 점진적 발전을 모색해나가야 할 것이다. 또한 이슬람 정당이 일부 무슬림 지식인층만이 아닌 대중정당으로의 발전을 모색해야 할 것이다. 이슬람 경전에 대한 해석과 적용에 관해서는 종교 지도자들의 합의로 가능하지만, 현실세계에서 이루어지는 이해의 경합은 지도자들의 합의만으로 해결될 수 있는 문제가 아니다. 따라서 이해 당사자인 대중의 입장이 제대로 반영될 수 있는 체제를 갖추는 것이 요구된다. 특히, 이슬람 정치체제하에서의 무슬림과 비무슬림의 관계, 그리고 많은 비무슬림들의 시각에서는 차별이라고 여겨지는 여성에 대한 다양한 제약들도 포괄할 수 있는 대중적 정당을 지향해야 할 것이다.

주체적 차원에서 필리핀 이슬람 정당이 직면하고 있는 한계는 현실 정치인으로서의 정당 지도자들의 자질이다. 옴피아당과 마찬가지로 방사로모 지역에 새롭게 등장할 이슬람 정당의 주도세력은 특별한 대안이 존재하지 않는 상황에서 울라마가 될 것이 분명하다. 이들의 교육 배경은 주로 마드라사를 거쳐 아랍의 전통적인 이슬람 학교에서 아랍어와 이슬람 교리를 공부한 것이다. 이들은 대부분 세속적인 교육을 받지 않았으며, 더구나 정치나 행정에 관한 교육을 받은 경우는 극히 드물다. 바라(Barra 인터뷰, 2014. 07. 31.)와 마루홈(Maruhom 인터뷰, 2014. 08. 01.)에 따르면, 필리핀 이슬람 지역에서도 전통적인 필리핀 문화가 깊이 뿌리내려 있으며, 때로는 그것이 이슬람 원칙보다 우선시되는 경우도 있다고 했다. 따라서 일반 주민을 대상으로 이슬람의 참된 원리에 대한 교육과 이해도를 높일 필요가 있는데, 이러한 역할을 담당하는 사람이 울라마라는 것이다. 그러나 대부분의 울라마들이 자신이 공부한 외국의 문화를 그대로 가져와 필리핀의 현실에 적용하려고 하는 경향이 있음을 이들은 지적했다. 그 결과 현실에 부합하지 않는 경우가 많으며, 지역의 발전과 같은 긴급한 문제들에 대해 제대로 된 해결책을 내놓지 못하는 결과를 낳는다는 것이다.

옴피아당과 같이 울라마가 이끄는 필리핀 이슬람 정당이 쉽게 결집력을 상실하는 이유를 현실적인 측면에서도 찾을 수 있다. 자말에 따르면(Jamal 인터뷰, 2014. 08. 03.), "울라마는 아랍 국가에서 유학한 후 귀국하여 주로 지역의 마드라사에서 학생들에게 이슬람법과 경전을 가르치는 일을 한다. 그러나 마드라사는 정규 교육기관도 아니고, 주로 지역주민들이 조금씩 기부하는 자금으로 운영되거나 지역 유력자의 후원금으로 운영되는 경우가 대부분이기 때문에 이들이 받는 보수는 극히 제한적일 수밖에 없다. 이러한 현실적 문제에도 불구하고 지속적으로 울라마의 길을 가려는 사람이 줄지 않는 이유는 종교적인 신념 때문이라고밖에 설명할 수 없다. 이처럼 생계 문제에 직면하게 된 울라마에게 지역의 유력 정치인이 일정한 보수를 제공하며 역할을 부여한다면 이를 거부하기 힘든 게 현실이다." 울라마의 열악한 생계 현실을 고려하여 각 지방정부는 울라마위원회Ulama Council를 설치하여 돕기도 하고, 전통적 엘리트들이 일부 울라마 그룹을 조직하여 자신들의 지지 그룹으로 삼기도 한다.

방사모로 정치체제의 탄생을 주도한 MILF는 그동안 이슬람 원칙에 기초한 국가를 추구해왔다는 점에서 전통적 엘리트에 대한 대안세력으로서 울라마의 역할에 많은 기대를 하고 있다. 그러나 옴피아당의 경험을 통해 종교인으로서 울라마의 사회적 권위가 현실적 거버넌스의 문제에 그대로 적용될 수 없음을 목격했다. 그럼에도 불구하고 전통적 엘리트에게 대항할 수 있는 구심점으로서의 울라마의 위치는 다른 누구에 의해서도 대체될 수 없는 것이 현실이다. 따라서 새롭게 탄생하게 될 이슬람 정당에서는 울라마뿐만 아니라 세속적인 지식을 갖춘 다양한 부류의 인사들이 지도자 그룹에 포함될 필요가 있다. 바라에 따르면(Barra 인터뷰, 2014. 07. 31.), 세상의 다양한 문제들을 이슬람의 원칙에 따라 제대로 해결하기 위해서는 경전에 대한 지식만으로는 충분하지 않으며, 세속의 전문적인 지식이 결합될 때 완성될 수 있다고 했다. 따라서 울라마와 각 분야의 전문가들이 서로 협력하는 것이 중요함을 강조했다. 주권의 소재를 신에게 두고 있는 이슬람의 원칙은 울라마의 정치 참여에 정당성을 부여해왔다. 그러나 현실적으로 방사모로 정부가 신정국가를 지향하는 것이 아니라, 필리핀 헌법의 구속을 받는 이슬람적 민주주의 체제를 추구하는 이상 울라마도 다양한 정체세력 중의 하나로 정치 과정에 참여하는 모습을 명확히 해야 할 것이다.

객체적 차원에서 이슬람 정당의 한계는 더욱 분명하게 드러난다. 마라나오 지역에서 울라마가 정치의 일선에 나서게 된 것은 지역주민들로부터 받는 신뢰와 존경에 근거한다고 볼 수 있다. 필리핀이슬람민주주의센터PCID에서 필리핀 자치지구 주민들을 대상으로 조사한 결과에 따르면, [표 3]에서 보는 것처럼, 필리핀 무슬림들은 가장 신뢰하는 사람으로 종교 지도자를 꼽고 있다. 반면 전통적인 엘리트나 의원들 그리고 기업들에 대해서는 신뢰도가 다소 떨어지는 것을 볼 수 있다. 조사 결과를 좀 더 자세히 살펴보면, 비록 다른 종류의 지도자들에 대한 신뢰도가 종교 지도자보다 낮게 나타나는 것은 사실이지만, 그렇다고 이들에 대한 적극적 불

표 3   무슬림자치구(ARMM) 내의 사람/기구에 대한 신뢰도 조사

사람/기구	아주 신뢰 (%)	다소 신뢰 (%)	중도 (%)	다소 불신 (%)	아주 불신 (%)	응답 거절 (%)	모름 (%)
종교 지도자	67	22	7	3	0.8	0.3	0.3
바랑가이 수장	40	31	12	8.6	6.3	1.2	0.7
지역의 원로	39	38	12	5.6	2.7	1	1
시장	33	32	14	9.5	7.4	1.2	1
NGOs	33	30	18	7.9	3.7	2.2	5
봉사단체 지도자	27	31	19	8.7	4.3	1.7	4
경찰	23	33	20	11	10	1.4	1
도지사	22	33	20	12	8.2	1.6	1
전통적 엘리트	20	25	20	11	8.8	4.7	11
의원	18	31	23	13	11	1.9	2
기업단체	15	26	25	14	11	3.3	5

출처 | SWS, 2011(SoLD 170, 재구성). 샘플 수는 약 4,000명 내외.

신도가 그리 높은 것은 아니다. 즉 전반적으로 과반수의 주민들이 어떠한 유형의 지도자에 대해서도 크게 거부감을 가지고 있지 않다고 해석할 수 있다. 이러한 성향은 선거 시에 그다지 고민하지 않고 선호하는 후보를 바꿀 수 있음을 말해준다. 특히 울라마의 경우 종교적 이유로 신뢰도가 높게 나타날 수 있지만, 종교 이외의 영역에서 울라마에 대한 평가가 동일하게 나타날 것이라고 기대할 수는 없을 것이다.

울라마의 정치 참여에 대해 조사한 노파이사(Nofaisa 2012)의 설문은 비록 샘플이 제한되어 있고 질문도 치밀하지 못하지만 흥미로운 결과를 발견할 수 있다. 설문 결과를 요약한 [표 4]에서 볼 수 있듯이, 표면적으로 응답자들은 울라마가 정치에 참여하는 것에 대해 긍정적인 응답을 하고 있다. 그러나 본 조사 결과를 해석하는 데에는 필리핀 사람들의 특성을 이해할 필요가 있다. 필리핀 사람들은 일반적으로 질문을 받으면 "아니오"라고 대답하는 것을 꺼린다. 이는 "원만한 인간관계Sama-Sama"를 중시하는 필리핀의 오랜 전통문화에 근거한다고 볼 수 있다. 따라서 질문을 하는 상대에게 "아니오"라고 부정적인 답변을 하는 것보다 최대한 예의를 갖추어 답변하는 경향이 있다.[8] 이러한 문화를 감안하면 "아마도"라는 대답은 부정에 더 가까운 대답으로 볼 수 있다. 그렇게 볼 때 응답자들은 종교적 신념을 지도자가 갖추어야 할 중요한 덕목으로 여기고 있으며, 울라마를 무슬림 사회의 이상적인 지도자로 인정하고 있음을 알 수 있다. 그

---

8 흔한 예로 길거리에 지나가는 사람에게 길을 물으면, 잘 알지 못하면서도 "모른다"는 대답보다는 틀릴지라도 방향을 가르쳐주는 것이 일반적이다. 따라서 필리핀에서 길을 물을 때에는 최소한 세 명한테는 물어보고 중복되는 대답으로 방향을 잡아 가야 한다는 얘기를 흔히 들을 수 있다.

표 4	울라마의 정치 참여에 대한 설문조사			
질문		변수	응답수	%
1) 울라마가 마라나오 정치에 참여하는 것에 찬성하는가?		예	26	52
		아마도	13	26
		아니오	11	22
2) 울라마가 우리 사회의 이상적인 지도자인가?		예	32	63
		아마도	15	30
		아니오	3	6
3) 울라마가 지도자가 되면 이슬람의 본질을 정책에 반영할 수 있는가?		예	17	34
		아마도	28	56
		아니오	5	10
4) 울라마가 지도자가 되면 우리 지역을 개혁할 것인가?		예	22	44
		아마도	28	56
		아니오	0	0
5) 종교적 신념이 이상적 지도자가 갖추어야 할 자질 중의 하나인가?		예	38	76
		아마도	12	24
		아니오	0	0

출처 | Jamail Nofaisa A.(2012), 설문조사 결과 재구성.

주 본 설문 내용은 마라위 시에 위치한 민다나오국립대학, KFCIAAS 학부학생 졸업논문의 설문조사 내용 중 일부를 발췌해 재구성한 것이다. 샘플은 총 50명이며, KFCIAAS 학생들을 대상으로 했다.

러나 보다 구체적으로 울라마가 정치에 참여하는 것과 울라마의 정치 참여가 사회를 바꿀 수 있을 것인가에 대해서는 그다지 긍정적인 응답을 하지 않았음을 볼 수 있다. 이러한 해석은 라술(Rasul 인터뷰, 2014. 07. 23.)과의 대화에서도 나타났다. 그녀에 따르면, 일반적으로 무슬림 사회에서 종교인들은 그다지 현실 정치에 나서지 않으며, 그것이 바로 주민들로부터 그들이 존경을 받는 이유라고 했다. 비슷한 관점에서 마루홈(Maruhom 인터뷰, 2014. 08. 01.)도 필리핀의 울라마는 강력한 조직을 가지고 있으며, 이들은 대부분 정치에 직접 참여하지 않기 때문에 아직도 많은 사람들의 존경을 받고 있다고 했다. 그녀에 따르면, 종교적 문제와는 달리 현실 정치에는 이해의 경합이 이루어지기 때문에 종교 지도자가 이에 관여하게 되면 국민들의 존경을 잃는다고 했다.

  보다 많은 샘플로 마라위 시 주민들의 의견을 조사한 데캄퐁(Decampong 2006)의 설문에서도 유사한 결과를 볼 수 있다. [표 5]에서 볼 수 있듯이, 유권자들의 후보자 선택 기준으로 "돈을 주는 사람", "여당 후보", "인척"이 65퍼센트를 차지하는 것은 금권선거와 인맥이 지배하는 마라위 시의 선거 경향을 엿볼 수 있는 대목이다. 이러한 후보 선택 기준과는 상관없이 마라위 주민들은 정치 리더십에 대해 부정적인 인식을 갖고 있으며 선거 부정행위가 종교적 신념에 어긋난다는 점을 인정하고 있다. 즉 이슬람의 원리에 따라 매표와 같은 부정선거를 하는 것은 잘못된 일로 인정하면서도 개인적인 선택에 있어서는 돈을 받고 표를 던지는 것에 대해 그다지 꺼리지 않는다. 이는 지역민들의 삶 속에서 종교적 이상보다는 당면한 현실적인 문제가 더 우선시됨을 말해준다. 바라(Barra 인터뷰, 2004. 07. 31.)는 주민들에게 이슬람에 대한 교육을 더욱 강화해야 한다고 주장했다. 즉 이슬람 교육의 강화는 사회의 도덕적 기준을 향상시켜 돈에 쉽게 매수당하지 않는 유권자를 만들 수 있다는 것이었다. 한편 울라마의 정치적 역할에 대해 판다(Panda 인터뷰, 2014. 07. 30.)는 보다 냉정한 평가를 내리고 있다. 그에 따르면, 샤리아법이 아닌 인간의 법을 집행하는 데 있어

표 5   마라나오 유권자들의 인식 조사

질문	변수	응답수	%
후보자 선택 기준	돈을 주는 사람	48	30.00
	여당 후보	30	18.75
	인척	26	16.25
	야당 후보	15	9.38
	전통적 정치인	12	7.50
	새로운 인물	10	6.25
	기타(종교인)	19	11.88
마라나오 정치 리더십에 대한 평가	개인적 이익에만 관심	46	28.75
	공약을 수행하지 않음	32	20.00
	공약을 수행함	28	17.50
	사회봉사정신 부족	15	9.38
	사회봉사정신 있음	12	7.50
	직무수행을 잘 못함	8	5.00
	직무수행을 잘함	3	1.88
	기타	16	10.00
이슬람 정치를 실현하기 어려운 이유	매표 행위	68	42.50
	지도자의 부정직	30	18.75
	유권자 등록 부정	18	11.25
	인척 중심 정치	12	7.50
	선거관리인 매수	10	6.25
	부정부패	8	5.00
	기타	14	8.75
마라나오의 정치문제 해결 방안	울라마의 정치 참여 제한	62	38.76
	자격 있는 후보자 선출	38	23.75
	공정하게 후보자 선출	20	12.50
	유권자 정치교육	18	12.50
	매표 방지	10	6.25
	금권선거 후보자 배척	3	1.88
	기타	9	5.63

출처 | Abdul Azim, S Decampong(2006), 설문조사 결과 재구성.

주   본 설문 내용은 마라위 시에 위치한 민다나오국립대학, KFCIAAS 학부학생 졸업논문의 조사 내용 중 일부
    를 발췌해 재구성한 것이다. 샘플은 총 160명이며, 마라위 시 주민들을 대상으로 했다.

서 울라마가 효율성을 보이지 못했음을 옴피아당의 경험을 통해 인정해야 한다고 했다. 그러나 당시에는 울라마가 현실 정치에 뛰어들 수밖에 없는 상황이었으며, 현 정치가 개혁되고 제대로 운영된다면 울라마는 자신들의 위치로 돌아가 종교적 역할에 전념하는 것이 옳다고 했다.

이상과 같이 옴피아당의 경험을 바탕으로 살펴본 필리핀 이슬람 정당은 제도적 차원, 주체적 차원, 객체적 차원 모두에서 한계를 가지고 있음을 볼 수 있다. 새롭게 조성되고 있는 정치적 환경 속에서 이슬람 정당이 이러한 한계들을 극복하고 이슬람식 민주주의를 실현할 수 있을지는 아직 미지수이다. 옴피아당은 필리핀 무슬림 지역이 겪고 있는 다양한 문제들에 대해 대안으로 부상했으며, 비록 장기적인 성공을 거두지는 못했지만 일정한 의미를 가진다고 볼 수 있다. 즉 과거 3G로 대변되는 전통적 정치 엘리트와 구분되는 개혁적 대안세력으로 등장한 것이다(Panda 2009: 130). 바라(Barra 인터뷰, 2014. 07. 31.)에 따르면, 어떠한 수단을 동원하든 권력을 획득하는 그 자체를 선으로 간주했던 전통적 엘리트들의 정치 행태에 대해, 울라마는 정당한 수단과 방법이 결과만큼이나 중요하며, 정당한 방법으로 성취한 결과만을 수용하는 이슬람 정신을 일깨우는 계기가 되었다고 했다.

방사모로 정부의 출범을 앞두고 필리핀 무슬림 지역에는 다양한 정치세력들이 새롭게 형성될 정치환경에서 권력을 차지하기 위해 경쟁을 본격화하고 있다. 오랜 무력투쟁과 협상을 통해 오늘날 독자적 정치체제이 출범을 가능하게 한 MILF가 전환기를 넘어 방사모로 지역의 정치 과정에서 주도권을 잡을 수 있을 것인가에 대해서는 다양한 의견이 있다. 자말

(Jamal 인터뷰, 2014. 07. 21.)에 따르면, MILF와 전통적 엘리트들과의 치열한 경쟁이 예상되며, 많은 대중이 전통적 엘리트들에게 밀착되어 있기 때문에 MILF가 정치적으로 성공할 가능성은 그다지 크지 않다고 했다. 그는 또한 평화협정과 방사모로 정부의 출범이 민다나오 무슬림 정치에 그다지 큰 변화를 가져올 것이라고 생각하지는 않는다고 했다. 비록 기존의 자치정부를 이끌던 도지사ARMM Governor가 총리Chief Minister of Bangsamoro Government로 이름이 바뀌고, 일부 권한과 혜택이 증가하겠지만, 근본적인 정치 행태의 변화를 기대하기는 힘들다는 것이다.

라술(Rasul 인터뷰, 2014. 07. 23.)에게서도 비슷한 의견을 들을 수 있었다. 현실적으로 방사모로 지역의 높은 문맹률과 경제적 빈곤이 새로운 정부가 들어서 가장 시급하게 해결해야 할 문제이며, 평화협정 그 자체에 너무 큰 의미를 부여하는 것은 문제가 있다고 했다. 시민들의 정치적 의식이 개선되지 않으면 전통적 엘리트들이 불법적 권력 독점과 전횡을 일삼았던 과거의 정치로 되돌아갈 가능성이 크다는 것이다. 특히 총리를 중심으로 한 실질적인 자치정부가 수립되고 중앙정부로부터의 간섭이 훨씬 줄어들 경우 전통적 엘리트늘에게 무소불위의 권력을 휘두를 여지를 줄 수도 있다는 것이다. 따라서 방사모로 정치체제가 경쟁적 선거체제로 들어서기 이전에 강력한 의지를 가지고 부정선거와 공직자의 부정행위를 철저히 처벌하는 제도적 장치를 마련할 필요가 있음을 강조했다. 바라(Barra 인터뷰, 2014. 07. 31.)에 따르면, 변호사인 자신이 보기에도 필리핀의 법과 민주주의 제도는 나무랄 데 없이 훌륭하지만, 문제는 이를 제대로 실행에 옮기지 못하는 데에 있다고 했다. 이번 평화협정이 별다른 문제 없이 실행된다면, 필리핀 무슬림에게는 새로운 정치사회적 질서를 수립해갈 수 있는 좋은 기회가 될 것이라고 했다. 그는 옴피아당과 같은 개혁적 이슬람 정당이 성공하는 데 가장 중요한 요인으로 부정부패를 척결하려는 정부의 강력한 의지를 꼽았다.

필리핀 무슬림 사회는 오랫동안 이슬람의 정신에 입각한 독립 혹은 자치정부를 수립하기 위해 투쟁해왔다. 필리핀에서 독립하여 이슬람 국가를 수립하는 것이 현실적으로 불가능하다는 판단에서 수용한 1국가 2체제를 바탕으로 한 방사모로 정치체제의 출범은 다른 의미에서 필리핀 정부가 헌법의 범위 내에서 이슬람적 가치의 사회적 적용을 인정한 것이다. 이러한 측면에서 이슬람적 가치를 정치 현실에 실현하려 했던 옴피아당의 경험은 새롭게 탄생하게 될 방사모로 지역 정당정치에 좋은 반면교사가 될 것이다. 필리핀 헌법이 신정국가를 인정하지 않고 정교분리 원칙을 명확히 명시하고 있는 이상 방사모로 정부가 이슬람적 원리를 그대로 정치에 적용할 수는 없을 것이다. 따라서 경전의 해석에 있어서 보다 자유주의적 태도를 견지하고, 이슬람적 원칙에 내재해 있는 민주적인 요소들을 최대한 현실에 적용하는 문제가 남아 있다. 판다(Panda 인터뷰, 2014. 07. 30.)는 모든 사회적 문제에 대한 해석은 꾸란의 정신에 근거해 이루어져야 하며, 이를 위해 꾸란에 정통한 사람이 이를 해석해야 한다고 했다. 또한 꾸란의 기본 정신은 동일하지만, 현실에 대한 적용은 개별 국가가 가지는 상황에 따라 조금씩 다를 수 있다고 했다. 이는 오늘날 무슬림 국가들이 각기 자신들이 처해 있는 상황에 따라 다르게 운영되고 있는 것과 마찬가지라는 것이다.

마라위 시에서 만난 한 익명의 MILF 관계자(Anonymity 인터뷰, 2014. 08. 02.)는 현재 진행되고 있는 평화협정에 많은 기대를 내비쳤다. 그에 따르면, 이미 방사모로 지역 내의 현 주지사와 시장 등 전통적 엘리트들은 서로 연합하여 다가올 방사모로 지역선거에 대비하고 있다고 했다. MILF의 경우에는 개혁적 성향의 울라마당과 과거 음피아당의 관계자들이 연합하여 새로운 정당을 조직하고 있다고 밝혔다. 그동안 전투조직이었던 MILF가 방사모로 지역에서 성공적으로 통치권을 이양받기 위해서는 울라마와의 협력이 필수적이라고 했다. 그렇지 않고서는 기존의 전통적 정치인들과 경쟁하여 승리할 수 없는 상황이라고 밝혔다. 바라(Barra 인터뷰, 2014. 07. 31.)에 따르면, 방사모로기본법에 의해 주어지는 전환기transition period에 MILF가 주도하는 개혁적 정치세력이 부정부패 방지를 위한 강력한 의지를 표명하고 이를 제도화하면 집권세력으로 성공할 수 있을 것이고, 그렇지 못하면 실패할 것이라고 했다.

5. 맺으며

1970년대부터 본격화된 필리핀 무슬림 분리독립운동은 오늘날까지 약 15만 명의 생명을 앗아갔고, 수백만 명의 이재민을 낳았다. 이러한 직접적인 인명 피해와 더불어 분쟁지역이라는 대외적 이미지 때문에 민다나오 지역이 입은 경제적 손실은 계산할 수조차 없다. 이는 훌륭한 자연환경과 온화한 기후, 그리고 막대한 지하자원에도 불구하고 민다나오 지역이 필리핀에서 가장 낙후된 지역으로 남아 있는 중요한 원인이다. 이러한 분쟁의 원인을 기독교와 이슬람 문명 간의 충돌로 해석하든, 중심에 의한 주변의 수탈과 같은 계급갈등으로 해석하든, 혹은 종족갈등의 측면에서 보든, 그에 대한 해결책은 결국 분쟁의 당사자 간 입장의 차이를 인정하고 이를 보호하려는 관점의 변화에서 시작될 수 있다. 2014년 필리핀 정부와 MILF 간에 체결된 평화협정이 실행되기 위해서는 의회비준과 주민투표와 같은 절차가 남아 있기는 하지만, 본 평화협정은 문제해결의 의지가 표현된 것이며, 이의 성공적인 실현을 위해서는 다양한 측면에서의 준비가 요구된다고 할 수 있다. 일반적으로 새롭게 도입한 제도가 의도한 방향에 맞게 운영되고 정착하기 위해서는 이를 뒷받침해줄 수 있는 다양한 요건들이 필요하다. 필리핀에서 이슬람식 민주주의가 뿌리내리기 위해서는 민주주의 정치 과정에서 핵심적 부분인 정당정치의 발전이 반드시 필요하다. 이는 평화협정의 실현 여부를 넘어 필리핀 무슬림 지역의 민주적 정치 발전에 중요한 의미를 가진다고 볼 수 있다.

가톨릭이 절대적 다수를 차지하는 필리핀에서 소수 무슬림의 존재와 문화적 정체성을 인정하고 공존의 길을 모색하는 본 평화협정의 진행 과정은 필리핀 민주주의의 성숙도를 가늠할 수 있는 좋은 잣대가 될 수 있다. 더불어 서구 자유민주주의 사회와 대립각을 세우는 세력으로 흔히들 묘사하는 이슬람 사회에서 민주주의라는 서구적 정치체제가 제대로 작동할 수 있는가를 살펴볼 수 있는 기회도 될 것이다. 필리핀 무슬림 사회는 다양한 종족적, 문화적 구분으로 인해 통일된 하나의 공동체를 이루지 못했다. 이러한 다양성 중에서도 이들이 공유하는 공통점은 이슬람이라고 하는 종교적 신념이다. 이와 같은 종족적 다양성과 종교적 통일성은 새롭게 탄생하게 될 방사모로 정치체제에서 정치적 경쟁과 연합의 형태로 부각될 것으로 예상된다. 필리핀 중앙정치의 영향력에서 벗어나 방사모로 지역에 독립적인 정치체제를 형성한다는 것은 근대 이후 필리핀 무슬림이 한 번도 시도해보지 못했던 새로운 정치적 시험이다. 특히 다양한 이해관계를 수렴하는 민주적 정치체제로서 의원내각제의 성공적인 정착 여부는 정당정치가 제대로 자리 잡지 못한 필리핀의 정치 현실에도 많은 시사점을 줄 것이다.

한편 그동안 필리핀 지방정치의 문제점으로 지적되어 왔던 전통적 엘리트들에 의한 권력 독점과 남용의 문제가 새롭게 탄생할 방사모로 정치 공동체에서 어떻게 극복될 것인지가 중요한 문제이다. 이를 위해서는 권력을 독점하고 있는 전통적 엘리트에 대항할 수 있는 새로운 개혁적 정치 세력이 성공적으로 부상해야 한다. 경제적 발전에 따른 중산층의 확대가 민주적 대안세력을 형성하여 민주화를 주도하는 현상과 같은 일반적인 민주화 이론은 필리핀 무슬림 사회의 현실에서는 실현되기 어려운 형편이다. 이러한 현실 속에서 전통적 엘리트에 비해 개혁적 성향을 나타내며 사회적 지도력을 발휘할 수 있는 그룹이 다름 아닌 종교적 지식인, 즉 울라마이다. 본 논문에서 살펴본 바와 같이 1980년대 중후반 유사한 맥락에서 울라마의 주도로 탄생했던 옴피아당의 사례는 이슬람 이념에 입각한 개혁정당이 현실 정치에서 어떠한 어려움에 직면할 수 있는가를 보여주었다. 옴피아당이 보여준 정치적 행태는 필리핀의 다른 지역정당의 행태와 크게 다르지 않았음을 볼 수 있다. 즉 이념보다는 인물이 중심이 된 정당과 중앙 권력과의 연계에 의존한 정당정치 행태가 그것이다. 또한 정당의 주도세력이었던 울라마가 종교적 역할을 떠나 현실 정치에 뛰어들면서 정치적 역량을 제대로 발휘하지도 못하고, 울라마의 내부적 분열 모습을 보여줌으로써 지역민들로 하여금 울라마의 정치적 역할에 관해 회의적 시각을 갖게 만들었다. 비록 필리핀 무슬림 사회의 오랜 정치문화 전통과 사회경제적 계층구조는 그 당시와 동일하게 존재하지만, 2014년 체결된 평화협정으로 탄생하게 될 독립된 방사모로 정치체제는 제도적 차원에서 근본적인 차이가 있다. 무엇보다도 중앙정치와 독립된 독자적인 이슬람 정당정치를 펼칠 수 있다는 점에서 근본적인 차이가 있다.

새롭게 탄생하게 될 방사모로 정치체제에서 전통적 엘리트들에 대한 민주적 대안으로서 이슬람 정당은 옴피아당의 경험을 반면교사로 삼을 필요가 있다. 즉 종교적 신념과 지식만으로는 이해관계의 경합이 이루어지는 정치적 문제를 해결하는 데 미흡하다는 점을 인정하고, 이를 보완하기 위해 폐쇄적인 간부정당의 형태에서 벗어나 보다 개방적이고 민주적인 대중정당의 조직형태를 갖추어나가야 할 것이다. 사회경제적 계층구조가 민주주의의 성공적인 정착에 중요한 역할을 한다는 것은 많은 타국의 사례를 통해 알 수 있다. 그동안 무슬림 지역의 저발전 문제는 분리독립운동으로 인한 분쟁과 중앙으로부터의 소외로 인한 것으로 간주할 수 있다. 이러한 다양한 문제들을 해결하기 위한 방안으로서 체결된 이번 평화협정은 필리핀 무슬림 지역에 민주적 정당정치의 발전은 물론 경제사회적인 발전을 도모할 수 있는 좋은 계기가 될 수 있을 것이다.

참고 문헌

김동엽. 2008. "필리핀의 정당정치와 민주적 정치발전".『동남아시아연구』18(2): 33~67쪽.

―――――. 2013. "필리핀 무슬림 분리주의 운동의 발생과 전개: 이슬람 부흥운동의 맥락에서".
『동아연구』32(2): 263~300쪽.

김형준. 2014. "인도네시아 이슬람 조직 무함마디야의 민주주의적 전통: 지도체제와 선거를 중심
으로".『한국이슬람학회논총』24(2): 205~236쪽.

유석춘·왕혜숙. 2009. "필리핀 지방정치의 역동성: 북부 수리가와 주의 토착 기독교 종교단체
(PBMA) 사례연구".『동남아시아연구』19(2): 1~56쪽.

이성수. 2013. "이슬람식 민주주의 모델과 아랍민주화 이후의 민주주의 리비아와 이라크를 중심
으로".『한국중동학회논총』33(2): 101~132쪽.

Abinales, Patricio N. 2000. *Making Mindanao, Cotabato and Davao in the Formation of the
Philippine Nation-State.* Quezon City: Ateneo de Manila University Press.

Bentley, G. Carter. 1995. "Mohamad Ali Dimaporo: A Modern Maranao Datu." Alfred
W. McCoy (ed.), *An Anarchy of Families: State and Family in the Philippines.* Quezon City:
Ateneo de Manila University Press.

Co, Edna E. A. et al. 2013. *State of Local Democracy in the Autonomous Region in Muslim
Mindanao (SoLD ARMM).* Quzon City: National college of Public Administration and
Governance and the Philippine Center for Islam and Democracy.

Decampong, Abdul Azim, S. 2006. "A Study on Islamic Political Practices in Marawi City."
B.A. Thesis, King Faisal Center for Islamic, Arabic and Asian Studies, Mindanao State
University, Marawi City.

Donoso, Isaac. 2013. *Islamic Far East, Ethnogenesis of Philippine Islam.* Quezon City: The
University of the Philippine Press.

Finley, John P. 1916. "The Mohammedan Problem in the Philippines II." *The Journal of Race
Development* 7(1): pp. 27~46.

Geertz, Clifford. 1968. *Islam Observed: Religious Development in Morocco and Indonesia.*
Chicago: University of Chicago Press.

Hefner, Robert W. 1997. "Islam in an Era of Nation-States, Politics and Religious Renewal
in Muslim Southeast Asia." Robert W. Hefner and Patricia Horvatich (eds.), *Islam in
an Era of Nation-States, Politics and Religious Renewal in Muslim Southeast Asia.* Hawaii:

University of Hawaii Press.

Jamail, Nofaisa A. 2012. "Political Participation of Meranao Ulama in Politics: A Perception Among the Students in King Faisal Center." B.A. Thesis, King Faisal Center for Islamic, Arabic and Asian Studies, Mindanao State University, Marawi City.

Lingga, Abhoud Syed M. 2005. "Strengthening ARMM Elections to Promote Peace." *ARMM in Transition Series*. No. 5.

Majul, Cesar Adib. 1999. *Muslim in the Philippines*. Quezon City: University of the Philippines Press.

Map of Lanao Del Sur - http://www.zamboanga.com/z/index.php?title=Moncado_Kadingilan,_Marawi_City,_Lanao_del_Sur,_Philippines (accessed 28 August 2014).

Mastura, Michael O. 1992. "Contemporary Politics in Mindanao." Mark Turner, R.J. May, and Lulu Respall Turner (eds.), *Mindanao: Land of Unifulfilled Promise*. Quezon City: New Day Publishers.

_____ . 2007. "Political Islam in the 21st Century Philippines: Can It Survive?" Peter Kreuzer and Rainer Werning (eds.) *Voices from Moro Land*. Selangor. Malaysia: Vinlin Press Sdn. Bhd.

Meisburger, Tim. 2013. *Developing Political Parties in the Bangsamoro, An Assessment of Needs and Opportunities*. Pasay City: The Asia Foundation-Philippines.

Panda. Ali B. 1989. "Ulama Political Participation: The Case of the Ompia Party in Lanao Del Sur." M.A. Thesis, Institute of Islamic Studies, University of the Philippines, Diliman, Quezon City.

_____ . 2009. *Maranao Ulama in Philippine Politics, A Nonviolent Hjjratic Approach*. Marawi City: King Faisal Center for Islamic, Arabic and Asian Studies, Mindanao State University.

Philstar. 2007.12.06. "ARMM vice gove Mutilan dies in car crash." http://www.philstar.com/nation/31971/armm-vice-gov-mutilan-dies-car-crash (검색일: 2014. 09. 05.)

Tan, Samuel K. 2010. *The Muslim South and Beyond*. Quezon City: The University of the Philippines Press.

Tibi, Bassam. 1990. *Islam and the Cultural Accommodation of Social Change*. Boulder: Westview.

현지 무슬림 인터뷰

Anonymity. (현) MILF 현장 지휘관. 2014. 08. 02. Islamic City of Marawi.

Barra, Armin, 울라마 정치인. Former Dean of King Faisal Center for Islamic, Arabi and Asian Studies, Mindanao State University. (현) Professor, International Islamic University of Malaysia. 2014.07.31. Islamic City of Marawi.

Cayamodin, Jamel Rombo. 현지조사 코디. (현) Professor, Institute of Islamic Studies, University of the Philippines. 2014. 07. 21.; 2014. 07. 29.; 2014. 08. 01. Quezon City, Islamic City of Marawi.

Maruhom, Monara M. (현) Chairperson, Graduate Department, King Faisal Center for Islamic, Arabi and Asian Studies, Mindanao State University. Islamic City of Marawi.

Panda, Ali B. 무슬림 언론인. (현) Dean of King Faisal Center for Islamic, Arabi and Asian Studies, Mindanao State University. 2014. 07. 30. Islamic City of Marawi.

Rasul, Salma T. 무슬림 시민사회 운동가. (현) Executive Director of Philippine Center for Islam and Democracy. 2014. 07. 23. Quezon City.

5

말레이시아 총선에서 빠스에 대한 지지와
이슬람화의 상관관계

끌란딴 주의 사례

이재현

1. 들어가며

말레이시아 정치에서 이슬람 문제는 종교 차원을 넘어선다. 이슬람이라는 종교는 말레이시아에서 종족 간 정체성을 구분하는 기준이 된다.[1] 또 말레이시아 정치에서 이슬람은 정당의 정체성을 가르는 경계가 되기도 한다. 이슬람은 종교이자 종족 정체성이고 정치적 지지를 결정하는 기준이 되는 복합적 성격을 가지고 있다. 말레이시아에서 말레이인과 비말레이인 사이 종족의 문제는 단순히 종족의 문제를 넘어서 종교의 문제이기도 하다.[2] 같은 무슬림인 말레이인 집단 내에서도 말레이인의 지지를 기반으로 하는 통일말레이국민기구UMNO: United Malays National Organization(이하 암노)와 범말레이시아이슬람당PAS: Parti Islam Se-Malaysia(이하 빠스) 지지기반 사이의 정체성은 뚜렷하게 구분된다.

독립 이전부터 제도권 안에서 같은 말레이인을 기반으로 하는 암노와 야당인 빠스 사이의 경쟁은 누가 더 이슬람의 원칙에 충실한 정당인가를 놓고 지속적인 대립을 벌여왔다. 이 대립 구도는 단순히 정치적 대립에 머무르지 않고, 말레이인 사회, 나아가 말레이시아 사회 전반의 이슬람화를 부추기는 결과를 가져왔다. 양 정당이 이슬람적 선명성 경쟁을 벌이면서 사회 전반의 이슬람 성향이 지속적으로 강해진 결과이다. 이런 상황 속에

---

1   말레이시아의 종족 구성은 말레이인, 화교, 인도인, 그리고 소수의 토착 종족으로 대개 구분된다. 마하리 Zarinah Mahari의 통계에 따르면 말레이인과 토착 원주민을 합친 부미푸트라Bumiputera가 68.8퍼센트, 화교가 23.2퍼센트 그리고 인도인이 7.0퍼센트의 구성비를 보인다. 이 중 말레이인은 거의 대부분 무슬림으로 분류된다(Zarinah Mahari 2011).

2   말레이시아에서 종교와 종족, 그리고 정치가 만나는 지점에 대한 연구는 Robert W. Hefner(2001), Gordon P. Means(2009), Virginia Hooker and Norani Othman(2003)을 볼 것.

서도 암노는 보다 온건하고 실용주의적 이슬람을 대표하며 빠스를 이슬람 근본주의로 매도해왔다. 반면 빠스는 1970년대 이후 이슬람 성격을 강화하면서 이슬람의 원칙과 생활방식에 보다 충실하다는 점을 강조해왔다. 반면 암노를 타협한 이슬람으로 규정하고, 암노가 이끄는 정부의 부정부패, 반민주주의 성격 문제를 도덕성 문제와 연결하여 이슬람 원칙에 위배된다는 주장을 해왔다.

말레이시아에서는 말레이인=무슬림이라는 등식이 일반적으로 통용된다. 말레이인과 비말레이인을 구분하는 종족 특성에 이슬람이라는 종교적 정체성이 더해진 형태, 즉 민족주의와 종교가 강력하게 결합해 말레이시아 내 종족 담론, 종교 담론, 그리고 정치 담론을 매우 복잡하게 만들고 있다. 빠스는 1998년 경제위기 이후 몰아닥친 정치개혁의 바람, 특히 정치개혁 요구reformasi 이후 인민정의당PKR: Parti Keadilan Rakyat, 민주행동당DAP: Democratic Action Party 등과 정치적 연합을 구성해왔다.[3] 반면 암노의 경우 말레이시아 독립 이전부터 말레이시아화교연합MCA: Malaysian Chinese Association, 말레이시아인도인회의MIC: Malaysian Indian Congress 등과 연합을 구성해왔다.[4] 기간의 차이는 있지만 암노와 빠스 모두 비무슬림 정당들과 정치적 연합을 꾸

---

3 인민정의당은 1998년 경제위기 직후 당시 부총리였던 안와르 이브라힘Anwar Ibrahim이 해임되면서 일어난 개혁운동 시기 창당된 정당으로 정치개혁을 모토로 한 다종족 정당을 표방한다. 반면 민주행동당은 1963년부터 1965년 싱가포르가 말레이시아의 한 부분으로 포함되었을 당시 인민행동당People's Action Party의 피낭Penang 지부가 싱가포르 독립 이후 별도의 정당으로 재구성된 것으로 화교의 지지를 기반으로 하고 있다.

4 암노를 포함해 MCA, MIC의 역사는 독립 이전으로 돌아간다. 이 정당들은 영국이 말레이시아 독립을 고려하던 1946년 이후 각 종족의 이익을 대변하기 위해 조직된 정당으로, 이름이 표방하듯이 각 종족집단의 지지를 기반으로 하고 있다. 1969년 종족폭동과 비상통치 이후 이 세 정당은 당시 야당들을 포함하여 집권연합을 확대하고 현재 국민전선BN: Barisan Nasional 체제를 새로 구성했다.

리고 있다. 그럼에도 불구하고 이런 정치적 연합이 두 정당의 이슬람과 말레이 민족주의에 대한 호소를 크게 감소시키지는 않았다.

이 연구에서는 말레이시아의 이슬람 종교 담론과 무슬림-말레이인에 기반을 두고 있다고 주장하는 두 정당, 암노와 빠스에 대한 정치적 지지를 분석한다. 가장 주된 질문은 1980년대 이후로 지속적으로 고조되어 온 말레이시아 사회의 전반적 이슬람화 혹은 그 반대의 흐름이 빠스에 대한 지지에 어떤 영향을 미쳤는가이다. 특히 이슬람 국가의 형성을 표방하는 빠스의 선거에서 성적이 이슬람 관련 담론, 정책의 변화에 따라 영향을 받는 정도를 가장 관심 있게 보려 한다. 이와 관련해서 여기서 제기하고 싶은 첫번째 질문은 국제 사회, 그리고 말레이시아 사회에서 이슬람화의 담론이 빠스의 선거에서 성적에 과연 영향을 주는가이다. 국내적으로, 그리고 국제적으로 주요한 이슬람 관련 변화들이 빠스의 득표에 어떤 영향을 주었는가를 알아봄으로써 말레이시아 사회의 전반적 이슬람 분위기 고양이 과연 빠스에게 선거적으로 유리하게 작용하는가를 보고자 한다.

이를 위해서 우선 빠스가 신경세정책 이후 독자 정당으로 활동하기 시작한 1970년대 중반 이후 빠스에 대한 지지율 변화와 이슬람화 담론의 강화 사이의 관계를 확인할 것이다. 말레이 전통사회가 말레이시아의 발전에 따라 보다 발전된 서구 자본주의에 지속적으로 노출되는 상황, 1970년대 이란 이슬람 혁명이 가져온 반향으로 인한 국내적 이슬람 부흥dakwah운동, 그리고 2000년대 초 9.11테러와 그 후폭풍 등이 말레이시아 사회의 이슬람화에 영향을 준 대표적 사례들이다. 국내적으로도 높아진 사회의 종교적 요구에 대한 부응으로 등장한 정부 주도의 이슬람화 정책, 이에 대한 비무슬림-비말레이인의 대응, 이슬람 국가 선언 등 다양한 기제로 인해 이슬람에 관한 담론들이 지속적으로 변화해왔다. 그리고 두번째로 만약 이슬람이라는 변수가 빠스의 선거에서 성적에 큰 영향을 주지 않는다면 무엇이 빠스의 지속적인 지지 및 의석 확보에 중요한 변수인지 찾고자 한다. 이 두번째 질문은 특히 끌란딴 주에서 1999년 이후 지지의 변화, 연방의회 및 주의회 선거에서 빠스에 대한 지지 변화를 통해 확인할 것이다.[5]

2. 이슬람 환경의 변화와 빠스에 대한 지지

가장 먼저 말레이시아 사회의 이슬람에 관한 생각과 담론들이 변화함에 따라서 빠스에 대한 지지가 어떻게 변화하는지 살펴보려 한다. 말레이시아에서 빠스에 대한 지지에 변화를 가져올 수 있는 변화들로는 다음과 같은 것들을 들 수 있다. 맨 먼저 1970년대에 나타난 이슬람 부흥운동이 중요하다. 이슬람 부흥운동은 말레이시아의 전통과 타협한 형태의 이슬람에 대한 반성이다. 이 운동을 주도한 세력은 주로 국가 장학금을 받고 해외로 유학했던 지식인 계층과 말레이시아 내 대학생이다. 특히 해외 유학파의 경우 말레이시아의 농촌에서 뽑혀 영국 등 선진 자본주의 국가에 유학하는 과정에서 문화적 충격을 받고 이슬람의 근본으로 돌아가려는

---

5 끌란딴 주는 인구의 95퍼센트가량이 말레이인으로 구성된 주로 빠항, 뜨렝가누, 끄다Kedah, 뻐를리스Perlis 주와 함께 말레이 벨트를 구성하고 있다. 특히 끌란딴 주는 빠스에 대한 지지가 가장 강력한 주이고, 오랫동안 빠스가 주정부를 구성해왔다. 이런 이유로 끌란딴 주는 빠스에 대한 지지 특성을 분석할 때 매우 유용하다. 빠스의 형성과 발전에 관해서는 John Funston(1981)을 볼 것.

강한 의지를 나타냈다.[6] 말레이시아 국내의 대학생 집단에서도 강한 말레이 민족주의와 결합한 이슬람 부흥운동의 기운이 있었다. 이 두 가지 흐름이 결합하여 말레이시아의 이슬람 부흥운동을 만들어냈다.

한편 빠스 역시 자체적으로 이런 시대상을 반영하여 이슬람 담론을 강화하는 방향으로 나아갔다. 빠스는 1969년 종족폭동이 가져온 비상통치 체제하에서 잠시 암노가 주도하는 집권연합에 포함된 적이 있고, 이 체제하에서 1974년 총선을 치른 바 있다. 그러나 1978년 빠스는 집권연합을 탈퇴하고 다시 야당으로 돌아섰다. 그리고 이런 빠스의 변신은 곧이어 1980년대 빠스의 대대적인 내부 변화로 이어진다. 1980년대 들어서면서 중동의 알아자르Al-Azhar 대학 등에서 이슬람을 정통으로 공부한 새로운 세대들이 대거 귀국해 빠스의 지도부를 메우면서 이슬람적 성격을 한층 강화했다.

1980년대 들어서면서 빠스가 지도부를 교체하고 이슬람적 성격을 강화한 것은 다른 한편으로 암노가 이끄는 말레이시아 정부의 이슬람화 정책에 대한 대응이기도 했다. 1970년대 이슬람 부흥운동으로 인해 암노와 정부의 이슬람에 대한 의심이 강화되는 시점에서 암노 역시 중요한 리더십의 변화를 경험한다. 1981년 강력한 말레이 민족주의에 기반을 둔 마하티르 모하마드 Mahathir Mohamad 가 암노의 수장이자 총리로 취임하면서 사회 전반의 이슬람화를 주도한다.[7] 1970년대 학생운동, 이슬람 부흥운동의 기수였던 안와르 이브라힘을 암노로 끌어들이면서 정부의 이슬람화

---

6   다꽈에 관해서는 Judith Nagata(1986)을 볼 것.

7   K. S. Jomo and Ahmad Shabery Cheek(1992) & Gordon P. Means(2009)를 볼 것.

정책은 더욱 탄력을 받는다. 암노는 이런 이슬람화 정책을 통해서 약해진 암노에 대한 말레이인들의 지지를 회복하려 했다.

1990년대 이슬람과 관련된 변수들은 이전과 좀 다른 양상으로 나타난다. 1990년대는 말레이시아 경제의 최고 호황기였으며, 경제위기 전까지의 1990년대는 어느 때보다 빠르게 경제가 발전하던 시기로 전반적으로 미래에 대한 낙관론이 팽배했던 시기이다. 이 시기를 주로 관찰할 때 사회적으로 소비주의consumerism의 확대가 많이 논의되는 것도 바로 이런 맥락에서라고 할 수 있다(Khan 1996). 이슬람과 관련하여 더욱 중요한 것은 말레이인들의 경제적 자신감, 다른 종족과 경쟁에서 자신감이 증가했다는 것이다. 말레이 민족주의가 이슬람과 깊이 연관이 있다고 할 때 이런 변화는 이슬람 담론과 관련하여 중요한 변화를 야기할 수 있다. 더욱이 정부 차원에서도 이슬람화 정책을 지속하는 한편 말레이 종족이란 정체성을 뛰어넘어 화교, 인도인을 모두 포함하는 말레이시아 민족Bangsa Malaysia과 같은 담론들을 적극적으로 유포하던 시기이다.[8] 이런 일련의 변화들은 빠스에 대한 지지를 약화시키는 방향으로 작용했을 가능성이 크다.

1990년대 말 시점에서는 정치개혁 요구reformasi가 중요한 사회적 변화라 할 것이다. 1990년대 말 경제위기를 기점으로 암노와 마하티르의 지속된 지배에 대한 의문이 증가하는 상황 속에 암노의 이슬람적 신뢰성의 상당 부분을 책임졌던 안와르가 암노와 정부직에서 축출되면서 불붙은 정치

---

8 Bangsa는 말레이어로 민족을 의미하며 따라서 한글로 번역하자면 말레이시아 민족이라는 의미가 된다. 이 개념은 마하티르 총리 시절 만들어진 개념으로 종족 간 정체성을 넘어서 말레이시아라는 하나의 정체성을 보다 앞에 놓는다는 의미로 만들어진 말이다.

개혁 요구는 정부와 암노가 보여줬던 이슬람 신조에 대한 국민적 믿음을 약화시키는 동시에 야당 쪽에 이슬람으로 암노를 공략할 수 있는 기회를 제공했을 수 있다. 이런 상황의 변화는 빠스에 대한 지지가 확대되는 방향으로 작용할 가능성이 높은 부분이다.

2000년대 들어서 가장 중요한 변화 및 변수는 역시 9.11테러 이후 테러와의 전쟁이란 변수라고 할 수 있다. 9.11 이후 미국 등 서방국가에 의한 테러와의 전쟁은 이슬람 사회에서는 반감을 일으키는 경우가 많았고 말레이시아에서도 이에 대한 반감이 높은 편이었다(Noor 2002). 그에 따라 이런 상황의 변화가 적어도 말레이인 유권자 사이에서는 암노보다는 빠스에 선거적으로 유리하게 작용할 수 있었다. 그러나 다른 한편으로 야당 연합 전체로는 빠스가 이런 이슬람의 명분을 취하게 되면 비말레이, 비무슬림 지지를 얻는 데 부담이 되는 부분이 동시에 존재했다는 점도 염두에 두어야 할 것이다.

2000년대 후반 이후, 즉 현재 말레이시아의 선거와 관련된 상황은 암노 주도의 기존 지배세력 약화 및 야당의 약진으로 요약될 수 있다. 이런 환경 변화 속에서 사회적 이슬람 담론 강화, 정부 주도 이슬람화, 이슬람에 대한 사회적 지지 확산 혹은 비무슬림 사이 반이슬람 정서 강화, 개혁과 이슬람 담론 결합 등이 선거에서 어떻게 빠스에 대한 지지로 표출되는가를 확인해볼 필요가 있다. 결정적으로 이런 일련의 이슬람화, 이슬람 정서 변화가 빠스의 득표와 어떤 관련을 맺고 있는가를 분석할 때 이슬람 관련 담론, 상황 변화와 빠스에 대한 지지 사이의 관계를 설명하고 이슬람 담론, 이슬람화가 말레이시아의 정치, 특히 선거에 어떤 영향을 주어

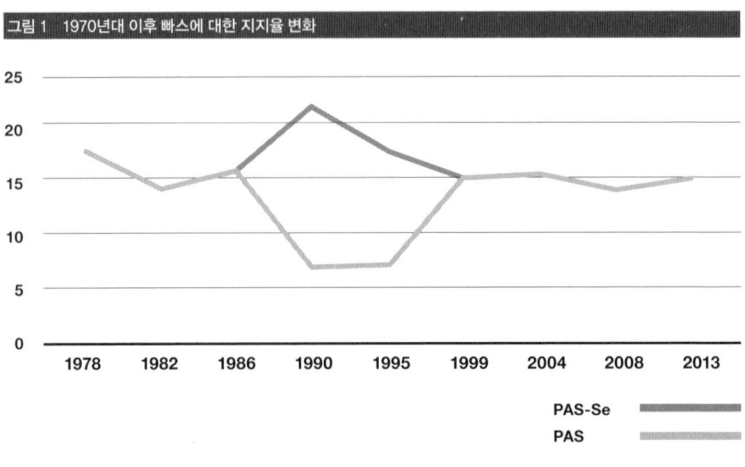

그림 1 1970년대 이후 빠스에 대한 지지율 변화

주 이 그래프에서 1990년, 1995년 선거 결과 중 높은 수치는 무슬림에 지지기반을 둔 빠스와 스망앗46'
Semangat 46'의 지지율을 합친 것이다.

왔는가를 확인할 수 있을 것이다.

　앞서 언급한 바와 같이 1970년대 이후 이슬람 관련 환경에는 많은 변화가 있었으며 이런 변화들은 빠스의 득표율에 큰 영향을 줄 가능성이 있었다. 그러나 실제로 빠스에 대한 일반 유권자들의 지지를 확인해보면 1978년 빠스가 다시 야당으로 활동하기 시작한 이후 지지율은 큰 변화 없이 유지되는 것을 알 수 있다. 빠스에 대한 지지율은 10퍼센트 후반에서 10퍼센트 중반을 오가며 [그림 1]의 그래프에서 보는 바와 같이 큰 변동을 보이지 않는다. 앞서 언급한 다양한 이슬람 관련 환경의 변화들을 고려하면 이런 환경 변화가 빠스에 대한 지지를 별로 좌우하지 않았음을 알 수 있다.

　실질적으로 1970년대 초반 이슬람 부흥운동이 빠스에 대한 지지에 어느 정도나 영향을 주었는지는 판가름하기 쉽지 않다. 가장 명확하게 이를 보여줄 수 있는 선거 결과는 1974년 총선 결과이지만 1974년 총선에서 빠스는 암노와 함께 집권연합에 들어 있었고 따라서 직접적 비교는 어렵다. 이어 1980년대 초반 암노가 이끄는 정부의 강력한 이슬람화 정책, 안와르의 암노 입당 등은 사실상 큰 영향을 미쳤다고 보기 힘들다. 1982년, 1986년 빠스에 대한 지지는 큰 변동이 없다. 다시 말해 정부의 이런 이슬람화 정책이 빠스 지지기반에 큰 영향을 주어 빠스에 대한 지지 하락을 가져왔다고 보기는 힘들다. 말레이시아 전체에서 약 3퍼센트 정도 득표율 하락이 있었지만 큰 변화라고 볼 수는 없다.

빠스에 대한 지지에 큰 타격을 줄 수 있을 거라 예상되었던 1990년대 경제성장, 그리고 말레이인의 자신감 상승, 전반적인 소비사회화 경향이 어떤 영향을 주었는지는 직접 확인하기 힘들다. 1990년도와 1995년 빠스에 대한 지지는 분명히 하락했다. 하지만 이 선거 결과는 좀 다른 측면에서 봐야 할 것이다. 1989년 암노의 분당 사태, 그리고 라잘레이[Tengku Razaleigh Hamzah]가 이끄는 새로운 말레이 정당의 출현 등이 복합적으로 영향을 주었기 때문이다.[9] 라잘레이가 이끄는 새로운 정당(스망앗 46')은 빠스의 전통적인 지지기반인 끌란딴 주에 기반을 두고 있었고, 역시 말레이 무슬

---

9 1987년 암노 전당대회를 앞두고 당시 당 총재인 마하티르는 라잘레이 함자의 도전을 받게 된다. 이 사건은 암노 역사에서 총재에게 도전한 매우 유례없는 사건이었고, 이 전당대회 선거 결과로 암노는 분당되어 마하티르가 이끄는 암노 바루[UMNO Baru](New UMNO)와 라잘레이가 이끄는 스망앗 46'의 두 정당으로 사실상 나뉜다. 라잘레이는 끌란딴 주 왕족 출신으로 끌란딴 주에 큰 정치세력을 가지고 있었다. 이런 이유로 스망앗 46'은 암노뿐만 아니라 빠스의 지지기반도 상당 부분 잠식했다. 암노의 분당과 스망앗 46'의 창당에 관해서는 Harold Crouch. 1992. "Authoritarianism Trends, the UMNO Split and the Limits to State Power" in Joel S. Khan and Francis Loh Kok Wah eds. *Fragmented Vision: Culture and Politics in Contemporary Malaysia*. Honolulu: Hawaii University Press.

림 지지자들에게 지지를 호소했다. 따라서 90년, 95년 선거에서 빠스의 지지 하락이 소비사회화 경향과 말레이 사회 변화에 따른 결과인지, 아니면 스망앗 46'이라는 지지기반이 겹치는 새로운 야당의 출현에 의한 것인지 정확한 판별은 어렵다.

다만 간접적으로 몇 가지 정황증거들을 보면 1990년대 말레이 사회의 전체적인 변화에도 불구하고 빠스 혹은 보다 강력한 이슬람을 표방한 정당에 대한 지지가 크게 줄어들었다고 보기는 어렵다. 다시 말해 빠스와 스망앗 46'이 얻은 득표를 비교하면 이전 빠스 혼자 얻었던 득표율을 훨씬 뛰어넘는다. 1990년의 경우 두 당 지지율의 합은 20퍼센트가 넘는다. 1995년의 경우 두 정당 득표율 합은 1978년 빠스 득표율과 같은 수준을 보인다.

스망앗 46'이 끌란딴 왕족 출신인 라잘레이가 이끄는 정당이었고 이에 따른 지지, 그리고 말레이 민족주의에 기반을 둔 지지가 1990년대 이 두 정당 지지의 합에 포함되어 있을 수 있다. 이렇게 볼 때 1990년에 추가적인 지지를 말레이 민족주의, 라잘레이의 개인적 배경, 암노로부터 이탈한 지지로 해석한다면, 사실 1990년대 전반에 걸쳐 빠스 혹은 이슬람을 표방한 야당에 대한 지지는 큰 변화가 없다고 봐도 큰 문제는 없어 보인다.

빠스에 대한 전반적인 지지와 말레이시아 사회의 이슬람화 경향을 관찰할 때, 마지막으로 1998년 정치개혁운동, 그리고 2000년대 초 9.11테러에 의한 영향을 고려해봐도 빠스에 대한 지지 변화는 크게 없는 것으로 나타난다. 스망앗 46'이 출현하기 전인 1986년 선거에서 빠스는 15.6퍼센트의 지지율을 보였다. 스망앗 46'의 초기 인기가 사라진 1995년 선거에

표 1   빠스와 스망앗46' 득표 및 득표율 합

연도	빠스 득표		빠스 득표율	
1978	529,324		17.4	
1982	602,530		14.0	
1986	718,891		15.6	
1999	994,279		14.9	
2004	1,051,480		15.2	
2008	1,140,678		13.8	
2013	1,633,191		14.8	
	빠스-스망앗 46' 득표		빠스-스망앗 46' 득표율 합	
1990	1,218,211		21.6	
	391,813(P)	826,398(S)	6.8(P)	14.8(S)
1995	1,046,687		17.4	
	430,098(P)	616,589(S)	7.0(P)	10.4(S)

서 빠스와 스망앗 46'이 얻은 득표의 합은 17.4퍼센트로 빠스가 다시 야당으로 돌아선 1978년 선거에서 얻은 득표율과 정확히 같다. 1999년 선거에서 빠스에 대한 지지율은 14.9퍼센트를 기록했다. 1995년과 비교해 2.5퍼센트 포인트 떨어진 기록이다. 9.11테러 이후인 2004년 선거에서 빠스의 득표율은 15.4퍼센트로 소폭 상승했다. 이런 소폭 하락, 소폭 상승에도 불구하고 빠스의 득표율은 전체적으로 큰 변동 없이 매우 안정적으로 유지된다. 빠스가 여당연합에서 이탈해서 다시 야당이 된 1978년부터 가장 최근 선거인 2013년까지 얻은 득표율을 보면 그 편차가 3퍼센트 포인

트 남짓이다. 물론 1990년이라는 특수한 상황을 제외한 이야기다. 그러나 이 기간 중에 말레이시아 사회에는 이슬람과 관련하여 큰 변화들이 많았다. 이슬람 부흥운동, 정부에 의한 이슬람화, 1990년대 경제성장과 소비 사회화 흐름 그리고 정치개혁 운동, 9.11테러의 여파 등 이슬람 정당인 빠스의 득표율에 영향을 줄 수 있는 사회적 변화들이 많았다. 그럼에도 불구하고 빠스의 득표율 기록에서 확인된 결과는 빠스의 지지기반이 이런 사회적 변화에도 불구하고 큰 영향을 받지 않았다는 점이다. 이를 좀 더 일반화하면 말레이시아에서 이슬람 정당, 특히 이슬람 야당에 대한 지지는 사회적 변동과 큰 관계 없이 매우 일정하다는 점을 알 수 있다.

3. 끌란딴 주에서 빠스에 대한 지지 양상

국내적으로, 그리고 국제적으로 일어난 이슬람 관련 다양한 변화에도 불구하고 빠스에 대한 지지율이 상당히 고정적인 모습을 보이는 것은 어떻게 설명할 수 있을까? 한 가지 추측해볼 수 있는 부분은 이슬람 관련 담론의 국내외적 변화에 관계없이 빠스가 고정적인 지지기반을 가지고 있는 것은 아닐까 하는 점이다. 다시 말해서 정부에 의한 이슬람화 정책, 이슬람 관련 사회적 변화, 그리고 국제적 변화와 상관없이 빠스를 지지해온 사람들은 지속적으로 빠스에 대한 지지를 보낸다는 추측이 가능하다.

이를 좀 더 확대 해석해보면 빠스에 대한 지지는 이슬람이라는 빠스가 표방하는 종교적 신념에 대한 지지로 해석될 수도 있지만, 반면 과거로부터 전통적으로 빠스에 지지를 보내던 특정한 말레이인 집단이 선거 때마다 크게 입장을 바꾸지 않고 지속적으로 빠스에 지지를 보내는 패턴이

| 표 2 | 끌란딴 주 의회 선거 결과 |

연도	정당	의석수	연도	정당	의석수
1959	PAS	28	1990	PAS	24
	Alliance	2		BN	0
1964	PAS	21	1995	PAS	24
	Alliance	9		BN	7
1969	PAS	19	1999	PAS	41
	Alliance	11		BN	2
1974	PAS	22	2004	PAS	24
	UMNO	13		BN	21
1978	PAS	2	2008	PAS	38
	BN	23		BN	6
1982	PAS	10	2013	PAS	32
	BN	26		BN	12
1986	PAS	10			
	BN	29			

주 1959~1969년 선거에서 집권연합은 동맹당Alliance Party이었고 이 선거들에서 빠스는 집권연합에 비해 많은 의석을 얻어 집권했다. 1974년에 빠스는 집권연합인 국민전선BN에 포함되었는데, 역시 암노에 비해 많은 의석을 점했다. 이후 1978년부터 1986년까지 빠스는 끌란딴에서 국민전선에 밀려 주정부를 장악하는 데 실패했으나 1990년 선거 이후 지속적으로 끌란딴 주정부를 장악해왔다.

있다고 볼 수 있다. 그렇다면 빠스를 지지하는 말레이인들의 지지율 변화는 이슬람과 큰 연관이 없을 수도 있다. 그리고 이를 뒤집어 말하면 이슬람 관련 사회적 분위기가 강화되는 국면에서도 빠스는 고정 지지기반 외의 새로운 지지자를 흡수하지 못한다는 의미도 된다. 더 나아가 빠스가 추가적 지지 확보를 위해 이슬람에 대한 호소를 더욱 강화한다고 해도 추가적으로 얻을 수 있는 지지는 그리 커 보이지 않는다. 현재 빠스를 지지하는 유권자층에게 빠스의 강력한 이슬람에 대한 호소가 크게 작용하지는 않기 때문이다.

이런 빠스의 고정적 지기기반 양상은 끌란딴 주에서 잘 확인할 수 있다. 끌란딴 주는 빠스의 가장 강력한 지기기반이며 인구의 약 95퍼센트가 말레인이고 주정부 차원에서 빠스가 지속적으로 집권해왔던 주이다. 1957년 독립 이후 끌란딴 주의회 선거 결과를 보면 빠스가 여당에 포함되었던 1974년 선거, 그리고 1978년 다시 야당으로 돌아온 이후 1986년까지 네 번의 선거를 제외하고 지난 13번의 주의회 선거에서 9회를 승리해 주정부를 구성해왔다. 특히 1990년 이후에는 경쟁 정당인 암노와 큰 격차를 보여왔다.

[표 3]과 [표 4]는 지난 몇 번의 선거에서 선출된 연방, 주의회 의원들의 정당을 보여준다.

1999년부터 가장 최근 선거인 2013년 선거까지 끌란딴 주의 연방의회 선거 결과를 보여주는 [표 3]에서 보면 1999년 선거부터 2013년 선거까지 끌란딴 지역에는 총 14개의 연방의회 선거구가 있다. 이 중에서 절반가량에 해당하는 선거구인 6개 선거구는 네 번 모두 선거에서 빠스 후보를 선출했다.[10] 다시 말해 선거 관련 환경의 변화, 말레이 사회의 다양한 시대적 변화에 상관없이 지속적으로 빠스에 표를 몰아주었다는 의미이다. 또

표 3   끌란딴 주 연방의회 선거 결과

선거구	1999년	2004년	2008년	2013년
P19 TUMPAT	PAS	PAS	PAS	PAS
P20 PENGKALAN CHEPA	PAS	PAS	PAS	PAS
P21 KOTA BAHRU	PKR	UMNO	PAS	PAS
P22 PASIR MAS	PAS	PAS	PAS	PAS
P23 RANTAU PANJANG	PAS	PAS	PAS	PAS
P24 KUBANG KERIAN	PAS	PAS	PAS	PAS
P25 BACHOK	PAS	UMNO	PAS	PAS
P26 KETEREH	PKR	UMNO	PKR	UMNO
P27 TANAH MERAH	PKR	UMNO	PKR	UMNO
P28 PASIR PUTEH	PAS	PAS	PAS	PAS
P29 MACHANG	PAS	UMNO	PKR	UMNO
P30 JELI	PAS	UMNO	UMNO	UMNO
P31 KUALA KRAI	PAS	UMNO	PAS	PAS
P32 GUA MUSANG	UMNO	UMNO	UMNO	UMNO

주   상기 표의 선거구 이름에서 볼드와 이탤릭으로 표기된 곳은 지난 네 번의 선거 중 세 번 이상을 빠스 혹은 야
　　당을 선출한 선거구이다. 선거 결과는 Undi 사이트 참고(http://www.undi.info/#).

한 여당이 갑작스러운 강세를 보였던 2004년 선거를 제외하면 9개 선거

구에서 일관되게 빠스 후보를 선출해왔다. 유일한 예외는 1999년 정치개

---

10   이 6개의 선거구는 뚬빳Tumpat, 펭깔란 쩨빠Pengkalan Chepa, 빠시르 마스Pasir Mas, 란따우 빤장Rantau Panjang,
　　꾸방 끄리안Kubang Kerian, 빠시르 뿌떼Pasir Puteh이다.

| 표 4 | 끌란딴 주 주의회 선거 결과 |

선거구	1999년	2004년	2008년	2013년
P19–N1 PENGKALAN KUBOR	PAS	UMNO	UMNO	UMNO
P19-N2 KELABORAN	PAS	PAS	PAS	PAS
P19-N3 PASIR PEKAN	PAS	PAS	PAS	PAS
P19-N4 WAKAF BHARU	PAS	UMNO	PAS	PAS
P20-N5 KIJANG	PAS	PAS	PAS	PAS
P20-N6 CHEMPAKA	PAS	PAS	PAS	PAS
P20-N7 PANCHOR	PAS	PAS	PAS	PAS
P21-N8 TANJONG MAS	PAS	PAS	PAS	PAS
P21-N9 KOTA LAMA	PAS	PAS	PAS	PAS
P21-N10 BUNUT PAYONG	PAS	PAS	PAS	PAS
P22-N11 TENDONG	PAS	UMNO	PAS	PAS
P22-N12 PENGKALAN PASIR	PAS	PAS	PAS	PAS
P22-N13 CHETOK	NEW	PAS	PAS	PAS
P23-N14 MERANTI	PAS	PAS	PAS	PAS
P23-N15 GUAL PERIOK	PAS	UMNO	PAS	PAS
P23-N16 BUKIT TUKU	PAS	UMNO	PAS	PAS
P24-N17 SALOR	PAS	PAS	PAS	PAS
P24-N18 PASIR TUMBOH	PAS	PAS	PAS	PAS
P24-N19 DEMIT	NEW	PAS	PAS	PAS
P25-N20 TAWANG	PAS	PAS	PAS	PAS
P25-N21 PERUPOK	PAS	PAS	PAS	PAS
P25-N22 JELAWAT	PAS	UMNO	PAS	PAS
P26-N23 MELOR	PAS	UMNO	PAS	PAS

P26-N24 KADOK	PAS	PAS	PAS	PAS
P26-N25 KOK LANAS	NEW	UMNO	UMNO	UMNO
P27-N26 BUKIT PANAU	PAS	PAS	PAS	PAS
P27-N27 GUAL IPOH	PAS	UMNO	PAS	UMNO
P27-N28 KEMAHANG	NEW	PAS	PAS	PAS
P28-N29 SELISING	PAS	PAS	PAS	UMNO
P28-N30 LIMBONGAN	PAS	UMNO	PAS	PAS
P28-N31 SEMERAK	PAS	UMNO	PAS	UMNO
P28-N32 GAAL	PAS	PAS	PAS	PAS
P29-N33 PULAI CHONDONG	PAS	PAS	PAS	PAS
P29-N34 TEMANGAN	NEW	PAS	PAS	PAS
P29-N35 KEMUNING	PAS	PAS	PAS	PAS
P30-N36 BUKIT BUNGA	NEW	UMNO	UMNO	UMNO
P30-N37 AIR LANAS	PAS	UMNO	PAS	UMNO
P30-N38 KUALA BALAH	NEW	UMNO	UMNO	UMNO
P31-N39 MENGKEBANG	PAS	UMNO	PAS	PAS
P31-N40 GUCHIL	PAS	UMNO	PKR	PKR
P31-N41 MANEK URAI	PAS	UMNO	PAS	PAS
P31-N42 DABONG	PAS	UMNO	PAS	UMNO
P32-N43 NENGGIRI	NEW	UMNO	UMNO	UMNO
P32-N44 PALOH	UMNO	UMNO	UMNO	UMNO
P32-N45 GALAS	UMNO	UMNO	PAS	UMNO

주 상기 표의 선거구 이름에서 볼드와 이탤릭으로 표기된 곳은 지난 네 번의 선거 중 세 번 이상을 빠스 혹은 야당을 선출한 선거구이다. 선거 결과는 Undi 사이트 참고(http://www.undi.info/#).

혁운동 바람이 강했던 선거에서 꼬따 바루 선거구에서 빠스와 연합을 맺은 안와르의 정당인 PKR 후보가 당선된 것인데, 이 역시 상당 부분 빠스에 지지를 보내는 유권자들이 빠스와 선거연합을 한 PKR 후보를 지지한 것이다. 간단히 결론을 내면 끌란딴 주의 이 6~9개 선거구에서 빠스의 지지는 주변 환경 변화에 크게 영향을 받지 않고 매우 안정적이었다는 것을 보여준다.

앞서 연방의회 선거에서 나타난 끌란딴 주의 빠스에 대한 고정적 지지의 양상은 주의회 선거에서도 유사하게 나타난다. 주의회 선거에서도 마찬가지로 총 45개 선거구 중 33개 선거구에서 1999년부터 2013년 선거까지 지속적으로 빠스 후보를 선출했거나 네 번 중 세 번은 빠스 후보를 지속적으로 선출했다. 더욱이 이 중에서 23개 선거구에서는 한 번의 예외도 없이 빠스의 후보가 선출되었다. 다시 말해 1999년 이후 절반이 넘는 선거구는 전혀 변동 없이 빠스 후보를 선출해왔다는 것을 보여준다.

앞서 나타난 이런 매우 작은 변화가 안정적인 빠스에 대한 지지(혹은 빠스에 대한 거부)로 이어진 것은 말레이시아 선거에서 자주 등장하는 종족 구성으로 설명할 수 있다. 빠스의 지지기반은 물론 무슬림-말레이인이다. 따라서 끌란딴 주에서 말레이시아 사회 전반 이슬람에 대한 담론의 변화에 상관없이 빠스에 대한 지지가 꾸준하고 안정적으로 나온다면 이는 빠스를 지속적으로 지지하는 선거구의 유권자 특성, 즉 종족 구성과 관계있을 것이라고 생각할 수 있다. 즉, 빠스 후보가 지속적으로 선출되는 선거구는 무슬림-말레이인의 비율이 압도적으로 높을 것이라고 추측할 수 있다.

표 5   끌란딴 주 연방의회 선거구별 종족 구성

	선거구	당선자	투표인수	말레이인	화교	인도인	기타
P019	Tumpat	PAS	98,632	93%	3%		4%
P020	Pengkalan Chepa	PAS	64,409	98%	2%		
P021	Kota Bharu	PAS	81,268	83%	16%	1%	
P022	Pasir Mas	PAS	71,965	97%	3%		
P023	Rantau Panjang	PAS	52,903	98%	1%		1%
P024	Kubang Kerian	PAS	65,390	98%	2%		
P025	Bachok	PAS	81,566	99%	1%		
P026	Ketereh	UMNO	62,217	97%	2%		1%
P027	Tanah Merah	UMNO	58,237	95%	4%	1%	
P028	Pasir Puteh	PAS	76,259	98%	1%		1%
P029	Machang	UMNO	59,226	96%	4%		
P030	Jeli	UMNO	43,224	99%			1%
P031	Kuala Krai	PAS	63,101	94%	4%	1%	
P032	Gua Musang	UMNO	40,176	80%	7%		12%

출처 | Malaysia Election Date. Undilfo site 자료(http://undi.info/#/kelantan).

그러나 [표 5]에서 보듯이 종족 비율은 큰 영향이 없는 것으로 보인다. 빠스가 승리한 9개의 선거구 중에서 6개의 선거구는 말레이인의 비율이 97~99퍼센트 정도로 압도적으로 높다. 그러나 나머지 세 개의 선거구(Tumpat, Kota Bharu, Kuala Krai)의 경우 말레이인의 비율은 평균에 비해서 꽤 낮다. 각각 93, 83, 94퍼센트에 그친다. 특히 꼬따 바루의 경우 83퍼센트로 구아 무상Gua Musang과 더불어 끌란딴 주에서 가장 말레이인 비율이 낮다. 반면 말레이인의 비율이 높은 편인 끄떼레Ketereh, 젤리Jeli 선거구의 경우 암노 후보가 선출되었다. 전반적으로 끌란딴 주의 말레이 인구 비율이 높고, 표면적으로는 이런 인구 구성이 암노/빠스에 대한 지지에 영향을 줄 것으로 추측할 수 있지만, 실제로 인구 구성, 즉 말레이인 비율이 높다는 점이 빠스에 대한 고정적이고 안정적 지지를 가져오는 원인으로 보기는 어렵다.

4. 맺으며

결론적으로 볼 때 말레이시아에서 이슬람의 강화, 전반적인 사회의 이슬람화 혹은 그 반대의 현상들은 이슬람 국가 건설을 주장하는 이슬람 정당인 빠스에 대한 지지율에 별반 영향을 미치지 못한다고 볼 수 있다. 따라서 사회적으로 이슬람 담론의 강화 혹은 그 반대의 양상이 정치적 변동을 가져오는 데 큰 영향을 미치지 않을 것이라는 결론을 잠정적으로 도출해볼 수 있다. 이런 결론은 총선 전체에서 나타난 빠스에 대한 지지율뿐만 아니라 끌란딴 주에서 나타난 빠스에 대한 지지에서도 유사하게 확인된다. 정치적, 사회적 상황의 변화에도 불구하고 빠스에 대한 지지는 같은 선거구에서 유사하게 지속적으로 나타나고 있다. 또한 끌란딴 주 차원에서 나타나는 빠스에 대한 고정적 지지는 종족 구성, 즉 말레이인의 비율이 높은가에 따라서도 크게 영향을 받는 것 같지는 않다.

　이런 결론에 따라서 빠스에 대한 최근, 그리고 그 이전부터의 지지는 빠스의 이슬람에 관한 담론 강화, 빠스가 보여준 이슬람이란 종교적 담론 강화보다는 빠스가 보여주는 일정한 이슬람 강화 담론의 기반에서 과거로부터 지속적으로 고정적 지지기반이 만들어져 왔고 이로부터 표를 얻는다고 할 수 있다. 이런 빠스에 대한 지지율을 다른 측면에서 해석하자면, 적어도 빠스 지지자들 가운데 상당수는 상황 변화에 관계없이 빠스에게 지속적으로 투표하는 행태가 어느 정도 굳어졌다고 보는 것이 맞을 것이다. 다시 말해 빠스에 투표하는 유권자들은 빠스 출신 의원이 지역구와 관련하여 이룬 업적, 빠스가 집권한 주정부의 업적, 연방의회 차원에서 빠스의 행태, 혹은 빠스 대신 암노나 다른 정당이 자신의 선거구에서 승리했을 경우 얻게 될 미래의 이익 등과 무관하게 지속적으로 빠스에 투표한다고 볼 수도 있다.

참고 문헌

Crouch, Harold. 1992. "Authoritarianism Trends, the UMNO Split and the Limits to State Power." Joel S. Khan and Francis Loh Kok Wah (eds.), *Fragmented Vision: Culture and Politics in Contemporary Malaysia*. Honolulu: Hawaii University Press.

Funston, John. 1981. *Malay Politics in Malaysia: A Case Study of the United Malays National Organization and Party Islam*. Kuala Lumpur: Heinemann Educational Books.

Hefner, Robert W. (ed.) 2001. *The Politics of Multiculturalism: Pluralism and Citizenship in Malaysia, Singapore, and Indonesia*. Honolulu: Hawaii University Press.

Hooker, Virginia and Norani Othman. 2003. *Malaysia: Islam, Society and Politics*. Singapore: Institute of Southeast Asian Studies

Jomo, K. S. and Ahmad Shabery Cheek. 1992. "Malaysia's Islamic Movement." Joel S. Khan and Francis Loh Kok Wah (eds.), *Fragmented Vision: Culture and Politics in Contemporary Malaysia*. Honolulu: Hawaii University Press.

Khan, Joel S. 1996. "Growth, Economic Transformation, Culture and the Middle Class in Malaysia." Richard Robison and David S.G. Goodman (eds.), *The New Rich in Asia: Mobile Phones, McDonalds and Middle-Class Revolution*. London: Routledge.

Mahari, Zarinah. 2011. "Demographic Transition in Malaysia: The changing role of Women." Paper presented at the 15th Conference of Commonwealth Statisticians. New Delhi, India 7-10 February.

Means, Gordon P. 2009. *Political Islam in Southeast Asia*. Petaling Jaya: Strategic Information and Research Development Centre.

Nagata, Judith. 1986. "Islamic Revival and the Problem of Legitimacy among Rural Religious Elites in Malaysia." Bruce Gale (ed.), *Readings in Malaysian Politics*. Kuala Lumpur: Pelanduk Publication.

Noor, Farish A. 2002. "11 September and Its Impact on Malaysian Domestic Politics." Andrew Tan and Kumar Ramakrishna (eds.), *The New Terrorism: Anatomy, Trends and Counter-Strategies*. Singapore: Times/Eastern Universities Press.

6

참파 왕국의
해양 교류와 이슬람

윤대영

1. 들어가며

현재 베트남에는 7만 명에서 8만 명에 이르는 무슬림들이 주로 동남부 지역과 서남부 지역을 중심으로 거주하고 있다. 닌 투언^{Ninh Thuận} 성과 빈 투언^{Bình Thuận} 성을 포함하는 동남부 지역에는 이슬람 인구의 60퍼센트 정도에 해당하는 토착화된 바니^{Bani}[1] 무슬림들이 있고, 이슬람 인구의 40퍼센트 정도를 차지하는 수니^{Sunni} 무슬림들은 쩌우 독^{Châu Đốc} 성에서 살아가고 있다(Gov. UK 2014). 그리고 베트남 이슬람 인구의 거의 대부분은 "참족"으로 구성되어 있는데, 베트남 인구의 0.1퍼센트 미만이고 동남아 전체 인구의 0.03퍼센트 정도이다. 전국적인 그리고 지역적인 차원에서 베트남의 이슬람이 상당히 미약한 존재이기는 하지만, 역사적으로 불교와 유교의 영향을 주로 받은 베트남에 이처럼 이슬람이 들어와서 여전히 명맥을 유지하게 된 배경은 무엇일까? 이 글은 현재 베트남 이슬람의 기원과 전파 양상을 "참족"의 역사를 통해 추적해보고자 한다.

소수종족으로 전락해버린 참족의 참파^{Champa} 왕국은 현재의 베트남 중부 연해 지방(북중부 및 남중부를 포함하는 지역)에 살았던 말레이폴리네시아어파^{Malayo-Polynesian languages}(오스트로네시아어족^{Austronesian languages}의 하부 그룹) 중심의 나라였다. 주요 주민이었던 "고古참인"들은 지금 베트남에 살고 있는 "참족"의 조상이다.[2] 중국 측의 자료들에 따르면 이 나라를 2세

---

[1] 아랍어 "beni(بني)"에서 유래했다고 하는 바니는 "(대예언자의) 후손들"을 의미한다(Aymonier 1891: 26; Durand 1963: 54). 현재 베트남에서는 "Bà Ni"로 표기한다.

[2] 참파 왕국은 매우 다양한 종족들로 구성되어 있었지만 지배적인 그룹은 참인이었다. Gay(1994), Hickey (1982) 참조.

기 말에서 8세기 중반까지 임읍林邑, 8세기 중반에서 9세기 후반까지 환왕環王, 9세기 후반에서 17세기까지 점성占城 등으로 불렀다.

중국 진晉나라(265~418)의 기록을 담은 역사서 『진서晉書』에 의하면, 후한後漢 헌제獻帝 초평初平 연간年間(190~193)에 일남군日南郡(현재 베트남의 꽝 빈Quảng Bình에서 다 낭Đà Nẵng에 걸치는 지역) 상림현象林縣(현재 베트남의 후에Huế 일대)의 관리였던 구련區連이라는 사람이 자립하여 왕을 칭하면서 임읍을 건국했다(房玄齡 외 1997: 2545). 참파는 3세기부터 북쪽으로 계속 영토를 확장했고, 교지交趾(현재의 베트남 북부 지역)에 침입하여 전쟁을 일으켰다. 이 과정에서 일남군은 중국과 참파의 분쟁 지역이 되기도 했다. 이후에 참파는 7개 정도의 지역 정권들이 구성하는 연합체로 발전했다고 하는데, 예를 들면 남부의 빈타라국賓陀羅國은 참파 왕국에 예속되어 있었다(石井米雄 외 2003: 58~59; 脫脫 외 1997: 14077).[3] 그래서 중앙 정권이 어떠한 이유로 소멸되었다고 해도, 이 정권의 몰락이 바로 참파 왕국 전체의 멸망으로 이어지지는 않았다(桐山昇 외 2003: 50~51).

10세기부터 베트남에 독립 왕조가 형성되어 "남진南進"을 개시하자 두 나라의 충돌은 불가피해졌고, 참파의 수도도 인드라푸라Indrapura(875~978)에서 남쪽의 비자야Vijaya로 바뀌었다. 특히 15세기 후반 베트남의 대대적인 "남진" 원정은 참파 왕국에게 막대한 타격을 가했고, 이로 인

---

3 빈타라국은 현재 베트남의 중남부 도시 판 랑Phan Rang을 가리킨다. 당시 명칭인 판두랑가Panduranga의 중국 음역으로서, 좀 더 일반적인 중국 명칭인 빈동룡賓瞳龍, 빈동롱賓同朧, 빈두랑賓頭狼 등의 변형으로도 보인다. 그런데 주거비周去非(1135~1189)의 영외대답嶺外代答(권2, 界國門 上, 占城國)은 "占城의 북쪽에 빈동룡사과 빈타룽국賓陀陵國이 있다"고 설명하기도 한다(周去非 2006: 77). 그런데 이후 근대 시기 연구자들의 대부분은 판두랑가에 대한 이 두 지명 때문에 비롯된 주거비의 착오로 보고 있다. 이에 대해서는 Dupont(1949), Pelliot(1903b) 참조.

6장 참파 왕국의 해양 교류와 이슬람 | 윤대영

해 다시 한 번 수도가 비자야에서 판두랑가로 옮겨졌다. 그리고 17세기 말에 베트남의 중남부 지역을 거의 독자적으로 관리하던 응우옌Nguyễn, 阮씨氏 정권의 공격으로 참파의 왕은 번왕藩王이 되었고, 19세기 전반 응우옌 왕조의 제2대 황제 민 망Minh Mạng, 明命帝은 참파 왕국을 완전히 병합했다.

이렇게 역사 속에서 사라진 참파 왕국은 지리적으로 인도차이나반도 중남부에 위치한 일종의 "해양국"이었다. 중국과 베트남의 영향력 때문에 육로를 통한 북진이 어렵게 되자, 해로는 중국 남부, 그리고 더 나아가 동남아 각지를 참파와 연결하는 교류의 통로가 되었다. 이 글은 해양 루트가 발달하는 과정에서 교류에 적극적으로 참여했던 참파 왕국과 참인들이 경제적인 목적과 성과 이외에도 이슬람과 접촉하여 외래 종교를 수용하고 전파하던 양상을 통시적으로 살펴보면서 베트남 이슬람의 현재적 의미를 재발견하고자 한다.

2. 해양 루트의 발달과 경제 교류

인도와 중국을 잇는 해로가 개척되면서 교역이 발전하게 되자, 이 루트의 중간 지대인 인도차이나반도에서 1~2세기에 등장한 부남扶南(1~7세기)이나 임읍과 같은 나라들은 경제 교류로 번영하게 되었다. 2세기 말에 건국된 임읍의 발전도 부남과 마찬가지로 인도와 중국을 연결하는 교역 루트와 불가분의 관계를 갖고 있었다(桐山昇 외 2003: 32).

3세기경이 되면 『후한서後漢書』와 같은 중국 측의 역사서에 이 시기의 국가로서 부남과 임읍을 비롯하여 말레이반도에 있었다고 상정되는 돈손頓遜, 반반盤盤, 낭아수狼牙修 등의 이름이 나온다. 이 무렵의 대표적인 항로는 중국 남부에서 인도차이나반도를 따라 남하한 후 부남을 거점으로 말레이반도에 이르는 루트와, 자바섬을 경유하여 말루꾸^{Maluku} 제도로 향하는 루트가 있었다. 5세기에는 부남을 근거지로 하면서 말레이반도의 중부를 횡단하여 서쪽으로 나아가는 루트와, 후에 동남아시아 교역 중심지가 되는 멀라까 해협을 통과하는 두 개의 루트가 새롭게 추가되었다(桐山昇 외 2003: 8).

이러한 상황에서, 참파가 일남군과 교지 지역을 계속해서 공격했지만, 중국의 남제^{南齊}(479~502) 조정은 491년에 이 왕국의 지도자였던 자야 자야바르만 2세$^{Jaya\ Jayavarman\ II}$(472~492 재위)에게 "지절·도독연해제군사·안남장군·임읍왕$^{持節·都督緣海諸軍事·安南將軍·林邑王}$"이라는 작호^{爵號}를 주었다. 이러한 작호를 "제수^{除授}"한 사실은 참파 왕국 근해에서 자행되던 해적 활동을 제어하는 책임을 임읍의 왕에게 맡겼다는 것을 의미한다. 사실 자바에서 출항한 선박들은 파라셀 군도$^{Paracels\ Islands}$의 암초들을 피하기 위해 참파 연안을 따라 항해한 후 중국 남부로 향했는데, 5세기에 들어오면서 해적들이 이러한 선박들을 위협했던 것 같다. 이러한 해적 활동은 두 가지 요인으로 설명이 가능하다. 해양 루트의 지배권을 다시 장악하려던 부남이 자국의 항구들을 중개 무역항으로 이용하도록 강요하는 과정에서 일종의 무력행사가 나타났다는 점이다. 그리고 주요 상업 중심지로서 기능하던 부남이 쇠퇴하자, 말레이 지역의 해양 집단$^{Malay\ maritime\ colony}$은 본격적인 약탈 행동에 나서게 되었다. 이와 같이 종래 부남이 담당했던 상업적 역할이 종말을 고하게 되자, 이웃한 참파의 항구들은 자바해의 서쪽을 통과한 후 북쪽으로 방향을 틀어 중국으로 향하는 상선들의 중간 기착지가 되면서 국제 해양 루트의 중요한 부분을 맡게 되었다(蕭子顯 1997: 1013; Nguyên Thê Anh 1996: 112).

이후 동남아 도서부의 수마뜨라섬에 위치한 스리비자야^{Srivijaya} 왕국의 전성기였던 7~9세기의 교역 루트는 중국 남부의 광주廣州(안남도호부安南都護府의 교주交州) 참파의 심하푸라^{Simhapura4}, 팔렘방^{Palembang}, 자바, 인도 등지로 이어지고 있었다. 당나라의 대표적 승려의 한 사람으로 인도에 불법을 구하러 여행을 떠난 의정義淨(635~713)도 671년에 이 항로를 따라 광주에서 출발해서 참파를 경유하여 스리비자야의 팔렘방에 도착했고, 이후 인도로 계속 여행할 수 있었다(桐山昇 외 2003: 10~11; RVTG 1914: 635). 당대의 저명한 정치가이자 지리학자였던 가탐賈耽(730~805)도 『광주통해이도廣州通海夷島』를 통해 광주에서 페르시아만에 이르는 해로를 크게 네 단계로 소개했는데, 광주에서 수마뜨라에 이르는 첫번째 단계의 루트는 광주 → (80킬로미터) 둔문산屯門山(광동廣東 해안과 비파琵琶 주州 사이, 현재의 구룡九龍반도 서북 해안 일대) → (이틀 후) 구석주九州石(현재의 해남도海南島 동북쪽 칠주열도七州列島) → (이틀 후) 상석象石(현재의 해남도 만녕萬寧 동남 해상의 대주도大州島) → (3일 후) 점불로산占不勞山(현재 베트남의 꾸 라오 짬$^{Cù Lao Chàm}$) → (이틀 후) 능산陵山(현재 베트남의 꾸이 년 북쪽의 랑 썬$^{Lăng Sòn}$) → (하루 후) 문독국門毒國(현재 꾸이 년의 바렐라 곶$^{Cape Varella}$ 일대) → (하루 후) 길달국吉笪國(카우타라^{Kauthara}, 현재 베트남의 냐 짱$^{Nha Trang}$ 부근) → (반나절 후) 분타랑주奔陀浪州(판두랑가) → (이틀 후) 군돌롱산軍突弄山(현재 베트남의 꼰 다오 섬$^{Poulo Condore}$) → (5일 후) 해협海峽(멀라까

---

4   참파어인 심하푸라는 "사자의 도시"란 뜻을 갖고 있는데, 현재 베트남 호이 안$^{Hội An,}$ 會安 부근의 짜 끼에우 $^{Trà Kiệu}$ 지역이다.

해협?) → (100일 후) 불서국佛逝國(수마뜨라) 등을 포함하고 있었다(歐陽脩 외 1997: 1146, 1153; RVTG 1914: 643). 이 루트에서 점불로산, 능산, 문둑국, 길달국, 분타랑주 등은 당시 참파 왕국의 대표적인 항구나 경유지로 기능하고 있었다는 추론이 가능하다.

7세기 중반부터 아랍인들도 참파를 경유하여 중국의 광주에 도달하는 사례들이 나타나기 시작했는데, 특히 참파의 특산물이었던 침향沈香에 관심이 많았다(RVTG 1914: 30). 그리고 참파를 거쳐서 중국과 동남아를 왕래하는 해로는 송나라 시기(960~1127)에도 계속 발전했다. 당시 중국 남부에서 범선으로 항해하여 남쪽으로 가면 삼불제三佛齊(스리비자야)까지 5일이 걸렸고, 동쪽으로는 현재의 필리핀에 있었던 것으로 추정되는 마일국麻逸國[5]과 포단국蒲端國(현재의 필리핀 지역)까지 각각 이틀, 일주일이 걸렸다고 한다(脫脫 외 1997: 14077).

그러면 이렇게 해로가 점차 완비되어 가던 상황에서 참파의 해양 교류는 어떠한 형태로 진행되었을까?

해양 교류의 첫번째 형태는 3세기 전반부터 형식적인 "조공" 형태의 사절단을 통해 나타나기 시작했다. 『삼국지三國志』에 의하면, 부남과 당명堂明(현재의 라오스에 있던 국가) 이외에도 임읍이 오吳나라에 조공을 바쳤다고 한다(陣壽 1997: 1385; Pelliot 1903a: 252; 桐山昇 외 2003: 32). 후한이 멸망한 이후에 삼국시대의 오나라는 해로를 개척하여 동남아 지역과 관계를 형성하는 일에 관심이 많았는데, 서쪽으로 향하는 루트가 촉蜀나라에게 막혀

5　석전간지조石田幹之助에 의하면, 이곳은 루손 옆 민도로Mindoro 섬이다(石田幹之助 1945: 176).

있던 상황에서 외부 세계로 나가는 출구를 해양에 의존할 수밖에 없었기 때문이다(桐山昇 외 2003: 32~33).

임읍과 중국과의 교류는 위진남북조魏晉南北朝시대(221~589)에 들어와서도 계속 유지되면서 발전하고 있었다(桐山昇 외 2003: 32). 이러한 상황에서 주요 국제 수출입항으로서의 위상을 갖고 있던 부남이 진랍眞臘, Chenla의 등장으로 6세기에 붕괴하자, 이웃 나라들은 부남의 영향권에서 이탈하면서 새로운 경제 중심지로서의 정체성을 확립하기 위해 노력하게 되었다. 말레이반도 연안에 있던 다수의 경제 중심지들과 마찬가지로, 참파도 중국인들과 우호적인 무역 관계를 형성하기 위해 보다 적극적으로 "조공" 사절단들을 보내기 시작했다(Nguyên Thê Anh 1996: 113).

그리고 스리비자야가 동남아 도서부 지역에서 경제적 헤게모니를 장악하고 있었을 때, 참파는 말레이 세계와 광주를 연결하는 중간 기착지로서의 역할을 강화해나갔다. 중국 측의 기록에 의하면, 758년에 이르기까지 참파는 카우타라와 판두랑가에 이미 무역항을 개발했다. 중국에서 온 선박들은 이 두 항구에 정박했다가 도서부 지역으로 떠났고, 도서부 지역에서 온 선박들도 마찬가지 방식으로 참파를 경유하여 중국에 갔다. 참파는 이처럼 중국과 스리비자야를 연결하는 해양 루트의 중간 지대로 기능하면서 경제적 이익도 챙길 수 있었던 것이다(Nguyên Thê Anh 1996: 113~114).

참파는 9세기부터 15세기까지 "해양 실크로드"의 주요 항구로서 상당한 번영을 누렸는데, 이 실크로드는 유럽인들이 도래하기 전에 이미 존재했던 루트였다. 짜 끼에우와 호이 안 해안에서 100킬로미터 떨어진 꾸 라오 짬 섬에서는 1993년에 중국과 아랍 지역의 도자기들이 발견되었다. 이와 같은 고고학적 발견을 통해서 9세기 당시 참파와 중국 및 이슬람 국가들 사이에 도자기 무역이 진행되고 있었음을 알 수 있다(山本信夫 외 1993: 165).

10세기는 시장 팽창을 위한 극심한 경쟁 시기였다. 이 100년 동안의 전환기에 참파의 카우타라와 판두랑가는 대식大食(아랍과 페르시아의 나라들), 끄다Kedah(말레이반도 서안), 자바, 브루나이, 필리핀군도, 스리비자야, 리고르Ligor(현재 태국의 나콘 시 탐마랏Nakhon Si Thammarat) 등과 함께 대중국 무역에 적극적으로 참여하고자 했다(徐松 1976: 職官44, 1~18). 중국 시장과의 접촉은 이전 시기와 마찬가지로 외국의 상인들이 중국의 항구들을 방문하는 일종의 "조공" 사절단을 통해 이루어졌다. 해외에서 송나라로 파견된 조공 사절단을 파악할 수 있는 『송회요집고宋會要輯稿』에 의하면, 10세기 중반부터 11세기 말까지 송나라에 가장 빈번하게 사절단을 보낸 나라들은 참파, 스리비자야, 고려高麗, 안남安南 그리고 대식이었다(徐松 1976: 蕃夷7, 2~51). 송대宋代에는 나침반의 사용과 조선 기술의 발달로 중국의 해상 교역도 비약적으로 발전했다. 그래서 송나라의 무역선도 광주와 복건성福建省의 천주泉州 등과 같은 항구를 거점으로 해서 교지와 참파를 거쳐 브루나이, 필리핀, 자바, 진랍, 스리비자야 등 동남아시아 각지로 향했다(桐山昇 외 2003: 33).

몇 년 동안 참파와 무역을 했던 것으로 보이는 천주의 어떤 상인은 현지에서 범죄를 저지른 중국인들을 1042년에 본국으로 송환하는 데 도움을 주어서 귀국 후 관직을 받기도 했다(So 2000: 39). 마찬가지로 참파에

10년 동안 체류한 어떤 중국 상인이 1100년경에 왕의 딸과 결혼한 사례도 확인된다(Mori Katsumi 1972: 12). 1167년에는 복건의 상인들이 대량의 유향과 상아를 들여오면서 참파의 사절단을 직접 천주에 데려다주는 경우도 있었다(So 2000: 52~53). 이처럼, 위험을 무릅쓰고 항해하면서 참파를 비롯한 동남아 현지에서 활동하는 중국인들이 점점 많아지자, 이러한 상황은 문학 작품에도 반영되기 시작했다. 남송南宋의 홍매洪邁(1123~1202)가 기괴한 이야기들을 모아 1198년 무렵에 편찬한 소설집 『이견지夷堅志』에는 흥미로운 일화가 소개되어 있다. 천주 출신의 어떤 중국인이 참파 왕을 위해 10년 동안 일하면서 많은 재산을 축적한 후 고향에 돌아왔는데, 그는 이 재산을 투자하여 성공적인 해양 상인이 되었다고 한다(이동윤 1982: 25). 이러한 사례들을 통해 복건 지역의 상인들도 참파와의 무역에 적극적으로 참여하고 있었음을 알 수 있다.

이후 15세기에 이르러서도 참파와 중국과의 경제 교류는 계속 이어졌다. 1436년에 해남도 경주瓊州 지부知府 정영程瑩이 "점성은 해마다 한 번씩 공물을 바치는데 인력과 경비의 소모가 실로 많습니다. 청컨대 섬라暹羅 등 여러 나라의 예와 같이 3년에 한 번씩 공물을 바치도록 하시기 바랍니다."라고 건의했다. 이 제안이 타당하다고 판단한 영종英宗(정통제正統帝)은 참파의 사신에게 칙서를 내려 정영의 건의를 따르게 하고, 참파의 왕 및 왕비에게 비단綵幣을 내렸다. 그러나 번인番人들, 즉 참인들은 중국과 교역하는 것이 이롭다고 판단하여 영종의 지시를 끝내 따르지 않았다(張廷玉 외 1997: 8386).

중국과 교류하는 과정에서 나타나는 이슬람 상인들의 역할도 주목할 만하다. 7세기부터 참파의 항구들을 중간 기착지로 이용하며 중국으로 향했던 아랍인들은 8세기에 처음으로 참파 현지에 정착하기 시작했다 (Hourani 1995: 70~71; Scupin 1995: 304). 앞에서 이미 언급한 바와 같이, 꾸 라오 짬에서 발견된 이슬람의 도자기들도 9세기에 진행된 참파와 아랍 지 역의 경제 교류를 반영한다고 볼 수 있다. 그리고 10세기부터 참파가 중국 으로 파견한 사절단에는 적지 않은 수의 아랍인들이 포함되어 있었는데 (Manguin 1979: 258~261), 이 아랍 무슬림 상인들은 참파의 전략적 위치를 충분히 이용하면서 동서양 해양 무역에 적극적으로 참여했다.

참파와 동남아 도서부 지역과의 교류도 점차 확대되어 나갔다. 인도네 시아의 흥미로운 어떤 전설은 아지 사카^Aji Saka라는 신화 속의 인물을 자 바와 참파에 결부시켜 이야기를 전개한다. 아지 사카는 인도 문화, 즉 달 력^the çaka era(A.D. 78을 원년으로 삼음.)과 문자를 인도네시아에 소개했다고 여 겨지는 영웅이었다. 이 전설에 의하면, 그가 참파에 체류하는 동안 프라 바와티^Prabawati 공주와 결혼했다. 그러고 나서 그는 자바를 "문명화한" 이 후에 아내와 아들 프라바쿠수마^Prabakusuma를 그곳에 데려왔고, 이 어린 왕 자는 아지 사카를 이어서 나라를 다스리게 될 것이었다(Nguyên Thê Anh 1996: 105). 이 외에도 자바에서 전승되는 설화에는 메카에서 순례 중이던 장수將帥 하지 둘카디르^Haji Dulkadir[6]나 궁정에서 고위직을 맡고 있던 사이 디 아흐맛^Saidi Ahmad과 같은 참인들이 등장한다. 이처럼 두 지역을 전설이 나 설화로 연계하던 서사敍事는 실제 14세기부터 참파와 자바의 긴밀한 무

---

6 하지^Haji는 메카에 성지순례를 다녀온 사람들에 대한 존칭이다.

역 관계로 나타났고, 1668년에도 반뜬^{Banten}의 술탄은 참파의 침향을 수입하기 위해 무역선을 파견하고 있었다(Manguin 1979: 276~277; Tan Ta Sen 2009: 174).

말레이반도와의 관계도 주목할 만하다. 베트남의 정복을 피해 1471년에 비자야를 탈출한 참인들은 멀라까에 이주민 정착지를 마련했다. 16세기 초반에도 참파의 상인들은 교역의 요충지 멀라까를 자주 드나들었기 때문에, 멀라까 왕국에는 이 상인들을 전담하는 샤흐반다르^{syahbandar}(항구 책임자)도 생겼다. 또한 참파의 선박들은 빠항, 빠따니^{Patani}에도 자주 출현했고, 마까사르의 항구들은 참인들이 빠항, 빠따니, 조호르, 미낭까바우 등지에서 온 사람들과 교류하는 장소였다. 특히 16세기 초에 무슬림 참인들이 자바 북부 데막^{Demak} 술탄국의 "성전"을 도왔던 것처럼, 16세기 말에 참파 왕국은 포르투갈에 대항하던 조호르 왕국을 지원하기도 했다(Reid 2006: 335; Manguin 1979: 276; Pires 1944: Vol. 1, 265, Vol. 2, 493).

아울러 참파의 해양 교류는 동남아에서 지리적으로도, 사회적으로도 가장 변경에 위치한 필리핀 지역까지 미쳤다. 역사적으로 필리핀은 바다를 건너며 갖은 어려움을 겪어낸 민족 이동 루트의 막다른 곳이었다. 10세기부터 13세기에 걸쳐 오랑 담푸안$^{orang\,dampuan}$, 즉 참인들이 필리핀으로 이민을 떠났다. 이들은 술루 군도에 무역 거점을 만들어서 참파와의 교역을 발전시켰을 뿐만 아니라, 반자르마신^{Banjarmasin}(현재 인도네시아 깔리만딴 슬란딴$^{Kalimantan\,Selatan}$ 지역의 중심 도시)과 브루나이에 있던 스리비자야의 속국들과도 활발하게 무역을 전개했다(Agoncillo 외 1969: 21). 그리고 필리핀의 팔라완^{Palawan}섬 근처에서 발견된 판다난 난파선$^{Pandanan\,wreck}$ 몇 척은

1450년과 1470년 사이에 참파 왕국의 비자야에서 만들어진 녹윤^{緣釉,green-}^{glazed} 도자기들을 싣고 스프래틀리 군도^{Spratly Islands}를 경유하여 필리핀 지역에 거의 다 도착해갈 즈음에 사고를 당한 것으로 알려져 있다(Bray 2014). 그리고 1637년 당시 마닐라를 방문하던 외국 상인들은 말레이반도, 자바, 중국, 일본, 몰루카 제도, 보르네오, 중동 등지 출신이었는데, 참인들도 이 교역 활동에 참가하고 있었다(Manguin 1979: 277).

이상에서 참파 왕국의 해양 교류 양상을 지리적, 경제적 측면에서 나타나는 해양 루트의 발달 과정과 경제 교류 관계를 중심으로 살펴보았다. 그런데 이 과정에서 무슬림 상인들과의 교류는 점차 중요한 요소가 되었고, 참인들 자신도 이슬람을 받아들여 아랍 상인들이나 동남아 도서부 지역의 무슬림 국가들과 활발한 관계를 형성하게 된 것으로 보인다. 그러면 이슬람은 어떠한 과정을 거치면서 힌두교를 국교로 정착시킨 참파 왕국에 유입되어 전파되었을까?

3. 이슬람의 도래와 전파

인도와 중국을 연결하던 참파 왕국은 일찍부터 인도 문화의 영향을 받았다. 참인들은 2세기부터 10세기까지 중국의 지배를 받고 있던 "안남인^{安南}^人"들을 "다야크^{Djœuk}"라고 불렀고, 이것보다 빈번하게 사용한 명칭은 "이반^{Yvan}"이었다. 이 두 명칭은 인도인들의 문명과는 상이한 문명을 향유하던 북쪽의 사람들을 지칭하는 데 종종 쓰인 산스크리트어 "야바나^{Yavana}"에서 유래했다(Aymonier 1891a: 188). 이처럼 인도인들과 문명을 공유하던 고대 참인들의 종교와 예술에는 힌두교의 흔적이 역력했다. 이후 9세기와

10세기 사이에 잠시 동안 대승불교가 수용되기도 했지만, 힌두교는 참파의 국교였다.

그런데 해양 교류가 점차 이루어지면서 이슬람도 참파에 영향을 미치게 되었다. 7세기부터 아랍인들은 인도, 동남아시아, 중국과 정기적인 관계를 맺기 시작했는데, 이 과정에서 인도차이나반도를 알게 되면서 고대 참파 왕국을 방문한 것 같다(Cabaton 1906: 27, 30; Cabaton 외).[7] 어떤 전설에 의하면, 이슬람의 3대 칼리프 우스만 이븐 아판Uthman ibn Affan(579~656)이 650년에 최초의 공식 사절을 중국으로 파견했다고 하는데, 중국 측의 기록에는 이 사절단이 651년에 도착한 것으로 되어 있다. 이 과정에서 바다를 항해하던 아랍 사절단은 당나라로 가던 길에 참파 왕국의 항구들을 중간 기착지로 이용한 것으로 보인다(Hourani 1995: 70~71; 劉昫 1997: 5315).

경제 교류 과정에서 참파에 정착하기 시작한 아랍의 무슬림들은 힌두교가 국교이던 현지에서 서서히 이슬람을 전파하기 시작했다. 페르시아와 아랍의 자료들에 의하면, 대륙부 동남아 지역 중에서는 아마도 처음으로 이미 8세기에 무슬림들의 거주지가 참파의 도시 중심지에 형성되었다고 한다(Fatimi 1963: 44; Scupin 2015: 304). 이후 9세기부터 참파에 온 페르시아인, 아랍인, 인도인, 중국의 무슬림은 11세기까지 교역을 통해 현지에서 점점 자신들의 활동 영역을 확보해나갔다(Tansen Sen 2011: 45~46; Nakamura 2000: 62). 예를 들면, 이미 언급한 것처럼 짜 끼에우와 꾸 라오

---

7   1280년대 마르코 폴로Marco Polo의 방문 이후 스페인 및 포르투갈 탐험가들의 방문도 이어졌다.

짬에서 발견된 아랍의 도자기들과 중국의 도자기들을 통해서 9세기에 참파가 아랍 지역이나 중국과 무역 관계를 형성하고 있었음을 알 수 있다. 중세 아랍의 역사학자이자 지리학자인 마끄디시[Al-Maqdisī]가 『창세와 역사서[Kitāb al-bad' wa-l-ta'rīkh]』(966년경)에서 지적한 바와 같이, 참파에 체류하던 인도인들은 자신들 고유의 사원을 운영하며 종교생활을 하고 있었고, 인도 출신으로 보이는 힌두교 승려가 중국에 사신으로 파견되는 경우도 있었다(RVTG 1914: 123; 脫脫 외 1979: 14080).

사실 당나라 시기(618~907)부터 참파는 광주, 천주, 해남도와 긴밀한 무역 관계를 유지했다(Schottenhammer 2008: 67). 이미 언급한 것처럼, 참파 왕국은 10세기 중반부터 11세기 말까지 송나라에 빈번하게 사절단을 보낸 나라였다. 특히, 이 시기에 아랍의 조공 사절들이 49차례에 걸쳐 중국을 방문하면서 과거에 지속적이지 못했던 두 지역의 관계가 활발해졌다(Hareir 외 2011: 764). 이러한 상황에서, 10세기와 11세기를 거쳐 본격적으로 참파 현지에 정착지를 마련한 아랍의 무슬림 상인들은 참파의 지리적 이점을 충분히 활용하면서 동서양 해양 무역에 적극적으로 참여하고 있었기 때문에(Cabaton 외; Manguin 1979: 256~257),[8] 참파 조정이 중국으로 파견한 조공 사절단에는 이하의 [표 1]에서 알 수 있는 것처럼 무슬림 상인들로 추정되는 아랍인들이 상당수 포함되어 있었다.

중국 송나라 때의 역사『송사[宋史]』에 기록된 망명 관련 기사도 참고할 필요가 있다. 980년대 중반에 참파에 대한 베트남의 압박이 점점 거세어

---

8 북송 시기의 관리이자 시인이었던 왕우칭[王禹偁](954~1001)에 의하면, 많은 참인들과 아랍인들이 해마다 중국에 와서 장사를 했다고 한다(王禹偁 1979: 卷14, 4a). "占城·大食之民, 歲航海而來賈于中國者多矣."

표 1 참파의 조공 사절단과 아랍인들

연도	참파 왕국의 왕	아랍인 사절
951	자야 인드라바르만 3세	보가산(莆訶散, Abū Hassan)
959	자야 인드라바르만 3세	보가산
961	자야 인드라바르만 1세	보가산
972	자야 파라메스바라바르만 1세	보가산
995	자야 하리바르만 2세	전사(專使) 이파주(李波珠), 부사(副使) 가산(訶散), 사신 판관 이마물(李磨勿, Ali Mohammed)
999	스리 비자야바르만	포살타파(蒲薩陀婆)
1030	자야 비크란타바르만 4세	이포살(李浦薩, Ali Abū Said)과 마하타파(麻 瑕陀婆)
1053	자야 파라메스바라바르만 1세	포사마응(蒲思馬應)
1056	자야 파라메스바라바르만 1세	포식타파(蒲息陀琶)
1068	자야 루드라바르만 3세	포마물(蒲麻勿)

출처 | 歐陽脩 1997: 922; 脫脫 외 1997: 14079~14082, 14084.

주   "보莆"나 "포蒲"는 아랍어 "아부Abū"에 해당한다. 남송南宋의 조여괄趙汝适이 1225년에 천주泉州 박사제거舶司
    提舉로 있을 때 편찬한 『제번지諸蕃志』에 의하면, 당시 스리비자야 왕국에는 "포蒲씨 성을 가진 사람들이 많
    았다"(趙汝适 1968: 卷上 志国, 三佛齊國).

지고 조정 내부의 정치적 혼란이 심해지자, 986년에 "참인 포라알蒲羅遏, Abū
Rao?"이 일족 100명을 이끌고 해남도로 망명했다. 그리고 987년에는 "점성
의 오랑캐占城夷人"사당리낭斯當李娘, Ssadam? 및 일족 150명이, 988년에는 점성
의 오랑캐인 홀선忽宣, Hussain? 및 일족 301명이 각각 참파를 떠나 광동으로
도망쳐 왔다(脫脫 외 1997: 14060, 14080). 참인 포라알은 이슬람으로 개종한
현지 참인이었을 가능성이 있고, "점성의 오랑캐"사당리낭과 홀선은 아

랍 출신의 무슬림이었을 것이다.

이상에서 살펴본 것처럼, 8세기부터 참파에 정착하기 시작한 아랍 출신의 무슬림들은 11세기부터 조정의 대중국 관계에서 중요한 역할을 담당하게 되었고, 10세기 후반에 이르면 수백 명 이상의 아랍인들이 참파 현지에 거주하면서 현지 참인들의 개종에도 영향을 미치고 있었음을 알 수 있다. 그러면 과연 어떤 시점부터 이슬람교가 참파 사회에 영향을 미치기 시작했던 것일까?

이와 관련하여, 참파 사람들의 흥미로운 전설을 주목할 만하다. 이 전설에서는 수도 "쉬리 바노이Shri-Banöy (즉 비자야)"의 왕들 중에서도 1000년부터 1036년까지 통치한 포 오블아Pô Ovlah를 가장 높이 평가하고 있다. 문자 그대로 주主 알라를 의미하는 포 오블아가 자신의 신체와 영혼을 하늘의 주에게 맡긴 후 메카에 가서 37년 동안 거주했다가 참파 왕국에 돌아왔기 때문이었다(Aymonier 1890: 153). 이 전설을 통해서도 알 수 있는 것처럼, 이슬람의 유입과 관련된 참파 사회의 미묘한 변화가 11세기 전반에 나타났을 가능성이 매우 높다.

이러한 미묘한 사회 변화와 관련하여, 어떤 프랑스 장교가 판두랑가에서 발견한 두 개의 아랍어 비문을 검토하면서 참파 남부에 형성된 무슬림 공동체의 상황에 대해 살펴볼 필요가 있다. 1922년에 프랑스 학자 라배스Paul Ravaisse는 쿠픽 문자Kufic script[9]로 새겨진 이 아랍어 비문들을 해독했

---

9   쿠픽은 다양한 아랍 문자와 나바테아Nabataean 문자의 완화된 한 형태로 구성된 오래된 이슬람식 서체 형태를 말한다. 쿠픽은 이라크 나자프Najaf 주의 도시인 쿠파Kufa에서 유래한 이름이다. 이슬람이 출현했던 시기에, 이러한 형태의 서체는 이미 아라비아반도의 다양한 지역에서 사용되고 있었다.

다(Ravaisse 1922: 247~289; Manguin 1979: 256). 1039년으로 연대가 밝혀져 있는[10] 첫번째 비문은 무슬림 아부 카밀Abū Kāmil("도로의 수호자")의 무덤이다. 구체적인 연대가 밝혀져 있지 않은 채 법률과 관련된 칙령들이 새겨져 있는 두번째 비문은 많이 훼손되어 있었지만, 아랍인, 페르시아인, 터키인으로 구성된 공동체 일원들에게 상거래를 할 때 현지 사람들을 대하는 방법, 화폐 교환 방법, 세금이나 기부금을 내는 방법 등을 제시하고 있다.

그리고 비문들이 발견된 곳 주변에는 도시 형태의 정착지가 있었던 것으로 보인다. 이 정착지에 살던 사람들에 대한 정보는 상당히 부족한 편인데, 이들은 현지 주민들과 인종적으로 상당히 달랐고 종교적인 믿음과 관습에서도 달랐다. 또한 이 외지인들의 조상은 이미 1세기 전에 도착해서 현지 여성과도 결혼했던 것 같다. 상인 이외에도 장인, 학자, 종교 지도자로 구성된 공동체는 참파 왕들의 보호 아래 아마도 자치권을 누리며 대표기구Seih es-Suq를 구성하여 현지 지도자들을 상대했다고 한다. 또한 이 공동체는 정교한 정치적, 법적 제도를 통해 조직적인 방식으로 운영되었는데, 자치권을 누렸을 것으로 추정되는 공동체의 지도자는 "시장의 영주shaykh as-sūq"였고, 나깁nagīb이 이 지도자를 보좌했다.

이처럼 외국에서 이주한 무슬림 공동체가 늦어도 11세기 전반에 이르러 참파 남부에 정착하고 있었다는 사실을 파악할 수 있는데,[11] 이 무슬림 공동체의 영향력이 현지 사회에도 미쳤을 가능성이 있다. 『송사』에는

---

10 구체적인 연대는 29 Safar(이슬람력의 두번째 달) 431, 즉 1039년 11월 21일이다.

11 무슬림 상인들은 8세기부터 중국 남부에 대규모로 정착했고, 11세기 후반에 이르면 자바의 그레식Gresik 항구에도 무슬림 공동체가 형성되었다. Ravaisse(1925), Damais(1968), Kalus 외(2004) 등 참조.

참파에 대해 다음과 같이 기술한 부분이 있다(脫脫 외 1977: 14078).

> 또한 산우山牛(야생의 들소)가 있으나 농사일에는 쓰지 않고 단지 죽여서 귀신
> 에게 제사하는 데 쓸 뿐이다. 도살할 때에 무당으로 하여금 "아라화급발阿羅
> 和及發"이라고 축도祝禱하게 하는데, 번역하면 "일찍 그를 환생託生시키소서!"라
> 는 뜻이다. (…) 그 풍속과 의복은 대식大食과 유사하다.[12]

"그 풍속과 의복은 대식과 유사하다"는 지적은 참파 현지에 아랍인들의
풍습이 영향을 끼치고 있음을 암시한다. 또한 "아라화급발"에 대해 "일찍
그를 환생시키소서!"라는 번역은 오역일 가능성이 적지 않다. 왜냐하면
"아라화급발(현대 중국어로는 '아뤄허지파'로 발음)"은 참인들과 아랍인들의
왕래가 잦았던 중국 남부의 방언에 따르면 "A lo ho ki pa"로 발음되는
데, 이슬람의 관례적인 문구인 "Allah Akbar(알라는 위대하다)"를 연상시
키기 때문이다(Durand 1903: 55). 이러한 두 가지 사례를 볼 때, 이미 송나
라 시기에 참인들 중에서 무슬림으로 개종하는 사례가 나타나기 시작했
다고 추론할 수도 있다.

이후 12~15세기에 참파 왕국이 캄보디아, 원나라, 베트남 등과 잦은 전
쟁을 벌이게 되면서 참파 현지의 이슬람화가 활발하게 진행된 것 같지는
않지만(Cabaton 1906, 28), 자바와 순다Sunda의 전설에 나타난 참파 왕실의
동향이나 아랍인들의 증언을 통해 적지 않은 이슬람화의 흔적을 발견할

---

12 참고로 원문은 다음과 같다. "亦有山牛, 不任耕耦, 但殺以祭鬼, 將殺令巫祝之曰「阿羅和及拔」, 譯云「早
教他託生」. (…) 其風俗衣服與大食國相類."

수 있다. 예를 들면, 자야 심하바르만 3세$^{Jaya\ Simhavarma\ III}$(1285~1307)의 누이
는 아랍에서 온 무슬림과 결혼하여 이슬람으로 개종했고, 여동생 다라바
티^{Daravati}는 자바에 가서 마자빠힛 왕국의 지배자와 결혼했다. 마자빠힛의
왕은 당시 불교 신자였지만, 처형의 아들 라덴 라맛$^{Raden\ Rahmat}$이 자바를
방문한 이후 수라바야 근처에 정착하여 이슬람교를 전파하는 것을 허용
했다(Howard 2012: 100).[13]

그리고 아랍의 지리학자 디마쉬끼$^{Al-Dimashki}$(1256~1327)는 1325년에 참
파의 사회적 현상에 대해 다음과 같이 흥미로운 이야기를 꺼냈다(RVTG
1914: 365, 377, 391).

중국의 오른편에는 신라, 참파, 스리비자야가 있다. (…) 참파의 바다는 맹렬
하고 매우 위험하다. 참파라는 국명과 같은 이름을 가진 바닷가의 도시에는
무슬림, 기독교도, 우상 숭배자들이 거주하고 있다. 이슬람은 칼리프 우스
만 시기에 도래했고, 이후 우마이야 가문^{Umayyads}과 하자즈$^{Al-Hajjaj}$에 의해 쫓겨
난 수많은 알리^{Ali}의 추종자들이 이곳으로 망명했다. 그때부터 다수의 참인
들이 이슬람을 받아들였다.[14]

이 이야기는 "우상 숭배자들", 즉 힌두교도의 존재 이외에도 칼리프 시기

---

13 이 이야기와 관련된 자바의 구술사에는 매우 다양한 판본들이 존재하지만, 대체로 참인들의 역할 덕분에
이슬람이 자바에 도래하게 되었다고 인정하는 편이다(Manguin 1979: 261~264).

14 우마이야 가문은 656년부터 권력을 잡았고 661년에 알리를 살해했다. 694년 당시 이라크의 총독이었던
하자즈는 714년에 자신이 사망할 때까지 우마이야 가문을 보호해주었다.

이슬람의 참파 도래, 알리를 추종하던 시아파 무슬림의 참파 망명, 그리고 이후 현지 사회의 이슬람화 양상을 전달하고 있다.[15]

아울러 15세기 초 베트남이 명나라에 병합되어 참파가 중국과 우호 관계를 맺고 있었을 때, 중국 무슬림들이 참파와 형성하고 있던 관계도 주목할 만하다. 명나라 영락제永樂帝의 심복으로 무슬림이었던 환관 정화鄭和 (1371~1434)는 황제의 명령에 따라 1400년대 초반에 7차례의 대외 원정을 떠났다.[16] 이 원정이 진행되면서 참파의 항구들은 주요 거점으로 활용되기 시작했는데, 특히 제1차와 제4차 시기에는 정화의 함대에 동승한 무슬림 마빈馬彬, 임귀林貴 등이 각각 1406년과 1418년에 사신으로 참파에 파견되기도 했다(Tan Ta Sen 2009: 164, 172; 陳學林 1997: 130~131). 이러한 상황에서, 이슬람을 전파하려던 정화는 참파를 통해 해외의 중국 무슬림들을 관리하게 되었다. 1419년에 정화는 참파에 있던 합길 팽덕경哈吉 彭德慶, Hadji Bong Tak Keng[17]을 동남아 각지에서 흥기하던 하니피Hanafi 이슬람 중국인 공동체를 감독하는 총책임자로 임명했다. 당시 참파는 이슬람 전파의 중심지였고, 정화와 마찬가지로 운남성雲南省 출신인 팽덕경은 일찍이 참파 정부의 관리로 임명되어 해외 무역을 발전시키는 임무를 맡고 있었다. 해외 화교의 총책임자가 된 그는 동남아 각국에 이슬람을 전파하는 일을 대단히

---

15 당시 중국 남부에서 많이 볼 수 있던 네스토리우스교도는 남중국해 루트를 자주 이용하고 있었다. 네스토리우스교 수도사 아불피다Abülfidā는 해로로 중국을 방문했고, 참파에 대한 정보도 자세하게 제공했다 (Phillips 1879: 31~34).

16 제1차 원정은 1405년 6월, 제2차 원정은 1407년 9월, 제3차 원정은 1409년 여름, 제4차 원정은 1413년 겨울, 제5차 원정은 1417년 겨울, 제6차 원정은 1421년 2월, 제7차 원정은 1431년 12월에 개시되었다.

17 합길哈吉은 하지의 중국어 음역이다.

중시했고, 그 결과 많은 운남 출신 무슬림들이 자바나 필리핀 등지의 항구로 파견되어 화교들의 지도자가 되었다(廖大珂 2007: 105).

이상에서 살펴본 것처럼, 이슬람이 참파 왕국의 왕실 일부에 전파되어 공주와 그 아들이 개종하는 사례가 자바의 구술사에 등장한다. 또한 디 마쉬끼가 지적한 것처럼, 14세기 전반에 참파의 이슬람화가 점진적으로 진행되고 있었음을 알 수 있다. 그리고 정화의 원정으로 형성된 참파 조정과 중국 무슬림들 간의 협력 관계는 화교들이 거주하던 동남아 도서부 지역에 이슬람을 전파하는 데에도 영향을 미쳤다.

말레이 세계가 이슬람화되던 15세기 후반에 베트남의 남진정책이 몰고 온 참파의 위기도 참인들의 개종에 적지 않은 영향을 끼쳤다. 베트남의 레 타인 똥Lê Thánh Tông 황제가 1470년에 참파 왕국을 침입하자 수도 비자야는 결국 1471년 3월에 함락되었고, 왕실의 일부는 이웃 나라로 피난을 떠났다. 15세기에 번영한 멀라까 왕국의 역사를 기록한『믈라유의 역사Sejarah Melayu』에 의하면, 참파 왕의 아들 포링Poling은 아쩨로 망명하여 무슬림 왕 라자Raja가 되었고, 멀라까로 도망친 다른 아들 샤 인드라 브라마Shah Indra Brama는 술탄 만수르Mansur의 환대를 받으며 이슬람으로 개종했다(Lê Thành Khôi 1971: 243; Sejarah Melayu: Chapter 19). 멀라까로 달아난 다른 왕자들도 "기꺼이" 개종하여 현지 무역 왕국의 말레이 무슬림 상인 집단들과 협력하며 교역에 참여하는 기회를 잡게 되었다(Reid 2000: 32~33).

1471년의 위기 이후에 남부의 판두랑가가 수도가 되면서 참파 왕국의 영역은 줄어들었다. 16세기 이전에 참파 국내의 이슬람화 정도를 가늠하는 것은 상당히 어려워 보이는데, 대외 교역에 종사하던 참인들을 중심으로 이슬람 개종이 제한적으로 진행되었던 것 같다(Nakamura 2000: 59). 그런데 16세기 초에 포르투갈인들이 동남아에 진출하게 되자, 반격을 준비하던 무슬림들의 정치적인 연대 노력과 이슬람 전파 운동은 더욱 구체화되었다(Reid 1993: 163~164). 이러한 상황에서 참인들의 이슬람 개종 상황도 이전 시기에 비해 보다 진전된 형태로 드러났다.

1595년 12월 당시 마닐라에서 캄보디아 원정을 준비하던 스페인 군인들이 입수한 정보에 따르면, 참파 현지에는 많은 무슬림들이 있었고, 왕은 이슬람 교육이 이루어지길 원하고 있었기 때문에 도처에 모스크가 생기고 있었다(Manguin 1979: 269). 그리고 네덜란드 동인도회사의 함대 총사령관 마텔리프^{Cornelis Matelief}가 귀국하다가 1607년 10월 17일 참파의 어떤 항구에 정박하여 10여 일 정도 머물렀는데, 당시의 상황도 주목할 만하다. 정박지에서 멀지 않은 곳에 위치한 왕궁이 북위 11도상에 있었으므로, 이 항구는 오늘날 베트남의 판 리^{Phan Rí} 지역에 있었던 것으로 추정된다. 중국인들은 항구 근처의 "대도시"를 매년 방문하고 있었고, 네덜란드 함대가 방문했을 당시에는 일본의 정크선 세 척이 항만에서 "큰 강"[18]을 거슬러 올라가 주민들을 약탈하며 많은 피해를 주고 있었다. 당시 조호르의 왕과 우호적인 관계를 맺고 있던 참파의 왕은 서구인들, 특히 포르투갈 사람들을 적대시했고, "우상숭배자", 즉 힌두교도였는데, 마텔리프 사령관을 처음 접촉하러 온 조정의 중재자는 말레이 출신의 무슬림 유력자 "오랑 까야^{orang kaya}"였다. 그리고 왕의 남동생은 이슬람을 받아들이고

---

18 현재의 루이 강^{sông Lũy}을 말한다.

싶어 했지만, 형 때문에 아직은 감히 그렇게 하지 못하고 있었다(RVCIO 1914: 499~502; Manguin 1979: 270). 17세기 중반 포 로메[Po Rome](1627~1651년 재위) 왕에 관한 일화도 참인들의 이슬람 개종과 관련하여 흥미롭다. 현재에도 베트남의 "참족"이 존경하고 숭배하여 신격화한 왕들 중의 한 명인 포 로메는 힌두교도와 이슬람교도가 서로의 관습을 존중하고 양측의 지도자들이 상대방의 제례에 참석하게 함으로써 두 종교의 갈등을 해결한 것으로 유명하다(Manguin 1979, 273). 이 일화에서 나타난 힌두교와 이슬람교의 갈등을 고려해볼 때, 당시 현지의 무슬림들이 이전 시기에 비해 늘어나서 사회 문제로까지 대두되었음을 추론해볼 수 있다.

이러한 추론과 관련하여, 17세기 후반에 참파를 여행한 파리외방선교회 소속 신부들의 목격담도 고려해볼 만하다. 외방선교회 출신 신부들 중에서 처음으로 참파를 방문한 앵크[M. Hainques]에 의하면, 1665년 10월 당시 "이 나라 원주민들의 대부분은 사라센 사람들의 그릇된 신앙(이슬람교)에 감염되어 있었고", 1675년 무렵에는 "거의 모두가 마호메트교에 들어갔다"(Manguin 1979: 271). 마호[M. Mahot] 신부는 1678년에 다음과 같이 기록하고 있다(Manguin 1979: 271).

이 왕국의 종교 상황과 관련하여, 마호메트교도인 말레이인들은 우리보다 훨씬 더 경계하며 조금도 방심하지 않는다. 이들은 대규모로 이주해서 정착했는데, 왕과 조정 전체를 자신들의 저주받은 이단 종파로 끌어들였다. 반 이상의 참파 사람들은 왕과 함께 무어인(아랍계 이슬람교도)이다.

반이슬람적인 두 사제의 생생한 관찰을 통해서 볼 때, 17세기 후반에 이르러 이슬람은 참파 왕국 내에서 상당히 보편화되었고, 왕도 무슬림이 되었음을 알 수 있다. 특히 14세기부터 참파로 이주하기 시작한 말레이인들이 (Cabaton 1906: 35; Cabaton 1907: 138) 인종적으로 유사한 현지인들의 이슬람 개종에 적극적으로 기여했던 것 같다.

17세기부터 본격화된 참인들의 이슬람화는 19세기에 다시 한 번 시련을 맞게 되었다. 이미 17세기 말에 베트남의 압력이 거세어지면서 참파 왕국은 국운을 가까스로 연명하고 있었다. 이러한 상황에서 참인들은 캄보디아 지역으로 망명을 떠나기 시작했다. 1802년에 응우옌 왕조가 성립하면서 참파 왕국의 존립은 더욱 위태로워졌다. 결국 제2대 황제 민 망은 1830년대에 이 나라를 전면적으로 병합하여 역사 속에서 지워버렸다. 그 결과, 다수의 참인들이 캄보디아와 말레이시아로 이주하게 되었다. 내지에 있던 참인들은 남쪽으로 도망쳐 주로 캄보디아와 베트남 국경 지대에 정착하게 되었고, 해안가에 살던 사람들은 말레이반도 동부 지역으로 떠났다.

4. 맺으며

이상에서 살펴본 것처럼, 참파 왕국의 해양 교류는 17세기까지 꾸준히 진행되면서 발전을 거듭했다. 이 과정에서 접촉하게 된 아랍인들은 참파의 항구들을 중간 기착지로 적극 활용하면서 중국이나 다른 동남아 지역과 교역했을 뿐만 아니라, 자신들의 종교도 전파하고자 했다. 특히 아랍인들이 참파의 항구 도시에 정착하게 되자, 이들과 관계를 형성하고 있던 현지의 상인들뿐만 아니라 왕실과 조정의 관리들도 점차 이슬람화되어 갔다. 17세기 후반에 현저한 발전상을 드러낸 참파 왕국의 이슬람화는 결국 베트남의 남진에 직면하여 새로운 국면을 맞이하게 되었다. 베트남의 남진이 빚어낸 참파 왕국의 쇠락과 멸망은 많은 난민들을 양산했고, 베트남인들의 탄압을 피해 고향을 등졌던 참인들은 망명 과정에서 말레이 무슬림들의 적지 않은 도움으로 망명지를 선택할 수 있었다. 이 난민들은 베트남과 캄보디아의 국경 지대나 시암^{Siam}으로 달아난 경우도 있었지만, 이슬람 성향이 강한 말레이반도 동부의 끌란딴 지역으로 탈출하기도 했다.

캄보디아나 말레이반도와 같은 망명지에서 종교생활을 이어가게 된 참인들은 말레이 무슬림들의 영향을 받아 대부분 정통 수니 무슬림이 되었다. 그러나 베트남에 남게 된 참인들은 "정복자"의 "베트남화"를 감내해야만 했고, 다른 지역의 이슬람 공동체^{ummah}와 단절된 상태에서 수니파 이슬람과는 점점 다른 모습으로 독특한 토착 이슬람 문화를 만들어냈다. 전통 신앙 및 관습의 영향, 힌두교의 영향, "베트남화"의 영향이 작용하면서, 이러한 종교적 변용은 바니$^{Bà Ni}$ 이슬람이란 형태로 나타났다. 그래서 많은 정통적인 무슬림들은 이러한 종교를 "이슬람"이라고 생각하지 않게 되었고, 캄보디아의 참인들이 보다 정통적인 "이슬람"을 바니 참인들에게 소개하려 애썼을 때 이들의 거센 저항에 직면하곤 했다.

현재에도 베트남의 동남 지역(닌 투언 성과 빈 투언 성)과 서남 지역(쩌우 독 성)의 이슬람이 차이를 보이는 이유도 이러한 역사적 요인이 내재되어 있다. 초기의 이슬람은 시아파의 영향력이 강했던 것으로 보이는데, 기존의 참파 왕국 지역에서 계속 살아왔던 동남 지역의 무슬림 참인들은 아직도

이 전통을 갖고 있다. 반면에 난민이 되어 캄보디아나 말레이반도에 정착했던 참인들은 말레이인들의 영향을 받으며 수니 이슬람에 점차 경도되어 갔다. 이러한 경향은 캄보디아와 인접한 쩌우 독 성의 경우에도 마찬가지이다. 그래서 닌 투언 지역의 바니 이슬람 마을에서 모스크도 관리하며 음주를 즐기는 어떤 이맘imam은 여전히 "우리는 이슬람이 아니다."라고 말하고 있다. 이 이맘을 포함한 바니 무슬림들에게 수니 "이슬람"이 도외시되면서 다가오지 못하는 이유를 추적해보는 작업은 차후의 과제로 남겨두고자 한다.

참고 문헌

歐陽脩. 1997. 『新伍代史』(卷74, 四夷附錄 第3). 北京: 中華書局.

歐陽脩, 宋祁. 1997. 『新唐書』(卷43 下, 志 第33 下, 地理7 下). 北京: 中華書局.

桐山昇, 栗原浩英, 根本敬. 2001. 『東南アジアの歴史: 人・物・文化の交流史』. 有斐閣.

房玄齡 等 1997. 『晉書』(卷97, 列傳 第67, 四夷, 南蠻 林邑國). 北京: 中華書局

山本信夫, 長谷部楽爾, 青柳洋治, 小川英文. 1993. 「ベトナム陶磁の編年的研究とチャンパ古窯の
　　発掘調査 - ゴ―サイン古窯址群の発掘調査」, 『上智アジア学』, 11, pp. 163~180.

徐松 編. 1976. 『宋會要輯稿』(第86冊 職官44, 第197冊 蕃夷4). 臺北: 新文豊出版公司, 1976.

石田幹之助. 1945. 『南海に關する支那史料』. 東京: 生活社, 1945.

石井米雄, 櫻井由躬雄, 池端雪浦 編. 1999. 『東南アジア史 I 大陸部』. 山川出版社.

蕭子顯. 1997. 『南齊書』(卷58, 列傳 第39, 蠻 東南夷). 北京: 中華書局.

王禹偁. 1979. 『小畜集』(王雲伍 編, 『四部叢刊正編』, 39). 臺北: 臺灣商務印書館.

廖大珂. 2007. 「從『三宝垄华人编年史』看伊斯兰教在印尼的早期传播」, 『世界宗教研究』, 2007年
　　第1期, pp. 98~108.

劉昫. 1997. 『舊唐書』(卷198, 列傳 第148, 西戎). 北京: 中華書局.

이동윤(李東潤). 1982. 「宋代海上貿易의 諸問題」, 『동양사학연구』, 第17輯, pp. 1~53.

張廷玉 等. 1997. 『明史』(卷324, 列傳 第212, 外國 5). 北京: 中華書局.

趙汝适. 1968. 『諸蕃志』(1225, 卷上 志國, 三佛齊國). 臺北: 廣文書局有限公司.

周去非 著, 楊武泉 校注. 2006. 『嶺外代答校注』(1178). 北京: 中華書局.

陳壽. 1997. 『三國志』(卷60, 嗚書15). 北京: 中華書局.

陳學林. 1997. 『明代人物與傳說』. 香港: 中文大学出版社.

脫脫 等. 1997. 『宋史』(卷488, 列傳 第247, 外國 4; 卷489, 列傳 第248, 外國 5). 北京: 中華書局

RVTG. 1914. *Relations de Voyages et Textes Géographiques Arabs, Persans et Turks Relatifs
　　à l'Extrême-Orient du VIIIe au XVIIIe Siècles,* traduits, revus et annotés par Gabriel
　　Ferrand, Paris: Ernest Leroux, Tome Deuxième.

RVCIO. 1705. *Recueil des Voiages Qui Ont Servi à l'Établissement et aux Progrès de la
　　Compagnie des Indes orientales, Formée dans les Provinces-unies de Païs-bas,* Tome Troisième,
　　Amsterdam.

Sejarah Melayu (Malay Annals), Chapter 19, "The Story of the Champa Raja." http://
　　malayannals.blogspot.kr/ (검색일: 2017. 04. 15.)

Agoncillo, Teodoro A., Oscar M. Alfonso. 1969. *History of the Filipino People*, Malaya Books.

Aymonier, Étienne. 1890. *"Légendes Historiques des Chams," Excursions et Reconnaissances*, Tome 14, No. 32, pp. 145~206.

Aymonier, Étienne. 1891a. *Les Tchames et Leurs Religions*, Armand Colin.

Bray, Adam, "The Ancestors of Vietnam's Cham People Built One of the Great Empires of Southeast Asia," published June 18, 2014, in http://news.nationalgeographic.com/news/2014/06/140616-south-china-sea-vietnam-china-cambodia-champa/. (검색일: 2017. 05. 20)

Cabaton, Antoine. 1906. "Notes sur l'Islam dans l'Indochine Française," *Revue du Monde Musulman*, Tome 1, pp. 27~47.

Cabaton, Antoine. 1907. "Les Chams Musulmans de l'Indochine Française," *Revue du Monde Musulman*, Tome 2, No. 6 (avril), pp. 129~180.

Cabaton, A. and Meillon, G., "Indochina", Encyclopaedia of Islam, Second Edition, Edited by: P. Bearman, Th. Bianquis, C. E. Bosworth, E. van Donzel, W. P. Heinrichs, in http://dx.doi.org/10.1163/1573-3912_islam_SIM_3572> (검색일: 2017. 08. 03.)

Damais, L.-Ch.. 1968. "L'Épigraphie Musulmane dans le Sud-Est Asiatique," *BEFEO*, Tome 54, pp. 567~604.

Dupont, Pierre. 1949. "Tchen-la et Panduranga," *Bulletin de la Société des Études Indochinoises*, 24-1, pp. 9~25.

Durand, R. P.. 1903. "Les Chams Bani," *BEFEO*, Tome 3 (janvier -mars), pp. 54~62.

Fatimi, S. Q.. 1963. *Islam Comes to Malaysia*. Singapore: Malaysian Sociological Institute.

Gay, Bernard. 1994. "New Perspectives on the Ethnic Composition of Champa," *Proceedings of the Seminar on Champa*, Held at the University of Copenhagen on May 23, 1987, Southeast Asia Community Resource Center, pp. 43~52.

Gov. UK. 2014. *Country Information and Guidance: Religious Minority Groups, Vietnam*, December 2014, 27 p. https://www.gov.uk/government/uploads/system/uploads/attachment_data/file/566675/CIG.Vietnam.Religious_Minority_Groups.pdf (검색일: 2017. 03. 23.)

Hareir, Idris El, Ravane Mbaye. 2011. *The Spread of Islam Throughout the World*, UNESCO.

Hickey, Gerald C., 1982. *Sons of the Mountain: Ethnohistory of the Vietnamese Central Highlands to 1954*, New Haven: Connecticut: Yale University Press.

Hourani, George Fadlo. 1995. *Arab Seafaring* (expanded ed.). Princeton University Press.

Howard, Michael C.. 2012. *Transnationalism in Ancient and Medieval Societies: The Role of Cross-Border Trade and Travel*, McFarland.

Kalus Ludvik, Claude Guillot. 2004. "Réinterprétation des Plus Anciennes Stèles Funéraires Islamiques Nousantariennes: II. La Stèle de Leran (Java) Datée de 475/1082 et les Stèles Associées," *Archipel*, Vol. 67, pp. 17~36.

Lê, Thành Khôi. 1971. *Histoire du Vietnam*, Paris: Sudestasie.

Manguin, Pierre-Yves. 1979. "L'Introduction de l'Islam au Campa," *BEFEO*, Tome 66, pp. 255~279.

Mori, Katsumi (森克己). 1972. "The Beginning of Overseas Advance of Japanese Merchant Ships," *Acta Asiatica*, No. 23, pp. 1~24.

Nakamura, Rie. 2000. "The Coming of Islam to Champa," *Journal of the Malaysian Branch of the Royal Asiatic Society*, Vol. 73, No. 1 (278) (2000), pp. 55~56

Nguyên, Thê Anh. 1996. "Indochina and the Malay World: A Glimpse on Malay-Vietnamese Relations to the Mid-nineteenth Century," *Journal of International and Area Studies* (The Center for Area Studies Seoul National University), Vol. 3, No. 1, pp. 105~131.

Pelliot, Paul. 1903a. "Le Fou-Nan," *BEFEO*, Tome 3, pp. 248~303.

Pelliot, Paul. 1903b. "Textes Chinois sur Pāṇḍuraṅga," *BEFEO*, Tome 3, pp. 649~654.

Phillips, Geo.. 1879. "Nestorians at Canton," *China Review*, Vol. 8, No. 1, pp. 31~34.

Pires, Tomé. 1944. *The Suma Oriental of Tomé Pires: An Account of the East, from the Red Sea to Japan, Written in Malacca and India in 1512-1515*, edited by Armando Cortesão, London: Hakluyt Society, 2 vols.

Ravaisse, Paul. 1922. "Deux Inscriptions Coufiques du Campa," *Journal Asiatique*, Onzième Série, Tome 20 (octobre - décembre), pp. 247~289.

Ravaisse, Paul. 1925. "L'Inscription Coufique de Léran à Java," *Tijdschrift Bataviaasch Genootschap*, Tome 65, pp. 668~703.

Reid, Anthony. 1993. "Islamization and Christianization in Southeast Asia: The Critical Phase 1550-1650," in Anthony Reid, ed., *Southeast Asia in the Early Modern Era: Trade,*

Power, and Belief, Cornell University Press, 1993, pp. 151~179.

Reid, Anthony. 2000. *Charting the Shape of Early Modern Southeast Asia*, Singapore: Institute of Southeast Asian Studies.

Reid, Anthony. 2006. "Continuity and Change in the Austronesian Tradition to Islam and Christianity", in Peter Bellwood, James J. Fox, Darell Tryon, ed., *The Austronesians: Historical and Comparative Perspectives*, Canberra: ANU Press, pp. 333~350.

Schottenhammer, Angela. 2008. *The East Asian Mediterranean: Maritime Crossroads of Culture, Commerce and Human Migration*, Otto Harrassowitz Verlag.

Scupin, Raymond. 1995. "Historical, Ethnographic, and Contemporary Political Analyses of the Muslims of Kampuchea and Vietnam," *Social Issues in Southeast Asia*, Vol. 10, No. 2, pp. 301~328.

So, Billy K. L. 2000. *Prosperity, Region, and Institutions in Maritime China: The South Fukien Pattern*, 946~1368, Harvard Univ Asia Center.

Tan, Ta Sen, *Cheng Ho and Islam in Southeast Asia*, Singapore: Institute of Southeast Asian Studies, 2009.

Tan, Ta Sen. 2011. "Maritime Interactions between China and India: Coastal Maritime Power in the Indian Ocean," *Journal of Central Eurasian Studies*, Vol. 2, pp. 41~82.

필리핀의 이슬람화

조태영

이슬람 교육의 발전과 마드라사 통합교육

1. 들어가며

이슬람 부흥운동은 서구문명을 거부하고 꾸란과 하디쓰의 가르침으로 돌아가자는 목표하에 1970년대 중동을 시작으로 전 세계 이슬람 국가로 확산되었다. 서구문명에 대한 무슬림들의 환멸과 아랍-이스라엘 간의 투쟁, 중동의 석유로 인한 부의 획득, 그리고 이란혁명의 성공은 이슬람 부흥운동을 성장시킨 주요 배경이었다(Mohamad 1991: 221). 하지만 중동과 지리적으로 거리가 먼 동남아시아의 이슬람 국가들에서는 각국의 역사, 문화적 특성, 경제·사회적 발전의 수준, 무슬림 인구비율, 교육제도 그리고 이슬람의 정치화 수준에 따라 이슬람 부흥운동의 실천이 다르게 나타났다(김동엽 2013: 268). 필리핀은 동남아시아의 여타 국가들과는 달리 기독교(가톨릭) 신자가 다수인 국가이다.[1] 이러한 이유 때문에 그동안 "필리핀 이슬람 사회"에 대한 인식이 크지 않았다.[2] 모로Moro 분리독립운동은 그동안 그늘에 가려진 필리핀 이슬람 사회 스스로의 인식이 외부로 표출된 것으로 이해될 수 있다. 따라서 필리핀에서의 이슬람 부흥운동은 종교적 목표보다는 다수의 기독교인들 사이에서 무슬림들의 존재와 권리를 인정받아야 할 정치적 투쟁에 초점을 맞출 수밖에 없었다. 다른 이슬람 국가들 또한 필리핀 이슬람 사회를 "다르 알 하르브Dar-al-harb"[3]의 관점에

---

[1] 필리핀은 정교분리 국가이며, 종교의 자유를 인정한다. 필리핀 헌법 3조 5항에는 "특정 종교 설립의 지지 또는 종교활동을 금지할 수 없으며, 차별과 편애가 없는 자유로운 종교적 신앙고백과 종교활동을 영구히 허락한다."라고 명시되어 있다(http://en.wikipedia.org/wiki/Freedom_of_religion_in_the_Philippines). 하지만 스페인의 지배로 가톨릭은 필리핀에서 80퍼센트 이상을 차지하는 다수 종교가 되었다. 따라서 가톨릭 이외의 소수 종교들이 공공연히 사회·문화적 차별을 받아왔던 사실을 부정하기 힘들다.

[2] "방사모로"라고도 불리는 "필리핀 이슬람 사회"를 본고에서는 민다나오를 중심으로 이루어진 "민다나오 무슬림자치구ARMM"를 지칭하는 용어로 사용하기로 한다.

입각하여 비이슬람 정부로부터 이슬람의 정통성과 종교적 의무를 위해 탈환해야 할 지역으로 여겼다(김성철 2000: 21). 따라서 필리핀 이슬람 사회의 이슬람 부흥운동은 정부와의 갈등 안에서 자신들의 결속력을 강화하기 위한 수단적 의미로 해석할 수 있다.

필리핀 무슬림 학자 아부바카르Asiri J. Abubakar는 필리핀 이슬람 사회의 존속을 위한 일곱 가지 실천적 과제를 제시한 바 있다. 중동의 이슬람 국가 및 필리핀 정부와의 관계 안에서 필리핀 이슬람 사회를 굳건히 할 수 있는 일곱 가지 과제 중 세 가지 사항은 "이슬람 교육"과 관련된 것이다. 세 가지 사항은 다음과 같다. ① 아랍의 이슬람 교육기관에서 필리핀 무슬림들의 학업 기회를 높인다. ② 이슬람 국가에서 유학한 필리핀 무슬림들을 국내로 복귀시킨다. ③ 필리핀의 소외된 이슬람 지역에 마드라사 설립을 장려한다(Madale 1988: 347). 실제 필리핀의 소수 사회인 이슬람 사회가 자신들의 존재를 가시화한 배경에도 "이슬람 교육"과 긴밀한 연관성이 있었다. 필리핀 이슬람 사회와 중앙정부 간의 갈등을 간과할 수 없었던 아랍의 국가들은 민다나오와 술루에 이슬람 선교사를 파견하고 이슬람 사원 및 기관, 단체 등의 설립을 지원했다. 뿐만 아니라 필리핀 무슬림 청년들을 자국으로 초청하여 학업의 기회를 제공하기도 했다. 아랍 국가에서 유학한 필리핀 무슬림 엘리트들이 자신들이 처한 현실을 구체적으로 직시하게 된 것(Majul 1985: 34~36)은 이슬람 교육이 필리핀 이슬람 사회를

---

3   20세기 이슬람 부흥운동의 효시인 "무슬림형제단"의 사이이드 쿠트브Sayyid Qutb는 세상을 "다르 알 이슬람 Dar-al-Islam(이슬람의 평화)"과 "다르 알 하르브(이교도의 폭력)"로 나누었다. 그들에게 있어서 비이슬람 지역은 "다르 알 이슬람"으로 전환시켜야 할 목표였다.

자각시키고 단결시키는 데 중요한 동기부여가 되었다는 것을 의미한다.

이후, 필리핀 사회의 이슬람 교육이 공적으로 발전할 수 있는 토대가 된 것은 1981년 필리핀 이슬람사무국OCIA: Office of the Commission for Islamic Affairs을 통해 조직된 "무슬림부Ministry of Muslim Affairs"였다(김성철 2000: 160). 무슬림부의 가장 큰 성과는 이듬해 1982년 교육부(교육부령 1221호)로부터 이슬람 전통 교육기관인 마드라사의 인가를 이룩해냈다는 것이다(Saifullah 2008: 69). 또한 이보다 앞서 1973년에는 사우디아라비아의 지원을 받아 필리핀 최초로 민다나오국립대학교에 "킹파이살 이슬람-아랍어문학연구센터"를 개설했다. 계속해서 2004년 "마드라사 통합교육"[4]의 시행은 정부와의 오랜 갈등에서 필리핀 이슬람 사회가 얻어낸 이슬람 교육의 성과였다. 하지만 이러한 모든 결실은 필리핀 정부의 국가통합정책에 결부된 외면적인 결과일 뿐 필리핀 이슬람 사회가 이슬람 부흥운동의 실천을 위해 자발적으로 이룬 성과는 아니다.

본고는 필리핀 이슬람 교육의 발전과 현황을 통해 필리핀 이슬람화의 실천 상황을 가늠해본다. 특히, 2004년 시행된 "마드라사 통합교육"의 실태와 제반문제들을 중심으로 필리핀 이슬람 교육에 있어서 이슬람화의 상황을 재조명한다. 필리핀의 이슬람화 실천을 이슬람 교육을 통해 확인하려고 하는 이유는 일반적으로 이슬람 부흥운동의 주요 전략이 "교육"과 "공동체 조직"을 통한 근본적인 이슬람 사회의 건설이기 때문이다

---

4   2004년 필리핀 교육부령 51호 "초등공립학교와 사립 마다리스를 위한 표준 커리큘럼Standard Curriculum for Elementary Public Schools and Private Madaris"에 따라 민다나오 무슬림자치구의 초등공립학교에는 아랍어와 이슬람 교과목이 삽입되었으며, 사립 마드라사에는 기초교육 커리큘럼이 삽입되었다. 본고는 편의상 양측의 교육과정을 모두 가리켜 "마드라사 통합교육"으로 지칭하기로 한다.

(김동엽 2013: 267). 특히 1970년대 중동으로부터 이슬람 부흥운동이 시작된 이후 이슬람 교육이 추구해온 바는 서구식 교육으로부터의 분리였다(Niyozov et al. 2011: 15). 따라서 이슬람화는 무슬림 교육자들에게 서구와의 투쟁을 위한 주요 도구가 되었으며, 마드라사는 서구식 교육의 침투로부터 무슬림을 보호하기 위한 희망으로 여겨졌다(Niyozov et al. 2011: 21). 알아타스Al-Attas는 서구식 교육이 깊이 침투한 이슬람 사회에서 무슬림들의 화합과 문화적 정체성, 전통, 그리고 이슬람 철학의 붕괴를 막기 위해 이슬람 교육의 중요성을 역설한 바 있으며(Al-Attas 1989: 10), 파루키Faruqi 역시 "움마(이슬람 공동체)"가 침체하게 된 주요 원인을 세속적 교육체계로 보고 이슬람 교육을 강조했다(Faruqi 1982: 175). 따라서 필리핀 이슬람 사회의 이슬람 교육의 현황은 이들 사회에서 실천되고 있는 이슬람화의 상황을 가늠해볼 수 있는 척도가 될 수 있을 것이다. 나아가 본고는 이슬람 교육이 필리핀의 젊은 무슬림들의 국가관에 어떠한 영향을 미칠 것인지 예견해 필리핀 국가통합의 미래를 예측해볼 수 있다는 점에서도 의의가 있다고 사료된다.

본 연구는 문헌조사와 현지조사를 병행해 진행했다. 일차적으로 국립 필리핀대학교University of the Philippines의 이슬람연구소IIS: Institute of Islamic Studies를 방문하여 문헌자료를 수집했다. 또한 이곳에서 이슬람 교육 분야의 학자 및 무슬림 대학원생들과의 인터뷰를 통해 현실적인 정보들을 수집했다. 수집한 자료들을 현장 검토하기 위해 마닐라 무슬림 거주지 퀴아포Quiapo에 위치한 "골든Golden 모스크"와 타귁Taguig 지역의 "팡안담안Pangandaman 마드라사"를 방문하여 이슬람 학자 및 교사들의 의견을 경청하고 이슬람 교육의 현장을 확인했다. 불안정한 정치적 상황으로 민다나오 지역을 방문할 수 없었기 때문에 현지조사는 국립 필리핀대학교 이슬람연구소와 마닐라 주변의 무슬림 공동체로 제한될 수밖에 없었음을 밝힌다. 본고의 현지조사는 인적조사에 중점을 둔다. 따라서 민다나오에 방문할 수 없는 현실적 제약을 감안하여 인터뷰를 위한 학자들과 학생들 그리고 마드라사의 교사들은 모두 민나다오 출신의 무슬림들로 선정했다. 현장 방문한 타귁 지역의 주민들과 팡안담안 마드라사에 재학 중인 학생들도 모두 민다나오에서 상경한 무슬림들이었다.

본고는 필리핀 이슬람 사회의 이해를 바탕으로 전개된다. 이를 위해, 제2장에서는 과거 필리핀의 이슬람 유입사와 현재의 이슬람 사회를 개괄 소개한다. 계속해서 제3장에서는 서구 식민지배가 이슬람 교육과 가치관에 미친 영향을 살펴본다. 제4장에서는 필리핀 정부와의 갈등 안에서 지금까지 진행된 이슬람 교육의 발전 상황을 알아본다. 이후 제5장에서는 2004년 실시된 통합교육의 제반문제를 중심으로 필리핀 이슬람 교육의 현황을 가늠해본다. 마지막으로 제6장에서는 본고의 논지를 정리하며, 이슬람화의 실천적 맥락 안에서 이슬람 교육이 소수사회인 필리핀 이슬람 사회에 부여하는 의미와 나아가 필리핀 국가통합에 있어서 신세대 무슬림들의 미래에 미칠 영향을 예견해본다.

2. 필리핀 이슬람 문명의 유입과 오늘날의 이슬람 사회

필리핀 이슬람의 유입과 발전은 두 가지 관점에 기인한다. 첫째, 필리핀 이슬람의 유입은 필리핀 역사의 시작을 의미한다. 둘째, 필리핀 이슬람의 유입은 말레이 이슬람 발전사의 일부분이기 때문에 이와 분리하여 설명할수 없다는 점이다. 선사시대와 역사시대를 구분 짓는 기준은 문헌기록의 유무이다. 이슬람 유입 이전 필리핀 군도에서 인도 계통의 음절문자가 사용된 흔적이 있지만 사용 시대가 명확하지 않고, 사용 흔적이 많지 않기 때문에 필리핀 역사시대의 기준으로 삼기에 무리가 따른다.[5] 필리핀 군도에서 처음으로 널리 사용된 문자는 말레이 문화권에서 두루 사용된 자위Jawi 문자이다. 14세기 초 말레이반도 뜨렝가누에서 처음 사용이 확인된 자위 문자(Othman et al. 1990: 47)는 이슬람 문명을 말레이 사회에 확산시킨 일등공신이었다. 이슬람 수용을 위해 이슬람 경전과 교리의 학습은 필수였다. 이슬람 경전을 말레이어로 번안하는 과정에서 아랍 문자는 말레이어에 알맞게 개량되었고 자위 문자가 탄생되었다. 자위 문자 사용은 말레이 사회의 이슬람 수용에 박차를 가했고 눈부신 발전을 도왔다. 이슬람 문화의 발전에 힘입은 말레이인들은 말레이 군도 이슬람 전파에 앞장섰다. 말레이인들이 방문한 지역에는 자위 문자가 소개되었고 이슬람 전파의 도구가 되었다(Cho 2012: 98~99). 말레이시아, 인도네시아, 브루나이, 필리핀 등 말레이 문화권에 속하는 지역에서 발흥한 이슬람 왕국들은 모두 자위 문자 필사전통을 발전시켰는데,[6] 이 중 필리핀의 술루 이슬람 왕국은 "타르실라Tarsillah" 문헌전통을 발전시켰다.[7] 언어학적으로 말레이어

---

[5] 동남아시아의 대부분 국가에서와 같이 필리핀 군도에서도 인도 문자의 변종이 사용되었다. 힌두문명이 인도네시아 군도에 영향을 미치고 있을 때 인도 남부에서 들여온 팔라와Pallava 문자는 인도네시아 각 지역사회의 언어와 문화에 따라 다양한 형태로 변용되었다. 지리적으로 동남아시아 해양부 동쪽 끝에 위치한 필리핀 군도에는 인도 계통의 문자가 늦게 소개될 수밖에 없었다. 바이바인Baybayin 문자, 타그반와Tagbanwa 문자, 하누노오Hanunoo 문자 그리고 카팜팡안Kapampangan 문자 등은 필리핀 군도에서 14~16세기에 사용된 문자들이다. 이들은 모두 팔라와 문자를 모체로 두는 인도네시아의 카위Kawi 문자로부터 발전되었다.

권이 말레이시아와 인도네시아를 중심으로 필리핀 지역까지 포함한다는 점은 필리핀에서 자위 문자가 사용되었다는 사실에 타당한 이유를 준다. 이슬람 신자라면 아랍 문자를 능숙하게 읽고 쓰면서 이슬람 경전과 교리를 학습해야 하는데, 술루 이슬람 왕국이 일찍이 아랍 문자 필사전통을 발전시켰다는 점은 필리핀의 이슬람 교육이 오랜 역사를 통해 성장했다는 사실을 말해준다.

자위 문자로 기록된 술루 이슬람 왕국의 "타르실라" 문헌에는 15세기 초 말레이 미낭까바우에서 "라자 바귄다 알리Raja Baguinda Ali"가 추종자들과 함께 술루 군도에 도착했다고 기록되어 있다(Saifullah 2008: 55). 라자 바귄다는 그보다 조금 늦게 술루 군도를 방문한 아랍인 "샤이드 아부 바카르Sayed Abu Bakar"와 연합하여 1,500년경 술루 이슬람 왕국을 건국하는 데 큰 공을 세웠다. 말레이인은 술루 군도뿐만 아니라 민다나오섬의 이슬람 전파에도 앞장을 섰다. 이후 멀라까 왕국의 왕족 출신인 "샤리프 무함마드 카붕수안Sherif Muhammad Kabungsuwan"은 1520년경 민다나오의 마긴다나오에서 이슬람 포교활동과 더불어 이슬람 왕국을 건국하는 데 큰 힘을 썼다(Saifullah 2008: 57). 말레이인들이 앞서 이슬람을 수용하고 자위 문자를 통해 말레이-이슬람 문화를 이룩한 점을 상기한다면, 술루 군도에 도

---

6 콜린스Collins는 말레이 세계의 범위를 현재의 인도네시아 군도와 말레이반도 그리고 말레이어가 사용되는 필리핀 남부와 태국 남부 지역을 포함한 지역으로 정의한다(Collins 1998: 1~3).

7 전 세계적으로 권위 있는 언어학회인 미국의 "하계언어학회SIL: Summer Institute of Linguistics"에서 출간한 Ethnologue(17th Edition)에는 필리핀 군도의 180개 지역어 중 따우숙어, 사마Sama어, 그리고 야칸Yakan어 세 개 언어만이 아랍 문자 필사전통을 가지고 있다고 기록되어 있다(Simons 2014: 273~292). 이 중에서 따우숙어를 표기한 아랍 문자를 "술랏숙Sulat Sug" 문자라고 한다(Rosli et al. 2011: 4). 상기 지역어가 사용되는 지역은 모두 술루 이슬람 왕국이 번성한 술루 군도의 홀로Jolo 시와 그 인근 지역이다.

착한 말레이인들은 단순한 이슬람 포교활동을 넘어 사회 전반에 걸쳐 이슬람화에 노력을 기울였을 것이라는 점을 추측할 수 있다. 이러한 사실은 술루 이슬람 왕국과 마긴다나오의 이슬람 왕국이 이슬람의 사회화를 위해 자위 문자에 기인한 아랍 문자 필사전통을 발전시켰다는 사실을 통해 알 수 있다. 말레이어군에 유입된 아랍어 단어 "자힐리야Jahiliah"는 이슬람 이전의 미개한 시대를 의미한다(Cho 2012: 81). "자힐리야"의 의미대로라면 이슬람 문명은 스페인이 필리핀을 지배하기 이전부터 필리핀 군도에 문명시대를 열어준 장본인이라는 것을 알 수 있다. 아랍 문자의 학습은 이슬람 교육을 위한 기초 능력을 갖추는 것이기 때문에 무슬림이라면 아랍 문자를 능숙하게 사용할 줄 알아야 한다. 필리핀 초기 이슬람 사회의 아랍 문자 사용은 이슬람 제반지식의 학습을 포함한 이슬람 교육을 가능하게 하여 필리핀 이슬람화의 기반을 다져주었다.

이후, 16세기 중엽 필리핀을 점령한 스페인은 식민지 운영을 수월하게 하기 위해 기독교 선교정책에 중점을 두었다. 이에 따라 무슬림을 포함한 많은 수의 원주민들이 기독교로 개종했다. 그리고 당시 마닐라와 바탕가스Batangas까지 세력을 확장했던 이슬람 사회는 스페인의 기독교 세력에 밀려 민다나오 일부 지역으로 쇠퇴할 수밖에 없었다. 따라서 오늘날의 필리핀 이슬람 사회는 민다나오를 중심으로 산재해 있는 10여 개 종족으로 구성된 다종족 사회를 말한다. 전 세계적으로 권위 있는 언어학회인 미국의 하계언어학회가 최근 발표한 민족학 자료에 따르면 이들은 [표 1]과 같이 크게 12개 종족으로 구분된다.[8]

다종족으로 구성된 무슬림은 필리핀 전체 인구의 약 5.5퍼센트인 약

표 1 　필리핀 이슬람 사회의 구성 종족 및 거주지에 따른 분류

지역 / 종족		팔라완 미마로파 (Mimaropa) 제4지구	술루 군도 무슬림 자치구 (ARMM)	민다나오 무슬림 자치구 (ARMM)	민다나오 잠보앙가 반도 (Zamboanga) 제9지구	민다나오 다바오 (Davao) 제11지구
1 마푼(Mapun)		■	■			
2 발랑잉이(Balangingi)			■	■	■	
3 사마(Sama)	중부(Central)		■			
	팡우타란 (Pangutaran)	■	■	■		
	남부(Southern)		■			
4 따우숙(Tausug)		■	■		■	
5 일리아넨(Ilianen)				■		
6 칼라간(Kalagan)						■
7 마긴다나오(Maguindanao)				■	■	
8 마라나오(Maranao)				■		
9 상일(Sangil)				■		
10 야칸(Yakan)			■	■	■	
11 콜리부간(Kolibugan)				■	■	
12 수바넨(Subanen)			■	■	■	

출처 | Simons 2014: 273~292를 참고하여 작성

8　필리핀 이슬람 사회를 구성하고 있는 종족의 수는 기관 및 연구자에 따라 차이를 보이고 있다. 필리핀의 "국립문화예술위원회National Commission for Culture and the Arts"는 이들을 11개 종족으로 소개(http://www.ncca.gov.ph/about-culture-and-arts/articles-on-c-n-a/article.php?i=232&igm=4)하고 있는 반면, 필리핀 이슬람 연구의 개척자였던 고윙(Gowing 1979: 1~2)은 13개 종족으로 구분하고 있다. 이러한 이유는 종족을 나누는 기준인 방언dialect의 정확한 구분이 힘들기 때문이다. 본고는 언어학과 민족학을 배경으로 구분한 하계언어학회SIL의 민족학 자료를 따르기로 한다.

550만 명으로 추산된다.[9] 일부에선 필리핀 무슬림을 대략 660만 명으로 추산하기도 하는데, 1970년대 무슬림 숫자가 약 220만 명이었던 것을 감안하면 지난 40년 동안 세 배나 성장한 것이다(오부영 2008: 92). 이러한 사실은 모로 분리독립운동 전개 이후 이슬람 부흥운동의 정신에 힘입은 이슬람 사회의 민족주의적 부활에 따른 이유와 함께 스페인 식민시대에 가톨릭으로 개종한 무슬림들이 이슬람으로 복귀하는 현상에 따른 것으로 추측할 수 있다.[10]

다양한 종족과 언어집단으로 구성된 필리핀 이슬람 사회가 오늘날 "모로[Moro]"로 불리게 된 것은 스페인의 지배가 시작된 후부터이다.[11] 스페인은 필리핀 지배를 정당화하기 위해 가톨릭을 전파했고, "모로"라는 용어는 가톨릭으로부터 무슬림을 구분하기 위해 사용되었다. 따라서 "모로"에는 필리핀 무슬림에 대한 서구의 식민지적 잔재가 내포되어 있다. 오늘날 필리핀 무슬림 기성세대들은 "모로" 용어에 적지 않은 반감을 가진다.[12] 이들은 "모로"에는 필리핀 이슬람의 전통과 문화와는 무관한 정치적 의미만이 담겨 있다고 지적한다. 물론, 이슬람의 부흥이라는 긍정적인 시각에서 본다면 다양한 언어와 종족으로 나뉘어 있던 필리핀 이슬람 사

---

9 2014년 필리핀 통계청이 발표한 필리핀 전체 인구는 1억 61만 7,630명이다. 이 중 무슬림은 5.567퍼센트에 해당된다(http://en.wikipedia.org/wiki/Philippines#Religion).

10 최근 필리핀에서는 이슬람으로 개종하는 사람들을 "발릭-이슬람"이라 부른다. 말레이어로 "발릭[balik]"은 "돌아오다", "회귀하다"라는 의미이다. 이들은 과거 이슬람 신자였지만 스페인의 강요에 의해 가톨릭을 받아들였기 때문에 이슬람으로 개종하는 것이 아니라 복귀하는 것이라고 말한다. 필리핀의 발릭-이슬람 신자는 매년 증가하고 있다(오부영 2008: 92).

11 스페인은 본국에서 무어[Moor]족 무슬림에 대항하여 수세기 동안 재정복 전쟁을 벌였다. 따라서 스페인은 필리핀에 거주하는 무슬림을 무어의 스페인어 발음인 "모로"로 불렀다(김동엽 2013: 272).

회가 "모로"라는 용어를 통해 이슬람 정체성을 자각하고 화합할 수 있었다는 사실을 무시할 수 없다. 하지만 필리핀 무슬림 기성세대들의 입장에 기댄다면 오늘날 "모로"를 통한 정치적 화합보다는 오랜 역사를 통해 이슬람의 공통 범주 안에서 형성된 종교·문화적 단결이 필리핀 무슬림들의 내면에 더욱 깊게 자리하고 있다는 것을 알 수 있다(Suhrke et al. 1977: 182). 이러한 사실은 필리핀 이슬람 사회가 필리핀 주류사회와 쉽게 동화할 수 없는 본질적인 이유이기도 하다. 더구나 꾸란 중심의 이슬람 교육이 이슬람 사회의 정신적 정체성을 떠받치는 절대적인 수단이자 핵심 요소라는 점을 상기한다면(Arsad 2011: 9)[13] 서구 식민시대 이후 시행된 서구식 교육은 오히려 필리핀 이슬람 사회에 주류사회를 향한 반발과 정신적 무장만을 강화해주었을 뿐이다. 다음 장에서는 서구 식민시대의 영향이 필리핀 이슬람 사회의 구조와 가치에 어떠한 변화를 주었으며, 궁극적으로 이슬람 교육에 미친 변화의 양상들을 살펴보기로 한다.

3. 서구 식민시대 필리핀 이슬람 사회의 가치관과 교육의 변화

스페인과 미국을 위시한 서구 식민지배는 앞서 형성된 필리핀 이슬람 사

---

12 2014년 3월 10일 국립 필리핀대학교 이슬람연구소에서 개최된 "방사모로와 민다나오 평화정착을 위한 협정계획 포럼"에서 마라위 출신의 B 씨(69세, 남)는 필리핀 이슬람 사회의 진정한 평화를 위해서는 부정적이고 정치적인 의미가 담긴 "모로" 용어 사용부터 폐지해야 한다고 주장했다. 그는 대부분의 필리핀 무슬림 기성세대들은 "모로"가 아닌 "술루 이슬람 왕국"의 후손이라는 사실에 자부심을 가진다고 밝혔다(본고 인터뷰에 참여한 사람들의 익명성 보장을 위해 모두 영문 이니셜만을 사용했음을 밝힌다).

13 꾸란 16장 나흘An-Nahl 89절은 "하나님이 이 성서를 그대에게 계시하사 이로 하여 모든 것을 설명하라. 이는 믿는 사람들을 위한 길이요 은혜요 복음이라."(최영길 1997: 492)라고 설명한다. 무슬림들에게 꾸란은 세상의 모든 문제를 설명할 수 있는 진리의 길로 이끄는 하나님의 말씀이다. 따라서 꾸란 중심의 이슬람 교육은 이슬람 사회의 정체성을 수호하는 절대적 수단인 것이다.

회의 가치관에 많은 변화를 초래했다. 특히, 서구 식민지배의 영향 중 필리핀 이슬람 사회의 근본적인 변화를 초래한 요인은 ① 스페인의 기독교 선교정책과 ② 미국의 서구식 교육제도 도입, ③ 서구 식민정부를 시작으로 필리핀 정부에 이르기까지 지속된 기독교인들의 이슬람 지역으로의 이주이다. 상기 요인은 스페인 지배를 시작으로 오늘날까지 통시적으로 공통된 한 가지 요소를 반영한다. 그것은 오늘날 전 지구적으로 이슬람 문명과의 갈등을 야기하고 있는 서구 기독교 문명이다. 즉, 서구 기독교 문명은 오래전부터 필리핀 군도에 형성된 이슬람 사회의 가치관과 교육에 변화를 야기한 근본 원인인 것이다.

16세기 중반 필리핀을 식민지배하기 시작한 스페인의 목적은 ① 정치적으로 필리핀을 스페인의 속국으로 삼아, ② 경제적인 목적을 취하고, ③ 기독교(가톨릭)화하려는 것이었다(Saifullah 2008: 58). 특히 스페인의 필리핀 지배 목적 중 기독교 전파는 스페인의 식민지배에 정당성을 부여했다. 스페인의 필리핀 총독이었던 웨일러Valeriano Weyler는 "종교(가톨릭)는 루손과 비사야 지역에서 마땅히 이용되어야 할 통치 수단이며, 이를 위해 성직자들의 필요성은 정당화된다."라고 밝혔다(김성철 2000: 44~45). 이를 위해, 스페인 선교사들은 필리핀 원주민들을 개화시켜 기독교 사상을 전하기 위해 각 지역에 서구식 학교를 세웠다. 한 가지 재미있는 사실은 스페인이 필리핀에 도착했을 당시 필리핀의 문해율文解率이 스페인보다 높았다는 것이다(Woods 2006: 140). 당시 필리핀 각 지역에서 오래전부터 사용된 인도 계통의 문자와 더불어 아랍 문자를 통한 이슬람 교육은 필리핀에 이미 수준 높은 문화가 창달되어 있었다는 것을 말해준다.

스페인의 기독교 전파는 필리핀의 이슬람 사회에서도 강력하게 이루어졌다. 오랫동안 본국의 이베리아반도에서 이슬람 세력에 대항해왔던 스페인에게 있어서 필리핀 이슬람 사회의 기독교화는 스페인의 굴욕적인 역사를 되돌리는 길이었다. 따라서 스페인은 필리핀 이슬람 지역의 주권을 강취하고, 무슬림들의 기독교인들에 대한 공격을 금지했으며, 이들을 향한 기독교화에 주력을 다했다(Gowing 1979: 29~30). 따라서 당시 마닐라까지 세력을 떨쳤던 이슬람 사회는 남부로 후퇴할 수밖에 없었다. 스페인은 민다나오와 술루 지역의 기독교화를 위해 이 지역의 무슬림들에게 강력한 탄압을 가했다. 이들은 의도적으로 이슬람 지도자들을 체포하고 이슬람 사원을 파괴했다(Gowing 1979: 29~30). 뿐만 아니라 서구 중심의 기독교 사상을 전파하기 위해 문화적 방법을 동원하기도 했다. "모로-모로Moro-moro" 연극에서 스페인 사람들은 항상 귀족으로 묘사되었지만, 무슬림들은 못생기고, 반역자이며, 신용 없는 광신자로 묘사되었다. 연극의 줄거리는 대부분 스페인에게 패배한 무슬림 지도자가 기독교로 개종하는 내용이었다(Majul 1985: 17~18). 스페인의 군사-문화적 방법을 동원한 기독교화에 많은 무슬림들을 포함한 필리핀인들은 속수무책이었다. 이러한 결과 1583년 가톨릭으로 개종한 필리핀인은 10만 명에 불과했지만, 19세기 초에는 1,200만 명으로 늘어났다(Ahmad 2002: 83). 가톨릭 개종자의 급격한 증가는 당시 스페인의 기독교 정책이 필리핀 전체 사회에 급격한 변화를 초래했다는 것을 말해준다. 스페인의 무력에 의한 가톨릭 전파는 필리핀 이슬람 사회의 긴장을 촉발했다.

1898년 미서전쟁에서 승리한 미국은 스페인과 같이 무력지배와 선교

정책을 앞세운 식민지 운영은 필리핀 이슬람 사회의 저항만을 불러일으킬 것으로 예측했다. 따라서 미국은 복지시설을 공급하는 회유정책을 펼쳤다. 이 중 미국이 중점을 둔 분야는 교육이었다. 교육을 통해 필리핀 원주민들과 무슬림들을 서구화로 개화시켜 미국 편에 서게 하려는 의도였다. 미국의 교육정책에 따라 1901년부터 이듬해까지 두 차례에 걸쳐 약 1,000여 명의 미국인 교사집단Thomasites이 필리핀으로 들어왔다(김성철 2000: 77).[14] 미국은 민다나오와 술루 군도 등 필리핀 이슬람 사회에 교사들을 보내 마을학교Barangay School를 세우고 영어를 보급하며, 대중교육을 전파했다(유석춘 1994: 114). 서구식 교육은 이슬람 사회의 전통구조 및 가치관과 마찰을 일으켰다. 이슬람에서 금지하는 남녀공학과 돼지고기가 허용되었고, 민주주의가 소개되었다(김성철 2000: 77~78). 이에 따라 이슬람 전통 교육기관인 마드라사의 수는 감소했고, 이슬람 교육은 서구식 교육에 위축되었다. 1913년 퍼싱John Joseph Pershing 지사는 연설에서 미국은 교육을 통해 필리핀 무슬림들을 개화하려는 목적이 있다고 간접적으로 시인한 바 있다(김성철 2000: 86). 무슬림들을 미개하다고 여기는 그의 연설에는 이슬람 전통과 가치관을 무시하는 미국의 서구 중심의 교육정책이 반영되어 있다. 또한 당시 교육정책 담당관이었던 배로David Barrow 역시 필리핀의 하층계급(무슬림)의 해방과 다종족으로 이루어진 필리핀 이슬람 사회를 통합하기 위한 방편으로 영어교육을 강조했다(김성철 2000: 78).

서구화에 반대하는 무슬림들과의 수차례 충돌 이후, 1903년 미국은 이

---

[14] 미국인 교사집단에 대한 보다 자세한 내용은 다음 사이트 참조. http://peacecorpsonline.org/messages/messages/467/2841.html

슬람 사회의 효율적인 통제를 위해 "모로프로빈스^{Moro Province}"를 설정했다. 이에 따라, 미국인들은 행정기구를 비롯한 지방경찰이나 학교의 교장직 등 고위직을 장악했다. 계속해서 1916년 존스법안^{Jones Act}에 따라 필리핀화가 추진되자 필리핀 북부의 행정체계가 이슬람 지역에 적용되었고, 이슬람 사회의 모든 권한이 중앙정부로 흡수되었다. 따라서 이슬람 사회의 서구식 교육은 더욱 활발히 추진되었다. 공립학교의 수가 몇백으로 급증하고, 의무교육이 시행되었으며, 많은 무슬림들을 마닐라와 미국에 장학생으로 보냈다(김성철 2000: 91). 계속해서 1919년 미국의 공공토지법^{The Public Land Act}은 이슬람 사회와 필리핀 중앙정부를 위시한 기독교 사회와의 적대관계를 더욱 악화시켰다. 공공토지법에 따라 이슬람 지역에서 무슬림들의 토지 소유 비율이 급격히 낮아졌다. 또한 독립 이후 필리핀 정부는 북부 지역의 급격한 인구증가를 해소하기 위해 이들을 이슬람 지역으로 대거 이주시켰다(Gowing 1979: 189~191). 기독교인들의 이주는 1950년대 10년 동안 무슬림들의 비중을 단숨에 32퍼센트에서 23퍼센트로 약 10퍼센트 하락시킬 정도로 집중적으로 이루어졌다. 기독교인들의 이주는 경제적 자원을 둘러싼 갈등을 넘어 이슬람과 기독교 간의 문화충돌로 심화되었다(정영국 1993: 38).

스페인의 기독교 정책과 미국의 서구식 교육제도는 필리핀 이슬람 사회의 구조와 무슬림들의 가치관을 붕괴시켰다. 기독교 사상과 서구식 교육으로 이슬람 형제애가 사라졌고, 가족구조와 남녀관계의 변화로 인해 이슬람의 전통적인 사회적 결속이 무너졌다. 서구 식민주의의 결과로 스페인어와 영어가 필리핀의 교육과 매스컴의 공공연한 전달수단이 되었기

(Ernst 2004: 29~30) 때문에 이슬람 교육에서 아랍어의 가치가 하락하게 되었다. 또한 매스미디어는 서구의 물질주의와 사치스러운 생활방식을 전파함으로써 젊은 무슬림들의 가치관에 부정적인 영향을 주었다. 특히 서구식 교육제도는 역사 교과서에 스페인에 대항한 필리핀 무슬림들을 해적과 노예상인으로 묘사했고, 무슬림들이 증오하는 동물을 동화책과 교과서에 삽입했다. 따라서 많은 무슬림들은 자녀를 공립학교에 보내지 않으려 했다(Majul 1985: 25). 무슬림들에게 서구식 교육을 위시한 "개화"의 개념은 이교도(기독교)들의 세계관과 관습을 강요하는 수단으로 보였다. 그리고 군사력을 앞세운 중앙정부의 정책은 무슬림 지도자들의 입지를 잠식하는 위협으로 다가왔다. 또한 서구식 제도를 앞세운 중앙정부의 법과 질서가 이슬람 사회를 통치하는 것은 무슬림들의 사회적 감정을 상하게 했다(김성철 2000: 85). 이에 따라 이슬람 지도자들은 정부의 서구식 교육을 앞세운 개화정책은 필리핀 무슬림들의 율법과 가치관, 전통을 무시하고 무슬림들의 존재를 없애버리려는 의도로 해석했다(서경교 1995: 133).

서구식 교육으로 인하여 이슬람의 전통과 가치관이 붕괴되고 이슬람 교육이 위협을 받자 필리핀 무슬림들 사이에서는 이슬람 사회의 결속과 부흥을 찾기 위한 자각이 일어났다. 다시 말하자면, 필리핀 이슬람 사회의 분리운동은 서구화로 인해 붕괴된 이슬람 교육의 재건과 전혀 무관하다고 할 수 없다. 이러한 사실을 인지한다면 독립 이후 필리핀 정부가 이슬람 사회를 위한 회유정책으로 이슬람 교육을 주목한 이유를 이해할 수 있다. 다음 장에서는 필리핀 정부를 통해 이룩된 이슬람 교육의 발전상에 대해 살펴보기로 한다.

4. 독립 이후 필리핀 이슬람 교육의 발전

필리핀 정부가 이슬람 교육에 관심을 보이기 시작한 것은 마르코스 정부(1965~1986년) 때부터이다. 독립 이후 필리핀 정부는 주류사회로부터 분리를 원하는 이슬람 사회를 반정부세력으로 낙인찍고 박해와 진압을 가했다. 하지만 무력진압이 효과가 없자 필리핀 정부는 이슬람 사회의 분리주의 운동이 무슬림들의 정치·경제적 주변화로 인한 소외감과 좌절감에 기인하는 것으로 간주하고 사회·경제개발에 중점을 맞춘 계획을 시도해 나갔다. 이슬람 지역의 빈곤과 저발전을 해결하기 위해서는 막대한 예산이 필요했기 때문에 재정적 여유가 부족한 필리핀 정부는 우선적으로 이슬람 사회의 교육지원과 무슬림 인재를 등용하는 데 초점을 맞추었다. 우선적으로 이슬람 학자들이 자유롭게 연구할 수 있는 대학교와 연구소를 설립하여 무슬림 전문 인력을 양성토록 했으며, 교육정책에 관한 분권화를 실시함으로써 공교육에 이슬람의 내용과 가치를 포함시키는 길을 열었다(김동엽 2013: 289). 마르코스 정부를 시작으로 필리핀 정부가 이룩한 이슬람 교육 분야의 발전 성과는 다음과 같다.

1) 마드라사의 정부 인가

필리핀 "무슬림부"는 1981년 대통령 직속기관인 "이슬람사무국OCIA"을 통해 조직되었다. 무슬림부는 필리핀 정부가 무슬림들의 신앙과 관습, 전통, 제도 등을 존중하여 이들을 필리핀 사회에 통합시키려는 목적에서 설립되었다(김성철 2000: 160). 무슬림부의 성과 중 하나는 1982년 5월 24~26일 서부 민다나오국립대학교에서 개최된 "필리핀 전국 마드라사회담"의 성과에 힘입어 교육부의 마드라사 인가를 이루어냈다는 것이다(Saifullah 2008: 65). 이슬람 사회에서 마드라사는 단순히 이슬람의 가치와 전통을 가르치는 학교 이상의 의미를 갖는다. 마드라사는 이슬람 세계관을 보존하고 지탱하는 이슬람의 정신적 원천이나 다름없다. 따라서 스페인 지배 이후 정부의 인가 없이 운영되어 온 마드라사가 마르코스 정부로부터 인가를 받았다는 사실은 필리핀 이슬람 교육에 성장의 가능성이 주어졌다는 것으로 해석할 수 있다. 마드라사의 인가와 함께 이슬람 교육기관에서의 아랍어 사용이 허락되었다.

2) 이슬람연구소 개설

필리핀 정부는 이슬람 연구기관을 설치해 이슬람 제반 학문의 발전을 도모하도록 허용했다. 1973년 12월 22일 대통령령 342호에 따라 국립 필리핀대학교 내부에 "이슬람연구소"가 문을 열었다. 연구소의 설립 목적은 이슬람 학문 발전을 통해 이슬람 사회와 타 사회 간의 이해 증진을 도모하고, 필리핀 문화의 일부분인 이슬람을 학문적으로 연구하여 국가 이미지를 쇄신하고자 하는 것이었다(Saifullah 2008: 66). 1974년 이슬람연구소는 아랍어와 이슬람 역사 및 필리핀 이슬람 제반 분야의 학사과정을 개설했다. 계속해서 1975년에는 정부장학금 제도를 두었고, 1980년에는 석사과정을 개설했다. 현재 이슬람연구소는 필리핀 무슬림들에게 최고의 교육기관으로 여겨지고 있을 뿐만 아니라, 필리핀 이슬람 사회를 연구하는 학자들에게 중앙 연구기관으로 자리매김하고 있다.

비슷한 시기인 1973년 민다나오국립대학교에 설립된 "킹파이살 이슬람-아랍어문학연구센터"는 필리핀 정부가 최초로 운영하는 이슬람 기관으로 문을 열었다. 실제 본 연구소는 "아시아-이슬람 연구센터Institute of Asian and Islamic Studies"라는 이름으로 개설되었지만, 이후 사우디아라비아 정부의 지원을 받아 연구소의 이름을 개칭했다(Saifullah 2008: 66). 연구소는 필리핀의 이슬람 지역과 타 지역 간의 갈등 완화를 위한 다양한 정책을 개발하여 무슬림들을 성숙한 필리핀 국민으로 성장시키는 데 목적을 가지고 있다(Saifullah 2008: 67). 연구소는 학부과정에서 아랍어와 필리핀 이슬람 및 이슬람 세계의 국제관계 등의 수업을 제공하고 있으며, 석사과정에서는 필리핀 이슬람 전통법 및 율법에 대한 수업을 개설했다. 또한 이슬람 교육과 관련된 다양한 활동에도 적극 참여하고 있다. 마드라사와 일반학교의 아랍어 교사를 위한 아랍어 연수 프로그램을 운영하고 있으며, 매년 필리핀 전국 마드라사 회담을 주최하기도 한다. 뿐만 아니라 연구소는 필리핀 샤리아 기관과 협력하여 필리핀 이슬람 사회의 이슬람화를 위해 노력하고 있다.

3) 이슬람 교육회담 및 행사 개최

마르코스 정부의 이슬람 교육에서 이룬 괄목할 성과는 이슬람 교육의 첫 공식 회담 개최이다. 1980년 10월 27~31일 민다나오국립대학교에서 개최된 "필리핀 이슬람 교육회담"은 일회성이 아닌 지속적인 회담의 첫 관문을 열었다는 데서 큰 의미를 가진다(Madale 1988: 359~360). 당시 회담에서 마나로스Boransing Manaros 교수는 필리핀 이슬람 교육의 발전을 위해 여섯 가지 제언을 했다. 그의 제언은 ① 공교육에 삽입할 아랍어와 이슬람 가치관의 통합 커리큘럼 개발, ② 이슬람 교육의 증진을 위해 마드라사의 중등학교로의 재편성, ③ 아랍어와 이슬람 가치관 표준교과서 편찬, ④ 아랍어와 이슬람 가치관 교사 발굴 및 양성 프로그램 개설, ⑤ 이슬람 교육의 지속적 운영을 위한 법인기관 설립, ⑥ 필리핀 무슬림들이 비이슬람 학교에서도 학업을 할 수 있는 장학금 제도 마련이다(Saifullah 2008: 69). 회담에 참석한 학자들은 필리핀 이슬람 사회의 미래는 이슬람 교육에 국한된 것이 아니라 이슬람 교육을 통해 외부 사회와 소통의 문을 여는 것이라는 데 뜻을 같이했다.

"필리핀 이슬람 교육회담"의 성공적인 개최는 "필리핀 전국 마드라사회담"으로 이어졌다(Madale 1988: 358~359). 본 회담은 1982년 3월 31일 대통령령 1221호에 준하여 같은 해 5월 24~26일 서부 민다나오국립대학교에서 개최되었다. 회담에서는 필리핀 교육계에서 마드라사를 비중 있는 교육기관으로 승격시키기 위한 문제들이 토론되었다. 특히 아흐맛 Hassoubah Ahmad 교수는 마드라사의 정부 인가를 위해서는 아랍어 교사의 자질, 아랍어 및 이슬람 가치관 표준교과서 편찬, 그리고 마드라사 졸업생들의 국립대학교 입학허가를 강조했다(Saifullah 2008: 70). 상기 두 회담을 통해 전달된 학자들의 의견은 이후 마드라사 통합교육의 시행을 위한 청사진이 되었다. 이외에도 필리핀 정부는 1977년 이슬람 사무국의 주최로 "전국꾸란낭독대회"를 처음으로 개최했다. 1981년 무슬림부가 조직되면서 꾸란낭독대회는 필리핀 전국에서 매년 개최되는 이슬람 행사가 되었다(Saifullah 2008: 70).

독립 이후 필리핀 정부가 이슬람 교육의 발전을 도모한 이유는 국가통합정책과 맞물린 필리핀의 교육정책을 통해서도 확인할 수 있다. 1982년에 제정된 교육법안 2조 3항은 "각 주는 각 지역사회가 그들의 문화, 관습, 전통, 관심 그리고 믿음의 상이한 배경 안에서 각자의 문화를 발전시킬 수 있는 권한을 수행 및 장려하고 이를 위해 교육이 국가 발전 및 통합에 있어서 지역의 적극적인 참여를 위한 수단임을 인정한다."라고 밝히고 있다.[15] 교육법안에 명시된 바와 같이 이슬람 교육의 발전을 위한 필리핀 정부의 노력은 국가통합정책에 무슬림들의 적극적인 참여를 끌어내기 위한 목적이 있었다는 것을 알 수 있다. 하지만 이슬람 교육의 발전을 통한 필리핀 정부의 근대화 정책은 오히려 필리핀 무슬림들의 정체성을 강화하는 결과를 가져왔다. 이슬람 교육의 목표는 아랍어 및 이슬람 교리의 습득 이상의 의미를 가진다(김동엽 2013: 289; Milligan 2006: 424~428). 이슬람 교육은 절대신의 말씀인 꾸란에서 설명하는 개념과 가치를 수용하는 것이고, 이는 무슬림들에게 사회의 모든 현상을 인지하는 틀로 작용한다. 따라서 무슬림들은 이슬람을 자신과 타자를 구분하는 기준으로 삼게 되는 것이다. 즉, 필리핀 정부는 국가와 종교를 구분하지만 이를 통합된 요소로 간주하는 이슬람 교리는 필리핀 무슬림들로 하여금 필리핀 사회를 가톨릭과 이슬람이라는 이분법으로 구분하도록 만들었다(김동엽 2013: 290; Milligan 2003: 487~488).

---

15 "The State shall promote the right of the nation's cultural communities in the exercise of their right to develop themselves within the context of their cultures, customs, traditions, interest and belief, and recognizes education as an instrument for their maximum participation in national development and in ensuring their involvement in achieving national unity." http://www.slideshare.net/jaredram55/batas-pambansa-blg-232-education-act-of-1982

또한 필리핀 정부는 이슬람 교육의 발전을 통해 무슬림들이 성숙한 국민으로 성장하는 것에만 집중했지, 필리핀 주류사회의 이슬람에 대한 편견을 없애는 교육에는 신경 쓰지 않았다(김동엽 2013: 290; Milligan 2006: 439). 이러한 현실은 가톨릭과 이슬람 간의 국민적 연대의식보다는 상호 차이점만 부각시키는 결과를 낳았다. 또한 마드라사의 인가는 이슬람 교육의 분권화로 이어졌고, 이슬람 교리의 급진주의적 해석이나 보수적 성향을 강화시켜 분리주의 운동을 촉진하는 결과를 낳았다. 즉, 국가통합정책이라는 중대한 과제 수행을 위해 이슬람 사회를 수용하려는 방편에서 이루어진 이슬람 교육은 이슬람 사회의 강권화만 불러온 것이다. 국립 필리핀대학교 이슬람연구소 석사과정의 학생대표 U 씨(28세, 남)는 이슬람 교육은 필리핀 이슬람 사회의 단결을 위한 절대적 수단이라고 주장했다. 따라서 1982년 마르코스 정부의 마드라사 인가와 2004년 아로요 정부의 마드라사 통합교육은 필리핀 사회에 이슬람 교육을 공공화한 긍정적인 정부정책이라고 언급했다. 그의 의견에는 필리핀 정부와 이슬람 사회가 직면한 두 가지 난해한 문제가 감추어져 있다. 첫째, 필리핀 정부의 이슬람 교육의 발전은 국가통합정책에 기인한 것이다. 하지만 이슬람 교육은 U 씨가 언급한 바와 같이 오히려 이슬람 사회의 단결을 불러왔다. 둘째, 이슬람 교육은 필리핀 이슬람 사회가 스스로 이루어낸 성과가 아니라 정부에 의해 이루어졌다는 점이다. 이러한 사실은 정부와 종속관계에 놓여 있는 필리핀 이슬람 사회의 이슬람화 실천의 한계를 보여준다. 양립될 수 없는 상이한 문제 가운데 2004년 시행된 마드라사 통합교육의 현황과 제반 문제들을 다음 장에서 살펴보기로 한다.

5. 마드라사 통합교육의 현황과 제반 문제

필리핀 교육부는 2015년까지 필리핀 전 지역의 취학률을 100퍼센트로 올린다는 취지를 밝힌 바 있다(Arsad 2011: 18). 이러한 취지에는 이슬람 사회를 염두에 둔 필리핀의 국가통합정책의 목적이 반영되어 있다. 그동안 이슬람 사회의 취학률은 필리핀에서 가장 낮은 수치를 기록했다.[16] 더군다나 이슬람 사회의 다수 교육기관인 마드라사는 교육부의 기초교육 커리큘럼Basic Education Curriculum에 해당하는 영어, 수학, 과학 등의 과목을 무시한 채 이슬람 교육만을 강조해왔다. 이슬람 교육은 무슬림 학생들에게 필리핀 국민의식을 심어주기에 역부족이기 때문에 국가통합정책에 부합되지 않는다. 더욱이 필리핀 정부와 이슬람 사회 간의 유혈투쟁이 지속되는 동안 마드라사가 이슬람 부흥 운동자를 양산하고 국가의 정치·경제를 위협하는 본거지로 주목받아 왔다는 사실(Arsad 2011: 10)은 이슬람 교육을 공교육 안에 두고 관리해야 할 타당한 이유가 되었다.

필리핀 정부는 1982년 마드라사 교육을 인가했지만, 그보다 앞선 1979년 7월 "모로민족해방전선MNLF"과의 이슬람 자치구 결정을 앞둔 투표에서 지역주민의 의사가 정부에 유리한 방향으로 흐르자 이슬람 자치구의 교육 분야를 대통령 권한 아래에 두었다(Neher 1980: 159~160). 이러한 사실은 마드라사의 인가는 이슬람 지역에서 전통적으로 운영되어 온 마드라사의 존재를 인정한 것이지, 이슬람 교육 자체를 인정한 것은 아니

---

16 민다나오 무슬림자치구의 2011년 취학률은 초등학교가 65.8퍼센트(필리핀 평균 91.2퍼센트), 중등학교가 33.1퍼센트(필리핀 평균 62.0퍼센트)로 필리핀 전체 평균에 크게 뒤처져 있는 실정이다(이충열 외 2014: 160).

라는 것을 말해준다. 또한 이슬람 사회의 교육을 정부 권한 아래에 둔 것은 이슬람 사회의 단결을 가중시키는 이슬람 사상의 원천인 이슬람 교육을 봉쇄하기 위한 의도로 해석할 수 있다. 하지만 이슬람 사회를 향한 정부의 강격정책이 회유정책으로 변모함에 따라 1995년 12월 라모스 정부는 모로민족해방전선과의 제3차 평화협상에서 사법권과 이슬람 법원 그리고 이슬람 교육을 허가했다(유왕종 1999: 115).

2001년 9·11 사건 이후 필리핀 정부는 이슬람 사회가 정부에 더욱 강경히 대항할 것을 우려했다. 따라서 필리핀 정부는 이슬람 사회를 이들의 필요성을 제공하고 달래주어야 할 존재로 여기게 되었다. 이와 관련하여 그동안 정부의 관심을 받아온 이슬람 교육을 봉쇄해야 하는 실체로 여기는 것보다, 공교육에 삽입하여 이슬람 교육의 질을 높이는 동시에 정부 관할 아래 두고자 했다. 이러한 취지 아래 2004년 아로요 정부는 마르코스 정부 이후 논의되어 온 마드라사 통합교육을 시행하게 되었다. 2004년 교육부는 교육부령 51호를 발령하여 이슬람 사회 내 초등공립학교에는 아랍어와 이슬람 가치관 수업을 삽입하고, 사립 마드라사에는 기초교육 커리큘럼의 교과목을 개설하도록 했다. 이러한 중앙정부의 정책에 따라 민다나오 무슬림자치구 역시 지방정부명령 13-A를 발령하여 통합교육이 시행되기에 이르렀다.

1) 마드라사 통합교육 내용

그동안 필리핀의 학제는 의무교육인 초등교육 6년과 이후 중등교육 4년으로 시행되었으나, 교육제도 개혁에 따라 2011년 6월부터 중등교육에 상급과정 2년이 추가되어 초등교육 6년과 중등교육 6년의 교육과정을 시행하고 있다.[17] 중등교육에는 중국계 필리핀인들을 위한 중국인 학교와 무슬림들을 위한 이슬람 교육기관이 포함된다. 중국인 학교에서는 기초교육 커리큘럼 교과목 이외에 중국어 문학과 중국 역사·문화 수업이 이루어진다. 한편 이슬람 교육기관인 마드라사는 이슬람 사원 또는 성직자의 집에서 기초교육 커리큘럼을 준수하지 않은 채 교사의 재량에 따라 이슬람 교과목만을 제공해왔다(Moulton 2008: 2). 하지만 2004년 교육부령 51호 "초등공립학교와 사립 마다리스를 위한 표준 커리큘럼" 시행에 따라 민다나오 무슬림자치구의 사립 마드라사에는 일반 교육이 삽입되었으며, 초등공립학교에는 무슬림 학생들을 위한 아랍어와 이슬람 가치관 수업이 삽입되었다. 이에 따른 교과목의 변동 사항은 [표 2]와 같다.

기존의 마드라사는 통일된 커리큘럼 없이 교사의 재량에 의해 이슬람 교과목 수업만을 제공했기 때문에 ① 졸업 후, 경제적 활동을 위한 현실적 지식 공급의 부재, ② 시대에 동떨어진 종교 텍스트 중심의 교육, ③ 교사와 학생을 위한 공인된 평가의 부재(Arsad 2011: 11) 등의 단점이 지적되어 왔다. 하지만 통합교육을 통해 무슬림 학생들은 현실적 지식 중심의 교육을 받게 되었으며, 교시와 학생들은 공인된 평가를 받을 수 있게 되었다. 한편, 공립학교의 무슬림 학생들은 방과 후 또는 주말에 마드라사를 방문하지 않고, 학교에서 매일 아랍어와 이슬람 가치관 수업을 받을 수 있게 되었다.

---

17 필리핀의 학제에 대한 보다 자세한 내용은 다음 사이트 참조. http://en.wikipedia.org/wiki/Education_in_the_Philippines

표 2	공교육과 이슬람 교육의 통합에 따른 교과목의 변동	
	초등공립학교	사립 마드라사
기존의 교과목	기초교육 커리큘럼	꾸란 아퀴다(이슬람 교의) 피크(이슬람 율법) 수라(꾸란 말씀) 하디쓰(무함마드 언행록) 아랍어
추가된 교과목	아랍어(매일 60분) 이슬람 가치관(매일 40분) * 무슬림자치구 외부의 무슬림 다수 학교에 서는 학부모의 동의하에 아랍어와 이슬람 가 치관 수업을 매주 토요일 네 시간 동안 시행	영어 수학 과학 필리핀어 마카바얀

출처 | Arsad 2011: 24를 참고하여 작성.

주 사립 마드라사에 추가된 과목 중 마카바얀Makabayan은 필리핀 애국·윤리 교과목이다.

2) 마드라사 통합교육에 대한 이슬람 사회의 입장

마드라사 통합교육은 이슬람 사회 각계각층의 상이한 의견 대립을 낳았
다. 의견 대립은 크게 ① 무슬림 학자와 교사로 이루어진 이슬람 사회의
지도자층과 ② 무슬림 학생과 학부모로 이루어진 통합교육의 직접적 수
혜자 간에 발생했다. 먼저, 무슬림 학자들과 교사들은 통합교육을 필리
핀 무슬림 사회를 위한 이슬람화의 기반으로 기대하고 이슬람 교과목의
강화를 주장했다. 이들의 의도는 이슬람 교육의 순수화를 통해 이슬람
사회의 입지를 더욱 굳건히 하려는 것으로 해석된다. 한편, 무슬림 학생
들과 학부모들은 일반 교육을 통한 사회·경제적 활동에 요구되는 지식의
습득을 중요하게 생각했다. 이들의 입장은 이슬람 사회가 직면한 현실을

7장 필리핀의 이슬람화 | 조태영

반영한다. 이슬람 교육은 무슬림들의 현실적 생계를 책임질 수 없기 때문에 이들에게는 일반 교육이 절실하다는 것이다. 양측의 의견 대립은 필리핀 이슬람 사회가 오랜 시간 중앙정부와 복잡한 갈등을 빚어왔던 것처럼 이들 사회의 지도자와 피지도자 간의 상이한 입장이 필리핀 이슬람 사회의 복잡한 현실을 암시하고 있다는 것을 말해준다.

(1) 무슬림 학자 및 교사

이슬람 사회의 지도자층인 무슬림 학자Ulama들은 마드라사 통합교육을 필리핀 이슬람화의 기반으로 삼고자 기대했다. 따라서 이들은 교사들의 아랍어 능력과 이슬람 지식의 자질 여부, 이슬람 교과목의 중요성, 그리고 무슬림 학자들의 자문을 강조했다(Arsad 2011: 94). 이와 함께, 이들은 정부의 정책 입안자들이 자신들을 이슬람 교육의 자문위원으로 선택하지 않았다는 이유로 통합교육에 강한 불신을 나타냈다(Arsad 2011: 76). 이들은 통합교육에 따른 이슬람 교육의 세속화 또한 우려했다. 마닐라 퀴아포에 위치한 "골든 모스크"에서 만난 무슬림 학자 A 씨(62세, 남)는 무슬림 학생들과 비무슬림 학생들이 같은 교실에서 교육을 받게 되면 무슬림 학생들의 세속화는 시간문제일 것이라고 지적했다. 뿐만 아니라 이슬람의 창조론에 위배되는 생물 및 과학 등과 같은 교과목을 비무슬림 교사로부터 교육받는 것은 신세대 무슬림들의 이슬람 사고에 혼란을 줄 수 있다고 지적했다. 결론적으로 무슬림 학자들이 주장하는 것은 기존의 사립 마드라사의 입장을 대변하는 이슬람 교육의 순수화였다. 많은 종족으로 분열되어 있는 필리핀 이슬람 사회가 이슬람 부흥운동의 실천에 있어서 다양성을 극복하고 보편성의 강조를 통해 하나의 일체감을 갖기 위해서는 이슬람 교육의 강화가 필수적이기 때문이다(김동엽 2013: 267~268). 무슬림 학자들과 마찬가지로 아랍어와 이슬람 교과목 교사들 역시 이슬람 수업의 비중을 강조했다. 이들은 이슬람 사상에 위배되는 비이슬람 교과목의 내용과 공립학교 비무슬림 교사들의 부족한 이슬람 지식을 우려했다(Arsad 2011: 65). 하지만 모든 교사들이 비이슬람 교과목을 부정적으로 바라보지는 않았다. 타귀 지역의 "팡안담안 마드라사"의 아랍어 교사인 N 씨(52세, 여)는 많은 수의 필리핀 무슬림들이 구직에 차별을 받고 있다고 했다. 따라서 무슬림 학생들에게도 현실적 상황을 고려한 일반 교육의 필요성이 절실하다고 강조했다. 실제로 전통 마드라사에 출석하는 무슬림 학생의 수는 상급 레벨로 올라갈수록 줄어들고 있다(Arsad 2011: 82). 이러한 이유에 대해 N 씨는 고학년 무슬림 학생들이 졸업 후 생계에 도움이 되는 일반 교육의 중요성과 필리핀 사회의 구직 현실을 자각하기 때문이라고 했다. 결과적으로 대부분의 무슬림 학자들과 교사들은 이슬람 교육의 순수화를 주장하며 기존의 사립 마드라사를 옹호했지만, 일부 극히 소수의 무슬림 교사들은 일반 교육의 중요성을 인식하고 통합교육을 긍정적으로 바라봤다.

(2) 무슬림 학생 및 학부모

통합교육을 받고 있는 대부분의 무슬림 학생들은 정부의 기초교육 커리큘럼에 해딩하는 실용 교과목의 수업을 긍정적으로 받아들였다(Arsad 2011: 54~57). 무슬림 학생들이 실용 교과목을 선호하는 이유는 이들의 경제적 빈곤과 연관이 있다. 지금까지 민다나오 무슬림자치구의 지역총생산GRDP: Gross Regional Domestic Product은 필리핀 전체에서 가장 낮았다(이충열 외 2014: 144). 이러한 이유는 필리핀 정부가 이슬람 지역의 사회·경제적 발전을 위해 우선적으로 교육을 선택한 이유이기도 하다. 이슬람 교육은 무슬림 학생들에게 이슬람의 정신적 강화만을 심어주지만, 실용 교과목 중심의 교육은 빈곤한 이들의 생계를 책임져줄 수 있기 때문이다. 이와 관련하여, 국립 필리핀대학교 이슬람연구소의 석사과정에 있는 S 씨(28세, 남)의 이야기는 오늘날 필리핀의 젊은 무슬림들이 처한 현실을 대표하고 있다. 잠보앙가 출신인 그는 어릴 때 전통 마드라사에서 교육을 받았다. 민다나오국립대학교 이슬람학과를 우수한 성적으로 졸업할 때까지 그는 그의 미래에 확신을 가졌다. 하지만 그의 확신은 대학교 졸업 후 마닐라에 상경했을 때 무참히 깨졌다. 무슬림이라는 이유로 은행 입사에 거절당한 것이었다. 일자리가 없는 고향에 돌아가는 것보다 마닐라에 머무르는 것이 나았던 그에게 주어진 유일한 기회는 국립 필리핀대학교의 이슬람연구소에서 이슬람을 공부하는 것뿐이었다. 그는 필리핀에서의 이슬람교육은 무슬림들의 사회참여 기회를 가로막는다고 했다. 졸업 후 사회활동을 경험해본 마드라사 학생들은 이슬람 학자들과는 달리 이슬람과 현실세계를 분리하여 바라봤다. 이들에게는 당장의 생계와 젊은이로서의 비전과 꿈이 중요했다.

실용 교과목을 긍정적으로 바라보는 무슬림 학생들의 의견은 학부모들의 교육관이 자녀들에게 반영된 것이기도 하다. 학부모들 역시 자녀들과 마찬가지로 이슬람 사상과 현실세계를 구분하고자 했다. 즉, 이들은 기성세대들의 빈곤이 다음 세대 무슬림들에게 이어지지 않기를 원했고, 현재로서는 통합교육을 통한 일반 교육만이 유일한 방법이라고 생각했다. 따라서 학부모들은 자녀들이 기존의 이슬람에 치중된 교육에서 벗어나 실용적인 교육을 받기 원했다(Arsad 2011: 36). 학부모들은 이슬람 교육과 동시에 정부의 기초교육 커리큘럼에 해당하는 과목도 교육받을 수 있는 공립학교를 선호했다. 이전에 학생들은 방과 후나 주말에 이슬람 교육을 위해 전통 마드라사를 방문했다. 하지만 통합교육이 시행되어 주말에 마드라사를 방문하지 않고 집에서 가족과 보낼 수 있는 시간이 많아지자 학부모들은 통합교육을 지지했다. 이와 더불어 교육비가 이중으로 나가지 않게 된 것도 학부모들의 지지를 불러왔다. 하지만 무엇보다 학부모들의 가장 큰 지지를 받은 부분은 무슬림 자녀들이 실용 교과목의 교육을 받게 된 점이었다.

3) 마드라사 통합교육 시행에 따른 주요 문제점

(1) 이슬람 교과목 커리큘럼 및 교과서의 부재

마드라사 통합교육 시행과 관련하여 가장 시급한 문제는 통합교육에 대한 적절한 커리큘럼과 이슬람 교과목에 대한 공인된 교과서가 부재하다는 사실이다(Arsad 2011: 80~81). 지금까지 전통 마드라사는 이슬람 교사의 재량에 따라 수업이 이루어졌다. 아랍의 이슬람 국가에서 유학한 교사들은 졸업한 학교의 커리큘럼을 필리핀 마드라사에 그대로 적용했다. 필리핀 정부의 정책 입안자들이 아랍 이슬람 국가의 커리큘럼을 통합교육 이슬람 교과목에 적용하지 않으리라는 것은 당연한 사실이다. 또한 통일된 교과서 없이 교사의 재량에 따라 산발적으로 이루어지고 있는 이슬람 수업은 이에 대한 필리핀 정부의 공식적 평가의 부재와도 연결된다. 공식 커리큘럼과 교과서 없이 진행되는 이슬람 교과목에 대해 필리핀 정부가 어떠한 방법으로 교육평가를 수행할지 의문이 든다. 이와 함께 지적되는 또 다른 문제는 열악한 교육시설이다(Arsad 2011: 64~65). 민다나오 무슬림 자치구에 위치한 많은 수의 마드라사는 경제적 빈곤으로 인해 통합교육 시행을 위한 충분한 기반시설이 부족하다. 따라서 미국과 호주를 위시한 서방 국가들이 마드라사의 보수를 위한 원조를 해주고 있는 실정이다. 하지만 문제는 타 지역의 마드라사이다. 민다나오 외부 지역의 마드라사는 서방 국가의 관심을 받기가 어려웠다.

마닐라의 무슬림 커뮤니티 타귁에 위치한 "팡안담안 마드라사"는 이슬람 사원의 한 공간을 빌려 운영되고 있었다. 이슬람 사원은 건축비 부족으로 완공되지 않았고, 비가 오는 날에는 수업이 어려웠다. 이곳에서는 학교장 한 명과 교사 네 명이 무슬림 학생 50여 명에게 아랍어와 이슬람 교과목 등을 가르쳤다. 학교장인 M 씨(56세, 여)는 교육부에 통합교육 신청을 했지만 1년 가까이 소식이 없다고 했다. 그녀는 통합교육의 시급한 문제로 이슬람 교과목의 통일된 교재와 커리큘럼의 부재를 지적했다. 중앙정부기 오래전에 마드라사를 인가했고 최근에는 통합교육까지 시행했음에도 불구하고 현재까지 이슬람 교과목의 교과서와 커리큘럼을 개발하지 않은 것은 사실상 이슬람 교육을 인정하지 않는 것이라고 그녀는 주장했다. 이에 덧붙여 기성세대 무슬림들은 체계적인 이슬람 교육을 받지 못했어도 문제되지 않았지만, 현재의 상황은 다르다고 했다. 이슬람 교과목의 교재와 커리큘럼이 없는 통합교육은 무슬림 학생들을 위한 공식 평가기준 없이 교육이 진행되는 것이라고 했다. 학교장인 그녀는 이슬람 교과목의 커리큘럼과 교과서 제작 없이 통합교육을 시행한 정부의 의도를 도무지 이해할 수 없다고 덧붙였다.

(2) 낙후된 마드라사 시설과 서방 국가의 지원

그동안 필리핀 이슬람 사회를 위한 아랍 및 인근 이슬람 국가들의 지원이 있어왔지만 실제 이들의 지원은 정치적인 문제에만 국한되어 왔다. 더욱이 1977년 이슬람협력기구OIC: Organization of Islamic Cooperation가 모로민족해방전선에게 옵서버 자격을 부여하고 이들의 문제는 필리핀 정부의 주도하에 해결을 봐야 한다는 입장을 발표하자(김성철 2000: 206), 그나마 그동안 있어왔던 이슬람 국가들의 지원과 관심도 줄어들게 되었다. 많은 수의 마드라사가 처한 낙후된 시설과 기반시설 부족의 문제는 역설적이게도 이슬람 통합교육에 서양 기독교 국가의 개입을 불러왔다. 근래에 들어와 필리핀 이슬람 사회의 통합교육에 가장 큰 관심을 보인 서방 국가는 미국과 호주였다. 미국국제개발청USAID: United States Agency for International Development은 2004년부터 현재까지 민다나오 무슬림자치구의 통합교육 발전을 위해 마드라사를 지원해오고 있다(Moulton 2008: 15). 이와 더불어 호주국제개발청AusAID: Australian Agency for International Development 또한 "민다나오기초교육지원Basic Education Assistance for Mindanao" 사업을 통해 2009년부터 2010년까지 민다나오 무슬림자치구에 있는 154개 마드라사를 지원해주었다.[18] 이들의 지원은 주로 낙후된 교육시설을 정비하고 교직원들을 위한 교수법 및 학교운영에 대한 세미나를 개최하는 등 전반적으로 통합교육 시행을 위한 사회적 인프라의 정비와 구축을 중심으로 이루어졌다(Arsad 2011: 21). 서방 국가의 지원이 통합교육의 실행과 발전에 긍정적인 영향을 준 사실은 부정할 수 없지만, 한편으로 무슬림 기성세대들은 지난날 서구 식민시대의 기억과 함께 무슬림 어린이들의 세속화에 대한 노출을 우려했다.

국립 필리핀대학교 이슬람연구소의 아르삿Nefertari Arsad 교수는 통합교육에 대한 중앙정부의 진지하지 못한 태도가 필리핀의 이슬람 교육에 서방국가의 개입을 불러왔고, 기독교 국가에 종속된 관계를 다시 불러왔다고 지적했다. 또한 서방 국가의 지원을 받는 마드라사의 우수한 학생들에게는 유학의 기회가 주어지는데, 서방 국가로의 유학이 무슬림 학생들의 세계관에 부정적인 영향을 줄 것은 당연한 일이었다. 이러한 상황은 1916년 존스법안 입법과 함께 필리핀화를 추진하여 많은 무슬림들을 마닐라와 미국으로 유학 보내 개화시켰던 미국의 정책이 재연되고 있는 것과 마찬가지였다. 역설적으로 아르삿 교수는 통합교육 시행을 위해 필리핀의 자체적인 지원제도를 마련해야 한다고 했다. 하지만 가난한 필리핀 정부가 막강한 자금력을 가진 미국과 호주의 원조를 사양하고 이슬람 사회에 자체적인 지원을 할 일은 없을 것이라고 덧붙였다. 아르삿 교수는 필리핀 이슬람 사회는 서구 식민시대 이후 지금까지 악순환의 틀에서 벗어나지 못하고 있다고 덧붙였다.

---

18 호주 외교통상부Department of Foreign Affairs and Trade 홈페이지 참조. http://aid.dfat.gov.au/countries/eastasia/philippines/Documents/be-beam-armm-newsletter-ipm.pdf

(3) 민다나오 무슬림자치구의 취학률 하락

통합교육 시행으로 공립학교에서도 아랍어와 이슬람 가치관 수업이 이루어졌지만 민다나오 무슬림자치구의 취학률은 오히려 하락했다. 통합교육 시행 후 민다나오 무슬림자치구의 2011년 초등학교 취학률은 통합교육 시행 전인 2002년에 비해 급격히 떨어졌다. 2002년 초등학교 취학률은 92.7퍼센트였지만 통합교육이 시작된 9년 후 2011년에는 65.8퍼센트로 떨어졌다. 중등학교 취학률은 2002년 23.7퍼센트에서 2011년 33.1퍼센트로 큰 변동이 없었다. 이러한 사실을 확증해주기라도 하듯 필리핀 "인간 개발지수Human Development Index"에서 민다나오 무슬림자치구는 1997년부터 지금까지 필리핀 전체 평균인 약 0.61에도 훨씬 못 미치는 0.40대를 가리키고 있다(이충열 외 2014: 159~161). 이슬람 사회 취학률의 하락에 대해 국립 필리핀대학교 이슬람연구소의 아르삿 교수는 필리핀 정부의 무능함을 지적했다. 아르삿 교수에 따르면, 중앙정부는 통합교육 시행에 앞서 지역의 전반적 인프라 시설의 여부를 충분히 고려하지 않았다는 것이다. 새로운 교육정책을 시행하기 위해서는 제반시설 및 제도의 투자가 이루어져야 한다. 하지만 이슬람 사회의 대부분 학교는 낙후되어 있고 공인된 교사들의 수도 부족한 상태이다.[19] 또한 통합교육을 위한 커리큘럼과 교과서의 부재로 인한 이슬람 사회의 정부에 대한 의심이 이슬람 사회의 교육 분위기에 부정적 분위기를 조장하게 된 것도 무시할 수 없다. 이뿐만 아니라 무슬림들의 일반 교육의 중요성에 대한 인식 부재도 하나의 원인

---

19 2013년 12월을 기준으로 민다나오 무슬림자치구 지방정부는 2,649명의 교사가 필요하다고 밝혔다(이충열 외 2014: 162).

7장 필리핀의 이슬람화 | 조태영

이다. 아르삿 교수는 무슬림 학생들과 학부모들이 통합교육을 통한 일반 교육의 중요성을 인식하기 시작한 것은 최근의 일이라고 했다. 이슬람 사회의 농촌과 외지에 거주하는 무슬림 학부모들은 자녀들을 전통 마드라사에 보내고 있다고 했다. 이러한 현실은 필리핀의 전체 이슬람 사회가 일반 교육을 통한 다음 세대의 발전을 고려하지 못하고 있는 것과(이충열 외 2014: 162) 동시에 통합교육을 시행할 기반을 갖춘 교육시설이 농촌과 외지에 현저히 부족하기 때문인 것으로 해석된다. 하지만 최근 무슬림 학생들과 학부모들 간에 통합교육을 통한 일반 교육의 중요성이 부각되고 있기 때문에 민다나오 무슬림 취학률은 머지않아 상승할 것으로 기대된다.

4) 마드라사 통합교육에 대한 정부 정책 입안자들의 입장과 의도

기본적으로 필리핀 정부는 일반 학생과 무슬림 학생의 교육의 차이를 인정하지 않고 있다(Arsad 2011: 91). 통합교육 정책 입안자들은 이슬람 사회의 전통 마드라사에 대해 부정적인 시각을 가지고 있다. 이들은 전통 마드라사는 분리주의자를 양성하는 본거지이기 때문에 통합교육을 통해 무슬림들을 성숙한 국민으로 개도하여 필리핀의 국가 활동에 능동적으로 참여토록 해야 한다고 주장한다(Arsad 2011: 19~20). 정부 정책 입안자들의 입장을 주의 깊게 살펴보면 마드라사 통합교육에 대한 필리핀 정부의 의도를 엿볼 수 있다. 마드라사 통합교육은 필리핀 정부의 회유정책에 따라 이슬람 사회의 소외감과 좌절감을 염두에 두고 이들을 수용하기 위해 시행된 정책이 아니라 필리핀 주류사회에 우선시된 국가통합정책의 일환이라는 것이다. 이슬람 교육은 이슬람 사회의 정신적 무장만을 강화해주지만, 통합교육은 무슬림들의 현실적 필요를 해결해줄 수 있다는 이들의 주장(Arsad 2011: 20)에는 통합교육을 통해 이슬람 교육을 통제하는 동시에 일반 교육을 통해 무슬림들을 필리핀의 주류사회에 동화시키려는 의도가 내포되어 있다. 결국, 필리핀 정부의 마드라사 통합교육은 이슬람 교육을 염두에 둔 정책이 아니라는 결론으로 이어진다. 여기에 덧붙여 통합교육이 시행된 지 오랜 시간이 지났음에도 불구하고 이슬람 교과목의 커리큘럼과 교과서의 여전한 부재는 이슬람 사회를 향한 필리핀 정부의 교육정책에 대한 무슬림들의 부정적 분위기를 더했다. 또한 이슬람 사회의 열악한 교육환경을 개선하기 위한 서방 국가들의 원조는 기독교 국가의 원조와 이슬람 교육의 발전이라는 양립될 수 없는 불협화음의 관계를 낳았다. 통합교육의 시행으로 공립학교에 아랍어와 이슬람 가치관 수업이 삽입되었다는 것 자체만을 놓고 본다면 필리핀 이슬람 교육의 발전 성과로 결부 지을 수 있다. 하지만 서구 식민시대를 시작으로 이어져온 스페인의 기독교화 및 미국의 서구화에 뒷받침된 필리핀화, 그리고 이를 이은 필리핀 정부의 기독교 주류사회를 우선시한 국가통합정책을 주목한다면, 마드라사 통합교육 시행에 담긴 필리핀 정부의 본심을 파악할 수 있다.

6. 맺으며

지금까지 필리핀 이슬람 교육의 발전과 마드라사 통합교육의 실태에 대해 살펴보았다. 과거 필리핀 정부는 주류사회와는 이질적인 자국 내 이슬람 사회에 대해 강경정책을 펴왔다. 중앙정부의 강경정책은 무슬림들에게 유혈투쟁을 앞세운 역효과만을 불러왔다. 따라서 필리핀은 마르코스 정부를 시작으로 회유정책을 통한 이슬람 사회의 전반적인 사회 및 경제 개발에 집중했다. 이 중 필리핀 정부는 이슬람 사회를 수용하고 무슬림들을 주류사회로 나오게 할 방편으로 이슬람 교육의 발전에 주목했다. 이러한 노력에 힘입어 2004년 마드라사 통합교육이 시행되었다. 통합교육의 시행으로 무슬림 사회의 공립초등학교에는 아랍어와 이슬람 가치관 수업이 삽입되었고, 마드라사에는 정부 기초교육 커리큘럼에 해당하는 영어, 수학, 과학, 필리핀어와 마카바얀 과목이 삽입되었다. 통합교육은 이슬람 사회 각계의 상이한 입장을 불러왔다. 먼저, 무슬림 학자들은 통합교육을 이슬람화의 수단으로 삼고자 했다. 이들은 공립학교의 이슬람 가치관 관련 수업을 늘리고 이에 대한 커리큘럼 작성과 교과서 편찬에 무슬림 학자들을 자문위원으로 등용해야 한다고 주장했다. 하지만 학생들과 학부모들은 이슬람 교과목보다는 사회활동에 필요한 일반 과목의 교육을 강조했다. 한편, 통합교육에는 다음과 같은 문제들이 지적되었다. 첫째, 이슬람 교과목의 커리큘럼과 통일된 교과서가 만들어지지 않고 있다. 둘째, 많은 수의 낙후된 마드라사는 통합교육 시행에 역부족이었고 결국 이슬람 교육에 미국과 호주 등 기독교 국가의 원조를 불러왔다. 마지막으로 통합교육 이후 민다나오 무슬림자치구의 취학률은 오히려 하락했다.

그동안 필리핀에서 이슬람 교육은 무슬림들의 정체성을 강화시켜 기독교 주류사회에 동화되지 못하게 하는 위험요소로 여겨져 왔다. 이러한 사실은 과거 스페인과 미국이 기독교화와 서구화를 앞세워 이슬람 사회를 끊임없이 주류사회에 통합시키려 했던 이유였으며, 뒤를 이은 필리핀 정부의 국가통합정책 또한 마찬가지였다. 마드라사 통합교육의 초안은

1980년대 마르코스 정부가 이슬람 사회를 수용하여 필리핀 사회에 통합하기 위한 회유정책의 일환으로 개최한 "필리핀 이슬람 교육 및 전국 마드라사 회담"을 통해 마련되었다. 당시 회담의 목적이 이슬람 사회의 외부와의 소통이었다는 사실만 주목하더라도 통합교육에 대한 필리핀 정부의 의도를 짐작할 수 있다. 국가통합을 지향하는 필리핀 정부 입장에서는 기독교와 이슬람 간의 이분법적 사고를 조장하는 이슬람 교육의 통제를 위해서는 공교육의 테두리에 묶어둘 필요가 있기 때문이다. 이와 더불어 통합교육의 실태를 필리핀 교육법안 2조 3항(필리핀 각 지역사회의 상이한 문화, 전통 및 믿음을 중시)에 비추어 보면, 이슬람 교과목의 커리큘럼과 교과서의 부재는 통합교육이 이슬람 사회의 문화와 전통을 무시한 중앙정부의 탁상공론적인 정책이라는 사실을 알려준다. 또한 지금까지 필리핀의 주류사회가 기독교 사회였다는 사실은 필리핀 정부가 마드라사에 대한 서방 국가들의 원조를 규제하지 않으리라는 것을 말해준다. 서방 국가의 원조는 이슬람 교육을 약화시켜 무슬림들을 주류사회로 나오게 할 수 있기 때문이다. 나아가 현재 많은 수의 무슬림 학생들과 학부모들이 일반교육의 중요성을 인식하고 있다는 사실은 이슬람 교육의 가치 하락과 동시에 통합교육을 통한 취학률의 상승을 불러올 것이다. 현재까지의 필리핀 이슬람 교육의 발전 상황을 종합해보면 필리핀의 이슬람 교육은 서구식민시대 이후 줄곧 기독교 주류사회로부터 벗어날 수 없는 절대적 구조 안에 갇혀왔다는 결론을 말해준다. 다시 말하자면, 필리핀 이슬람 사회에서 순수한 이슬람회의 실천에 기인한 이슬람 교육은 기대하기가 힘든 것이다.

현재 필리핀 이슬람 사회는 과도기 상태에 있다고 해도 과언은 아니다. 과거 이슬람 교육은 기독교 주류사회에서 필리핀 무슬림들의 정체성을 지켜주는 정신적 힘의 원천이었지만 오늘날의 젊은 무슬림들에게는 다른 이야기이다. 이들에게는 이슬람 교육보다, 또는 무슬림으로서의 정체성보다 필리핀 사회의 국민으로서 당장 책임져야 할 생계와 젊은이로서의 꿈을 이루는 것이 중요하기 때문이다. 설상가상으로 필리핀 이슬람 사회에 급속히 침투하고 있는 서구화와 현대화는 젊은 무슬림들에게 이슬람 교육의 가치와 이들이 직면한 빈곤한 현실 간의 무게를 재어보도록 재촉하는 중이다. 필리핀의 국가통합정책의 관점에서 보았을 때, 이슬람 교육을 받고 자란 소수의 무슬림 학생들이 서구식 교육을 받은 다수의 학생들과 연합하여 통일된 필리핀 사회를 이룰 수 있는지는 미지수이다. 역으로 무슬림 지도자들의 기대와 같이 마드라사 통합교육이 필리핀 이슬람 사회의 미래인 젊은 무슬림들의 이슬람 가치관을 더욱 강화시켜 줄지에 대해서도 미지수이다. 이에 대한 답변은 급변하는 세계화와 하루가 다르게 발전하는 IT시대의 세속화가 필리핀의 젊은 무슬림들의 가치관을 빠른 속도로 변화시키고 있는 현실적 상황에서 찾아봐야 한다. 필리핀의 젊은 무슬림들의 가치관의 변화는 비단 필리핀 이슬람 사회뿐만이 아닌 전 세계 이슬람 사회가 공통으로 직면한 문제라는 사실을 시사한다.

참고 문헌

김동엽. 2013. "필리핀 무슬림 분리주의 운동의 발생과 전개: 이슬람 부흥운동의 맥락에서".『동 아연구』32(2): 263~300쪽.

김성철. 2000.『필리핀 무슬림』. 전북: 전주대학교 출판부.

서경교. 1995. "필리핀 무슬림의 분리주의 운동: 변화와 연속".『동남아연구』4: 121~156쪽.

오부영. 2008. "필리핀 이슬람 개종자 발릭-이슬람에 대한 연구".『한국이슬람학회논총』18(2): 87~110쪽.

유석춘. 1994. "필리핀의 사회제도: 가족, 종교, 교육".『동남아시아연구』3: 91~126쪽.

유왕종. 1999. "필리핀의 이슬람 분리주의 운동".『한국이슬람학회논총』9(1): 105~120쪽.

이충열 · 방인성. 2014. "필리핀 방사모로 이슬람 자치지역의 개발정책수립을 위한 제언".『동남아 시아연구』24(1): 133~190쪽.

정영국. 1993. "마르꼬스 권위주의 체제와 Moro 분리독립운동".『지역연구』2(4): 31~55쪽.

최영길. 1997.『성 꾸란 의미의 한국어 번역』. 메디나: 파하드 국왕 성 꾸란 출판청.

Ahmad, Wan D.S. 2002. *Minoriti Muslim di Filipina*. Selangor: Universiti Kebangsaan Malaysia.

Al-Attas, Syed Muhammad Naquib. 1989. *Faces of Islam: Conversation on Contemporary Issues*. Kuala Lumpur: Berita Publishing.

Arsad, Nefertari A. 2011. *Integrated Madrasah Education in the Philippines*. Bangkok: Asian Muslim Action Network.

Batas Pambansa 232. "An Act Providing for the Establishment and Maintenance of an Integrated System of Education." http://www.slideshare.net/jaredram55/batas-pambansa-blg-232-education-act-of-1982 (검색일: 2014. 10. 15.)

Cho, Taeyoung. 2012. *Aksara Serang dan Perkembangan Tamadun Islam di Sulawesi Selatan*. Yogyakarta: Penerbit Ombak.

Collins, James T. 1998. *Malay World Language: A Short History*. Kuala Lumpur: Dewan Bahasa dan Pustaka.

Department of Foreign Affairs and Trade. 2014. "Basic Education Assistance for Mindanao." http://aid.dfat.gov.au/countries/east asia/philippines/Documents/be-beam-armm-newsletter-ipm.pdf (검색일: 2014. 09. 21.)

Ernst, Carl W. 2004. *Following Muhammad: Rethinking Islam in the Contemporary World*.

Chapel Hill: The University of North Carolina Press.

Faruqi, Ismail. 1982. *Islamization of Knowledge: General Principles and Work Plan*. Herndon, VA: International Institute of Islamic Thought.

Gowing, Peter Gordon. 1979. *Muslim Filipinos: Heritage and Horizon*. Quezon City: New Day.

Madale, Nagasura T. 1988. "Kebangkitan Kembali Islam dan Nasionalisme di Filipina." Taufik, Abdullah dan Sharon, Siddique (eds.), *Tradisi dan Kebangkitan Islam di Asia Tenggara*. Jakarta: Penerbit LP3ES.

Majul, Cesar Adib. 1985. *The Contemporary Muslim Movement in the Philippines*. Berkerly: Mizan Press.

Milligan, Jeffrey Ayala. 2003. "Teaching between the cross and the Crescent Moon: Islamic Identity, Postcoloniality, and Public Education in the Southern Philippines." *Comparative Education Review* 47(4): pp. 468~492.

Milligan, Jeffrey Ayala. 2006. "Reclaiming an Ideal: The Islamization of Education in the Southern Philippines." *Comparative Education Review* 50(3): pp. 410~430.

Mohamad, Abu Bakar. 1991. "External Influences on Contemporary Islamic Resurgence in Malaysia." *Contemporary Southeast Asia* 13(2): pp. 220~228.

Moulton, Jeanne. 2008. *Madrasah Education: What Creative Associates has learned*. Washington: Creative Associates International, Inc.

National Commission for Culture and the Arts. 2014. "The Muslim Ethnic Groups." http://www.ncca.gov.ph/about-culture-and-arts/articles-on-c-n-a/article. php?i=232&igm=4 (검색일: 2015. 01. 29.)

Neher, Clark. 1980. "The Philippines 1979: Cracks in the Fortress." *Asian Survey* 20(2): pp. 155~167.

Niyozov, Sarfaroz and Memon, Nadeem. 2011. "Islamic Education and Islamization: Evolution of Themes, Continuities and New Directions." *Journal of Muslim Minority Affairs* 31(1): pp. 5~30.

Othman, Mohd Yatim and Abdul, Halim Nasir. 1990. *Epigrafi Islam Terawal di Nusantara*. Kuala Lumpur: Dewan Bahasa dan Pustaka.

Returned Peace Corps Volunteers (RPCV). "Thomasites." http://peacecorpsonline.org/

messages/messages/467/2841.html (검색일: 2015. 01. 29)

Rosli, Saludin Mohd and Fazil, bin Ajak Mohd. 2011. *Menjana Transformasi Etnik Suluk.* Kuala Lumpur: Crescent News.

Saifullah, SA. 2008. "Umat Islam di Filipina Selatan: Sejarah, Perjuangan dan Rekonsiliasi." *ISLAMICA* 3(1): pp. 54~75.

Simons, Gary F. 2014. *Ethnologue Languages of Asia (Seventeenth Edition).* Dallas: SIL International.

Suhrke, Astri and Noble, Lela Garner. 1977. *Ethnic Conflict in International Relations.* New York: Praeger Publishers.

Wikipedia. "Education in the Philippines." http://en.wikipedia.org/wiki/Education_in_ the_Philippines (검색일: 2015. 02. 02.)

_____ . "Freedom of Religion in the Philippines." http://en.wikipedia.org/wiki/ Freedom_of_religion_in_the_Philippines (검색일: 2014. 10. 03.)

_____ . "Philippines." http://en.wikipedia.org/wiki/Philippines# Religion (검색일: 2014. 10. 01.)

Woods, Damon L. 2006. *The Philippines: a global studies handbook.* ABC-CLIO.

필리핀 사회 속의
무슬림 소수민족

필리피노와 모로의 평화적 공존을 향하여

1. 들어가며

지난 2014년 9월 10일 아키노 정부는 필리핀 무슬림 반군 최대 조직인 모로이슬람해방전선^{MILF}과의 평화협상 내용을 최종 입법화하기 위한 방사모로기본법^{BBL}의 정부안을 의회에 제출했다. 2012년 10월 15일 필리핀 정부와 MILF 간에 방사모로 지역을 대상으로 보다 실질적인 자치정부 수립을 골자로 하는 방사모로기본협정^{Framework Agreement on Bangsamoro}(이하 기본협정)에 합의한 이후 이의 실행안을 놓고 지속적인 협상을 펼쳐 최종 정부법안을 마련한 것이었다. 상하 양원 모두 아키노 행정부에게 우호적인 의원들이 다수를 차지하고 있는 상황에서 아키노 대통령은 법안의 조속한 통과를 의회에 주문하기도 했다. 이에 대해 양원의 지도부는 조속한 절차를 거쳐 법안을 통과시킬 것이라고 했다. 이는 40여 년에 걸친 무력분쟁으로 인해 12만여 명의 인명 손실과 수백만 명의 이재민을 발생시킨 민다나오 무슬림 지역에 드디어 평화와 번영을 가져올 초석을 놓을 것이라는 기대를 많은 필리핀 무슬림들이 가지게 했다.

그동안 필리핀 무슬림 사회 내부의 분열은 정부와의 평화협상 과정에서 걸림돌로 작용해왔다. 이번 기본협정에 반대하는 무슬림 세력이 존재하며, 이의 추진을 방해하기 위한 다양한 사건들을 일으키기도 했다. 지난 2013년 2월 무장한 술루 술탄의 사병들이 말레이시아의 사바^{Saba} 주에 불법 침입하여 영유권을 주장한 사건도 평화협상의 후원자 역할을 담당하고 있는 말레이시아의 심기를 건드리는 시도로 해석할 수 있다. 또한 1996년 라모스 정권과의 평화협상 당시 모로민족해방전선^{MNLF}을 이끌며,[1] 이후 수립된 민다나오 무슬림자치구^{ARMM}의 초대 주지사를 지낸 미수아리$^{Nur\ Misuari}$를 추종하는 사병 조직이 2013년 9월 9일 민다나오 잠보앙가 시를 무력으로 불법 점거하고 진행 중인 협상에 반대하며 이슬람 독립국가를 선포하기도 했다. 곧 이어진 필리핀 정부군과의 교전에서 100명이 넘는 사망자가 발생했다. 이후 도피생활을 하고 있는 미수아리는 다양한 채널을 통해 기본협정의 부당함을 역설하고 있다. 또한 최근 그 정체가 부각되고 있는 방사모로이슬람해방전사$^{BIFF:\ Bangsamoro\ Islamic\ Freedom\ Fighter}$나 각종 테러활동으로 이미 국제적으로 이름이 알려져 있는 아부사얍$^{Abu-}$ ^{Sayyaf}의 활동도 걸림돌로 작용하고 있다. 이러한 상황에서도 이번 기본협정은 과거와는 달리 종족과 분파를 넘어 민다나오 무슬림 다수의 지지를 받고 있다.

그러나 지난 2015년 1월 25일 마긴다나오 지역의 마마사파노^{Mamasapano}에서 발생한 필리핀 경찰 특수부대원과 MILF 그리고 지역의 다른 반군 조직들 간의 충돌로 경찰 44명을 포함해 총 66명이 사망하는 사건이 벌어지면서 평화 정착의 전망을 다시금 어둡게 만들었다. 필리핀 정부와 MILF는 2012년 평화협상을 시작하면서 정전협정을 맺었다. 이 협정에 따르면, 필리핀 정부군이 MILF가 관할하는 지역에서 작전을 벌일 경우에는 정전위원회에 통보하여 상호 조율하도록 합의했다. 그러나 이번 마

---

1 MILF는 1976년 MNLF가 마르코스 정권과 트리폴리 평화협정을 맺은 것에 반발한 인사들이 조직한 반군 단체로서 오랫동안 이슬람 독립국가 수립을 목표로 비타협적인 투쟁을 지속해왔으며, 2000년대 중반 지도자의 변화와 함께 일부 타협적인 성향을 나타내고 있다. 이름에서도 알 수 있듯이 MNLF는 필리핀 무슬림의 민족주의 정체성을 강조하는 반면, MILF는 필리핀 무슬림의 이슬람적 정체성을 강조한다. 그러나 더 근본적으로 MNLF는 따우숙 종족이 그 중심을 이루며 대부분 과거 술루 술탄의 추종자들과 그 지역에 기반을 두고 있다. 반면 MILF는 마긴다나오 종족이 중심을 이루며 과거 마긴다나오 술탄의 지역에 기반을 두고 있다. 한편 방사모로는 모로 민족$^{moro\ nation}$을 이르는 말이며, 여기서는 모로 지역의 정치체^{political} ^{entity}를 지칭하는 용어로 사용된다.

마사파노 사건은 이러한 정전 규칙을 지키지 않고, 어두운 새벽에 경찰 특수부대가 중무장을 하고 반군 지역에 진입함으로써 벌어진 사건이었다. 경찰 특수부대는 민다나오에서 활동 중인 국제 테러범, 줄킬플리^{Zulkifli} ^{Abdhir}를 체포하는 작전의 일환으로 해당 지역에 진입한 것이었다. 해당 사건에 대한 의회 공개청문회에서 일부 의원들은 본 사건과 BBL의 의회 통과를 연계해야 함을 역설하기도 했다. 44명의 젊은 경찰이 무참하게 목숨을 잃은 이번 사건은 필리핀 국민들로 하여금 평화협상의 상대로서 MILF에 대한 의구심을 가지게 했다. 이러한 여론에 편승하여 일부 정치인들은 기본협정 자체를 무효화하려고 시도함으로써 분쟁 해결의 전망을 어둡게 만들었다.

평화를 기대하며 희망에 차 있던 필리핀 무슬림들은 이러한 사태의 진전에 대해 실망하고 또한 분노하는 모습을 감추지 않았다. 평화를 요구하며 BBL의 조속한 의회 통과를 촉구하는 무슬림 시위에서는 반MILF 의견을 노골적으로 표시하는 의원들에 대한 성토로 이어졌다. 특히 마마사파노 사건에 대한 의회 청문회에서 MILF를 테러 단체로 규정하며 평화협상의 의도를 줄곧 지적한 까에따노^{Alan Peter Cayetano} 상원의원의 사진과 형상^{形像}이 불태워지기도 했다. 무슬림 시민운동가 리닌딩(Drieza A. Lininding 인터뷰, 2015. 02. 09. 마라위 시)은 이번 기본협정이 비록 최선은 아니지만 민다나오 무슬림 지역에 평화를 정착시키는 초석을 놓을 수는 있을 것이라고 했다. 최근 진행되는 상황에 대해 그는 오랜 반군활동에 지친 MILF가 어떠한 형태로든 정부와의 평화협상을 마무리하려고 하겠지만, 그 협상안이 필리핀 무슬림 대중에게 받아들여질지는 모를 일이라고 했다. 즉 이번 사건을 계기로 기존의 BBL 정부안이 의회 논의 과정을 거치면서 많은 수정이 가해질 수 있으며, 그럴 경우 비록 최종안이 통과되더라도 또 다른 반군활동으로 분쟁은 지속될 것이라고 했다.

분리독립운동으로 진행되는 소수민족 분쟁[2]은 다양한 역사적 배경과 현실적 문제가 복잡하게 엮여서 나타난다. 특히 필리핀 민다나오 무슬림 분쟁처럼 다수인 기독교도[3]와 소수인 무슬림 간의 종교적 신념 차이가 분열의 중요한 원인을 제공하는 경우에는 타협의 접점을 찾기가 쉽지 않다. 규모와 맥락 면에서 차이가 있기는 하지만 이스라엘과 팔레스타인의 분쟁 그리고 이웃 불교국가인 태국의 남부 이슬람 분쟁이 이와 같은 경우라고 볼 수 있다. 오랜 기간 동안 지속되는 반군활동은 해당 지역을 외부와 단절시킴으로써 경제사회적 발전을 저해한다. 낙후된 교육환경과 적절한 경제활동의 부재, 그리고 치안 공백으로 인해 분쟁 지역은 각종 범죄의 온상이 되고 있다. 이러한 상황은 다수 국민들로 하여금 그 지역과 무슬림들에 대한 부정적이고 적대적인 인식을 가지게 만든다. 또한 이처럼 불안정한 환경과 다수 국민들의 감정에 편승한 일부 정치인들이 이를 정략적으로 이용하는 경우도 있다.

기존의 소수민족 문제를 바라보는 시각은 주로 분쟁의 원인과 전개 과

---

2 개념상 "소수민족national minority"과 "소수종족ethnic minority"은 학자들에 따라 구분해 사용하기도 하지만, 본 글에서는 차이를 두지 않고 사용한다. 본문에서 인용한 학자들의 글에 사용한 용어를 그대로 사용했으며 필리핀 무슬림의 경우에는 종족보다는 역사·종교적 차이에 의한 구분이므로 "소수민족"이라는 용어를 사용했다.

3 본 논문에서 사용하는 "기독교도"는 구교인 가톨릭에 저항한 프로테스탄트의 의미가 아니며, 일반적인 그리스도인을 의미한다. 스페인의 영향으로 필리핀의 대다수 그리스도인은 가톨릭에 속한다.

정에 초점을 맞추고 있다. 이에 따라 중앙정부와 반군의 역량, 그리고 외부의 환경 등이 분석의 대상이 되어왔다. 그러나 정치적 이해관계에 따라 입장을 달리할 수 있는 중앙정부의 정치인들이나 반군의 지도부, 그리고 주권국가의 내정간섭이라는 한계를 가지고 있는 외부 중재자 간의 타협안이 분쟁의 진정한 해결책이 되지 못했다. 필리핀 민다나오 이슬람 분쟁의 전개 과정을 통해 볼 수 있듯이 이러한 일시적 타협안은 분쟁의 근본적 해결책이 되지 못하고 또 다른 분쟁을 낳는 결과를 가져왔다. 이는 분쟁의 전개 과정에서 직접적인 피해 당사자인 지역민들의 삶과 인권의 문제가 해결해야 할 최대의 과제임을 공유하지 못하기 때문으로 볼 수 있다. 이처럼 소수민족 분쟁에 관한 기존의 이론들이 장기적 평화 정착을 위한 방안을 제시하지 못하는 현실 속에서 새로운 접근법이 요구된다. 특히 분쟁의 가장 큰 피해자이면서 협상의 주체로 등장하지 못하는 분쟁 지역 주민들의 생존권 문제에 보다 관심을 기울이는 새로운 접근법이 요구된다.

본 논문에서는 우선 많은 기대를 모으고 있는 아키노 정부와 MILF 간의 방사모로기본협정이 과거의 평화협정들과 어떠한 차이가 있는지를 기존의 소수민족 분쟁 이론들을 보완하여 비교적 관점에서 살펴보았다. 이를 통해 본 평화협정이 그동안 분쟁으로 얼룩진 필리핀 민다나오에 진정한 평화를 정착시킬 수 있을지에 대한 평가를 실시했다. 이러한 평가를 바탕으로 분쟁의 진정한 종결과 평화 정착, 그리고 번영을 위해 분쟁 지역 주민들의 생존권 문제에 초점을 맞춘 새로운 접근법의 필요성을 강조하고자 한다. 본 논문은 필리핀 현지조사를 통해 얻은 각종 문헌 자료와 여론조사 자료, 그리고 마닐라와 민다나오 이슬람 지역인 마라위 시에서 만

난 다양한 사람들과의 집중 인터뷰 내용을 기초로 작성되었다.[4]

2. 기존 연구와 이론적 논의

필리핀 민다나오 이슬람 분쟁을 바라보는 시각은 다양하다. 우선, 성서의 역사로 거슬러 올라가는 기독교와 이슬람 간의 종교적 분열과 갈등의 관점에서 바라보는 역사·문화적 시각이 있다. 이러한 종교 간 갈등의 관점은 "문명의 충돌"로 대변되는 헌팅턴의 논의에 따라 현대적 관점으로 부각되었다(Huntington 1993). 이러한 시각에서 필리핀의 이슬람 분쟁을 바라보기 위해서는 스페인 식민지 시대 이전에 유럽의 이베리아반도에서 스페인이 무슬림인 무어족에 대항하여 수백 년간 벌였던 재정복 전쟁 Reconquista(711~1492)이나 십자군 전쟁까지로 거슬러 올라가야 할 것이다. 유럽에서 전개되었던 무슬림과의 전쟁 기억이 식민지에서 마주치게 된 무슬림에 대한 적개심으로 나타났고, 이에 대한 필리핀 무슬림의 저항은 스페인 식민시기 내내 지속되었다. 이러한 역사·문화적 관점에서의 접근은 분쟁의 해결책을 문명 간의 화해와 같은 거대담론에 의지할 수밖에 없도록 만든다.

둘째로 경제·사회적 시각에서의 접근이 있다. 공식적으로 333년 동안 지속되었던 스페인의 필리핀 식민통치는 필리핀 무슬림의 고립화와 경제적 주변화를 낳았다. 필리핀 무슬림들에게 스페인의 식민통치는 명목적

---

4 현지조사는 2015년 2월 7일부터 15일까지 실시했으며, 인터뷰는 일부를 제외하고 대부분 필리핀 무슬림들을 대상으로 실시했다. 이는 분쟁의 현실을 보다 직접적으로 경험하고 있는 사람들의 의견을 듣기 위해서였다. 인터뷰한 사람들의 목록은 참고 자료에 첨부했다.

지배를 의미했을 뿐 실제로는 스페인의 영향에서 벗어나 정치와 경제 그리고 문화적 영역에서 나름대로의 자율권을 유지했다. 스페인 식민시기는 스페인의 지배를 받아들인 기독교도 "필리피노"와 이에 저항한 무슬림 "모로"라는 양분된 정체성이 형성되는 시기였다(Milligan 2003: 470).[5] 1901년부터 본격화된 미국의 식민통치 기간에도 모로의 소외감과 상대적 박탈감은 더욱 심화되었다. 이는 곧 "좌절frustration이 공격aggression으로 이어진다"는 사회학 이론의 시각에서 필리핀 민다나오 무슬림 문제를 접근하는 것이다. 필리핀 무슬림들의 낮은 교육기회와 경제적 활동에 대한 부당한 사회적 처우는 구성원들의 좌절감을 확산시켰고, 이러한 구조를 뒷받침하고 있는 주류사회에 대한 공격으로 이어진 것으로 본다. 이러한 관점에서의 해결책은 곧 교육기회의 확대와 경제사회적 발전이라는 근대화 정책으로 제시되었다(Magdalena 1977).

셋째로는 국가의 정책을 분쟁의 원인으로 바라보는 정치적 접근법이다. 식민지 정부와 독립 후 필리핀 중앙정부의 정책에 따라 필리핀 무슬림들은 종교적 탄압과 함께 정치적·경제적으로 주변화되었다는 것이다. 이러한 중앙정부의 강압적 통합정책은 필리핀 무슬림들의 이슬람 정체성을 말살하고, 문화적 수수민족으로서의 생존마저 위협하는 것으로 간주

---

5   필리피노Filipino는 오늘날 필리핀 국민을 통칭하는 용어이다. 필리피노는 스페인 식민지 시기에 필리핀에서 태어난 스페인 사람을 지칭하는 용어였지만, 점차 그 범위가 확대·변화하였으며 민족주의 운동 시기에는 필리핀 민족을 지칭하는 용어로 사용되었다. 한편 식민통치에 굴복하지 않았던 필리핀 무슬림들은 "필리피노"를 스페인에 식민화된 사람들로 간주했으며, 이들과 구분하여 스스로는 모로라는 정체성을 가지게 되었다 (Larousse 2001: 214~227). 모로는 본래 스페인 사람들이 본국에서 마주쳤던 무어Moor의 스페인어식 발음이며, 필리핀 식민지에서 다시 마주치게 된 무슬림을 모로라고 불렀다. 필리핀 무슬림들은 종족적·언어적 구분을 넘어 통합된 정체성을 표현하는 명칭으로 모로를 사용하기 시작했다.

되어 분쟁을 촉발시켰다는 것이다. 이러한 관점에서의 해결책은 소수민족의 생존과 자치를 인정하는 중앙정부의 태도 변화와 장기적인 발전 계획을 수립하여 집행하는 것을 강조한다(Gowing 1979; McKenna 1998).

넷째로는 서구적 근대화 과정에서 나타난 부정적 결과로 바라보는 관점이다. 제2차 세계대전 이후 전 세계 이슬람 사회에는 서구의 근대적 사상과 문물이 급속히 전파되었다. 서구의 진출은 많은 부를 동반했고, 이들과 연합한 중앙정부와 일부 엘리트들의 행태는 무슬림 대중을 소외시키면서 궁극적으로 적대감을 쌓았다. 이처럼 서구에서 차용한 각종 근대적 문화와 제도에 대한 불신이 증가했으며, 이는 곧 이슬람 개혁주의자들이 부상하는 배경이 되었다. 이들은 과거의 이슬람적 삶의 방식이 자신들을 구원해줄 것이라는 믿음을 중심으로 이슬람 부흥운동Islamic revivalism을 주도했다. 이슬람 부흥운동은 국가권력의 중앙 집중화와 자본주의 경제의 불평등 구조와 같은 서구식 근대화의 결과에 대한 반작용이자 또 다른 근대성의 문화적 표현으로 볼 수 있다(Lapidus 1997; Lewis 1990). 필리핀 민다나오 이슬람 분쟁이 본격화된 시점이 당시 전 세계적으로 전파된 이슬람 부흥운동과 그 맥락을 같이하고 있다는 점에서 본 시각이 설득력을 가진다(김동엽 2013).

이러한 기존의 문헌에서 접근하는 분쟁의 원인과 처방은 필리핀 민다나오 무슬림 지역민들의 인터뷰에서도 확인할 수 있다. 까야모딘(Jamel R. Cayamodin 인터뷰, 2014. 02. 08.)의 경우 민다나오 무슬림 분쟁의 원인은 정치, 경제, 사회·문화적 요인이 복합적으로 작용한 것이지만 가장 근본적으로는 정치적 문제로 간주했다. 즉 방사모로 지역을 필리핀에 포함시킨 정치적 결정에서부터 시작되어, 오늘날에도 중앙의 정치인들이 모로 문제를 정치적으로 이용하고 있는 것으로 판단했다. 한편 판다(Ali B. Panda 인터뷰, 2014. 02. 09.)의 경우에는 이 분쟁을 정치적인 문제로 바라보지만, 보다 근본적으로는 삶의 방식에서 나오는 문화적 차이에 근거하는 것으로 해석했다. 즉 필리핀 무슬림들은 필리핀의 지배적인 국민들과 다른 삶의 방식을 지향하고 있으며, 이러한 차이를 인정하는 진정한 자치를 부여하는 것만이 진정한 해결책이 될 수 있다고 했다.

시민운동가인 리닌딩(Drieza A. Lininding 인터뷰, 2014. 02. 09.)은 분쟁의 근원을 식민지배에 대한 저항에서 찾고 있다. 단지 스페인이나 미국과 같은 외부자에 의한 식민지배뿐만 아니라 독립 후에도 줄곧 내부자에 의한 식민지배가 이루어지고 있다는 것이다. 이러한 식민지배는 차별적 정책을 낳았고, 이슬람 지역은 낙후된 지역으로 남게 되었다. 비록 형식적으로는 ARMM이라는 자치정부를 수립하기도 했지만, 여전히 중앙정부의 규율과 통제하에 있기 때문에 진정으로 자치가 허용되었다고 볼 수 없다는 것이다.

많은 학자들이 소수민족 분쟁에 관한 다양한 경험적, 이론적 논의를 다루고 있다(Brown 1988; Esteban and Ray 2011; Gurr 1993; Huntington 1968; Islam 1998). 헌팅턴(Huntington 1968)은 역사적, 정치적, 사회적 상황이 분리주의 운동의 초석을 놓지만, 자신의 문화와 언어, 가치를 유지하고 영토에 대한 통제력을 확보하려는 투쟁의 성공 여부는 요구를 수용하는 국가의 여력과 저항세력의 응집력과 지지기반에 달려 있다고 했다. 또한 내부적 혹은 외부적인 지원을 끌어낼 수 있는 강력한 지도자를 중심으로 한 정치적 조직이 이끌어야 한다고 했다. 브라운(Brown 1988)은 분리주의 운동을 세 단계로 정리했다. 우선, 국가의 해당 지역에 대한 통제력이 빈약함에 따라 지역의 공동체 권위주의가 흔들리게 된다. 이는 또한 대중과 엘리트들에게 정체성의 혼란을 야기하고, 엘리트 수준에서는 권위의 위기가 발생한다. 둘째, 지역의 엘리트 그룹은 소수민족주의 이념을 내세워 중앙정부에 대한 저항을 조직함으로써 이러한 두 가지 문제를 동시에 해결하려고 한다. 이는 공동체 단합의 새로운 이념이 되며, 엘리트 자신의 권위에 새로운 정당성을 부여한다. 셋째, 전통적인 리더들과 젊고 교육받은 세대 등 다양한 야심가 그룹은 그들이 지역의 소수민족주의를 대변하는 유일한 대변인이라고 주장한다. 이러한 권위를 둘러싼 분파적 분열은 소수민족주의 운동을 약화시키는 결과를 가져오기도 한다는 것이다.

소수민족 분쟁을 행태주의적으로 연구하여 모델을 제시한 에스테반과 레이(Esteban and Ray 2011)는 분쟁의 발생 원인을 차별적인 정부정책과 이에 대한 사회적 인내의 한계에 있다고 봤다. 특히 차별받는 소수민족 내부의 불평등 구조가 분쟁을 가능하게 하는 원인이 된다는 것이다. 즉 분쟁의 수행에 필요한 물질적인 자원을 제공할 수 있는 부유한 계층과 일정한 소득이 없는 절망적 상황에서 전쟁터라도 뛰어들 상황에 놓인 다수의 빈곤층이 존재할 때 이들이 연계되어 분쟁을 가능하게 한다는 것이다.

한편 전 세계 소수종족 분쟁을 포괄적으로 연구하여 이론적 틀을 제시한 거(Gurr 1993)는 소수종족 분쟁의 원인이 될 수 있는 요소로서 정치적 권리, 경제적 권리, 그리고 사회·문화적 권리에 대한 불만의 고조를 꼽았다. 그러나 비록 소수종족의 불만이 고조된 상황이더라도 모두 분쟁으로 이어지지는 않는다고 했다. 즉 일정한 여건이 조성되었을 때 분쟁이 촉발된다. 그러한 조건으로 거는 다음과 같은 네 가지를 꼽는다. 즉 소수종족의 불만이 극도로 고조되고, 중앙정부의 힘이 약하고, 외부로부터의 지원이 존재하며, 이러한 환경을 이용하고자 하는 정치적 야심가가 존재해야 한다는 것이다. 일단 분쟁이 일어나면 소수종족은 불만 요인의 성격에 따라 분리독립이나 자치, 혹은 소외받던 권리에 대한 접근을 요구한다. 이에 대해 중앙정부의 정책은 무력에 의한 진압과 타협으로 나눌 수 있다. 소수종족의 요구와 정부의 정책이 어떠한 타협점에 도달하느냐에 따라 분쟁이 지속되기도 하고, 또한 분쟁이 종결되기도 한다는 것이다.

거(Gurr 1993)가 제시한 사례에 따르면, 인도 편잡 지역 시크교도Sihks들의 경우 분리주의 운동이 결실을 맺지 못했는데, 이는 인도 정부의 시크교도에 대한 차별정책이 심하지 않았으므로 소수종족으로서 느끼는 박탈감이 그리 심하지 않았고, 이로 인해 내부적 결속이 이루어지지 않았기 때문으로 봤다. 알제리와 모로코의 수니 무슬림 베르베르Berber족의 분리주의 운동의 경우는 양 정부가 강력한 힘을 바탕으로 이들의 요구를 수용함으로써 종결된 것으로 분석했다. 소수종족의 분리주의 운동이 성공한 사례로서 파키스탄과 방글라데시가 인도에서 분리독립한 것을 꼽고 있다. 한편 2002년 인도네시아에서 분리독립한 동티모르의 경우도 성공적인 사례가 될 수 있다. 그러나 이상과 같은 소수종족 분쟁의 해결 사례들은 특수한 국내외적 상황에서 이루어진 것으로 오늘날 필리핀을 포함한 세계 곳곳에서 일어나고 있는 소수민족 분쟁에 적용하는 데는 한계가 있다. 특히 종교적 차이로 인한 삶의 방식 자체가 다르기 때문에 같은 체제 안에서 함께 살 수 없다고 주장하는 분쟁의 경우는 주로 분리독립을 요구한다. 그러나 오늘날처럼 국가가 국제사회에서 주도적 위치를 점하고 있고, 개별 국가들이 헌법에서 명시하고 있는 영토주권에 대해 민감하게 반응하는 상황에서 소수민족의 분리독립과 같은 요구가 받아들여지는 것은 극히 비현실적이다.

일반적으로 소수민족 분쟁의 해결 방안으로는 강압적인 방법과 타협적인 방법이 있을 수 있다. 우선 강압적인 방법은 중앙정부가 강력한 힘을 바탕으로 소수민족을 말살하거나 주류사회로 흡수하여 통합하는 것이다. 그러나 민족 말살과 같은 정책은 국제적 규범에서 허용하지 않기 때문에 책임 있는 국가의 선택이 될 수 없다. 또한 강제적인 흡수와 통합정책도 많은 무리가 따를 수 있다. 이를 위해서는 소수민족의 정체성을 말살하는 방향으로 추진되어야 하므로 인위적인 소수민족 분산과 같은 물리적 힘을 요구하기 때문에 극단적인 저항에 직면할 수도 있다. 또한 종교와 같은 삶의 본질적인 문제로 인한 분쟁의 경우에는 이러한 정책이 효과를 발휘하기가 쉽지 않다. 결국 타협적인 방안을 모색해야 하는데, 그것이 성공적으로 결실을 맺기 위해서는 다양한 요건들이 충족되어야 한다.

기존의 논의들과 필리핀 사례에 대한 경험적 관찰을 바탕으로 소수민족 분쟁의 종식과 평화 정착을 위한 조건으로 다음과 같은 세 가지 요소들을 제시할 수 있다. 우선 첫째로, 해당 소수민족 분쟁에 대한 국제적인 관심과 함께 분쟁의 원인과 반군활동의 정당성에 대한 외부적 공감과 분쟁에 대한 중립적 중재세력이 요구된다. 외부적 공감은 반군의 협상력을 높여 정부로 하여금 협상의 자리에 나오도록 만들고, 중립적 중재세력은 상호 간의 협상이 원활하게 추진될 수 있도록 유도한다. 외부의 공감세력이 존재하지 않을 경우에는 정부 측이 강압적인 정책의 유혹에 빠지기 쉽다. 둘째로 분쟁이 사회 전반에 걸쳐 심각한 문제로 대두되어 다수의 국민들이 문제 해결을 위한 필요성을 공감해야 한다. 분쟁이 사회 전반에 주목을 받지 못하고 지엽적인 문제로 치부될 때에는 협상에 나서는 정부나 반군의 명분이 약화될 가능성이 높다. 이는 협상 당사자의 요구 조건을 수용할 수 있는 정치적 역량을 위축할 수 있어서 협상 타결을 어렵게 만들 것이다. 셋째로 협상안의 내용이 얼마나 진정성 있게 분쟁의 원인을 다루고 있으며, 미래의 재발 방지를 위한 구조적 개혁을 지향하고 있느냐에 달려 있다. 협상의 타결이 곧 평화의 정착을 의미하지 않음을 필리핀의 사례를 통해 알 수 있다. 소수민족 분쟁의 종식과 평화의 정착을 위해서는 이상의 세 가지 요소들의 충족 여부를 살펴봐야 할 것이다.

3. 필리핀 민다나오 이슬람 분쟁의 성격

1) 모로 불만의 심화

1898년 미국이 스페인으로부터 필리핀 식민지를 양도받고 필리핀 독립군과의 전쟁을 성공적으로 마친 후 필리핀 민다나오에 진주한 미국 장교 핀리John P. Finley의 시각에 따르면 필리핀 모로는 지금처럼 전체 인구의 약 5퍼센트를 차지하며 가장 가난한 소수민족의 모습이 아니었다. 그는 "만일 스페인의 침략이 100년 정도 늦었더라면 필리핀 군도는 모두 이슬람화되었을 것이다."라고 기록하고 있다(Finley 1915: 354). 오랜 문헌 기록을 가지고 있던 모로의 존재를 스페인이 인정하고 고무했더라면 미국이 도래할 즈음에 모로는 가장 문명화된 민족이었을 것이라고 했다. 스페인은 모로를 모두 정복하지도 또한 개종시키지도 못했으며, 오랜 식민지화 과정에서 모로는 고립되어 퇴보의 길을 가게 되었다는 것이다(Finley 1916: 41~44). 이러한 진술을 통해 필리핀 모로의 위상이 스페인 식민지 시기를 거치면서 어떻게 변화되었는가를 짐작할 수 있다. 수백 년에 걸친 스페인과의 전쟁은 필리핀 모로 지역을 경제적으로 피폐하게 만들었고, 외부와의 교류가 어렵게 됨에 따라 이미 전파되었던 이슬람을 중심으로 한 통합적 정체성보다는 언어와 풍습이 상이한 부족들 간의 종족적 정체성이 더욱 강화되었다.

미군이 모로와 처음으로 조우하게 된 것은 1899년 5월 19일 홀로에서였으며, 전쟁의 피해를 줄이기 위해 미국은 8월 20일 술루의 술탄과 베이츠협약Bates Treaty을 체결하고 그들의 종교적 자유와 통치의 권위를 인정했다(Finley 1916: 28). 그러나 이 조약은 1902년 돌연 파기되었고, 마닐라에 있는 식민정부로부터의 직접통치로 이어졌다. 필리핀의 다른 지역과 마찬가지로 미국 식민정부는 모로 지역에도 유화정책policy of attraction을 펼쳐 근대적 교육과 제도를 도입했다. 이러한 근대화 정책은 이에 동조하지 않는 전통적인 지배자들과 종교 지도자들의 권위를 위축시켰다. 또한 모로 지역과 여타 필리핀 지역을 통합하려는 목적에 따라 식민정부는 필리핀의 다른 지역에서 비무슬림들에게 각종 지원을 제공하며 모로 지역으로 이주시키는 정책을 펼쳤다. 특히 1902년에 최초로 토지등록법Land Registration Act이 통과되었고, 이후 공공토지법Public Land Act of 1905, 1913, 1914, 1919이 발효되면서 조상 대대로 경작해오던 모로 지역의 토지들이 국유화되거나 외국의 다국적 기업이나 비무슬림들에게 넘어갔다(Islam 1998: 445).
1914년 1월 1일 식민지 정부가 군부에서 민간으로 이양되면서 모로라는
명칭은 다른 비무슬림 국민들과 마찬가지로 필리피노로 바뀌었고, 모로
지역Moro Province은 민다나오 행정구역the Department of Mindanao and Sulu으로 변경
되었다(Finley 1916: 31). 이처럼 필리핀 무슬림들은 미국 식민지 통치하에
서 자신들의 생활터전은 물론 무슬림으로서의 정체성마저 위협받는 위
기에 직면하게 되었다.

　　1935년 미국은 10년간의 준비 기간을 거쳐 필리핀을 독립시킨다는
계획을 확정했으며, 이를 위한 헌법을 제정하여 필리핀자치정부Philippine
Commonwealth를 발족했다. 이에 대해 민다나오 무슬림들은 필리핀에 포함
되지 않고 스스로 독립된 국가로 남기를 원한다는 취지의 단살란 선언
Dansalan Declearation을 발표했다. 1935년 3월 18일 120명의 라나오Lanao 다투들
이 연합하여 발표한 이 선언은 "우리는 다른 필리핀 지역과 함께 독립국
이 되기를 원하지 않는다. 수백 년 동안 그들과 우리는 평화롭게 공존하
지 않았으며, 우리의 땅을 모로가 아닌 그 누구에게도 넘겨주어서는 안
된다."라는 내용을 담고 있다. 그러나 미국은 필리핀 민족주의자들의 요
구를 수용하여 모로 지역의 분리를 허용하지 않았다(Kamlian 2003; Majul
1988, 899). 이는 곧 모로의 입장에서는 자신들이 기독교도가 다수인 필리
핀의 내부 식민지가 되는 것이었으며 정치적, 경제적 그리고 사회·문화적
으로 주변화된 소수자가 되는 것을 의미했다.

　　태평양 전쟁이 종식된 후 미국은 1946년 필리핀을 독립시켰다. 독립 후
필리핀 정부에게는 일본 점령군에 대항하여 게릴라 전쟁을 치렀던 농민

조직 항일인민군Huk: Hukbalahap의 처리 문제가 골칫거리로 떠올랐다. 대부분 소작농 출신으로 전쟁 후에는 공산주의 사상을 바탕으로 토지개혁과 같은 급진적인 사회개혁을 요구하며 반란을 일으킨 것이었다. 이러한 문제를 해결하는 방안으로 루손Luzon과 비사야스Visayas 지역의 소작농들을 민다나오로 대거 이주시키고 토지를 불하하는 정책을 펼쳤다. 1948년부터 1970년까지 민다나오의 인구는 약 500만 명, 즉 171퍼센트나 증가했다. 이는 전국 평균이 90퍼센트 증가한 것에 비하면 훨씬 높은 비율이다 (Bakuludan 1996: 94). 이러한 이주정책을 펼치는 과정에서 현지에 살고 있던 많은 무슬림 원주민들이 자신들이 대대로 경작해왔던 땅에서 밀려나는 상황이 발생했다. 이로 인해 필리핀 무슬림들은 자신들의 땅이라고 여겼던 민다나오에서 소수자로 변해갔다.

정부의 이주정책이 추진되는 과정에서 무슬림과 기독교도 간의 불신이 심화되었으며, 갈등이 고조되고 충돌이 빈번하게 발생했다. 특히 1968년 3월에 발생한 자비다Jabidah 학살 사건은 모로의 무장투쟁을 본격화시키는 계기가 되었다. 이는 필리핀 군대에서 훈련을 받고 있던 무슬림 군인 30명이 집단으로 학살당한 사건이었다. 이를 계기로 무슬림독립운동MIM: Muslim Independence Movement[6]이 조직되었다(Islam 1998: 448). 또한 1971년 선거는 민다나오 지역에서 무슬림과 기독교도 간에 정치적 세력 변화가 나타나는 전환점이 되었으며, 이러한 정치 지형의 변화 과정에서 양측 간의 무력충돌을 가중시켰다. 1971년 6월에는 최소 70명의 무슬림이 기독교도

---

6 무슬림독립운동은 차후 민다나오독립운동Mindanao Independence Movement으로 변경되었는데, 이는 정치적 고려에 의한 것으로 운동의 범위를 비무슬림 민다나오 원주민들까지 확대하기 위함이었다.

사병조직인 일라가^{Ilaga}에 의해 살해되는 마닐리^{Manili} 학살 사건이 발생했고, 그해 11월에는 40여 명의 마라나오 무슬림들이 군인과 기독교도들에게 살해되는 따쿱^{Tacub} 학살 사건이 발생했다. 이러한 무력분쟁들로 인해 1971년 말 코타바또와 라나오에서 최소한 10만 명의 무슬림 피난민이 발생했다(Majul 1988: 902~905; Noble 1976: 410). 이러한 일련의 사건들로 인해 모로는 자신들의 생존권이 위협받고 있다는 인식을 가지게 되었다.

1972년 9월 21일 마르코스 대통령은 계엄령을 선포하면서 그 이유로 공산반군과 무슬림 독립운동을 꼽았다. 계엄령 선포 이후 곧 필리핀 무슬림 반군조직인 모로민족해방전선^{MNLF}이 모습을 드러냈고, 정부군과 전면적인 무력투쟁을 벌이기 시작했다. 1974년 MNLF의 지도자는 인터뷰를 통해 MNLF가 조직된 원인으로 자비다 사건, 토지 강탈, 그리고 필리핀 정부의 모로 지역에 대한 사회·정치·경제적 문제의 해결 실패 등을 꼽았다(Noble 1976: 411). 필리핀 모로 분쟁의 요인은 근대화 과정에서 무슬림들이 경험한 상대적 박탈감과 주변화, 특히 상대적 인구수의 감소와 토지 문제를 둘러싼 갈등의 심화 등을 들 수 있다. 이는 모로가 느끼는 좌절감이 폭력적 저항으로 표현된 것으로 볼 수 있다(Magdalena 1977: 303).

2) 국내외 환경과 불만의 조직화

대부분의 신생 독립국가들과 마찬가지로 필리핀도 독립 이후 국가통합 정책을 통한 정치적 안정과 근대화 정책을 통한 경제적 발전을 꾀했다. 그러한 정책의 일환으로 추진된 기독교도들의 민다나오 이주는 각종 분쟁의 원인이 되었고, 이에 대한 해결책으로 필리핀의 주류 가치와 제도로 무슬림 사회를 통합하려고 시도했다. 필리핀 정부는 1957년 국가통합위원회CNI: Commission on National Integration를 설치했으며, 이를 통해 많은 수의 무슬림 젊은이들이 국비장학생으로 수도 마닐라에서 근대적인 교육을 받을 수 있도록 했다(Brown 1988: 60).

한편 그동안 필리핀 무슬림 사회는 이슬람에 대한 종교적 정체성이 그리 강하지 않은 것으로 인식되었다. 일례로 상원의원 알몬토Domocao Almonto는 1954년 의회보고서를 통해 "필리핀 무슬림의 약 80퍼센트가 자신의 종교에 대해 아무런 인식도 가지고 있지 않다"고 했다. 이러한 상황에 대한 인식은 필리핀 무슬림 지도자들로 하여금 이슬람에 대한 교육을 강화하는 방향으로 이어졌다. 알몬토 상원의원의 노력으로 1961년에 마라위 시에 민다나오국립대학교가 설립되었다. 또한 1973년에는 이슬람에 대한 집중적인 연구를 위해 킹파이살센터가 사우디아라비아 정부의 지원으로 설립되었다. 또한 수도 마닐라에 있는 국립 필리핀대학교에 이슬람연구소가 세워져 이슬람의 교육과 연구의 기반을 강화했다(Calimba 1990: 117~119).

이러한 움직임은 국제적인 이슬람 부흥운동과 맥을 같이한다. 필리핀 무슬림 사회의 무지하고 왜곡된 이슬람 신앙에 대해 국제 이슬람 세력이 관심을 기울이기 시작했다. 아랍의 이슬람 국가들이 필리핀 무슬림에게 장학금을 제공하여 유학생으로 초청하기 시작했다. 1949년에 필리핀 유학생 두 명이 이집트에 유학을 떠났다. 이들 중 한 명은 1964년에 학위를 받고 필리핀에 돌아와 이집트 정부의 후원하에 월 240달러를 받으며 이슬람 선교사로 일했다. 이후 이집트 정부는 장학금을 주어 필리핀 무슬림 유학생 수천 명을 초청했으며, 이들은 주로 알아자르대학교에서 수학했다. 이들은 귀국하여 이슬람 공동체의 새롭고 젊은 지도자들이 되었으며, 당시 무슬림 세계에 일어나고 있던 개혁적 사조를 받아들였다. 이들로 인해 필리핀 무슬림 지역에 아랍어와 이슬람 교리를 학습하는 마드라사의 수가 급격히 증가했으며 외부의 지원도 쇄도했다. 전통적인 엘리트들도 외부와의 연계에 적극적으로 나서 무슬림 전문인 협회들도 나타났다. 국가통합위원회 장학금을 받으며 마닐라에서 공부하던 무슬림 학생들은 학생연합을 만들었으며, 초기 종족 단위로 구성되었으나 나중에는 이슬람 원리를 중심으로 조직을 개편했다. 차츰 이들은 종족적·언어적 차이를 극복하고 점차적으로 보편적 이슬람 공동체의 관념을 가지게 되었다(Majul 1988: 901).

　이처럼 그동안 전통과 언어 그리고 종족적 차이로 분열되어 있던 필리핀 무슬림 사회의 통합과 국내외적인 지원을 통해 근대적인 교육을 받고 이슬람적 원리로 무장한 많은 젊은 무슬림들이 나타났다. 또한 이들의 등장 시기는 필리핀 무슬림 사회가 다양한 차별적 문제에 봉착하는 시기와 맞물려 있었다. 특히 민다나오로 이주해 온 기독교도들과의 갈등과 분쟁은 종교를 중심으로 한 사회적 분열의 골을 깊게 했다. 사회적 정체성 이론에 따르면, 정체성의 양분화는 최소한 부분적으로 이해할 수 있는 단위에서 세계를 구분하려고 하는 개인적인 성향의 결과로 본다. 이러한 개인적 정체성은 타자와의 비교를 통해 더욱 강화되고 명확해진다. 스스로를 범주화하는 근거로 신과의 관계보다 더 절대적인 것은 없다. 이슬람의 정체성을 강조하는 것은 개인적으로는 자신의 존엄성에 대한 표현이자, 그

존엄성을 박탈하려는 사람들에 대한 저항의 표시이며, 집단적으로는 종족적으로 분열되어 있는 종교적 소수자들 간의 단결을 의미하는 것이다. 필리핀에서 자신을 무슬림이라고 소개하는 것은 기독교도와 무슬림으로 분리되어 있는 필리핀의 문화적 구분의 한 측면에 속해 있음을 선언하는 것이다. 더불어 마라나오, 따우숙, 마긴다나오와 같은 언어·종족적 구분을 넘어 필리핀 무슬림 전체, 그리고 나아가 세계 이슬람 공동체의 일원으로 자신의 정체성을 표현한 것이다(Milligan 2003: 472~474).

그동안의 필리핀 무슬림 사회는 술탄과 다투와 같은 전통적인 엘리트들에 의해 지배되어 왔다. 일부 다투들은 1935년 수립된 필리핀자치정부 시기에 다수당인 국민당Nationalista Party에 참여하여 다양한 공직에 진출했다. 이들은 중앙정부에 참여함으로써 부와 권력을 획득했지만, 전통적인 권위는 침식되었다. 중앙정부의 정책을 수임한 지역의 정치인으로서 이들은 이슬람 지역에 유입된 기독교도 이주자들을 보호하고, 더불어 저들이 그 지역의 토지를 강탈하는 행위를 방임하거나 돕는 입장이 되었다. 이는 전통사회에서 땅과 주민을 수호해야 하는 다투의 역할에 배치되는 것으로서 이들에 대한 불신이 증가했다. 1960년대 정부의 이주정책으로 인해 일부 전통적 이슬람 지역에 기독교도들이 무슬림의 수보다 많아짐에 따라 무슬림 전통 엘리트들의 정치적 입지는 더욱 약화되었다. 이러한 상황에서 일부 전통적 엘리트들은 기독교도들의 지배력 확산에 불안해하는 무슬림들의 감정을 부추겨 자신들의 입지를 강화하고자 했다(Brown 1988: 72~73).

한편 각종 장학제도의 도움으로 대학교육을 받게 된 젊은 무슬림들은

8장 필리핀 사회 속의 무슬림 소수민족 | 김동엽

다시금 현실적인 장벽과 마주하게 되었다. 이들은 기독교도가 지배적인 필리핀 사회에서 종교적 소수자로서 각종 편견을 극복해야 했으며, 또한 주류인 기독교도들과의 경쟁에서 살아남는 것이 어렵다는 것을 점차 깨닫게 되었다. 이는 자신들의 장래 문제와 직결된 것으로서 이를 해결하는 방안으로 모로의 정치적, 문화적 부흥을 희구했다(Brown 1988: 74). 이처럼 근대적 고등교육을 받았지만 미래가 불확실한 무슬림 젊은이들과 변화하는 정치적 환경 속에서 돌파구를 모색하던 전통적 엘리트들 간의 연합이 이루어져 모로 분쟁의 초기 주도세력을 형성했다. 특히 자비다 학살 사건은 전통적 엘리트와 젊은이들 간의 이견을 축소하는 계기로 작용했다. 이러한 배경하에 1968년 5월 1일 전통적 엘리트인 마탈람Datu Udtog Matalam이 중심이 되어 무슬림독립운동MIM의 조직을 선언했다(Calimba 1990: 95; Majul 1988: 902; Noble 1976: 408).

필리핀 정부는 MIM 지도자들에게 중앙정부의 고위직을 제공하며 회유했고, 자신의 정치적 목적을 위해 참여했던 전통적 엘리트들이 정부의 제안을 받아들임으로써 결국 MIM은 1970년에 해산되었다. 초기에 전통적 엘리트들과 협력했던 젊은 무슬림들은 전통적 엘리트들의 타협주의와 분파주의에 실망하고 스스로의 길을 가게 되었다. 1969년 말레이시아의 플라우 팡코르Pulau Pangkor에서 군사훈련을 받던 젊은 무슬림들은 전통적 엘리트들을 배제한 자신들의 조직을 만들었다. 이를 주도했던 인물은 제1기 훈련생이었던 미수아리였으며, 그를 중심으로 MNLF가 조직되었다. MNLF는 필리핀 정부뿐만이 아니라 전통적인 무슬림 엘리트들에 대한 도전의 의미도 포함되었다. MNLF의 젊은 지도자들은 강력한 조직을 바탕으로 정치적 전략과 전술을 전개했다. 계엄령을 선포하고 독재정권을 수립한 마르코스 정권에 대해 MNLF는 성전(지하드)을 선포하고, 게릴라 전술을 통해 필리핀 정부군을 괴롭혔다. MNLF가 필리핀 무슬림 반군 조직을 대표하는 세력으로 등장하게 된 데는 외부로부터의 인정과 지원이 한몫을 했다. MNLF는 서구와 이슬람협력기구^{OIC}, 그리고 많은 이슬람 국가들의 지지를 획득했으며, 1975년 제다^{Jeddah}에서 열린 제6차 OIC 외교장관 회의에서 필리핀 무슬림 대표로서 정식 인정을 받았다(Islam 1998: 449~454).

3) 모로 분쟁 해결을 위한 노력과 성과

(1) 1974년 트리폴리협정과 1996년 최종평화협정

필리핀에서 1960년대 말 무슬림 반군활동이 시작된 이래 필리핀 정부는 어떠한 형태로든 분쟁을 종식하고 민다나오에 평화를 정착시키고자 노력했다. 대표적으로 마르코스 정권이 1976년 MNLF와 합의한 트리폴리협정과 라모스 정권이 1996년 MNLF와 자까르따에서 합의한 최종평화협정The 1996 MNLF-GRP Final Peace Agreement이 있다. 이 외에도 코리 아키노$^{Corazon Aquino}$ 정권이 1987년 MNLF와 합의한 제다합의$^{Jeddah Accord}$**7**와 아로요 정권이 2008년 모로이슬람해방전선^{MILF}과 합의한 무슬림 조상 전례영역에

---

7 1986년 마르코스 독재정권이 붕괴되고 들어선 코리 아키노 정부는 MNLF와의 협상에 착수하여 1987년 1월 제다합의에 조인한 후 1987년 제정한 새로운 민주헌법에 무슬림 민다나오와 꼬르딜레라에 각각 자치지구$^{Autonomous Region}$를 설립한다는 조문을 포함했다. 그러나 자치지구 수립에 관한 협상 과정에서 이견을 좁히지 못하고 MNLF는 물러나 투쟁을 계속 이어나갈 것을 선언했고, 헌법에 명기된 무슬림 자치지구 수립에 관한 절차는 정부 측 단독으로 처리되었다.

관한 합의MOA-AD: Memorandum of Agreement on the Muslim Ancestral Domain[8] 등이 있지만 이들은 과정상의 문제로 인해 아무런 진전을 보지 못했다. 또한 2000년 에스트라다Joseph Estrada 정권은 협상에 나서지 않는 MILF에 대해 전면전all-out-war을 선포하고 반군의 요새를 공격하여 점령하기도 했지만, 근거지를 옮겨 지속적으로 저항하는 MILF의 세력을 꺾지는 못했다. 따라서 아키노 정부가 추진한 평화협정의 진행 과정과 그 결과를 비교해볼 수 있는 선례로는 1974년 트리폴리협정과 1996년 최종평화협정밖에 없다고 할 수 있다.

1976년에 체결된 트리폴리협정은 마르코스 독재정권하에서 당시 필리핀 무슬림의 대표적인 반군조직인 MNLF와 맺은 협정이다. 이 최초 평화협정의 내용은 이후 정부와 무슬림 반군 사이에 이루어진 평화협상에서 기준을 제시한 중요한 문서가 되었다. 마르코스 정부가 이웃 국가도 아닌 먼 아랍 국가 리비아의 트리폴리에서 반군단체와 평화협정을 맺은 데에는 당시 아랍 국가들이 먼 아시아의 필리핀에서 일어나고 있는 무슬림 반군활동에 많은 관심을 표명하고 있었음을 반증한다. 이처럼 필리핀 민다나오 이슬람 분쟁이 아랍 국가들의 관심을 불러일으켰던 이유와 필리핀 정부가 이에 반응할 수밖에 없었던 이유는 당시 필리핀의 국내외적 환경 때문이었다. 당시의 국제적 상황은 이란혁명과 더불어 이슬람 부흥운동

---

8 아로요 정부는 2001년 3월 24일 MILF와 협상을 재개하여 오랜 협의를 통해 2008년 최종합의안을 도출해 냈다. 그러나 최종안에 대한 조인식을 얼마 앞두고 필리핀 대법원은 최종합의안이 헌법에 저촉된다는 최종 판결을 내렸다. 판결문에 따르면, 최종합의안의 도출 과정에서 국민들의 알 권리가 침해받았으며, 또한 합의 안에 언급된 방사로모 법체제Bangsamoro Juridical Entity는 독립된 정치체를 의미할 수 있으며, 이는 곧 필리핀 헌법 개정을 전제로 해야 한다는 것이었다.

이 전 세계적으로 파급되고 있었으며, 국제원유가격 폭등으로 인한 오일머니를 기반으로 아랍의 이슬람 국가들이 국제적인 영향력을 높일 수 있었다. 필리핀 국내적으로는 1971년 계엄령을 선포하고 독재정권을 수립한 마르코스 정부의 정치적 정당성이 취약한 상황이었다. 더불어 원유를 생산하지 않는 필리핀에서 전체 원유 수입의 80퍼센트를 의존하고 있던 아랍 국가들의 요구를 무시할 수 없는 상황이었다. 또한 젊고 새로운 지도체제를 갖춘 필리핀 반군단체인 MNLF는 당시 필리핀 무슬림 사회의 다양한 종족적 차이를 넘어 필리핀 무슬림 모두를 대변하는 강력한 조직으로 부상하고 있었다. 이러한 MNLF를 국제 이슬람 사회가 모로를 대변하는 공식 단체로 인정함으로써 필리핀 정부도 MNLF를 평화협상의 대상으로 인정하지 않을 수 없었다. 이처럼 1976년 트리폴리협정이 맺어질 당시 국내외적으로 궁지에 몰렸던 필리핀 정부와 국제적으로 이슬람 사회의 지지를 받고 있던 MNLF가 평화협상의 당사자가 되고 이슬람협력기구가 중재자로서 역할을 했다.

이러한 배경하에서 트리폴리협정은 MNLF가 요구하는 많은 내용들을 담고 있다. 새로이 탄생하게 될 민다나오 무슬림자치구에 광범위한 지역을 포함시켰으며, 국방과 외교를 제외한 광범위한 영역에서의 자치권을 인정했다. 자치구 내에서 샤리아법을 집행할 수 있는 법원과 각급 학교를 세울 수 있는 권한을 부여했다. 또한 자치구 내에 입법부와 행정부 등 자치정부 체계를 갖추고 자주적인 경제체계와 금융체계를 운용할 수 있도록 했다. 자치구 내 광물자원에 대한 기본적인 권한은 중앙정부에게 두지만 이로 인한 수익은 적절한 비율로 중앙과 자치정부가 공유하도록 했다. 더불어 자치구 내에서의 치안을 담당할 경찰도 창설하여 자치정부의 관할하에 두도록 했다. 이 협정안의 조인과 더불어 즉시 정전을 선언하고, 공동위원회를 조직하여 분쟁 과정에서 체포된 범죄인 석방을 포함한 각종 문제들에 대한 논의를 시작할 것을 명시했다.

트리폴리협정은 마르코스 정부가 반군의 요구사항을 대부분 수용하는 내용이었다. 이처럼 국내 소수민족의 자치 권한을 대폭적으로 인정하는 평화협정안이 국내적으로 큰 반향을 일으키지 않았던 것은 당시 필리핀 정치 상황이 독재체제하에 있었기 때문이었다. 대통령의 독단을 제지할 그 어떠한 국가기관도 여론도 존재하지 않는 상태였다. 어떤 측면에서는 필리핀 민다나오 이슬람 분쟁이 모로가 원하는 방향으로 종결될 수 있었던 가장 좋은 조건을 갖춘 시기라고 볼 수도 있을 것이다. 그러나 이후의 전개되는 상황에서 알 수 있듯이, 당시 마르코스 정부는 트리폴리협정을 통해 필리핀 무슬림 지역에 평화를 정착시키려는 목적보다는 임박한 국제적 압력을 회피하려는 의도가 강했다. 이러한 의도는 트리폴리협정 문구 내에서도 찾을 수 있다. 무슬림 자치정부에게 부여하는 대부분의 권한은 중앙정부와 일정한 조율이 필요한데, 이러한 사안들은 대부분 "차후에 논의해서 정한다(discuss later 혹은 fixed later)."라는 문구를 달고 있다. 마르코스 대통령은 1977년 대통령 명령으로 남부필리핀자치지역Autonomous Region in Southern Philippines 설립계획을 발표했으며, 이를 국민투표에 부쳤으나 부결되자 이를 협정 불이행에 대한 정당성으로 삼았다. 결국 트리폴리협정으로 인해 마르코스 정부는 이슬람권 국가들로부터의 임박한 압력을 피할 수 있었고, 협정 내용은 전혀 이행되지 않았다.

트리폴리협정의 중재자였던 OIC도 이후에 마르코스 정부가 협정을 제대로 이행하지 않는 것에 대한 추가적인 압력을 가하지 않았다. 결국 OIC의 중재는 MNLF나 필리핀 정부 어느 쪽을 위함도 아니었으며, 단지 이슬람의 원칙에 따라 고통 받던 이웃 나라 무슬림들을 돕는다는 명분에 충실했던 것으로 평가된다. OIC는 민다나오 이슬람 분쟁을 필리핀 내부의 문제로 간주하고, 독립을 주장하던 MNLF의 주장을 자치 요구로 바꿈으로써 "평화적이고 정치적인 해결"을 모색코자 했던 것이다(Wadi 1993: 273~274). 또 다른 분석에 따르면, OIC는 처음부터 성공적인 중재의 사례를 남기길 원했지 문제의 본질을 해결하고자 하는 의지는 없었다는 것이다. OIC 회원국들 중 소수민족 문제가 있는 상황에서 분리독립과 같은 극단적인 해결책을 제안할 수 없었다는 것이다(Mustafa 2010: 96).

결국 마르코스 정부는 트리폴리협정을 통해 외부로부터의 압력을 일시적으로 모면할 수 있었으며, 내부적으로는 다양한 정책을 통해 무슬림 반군세력의 약화를 가져왔다. 마르코스 정부는 필리핀 민다나오 이슬람 지역을 두 개의 행정단위region로 나누어 관할함으로써 무슬림 사회 내부의 분열을 조장했다. 또한 각종 회유전략을 통해 반군의 일부 인사들을 주류 정치권에 합류시키는 데 성공했다. 이때 MNLF의 부의장 알론토Abul Alonto와 일부 반군이 마르코스 정부에 귀순했다(Calimba 1990: 99). 이처럼 협정안의 불이행이 지속되고 내부적 이탈세력이 발생하자 MNLF의 지도부에 대한 불만이 불거졌다. MNLF의 또 다른 부의장이었던 살라맛Hashim Salamat은 독자노선을 선택하여 1985년 파키스탄에 본부를 두고 MILF를 출범시켰다(Majul 1988: 911). 결론적으로 트리폴리협정은 모로 사회에 평화를 정착시키기 위한 어떠한 결실도 가져오지 못했으며, 모로 반군단체의 분열을 가져와 이후 분쟁의 구조를 더욱 복잡하게 만들었다. 무엇보다도 모로 대중의 삶은 여전히 분쟁의 고통 속에 남아 있게 되었다.

한편, 1992년 집권한 라모스 대통령은 집권 초기부터 무슬림 반군과의 평화협상에 적극 나섰다. 당시 평화협정의 중재자로 나선 국가는 말레이시아였다. 말레이시아 정부는 이웃하고 있는 국가의 무슬림 형제들의 문제에 관심을 가진다는 명분으로 중재에 나섰다. 그러나 일부에서는 필리핀 민다나오 무슬림 지역과 인접해 있는 사바 주의 영유권 문제를 두고 필리핀과의 외교적 갈등에 지렛대로 이용하기 위해 적극적으로 중재에 나섰다는 분석도 있다(Islam 1998: 455). 어찌 되었든 라모스 정부에서의 평화협상은 외부적인 압력에 의해서라기보다 국내의 불안 요인을 일소하고 경제발전에 박차를 가하기 위한 방안으로 볼 수 있다. 라모스 정부는 이슬람 반군뿐만 아니라 필리핀의 공산반군과도 적극적으로 평화협상에 나서기도 했다. 이처럼 필리핀 정부가 반군단체들과 적극적으로 협상에 나선 데에는 민주적 절차에 의해 당선된 정부로서 가지는 자신감에 근거하고 있다고 볼 수 있다. 이러한 라모스 정권의 권위는 마르코스 독재정권이나 수많은 쿠데타 시도에 시달렸던 코리 아키노 정권보다 훨씬 우월했다.

1992년에 시작된 MNLF와의 협상은 1996년 최종평화협정에 조인함으로써 마무리되었다. 최종평화협정안의 내용은 트리폴리협정의 내용을 중심으로 하는 보다 구체적인 사안을 담고 있다. 1989년 수립된 ARMM의 범위를 주민투표를 거쳐 확대한다는 내용이 포함되었으며, 중앙정부가 임명하던 ARMM 주지사를 지역민들의 직접투표로 선출하고, 자치정부의 많은 권한을 구체적으로 명시했다. 자치정부를 구성하는 입법과 행정체계를 갖추고 종교와 교육에 있어서도 다양한 독자적 권한을 명기했다. 또한 평화와 발전을 위한 필리핀 남부 특별지역SZOPAD: Special Zone of Peace and Development in the Southern Philippine을 선포하고, 이를 추진할 위원회SPCPD: Southern Philippines Council for Peace and Development를 조직하기도 했다. 이를 통해 필리핀 중앙정부는 1996년부터 2000년까지 680억 페소에 달하는 개발지원금을 제공하고, 또한 ARMM과 SZOPAD 지역의 발전을 위한 다양한 국제사회의 원조를 유입하기로 했다. 또한 최종평화협정은 MNLF 반군의 일상 복귀를 위해 각종 생활수단을 지원하고 일부 반군은 필리핀군과 경찰로 통합한다는 내용을 담고 있다. MNLF와 평화협정을 체결한 라모스 정부는 곧바로 MILF와도 평화협상에 나섰지만, 이슬람 독립국가 건설을 목표로 하는 MILF와의 협상은 결국 라모스 정부의 임기가 만료될 때까지 결실을 보지 못했다.

라모스 정부와 MNLF와의 최종평화협정은 오늘날의 관점에서 보면 실패한 것으로 간주된다. 비록 표면적으로는 협정의 내용이 집행되었다고는 하지만, 이에 대한 평가는 대부분 부정적이다. 라모스 정부는 평화협정의 상대였던 MNLF의 수장 미수아리를 1996년 ARMM 주지사 선거에서 적극적으로 지원하여 주지사로 만들었다. 그러나 미수아리의 지도 하에서 ARMM은 평화와 발전을 가져오지 못했으며, 이러한 현실에 대한 불만은 그의 지도력에 대한 불신으로 이어졌다. 결국 무슬림 사회 내부의 권력투쟁에서 밀려난 미수아리는 자신의 추종세력을 이끌고 2001년 11월 술루의 홀로에 있는 군부대를 공격함으로써 반란 혐의로 체포되어 재판을 받았다(Kamlian 2003). 최종평화협정이 모로 지역에 분쟁을 종식하고 평화와 번영을 가져오지 못한 이유에 대한 평가는 다양하다. 한편에서는 모로 사회의 분열과 지도력의 부족을 꼽고 있다. 즉 평화협상의 상대였던 MNLF가 무슬림 지역 내에서 지도력을 발휘할 것을 기대했지만, 부정부패의 만연과 내부적 분열로 인해 아무런 성과를 가져오지 못했다는 것이다. 또한 이러한 상황은 MNLF와 경쟁관계에 있는 MILF의 입지를 오히려 강화함으로써 보다 강력한 반군세력을 만들었다는 것이다.

또 다른 입장에서는 실패의 원인을 중앙정부가 ARMM의 자치권을 제대로 보장해주지 않았기 때문으로 본다. 정치적으로는 중앙정부와 집권당의 대리인이 ARMM의 선거를 지배했으며, ARMM 지역 개발지원금은 일일이 중앙정부의 승인을 받고 의회의 심의를 거쳐야 했으므로 대부분 제대로 집행되지 않았다는 것이다. 또한 국제사회에서 개발지원금으로 유입된 자금들도 실제로 ARMM 지역에 투입되기보다는 인근 지역의 발전에 주로 지원됨으로써 무슬림 사회의 불만을 고조시켰다는 것이다. 또한 필리핀군에 통합된 반군 출신 군인들은 각종 차별대우를 받았으며, 특히 또 다른 무슬림 반군조직인 MILF와의 전투에 주로 투입됨으로써 같은 무슬림끼리의 전투에서 사망하는 사례가 많이 발생했다. 이러한 상황을 피하기 위해 군을 이탈하는 사람들도 다수 나타났다. 결국 1996년 최종평화협정의 정신은 몇 년 가지 못해 유명무실화되었다.

(2) 2014 방사모로기본협정: 분쟁의 종결인가, 또 다른 시작인가?

아키노 정부와 MILF가 합의안 방사모로기본협정은 지난 2012년 10월 아키노 대통령과 에브라힘 MILF 의장이 일본에서 전격적인 회동을 갖고, 모로 분쟁의 종식과 평화 정착을 위한 기본 틀에 합의함으로써 급속히 추진되었다. 양측이 합의한 기본 틀은 MILF 측에서 그동안 지속적으로 주장해왔던 이슬람 국가로의 분리독립 요구를 포기하는 대신, 필리핀 정부가 민다나오 이슬람 지역에 실질적인 자치권을 인정하는 1국가 2체제를 수용하는 내용이었다. 양측 협상단은 지속적인 논의를 거쳐 2014년 3월 27일 드디어 필리핀 대통령궁에서 말레이시아의 나집Najib Razak 수상이 증인으로 참석한 가운데 최종 합의안에 조인했다.

본 평화협정이 중요한 의미를 가지는 것은 필리핀에서 처음으로 1국가 2체제를 기초로 하는 새로운 정치체제가 도입된다는 것이다. 기존의 ARMM 체제가 정치적으로나 경제적으로 중앙정치와 중앙정부에 지나치게 의존하고 있다는 점을 보완하여 모로의 자율성을 대폭 확대하는 방향으로 설계되었다. 즉 방사모로 정부는 단순히 기존의 지방자치 단체가 아닌 독자적 의회와 행정부 그리고 사법체계를 갖춘 보다 실질적인 자치정부를 의미한다. 물론 외교와 국방 그리고 통화와 같은 권한은 여전히 필리핀 정부의 권한으로 남게 되지만, 기타의 영역에서는 독립적인 지위를 보장받는 것이다. 따라서 방사모로 지역에서는 독자적 선거를 통해 의회가 소집되고, 그 의회에서 총리Chief Minister가 선출되며, 그 총리에 의해 행정부가 구성될 예정이다. 본 선거에는 방사모로 지역의 정당들만이 참여하여 경쟁할 수 있도록 함으로써 과거 중앙 정치세력의 관여를 차단했다. 또한 방사모로 지역에서 발생하는 각종 수익 및 세액에 대한 지분율을 높임으로써 재정 건전성을 높이고자 했다. 과거에는 중앙정부의 예산

지원이 미리 정해진 사업에 대한 집행의 의미였지만, 본 협정에서는 일정 기간 동안 방사모로 정부가 자율적으로 예산을 집행할 수 있도록 매년 명목을 정하지 않고 일정 액수를 지원하도록 함으로써 재정적 자율성을 강화하도록 했다.

이처럼 필리핀 중앙정부로부터 자율성을 확보한 방사모로 정부가 출범하면 필리핀 무슬림들은 그동안 기독교도가 절대다수를 차지하는 필리핀에서 문화적 소수자로서 종속적 정치환경에서 벗어나 스스로의 운명을 개척해가는 정치를 펼칠 수 있게 되는 것이다(김동엽 2014: 150). 그러나 본 협정안은 아키노 정부와 MILF가 합의하여 도출해낸 것으로서 이것이 실현되기 위해서는 반대세력을 설득하고 국민적 합의를 도출해내는 과정이 남아 있다. 서론에서 언급한 바와 같이 BBL이 의회에서 논의되는 과정에 발생한 마마사파노 사건으로 인해 BBL 논의가 중단되었으며, 마마사파노 사건에 대한 의회 청문회 과정에서 일부 의원들이 협상 당사자인 MILF의 신뢰도에 의구심을 표명하기도 했다.[9] 또한 일부 의원들은 BBL이 현행 헌법에 배치된다고 하면서 이의 폐기를 주장하기도 했으며,[10] 상원에서 BBL위원회 위원장을 맡고 있는 마르코스Ferdinand "Bongbong" R. Marcos, Jr.는 자신이 정부안을 대신할 새로운 법안을 제출하겠다고 선언하기도 했다. 이러한 일련의 청문회 과정을 거치면서 그동안 별 관심을 두지 않고 있던 필리핀 국민들은 충격적인 마마사파노 사건과 맞물려 BBL에

---

9 까에따노 상원의원은 마마사파노 청문회에서 MILF를 테러 단체로 규정하고, 평화협상의 상대로 인정할 수 없음을 거듭 주장했다.

10 이러한 주장의 근거로는 1국가 2체제가 현행 헌법에서 허용하고 있지 않음을 들고 있다. 이러한 주장의 중심에는 산티아고Miriam Defensor Santiago 상원의원이 있다.

대해 긍정적인 인식보다 부정적인 인식을 강화하게 되었다. 결국 의회의 비준이 지연되다가 2016년 5월 선거전이 본격화되면서 논의 자체가 중단되었고, 그 과제는 다음 정부로 넘겨졌다. 5월 대선에서 대통령에 당선된 두테르테는 평화협정 자체에 대해 긍정적인 입장이며, 기존의 BBL을 일부 수정·보완하여 새로 구성된 의회에 제출했다.

이러한 배경하에 2014년 방사모로기본협정과 1976년 트리폴리협정, 1996년 최종평화협정과의 비교적 관점을 소수민족 분쟁의 평화적 해결을 위한 세 가지 요건, 즉 외부의 동조와 중재, 국민적 공감과 정치 리더십, 그리고 미래 지향적 개혁 프로그램의 측면에서 살펴보면 아래의 [표 1]과 같이 정리할 수 있다.

우선 소수민족 분쟁의 평화적 해결을 위한 요건 중의 하나로 꼽을 수 있는 외부의 동조와 중립적 중재에 관해서 2014년 방사모로기본협정은 긍정적으로 평가할 수 있다. 표면적으로 본 평화협정에 대한 외부 중재자로서 말레이시아가 등장하고 있지만, 그 이면에는 다양한 국가들이 물적 혹은 인적 지원을 제공하고 있다. 특히 EU에서는 대표단을 파견하여 방사모로 과도정부Bangsamoro Transition Authority의 조직과 운영에 관한 후원을 아

표 1 비교적 관점에서 본 모로 분쟁 해결을 위한 협정들			
	1976년 트리폴리협정	1996년 최종평화협정	2014년 방사모로기본협정
외부의 동조와 중재	매우 강함	약함	강함
국민적 공감과 정치 리더십	약함	강함	약함
미래 지향적 개혁 프로그램	매우 약함	약함	매우 강함

끼지 않고 있다. 또한 일본은 일본국제협력단JICA: Japan International Cooperation Agency을 통해 방사모로 지역 개발을 위한 대대적인 원조를 약속했다. 한편 UN을 포함한 미국, 캐나다, 호주 등은 평화협정의 이행을 위해 적극적으로 관여하고 지원하겠다는 약속을 하기도 했다. 이처럼 국제사회가 본 평화협정에 적극적인 반응을 보이는 이유는 인도주의적 차원에서의 지원과 더불어 수십 년간의 분쟁으로 인해 방치되었던 방사모로 지역에 평화가 정착되면 개발과 투자로 인한 많은 경제적 기회가 생길 것으로 판단하기 때문이기도 하다.

외부의 동조와 중재 요건을 비교해보면, 2014년 방사모로기본협정은 1976년 트리폴리협정 당시의 압력을 동반한 중재만큼 강하지는 않았다. 그러나 일방적으로 모로 반군의 편에서 정부를 압박했던 1976년 OIC의 중재와는 달리 2014년 국제사회의 중재는 평화 정착과 개발, 그리고 각종 지원의 형태를 띠고 있다는 점에서 보다 중립적이고 미래 지향적이라고 볼 수 있다. 이러한 국제사회의 적극적인 관여는 1996년 최종평화협정 당시와는 규모와 성격 측면에서 큰 차이를 보인다.

소수민족 분쟁의 평화적 해결을 위한 국민적 공감대와 정치 리더십 측면에서 2014년 방사모로기본협정은 긍정적으로 평가하기 힘들다. 평화협상의 과정에서 소외되었다고 생각하는 사람들이나 평화협상의 결과가 자신들에게 부정적인 영향을 미칠 것이라고 생각하는 사람들은 평화협상의 추진을 방해하기 마련이다. 일부 MNLF 분파와 BIFF, 그리고 군소 무슬림 무장단체들은 본 평화협정 추진 과정에 참여하지 않았다. 또한 기존의 ARMM체제에서 권력을 누리고 있던 전통적 엘리트들도 본 평화협정의 체결을 부정적인 시각에서 바라보고 있다. 이들은 MILF가 주도하는 이번 평화협정으로 필리핀 무슬림 지역의 정치 지형이 변화될 것을 우려하여 이에 반대하고 있다. 또한 모로 분쟁에 대한 비무슬림 다수 국민들의 관심과 평화협정에 대한 합의를 이끌어내려는 노력이 부족한 것으로 평가된다. [그림 1]의 여론조사 결과에서도 볼 수 있듯이 필리핀 전체 국민들 중 약 4퍼센트만이 최근 의회에서 논의되고 있는 방사모로기본법을 상세히 알고 있으며, 약 13퍼센트가 적당한 정도 알고 있음을 볼 수 있다. 본 여론조사가 마마사파노 사건을 계기로 MILF와의 평화협상이 주요 뉴스로 다루어지기 시작한 이후에 이루어졌다는 점을 감안하면 평상시에 필리핀 국민들이 무슬림 문제에 얼마나 무관심한지를 알 수 있는 결과이다.

그럼에도 불구하고 본 평화협정이 추진될 수 있었던 것은 오랜 분쟁에 지친 모로 반군과 모로 대중이 본 평화협정을 적극 찬성하고 있으며, 분쟁해결을 위한 행정부의 강력한 의지가 반영되었기 때문으로 볼 수 있다. [그림 2]는 모로 대중의 본 평화협정에 대한 기대를 극명하게 보여주는 여론조사 결과이다. 필리핀 전체 국민들의 약 23퍼센트만이 방사모로기본법에 찬성하고 있지만, 무슬림 지역 주민들은 과반수 이상이 이에 찬성하고 있음을 알 수 있다. 같은 무슬림 지역이면서도 따우숙 종족의 거주 지역에서 보다 낮은 선호도를 보여주는 것을 볼 수 있는데, 이는 조사 시점에 따우숙 종족에 기반을 두고 있는 MNLF의 일부 분파가 본 평화협정에 비판적인 의견을 나타내고 있음이 반영된 것으로 볼 수 있다. 필자는 마라나오 지역과 마닐라에서 현지조사를 실시했으며, 마라나오 지역 주민

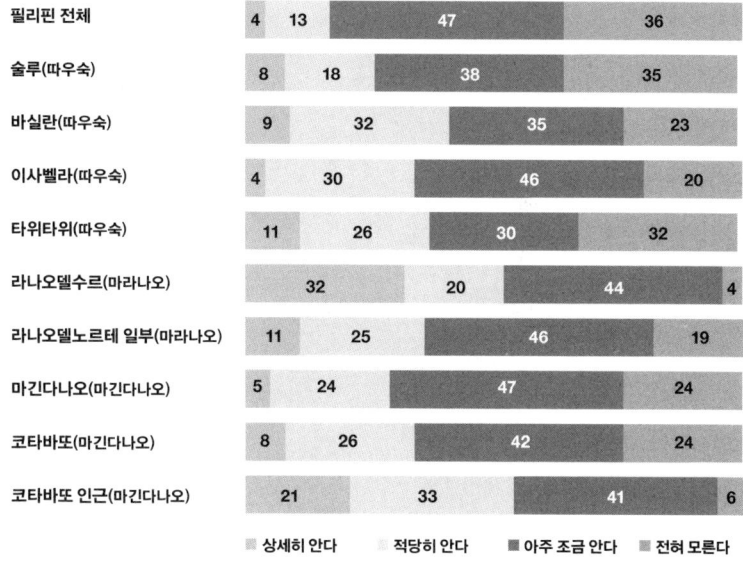

그림 1 방사모로기본법(BBL)에 대한 인식도 조사(2015년 2∼3월)

지역	상세히 안다	적당히 안다	아주 조금 안다	전혀 모른다
필리핀 전체	4	13	47	36
술루(따우숙)	8	18	38	35
바실란(따우숙)	9	32	35	23
이사벨라(따우숙)	4	30	46	20
타위타위(따우숙)	11	26	30	32
라나오델수르(마라나오)	32	20	44	4
라나오델노르테 일부(마라나오)	11	25	46	19
마긴다나오(마긴다나오)	5	24	47	24
코타바또(마긴다나오)	8	26	42	24
코타바또 인근(마긴다나오)	21	33	41	6

출처 | Social Weather Station, Philippines, http://www.sws.org.ph/

주 도표의 맨 위 필리핀 전체를 제외하고 나머지 지역은 모두 필리핀 내 무슬림 지역임.

들이 느끼는 평화협상에 대한 관심함과 마닐라 시민들이 평화협상을 바라보는 관점의 차이를 발견할 수 있었다. 아키노 정부는 임기 말까지 높은 국민적 지지를 받았으며, 그러한 국민적 지지를 바탕으로 평화협상을 순조롭게 이끌어왔다. 그러나 마마사파노 사건 이후 아키노 대통령에 대한 지지도가 급속히 하락했으며, 결국 실행법의 의회 인준에 실패함으로써 그 과제는 차기 정부로 넘겨졌다.

국민적 공감과 정치 리더십 요건을 비교해보면, 2014년 방사모로기본

그림 2 방사로모기본법(BBL)에 대한 선호도 조사(2015년 2~3월)

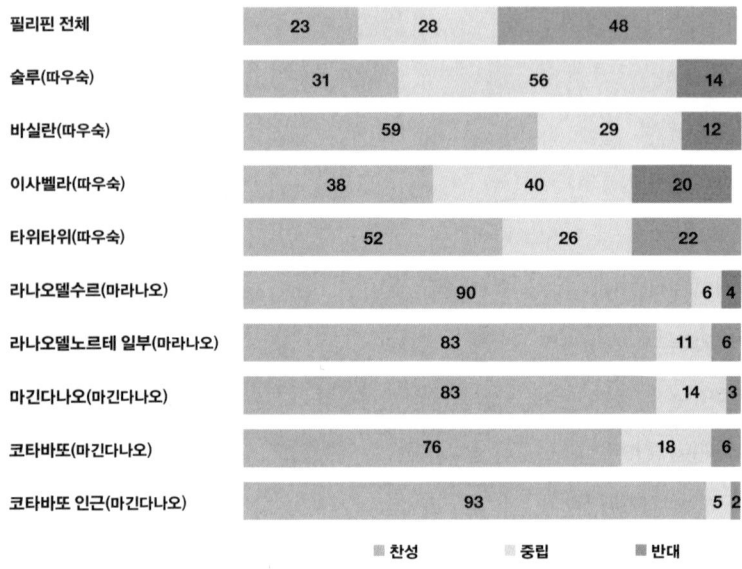

지역	찬성	중립	반대
필리핀 전체	23	28	48
술루(따우숙)	31	56	14
바실란(따우숙)	59	29	12
이사벨라(따우숙)	38	40	20
타위타위(따우숙)	52	26	22
라나오델수르(마라나오)	90	6	4
라나오델노르테 일부(마라나오)	83	11	6
마긴다나오(마긴다나오)	83	14	3
코타바또(마긴다나오)	76	18	6
코타바또 인근(마긴다나오)	93	5	2

■ 찬성   ■ 중립   ■ 반대

출처 | Social Weather Station, Philippines, http://www.sws.org.ph/

주 도표의 맨 위 필리핀 전체를 제외하고 나머지 지역은 모두 필리핀 내 무슬림 지역임.

협정은 마르코스 독재정권하에서 이루어진 1976년 트리폴리협정과는 전혀 다른 모습이지만 유사한 평가를 내릴 수 있다. 1976년 협정은 계엄령하에서 마르코스 독재정권이 여론의 지지나 의회의 동의와 같은 모든 민주적 절차를 무시하고 추진한 것이었다. 이는 단지 마르코스 정권이 외부의 압력을 일시적으로 모면하고자 한 것으로 진정한 정치 리더십이 발현된 것으로 보기 힘들다. 한편 1996년 최종평화협정에서 라모스 대통령의 강력한 리더십과 추진력은 긍정적으로 평가할 수 있다. 물론 1996년 당시에도 반군조직인 MILF가 협상에 참여하지 않았지만, 대부분의 방사모로 대중이 협상안에 동의했으며 비무슬림 국민들의 반대 여론도 조성되지 않았다. 무엇보다도 라모스 대통령은 효과적으로 의회를 장악하여 평화협정이 정치화하는 것을 막음으로써 별다른 무리 없이 협정을 추진할 수 있었다.

마지막으로 소수민족 분쟁의 평화적이고 근본적인 해결을 위한 미래 지향적 개혁 프로그램의 측면에선 2014년 협정은 긍정적으로 평가할 수 있다. 특히 본 평화협정에는 1국가 2체제라고 하는 보다 강화된 자치권을 인정하고, 종족적으로 분열되어 있는 모로 사회에 의원내각제라고 하는 합의제 민주주의 제도를 도입함으로써 새로운 정치적 실험을 시도하고 있다. 또한 과거에 구조적으로 중앙정부에 종속되어 있던 방사모로의 정치, 경제, 사회, 문화 각 영역에 자주적 결정권을 강화하는 방향으로 추진되고 있다. 이와 같은 정치적 자율권의 확보가 모든 문제의 해결로 이어진다고는 볼 수 없다. [표 2]에서도 볼 수 있듯이 모로 대중은 필리핀 전체와 비교해서 월등히 낮은 인간개발 수준을 보이고 있다. 이러한 상대적 빈곤감을 해소하기 위한 개혁 프로그램들이 성공을 거두지 못할 경우에는 또 다른 분쟁의 여지를 남길 수밖에 없다. 2014년 평화협정은 방사모로 지역의 자율적 경제발전을 위한 다양한 방안을 제시하고 있다. 특히 방사모로 지역의 자원개발 이익에 대한 지분율을 확대했으며, 해외로부터 유입되는 개발기금에 대한 자율적 유치와 집행을 가능하게 했다.

미래 지향적 개혁 프로그램 요건을 비교해보면, 2014년 방사모로기본협정은 1996년 최종평화협정보다 긍정적으로 평가할 수 있다. 1996년 협

표 2   필리핀 내 이슬람 지역의 개발 격차

	인간개발지수		고등학교 졸업률		일인당 소득		기대수명	
	2000년	2006년	2000년	2006년	2000년	2006년	2000년	2006년
필리핀 전체	0.695	0.716	49.4	55.3	2,260	2,707	67.7	70.6
수도권(Metro Manila)	0.774	0.792	74.3	81.1	4,750	5,101	69.9	71.8
이슬람 지역(ARMM)	0.533	0.558	30.5	37.0	1,114	1,308	55.5	57.5

출처 | Human Development Network 2009. (Co, et. al. 2013, 79)

정에서도 경제, 사회 개발을 위한 각종 프로그램을 준비했지만, 실제로 이를 집행하기 위한 독립적이고 효율적인 제도적 장치를 마련하지 못했다. 그 결과 막대한 예산이 소용되었음에도 불구하고 방사모로 지역의 개발보다는 인근 지역의 개발에 대부분 소용됨으로써 모로 대중의 소외감은 더욱 심화되었다. 또한 중앙정부의 후원하에 존재하는 ARMM 정부는 지역 발전보다 정치적 후원에 더욱 치중함으로써 부패와 무능으로 막대한 재원을 낭비했다. 한편 1976년 트리폴리협정에서는 방사모로 지역의 발전을 위한 어떠한 구체적 프로그램도 제시하지 않았고 단지 "차후에 논의한다."라는 문구만 제시했는데, 이후 제대로 지켜지지 않음으로써 가장 부정적인 평가를 면할 수 없다.

이상과 같이 모로 분쟁 해결을 위한 과거의 협정들과 비교했을 때 2014년 방사모로기본협정이 긍정적인 측면을 많이 내포하고 있음을 볼 수 있다. 특히 외부의 동조와 중재, 그리고 미래 지향적 개혁 프로그램의 측면에서는 높은 평가를 내릴 수 있다. 그러나 아키노 정부는 높은 대중적 지지도를 유지하고 있었음에도 불구하고 모로 분쟁을 공론화하고 비무슬림 대중의 공감대를 얻는 데에 그다지 큰 노력을 기울이지 않았다. 물론 아키노 정부 집권 초기부터 물밑 협상을 통해 반군단체와의 신뢰를 회복하고 기본협정에 조인하는 데까지는 성공했지만, 또 다른 정치 리더십이 요구되는 법제화 과정과 이의 실행이 임기 말로 미루어짐으로써 추진력이 약화되었다. 2014년 방사모로기본협정은 1976년 트리폴리협정과 1996년 최종평화협정의 기본정신을 전승하고 있으며, 헌법 불합치 판정을 받은 2008년 무슬림 조상 전례영역에 관한 합의의 전철을 밟지 않기 위한 노력의 결과로 볼 수 있다. 비록 본 평화협정이 아키노 행정부에서 온전히 실현되지는 못했지만, 집권 초기부터 질서와 평화를 최우선 과제로 내세운 두테르테 행정부에서는 실현될 가능성이 높다. 그러나 본 평화협정의 의회 논의 과정에서는 평화를 염원하고 지원하는 모로 대중뿐만 아니라 다수의 필리핀 시민사회들의 모로 분쟁에 대한 대중적 확산과 공감대를 이끌어내는 데 일정 부분 성공한 것으로 평가할 수 있다. 국제사회는 이슬람 극단주의 확산을 방지하기 위해 지엽적인 종교분쟁의 평화적 해결에 강한 의지를 표현하고 있다. 이러한 의지는 분쟁의 일시적 해결보다 근본적인 개혁 프로그램을 지원하는 보다 미래 지향적인 방향으로 추진되고 있다. 이러한 배경하에서 필리핀의 모로 분쟁도 평화를 지향하는 강력한 정치 리더십이 이어진다면 평화적 해결의 미래가 밝다고 볼 수 있다.

4. 맺으며

필리핀 모로 분쟁은 수백 년간의 식민지 역사에서 유래했고, 근대화 과정의 여파로 심화되었으며, 오늘날 소수의 지엽적인 문제로 구조화되었다고 볼 수 있다. 이 분쟁의 해결은 결국 역사를 바로잡는 것이고, 근대화 과정이 남긴 상흔을 치유하는 것이며, 소수에 대한 다수의 배려를 촉구하는 방향으로 이어져야 할 것이다. 최근 추진되고 있는 방사모로기본협정은 이제까지 실패로 끝난 평화협정들보다 이와 같은 기본정신을 가장 잘 반영하고 있다고 볼 수 있다. 그럼에도 불구하고 본 협정의 실현과 이를 통한 분쟁 종식의 전망을 밝게만 볼 수 없는 것은 오랜 기간 지속되고 구조화된 분쟁에 편승하여 이득을 취하는 세력이 강하게 존재하고, 이들의 강력한 저항이 있기 때문이다. 결국 이러한 저항을 극복하기 위해서는 다수 국민들의 지지를 바탕으로 한 강력한 정치적 지도력이 필요하다. 민주주의 체제하에서 소수민족 분쟁의 평화적 해결은 다수자들이 단기적인 양보를 통해 소수자를 배려하고, 이를 통해 장기적으로 공동 번영의 길을 모색할 수 있다는 신념을 공유하는 데서 시작된다. 강력한 리더십을 표방하는 현 두테르테 대통령은 집권 초부터 기존의 평화협정에서 배제되었던 무슬림 단체들의 요구를 수용하여 수정·보완된 BBL을 마련했으며, 의회의 비준절차를 앞두고 있다.

최근 국제사회는 극단적 이슬람 근본주의와 테러리즘으로 몸살을 앓고 있다. 일반적으로 테러는 다른 선택의 여지가 없을 때 극단의 상황에서 선택하는 것으로 알려져 있다. 이러한 상황을 만드는 가장 대표적인 경우가 소수민족에 대한 탄압이다. 특히 필리핀 무슬림의 경우처럼 종교적인 신념이 세속적인 차별과 결합되어 나타날 경우에는 타협의 여지는 적고 분쟁이 극단적으로 흐를 가능성이 크다. 필리핀 무슬림이 중심이 된 아부사얍ASG은 이미 국제테러조직으로 알려져 있고, 근래 MILF에서 이탈해 나간 방사모로이슬람해방전사^{BIFF}도 극단적 무장단체의 성향을 보이고 있다. 아직 이들의 세력은 미미한 수준이지만, 다수의 모로 반군들이 평화적 해결에 대한 희망을 포기하게 되면 극단적 세력의 규모는 더욱 커질 수도 있다. 이러한 점에 대해 국제사회는 우려를 표명하고 있으며, 분쟁의 해결과 평화 정착을 위한 각종 지원을 제공하고 있다. 이와 같은 외부 세력의 관여 형태도 과거처럼 무장세력에 대한 인적·물적 지원이나 중앙정부에 대한 정치·외교적 압력에 그치지 않고, 분쟁 지역 주민들의 빈곤 문제와 낙후된 지역경제 발전과 같은 미래 지향적인 방향으로 추진되고 있다. 또한 그동안 모로 대중의 이익을 대변하여 중앙정부와 투쟁해 왔던 반군조직이 무기를 내려놓고 민주주의 정치체제에서 민의를 대변하는 정당으로 거듭날 수 있도록 도우면서 평화협정의 추진 과정을 주시하고 있다.

필리핀 무슬림, 특히 분쟁의 직접적인 영향을 받고 있는 민다나오 무슬림 지역의 주민들이 얼마나 평화를 갈망하고 있는지는 현지조사를 통해 발견할 수 있었다.[11] 반면 분쟁 지역에서 멀리 떨어져 있는 필리핀의 다수 국민들은 모로 분쟁 자체에 그다지 큰 관심을 보이지 않는 것을 볼 수 있었다. 이러한 현실로 분쟁 해결을 위한 평화협상은 단지 일부 반군단체와 정치적 목적을 가진 정부가 자신들의 이익을 극대화하기 위한 타협으로 간주되기도 한다. 이러한 현실은 오랜 기간 동안 분쟁의 직접적인 피해 당사자였던 지역 주민들의 고통이 제대로 부각되지 않았기 때문이기도 하

---

11 현지조사 기간 중에도 마마사파노 사건을 계기로 아키노 행정부와 합의한 평화협정의 의회 비준이 불확실해지자, 많은 무슬림 시민사회들이 평화를 촉구하는 집회를 개최하는 것을 목격할 수 있었다.

다. 그 이유 중의 하나는 분쟁의 평화적 해결에 관한 학술적 논의가 부족한 데에도 기인한다. 기존의 소수민족 분쟁에 관한 이론들은 분쟁의 발생 원인에만 집중하고 있고, 이의 평화적 해결에 관해서는 그다지 관심을 두지 않았다. 또한 관심의 초점을 분쟁 요소를 제공하는 환경과 분쟁을 정치적으로 이용하고자 하는 정치적 야심가political entrepreneur에 두고 있다. 그러나 이러한 정치적 야심가들의 목적 충족이 곧 분쟁의 평화적 해결이 아니며, 분쟁 지역에 장기적인 정치적 안정과 경제적 번영이 반영되지 않는 평화협정은 새로운 분쟁을 촉발한다는 것을 경험적으로 알 수 있다. 따라서 소수민족 분쟁에 관한 향후 학술적 논의에서는 분쟁의 직접적인 피해 당사자인 지역주민들의 입장에서 지속 가능한 평화의 조건에 대한 논의가 보다 깊이 다루어져야 할 것이다.

참고 문헌

김동엽. 2013. "필리핀 무슬림 분리주의 운동의 발생과 전개: 이슬람 부흥운동의 맥락에서". 『동
　　아연구』 32(2): 263~300쪽.

김동엽. 2014. "필리핀 방사모로 이슬람 정당의 장래: 라나오 델 수르의 옴피아당이 남긴 교훈을
　　중심으로". 『동남아시아연구』 24(4): 149~196쪽.

Bakuludan, Samier M. 1996. "A Study on the Pattern of Political Leadership in Kabuntalan,
　　Maguindanao (1898-1993)." MA Thesis, Institute of Islamic Studies, University of the
　　Philippines, Diliman, Quezon City.

Brown, David. 1988. "From Peripheral Communities to Ethnic Nations: Separatism in
　　Southeast Asia." *Pacific Affairs* 61(1): pp. 51~77.

Calimba, Maulawi L. 1990. "Muslim Intellectuals' Contribution to Islamic Resurgence in
　　the Philippines: A Historical Survey." MA Thesis, Institute of Islamic Studies, University
　　of the Philippines, Diliman, Quezon City.

Co, Edna E. A. et al. 2013. *State of Local Democracy in the Autonomous Region in Muslim
　　Mindanao* (SoLD ARMM). Quzon City: National College of Public Administration
　　and Governance and the Philippine Center for Islam and Democracy.

Finley, John P. 1915. "The Mohammedan Problem in the Philippines I." *The Journal of Race
　　Development* 5(4): pp. 353~363.

Finley, John P. 1916. "The Mohammedan Problem in the Philippines II." *The Journal of Race
　　Development* 7(1): pp. 27~46.

Gowing, Peter G. 1979. *Muslim Filipinos: Heritage and Horizon.* Quezon City: New Day
　　Publishers.

Gurr, Ted Robert. 1993 *Minorities at Risk, A Global View of Ethnopolitical Conflicts.*
　　Washington, D.C.: United States Institute of Peace Press.

Jairi, Fainur G. Estino. 2007. "Misuari's Ideology: A Critical Inquiry on the Islamicity
　　of MNLF Ethnic-Oriented Pagluwas-Lungsad (Struggle)." MA Thesis, Institute of
　　Islamic Studies, University of the Philippines, Diliman, Quezon City.

Huntington, Samuel P. 1968. *Political Order in Changing Societies.* New Haven: Yale
　　University Press.

Hungtington, Samuel P. 1993. "Clash of Civilization?" *Foreign Affairs* 73(3): pp. 22~49.

Islam, Syed Serajul. 1998. "The Islamic Independence Movements in Patani of Thailand and Mindanao of the Philippines." *Asian Survey* 38(5): pp. 441~456.

Kamlian 2003. "Ethnic and Religious Conflict in Southern Philippines: A Discourse on Self-Determination, Political Autonomy and Conflict Resolution." Lecture Presented at the Islam and Human Rights Fellow Lecture, Organized by the Islam and Human Rights Project, School of Law, Emory University, Atlanta, GA, November 04, 2003.

Kuder, Edward M. 1945. "The Moros in the Philippines." *The Far Eastern Quarterly* 4(2): pp. 119~126.

Larousse, William. 2001. *A Local Church Living for Dialogue: Muslim-Christian Relations in Mindanao-Sulu, Philippines, 1965-2000*. Roma: Editrice Pontificia Universita Gregoriana.

Majul, Cesar Adib. 1988. "The Moro Struggle in the Philippines." *Third World Quarterly* 10(2): pp. 897~922.

Magdalena, Federico V. 1977. "Intergroup Conflict in the Southern Philippines: An Empirical Analysis." *Journal of Peace Research* 14(4): pp. 299~313.

McKenna, Thomas M. 1988. "Persistence of an Overthrown Paradigm: Modernization in a Philippine Muslim Shantytown." *Journal of Anthropological Research* 44(3): pp. 287~309

Mckenna, Thomas M. 1998. *Muslim Rulers and Revels: Everyday Politics and Armed Separatism in the Southern Philippines*. Berkeley, Los Angeles and London: University of California Press.

Mustafa, Alfathi S. 2010. "Moro Movement Diplomacy: Its Past Triumph and Failure and Hopes for Tomorrow." MA Thesis, Institute of Islamic Studies, University of the Philippines, Diliman, Quezon City.

Mutalib, Hussin. 1990. "Islamic Revivalism in ASEAN States: Political Implications." *Asian Survey* 30(9): pp. 877~891.

Noble, Lela Garner. 1976. "The Moro National Liberation Front in the Philippines." *Pacific Affairs* 49(3): pp. 405~424.

Noble, Lela Garner. 1981. "Muslim Separatism in the Philippines, 1972-1981: The Making of a Stalemate." *Asian Survey* 21(11): pp. 1097~1114.

Puntukan, Ibnohajar A. 1992. "PAGKAWASA: A Study of the Struggle for Political

Power Among Contemporary Tausug Elites." MA Thesis, Institute of Islamic Studies, University of the Philippines, Diliman, Quezon City.

Tulib, Ismaeil Hassanin Ahmad. 1991. "The Muslim Filipino Scholars to Egypt: Their Impact On The Development of Muslim Communities In The Philippines." MA Thesis, Institute of Islamic Studies, University of the Philippines, Diliman, Quezon City.

Wadi, Julkipli M. 1993. "Islamic Diplomacy: A Case Study of The OIC and the Pacific Settlement of the Bangsamore Question (1972-1992)." MA Thesis, Institute of Islamic Studies, University of the Philippines, Diliman, Quezon City.

인터뷰

본 인터뷰는 2015년 2월 8일부터 12일까지 필리핀 마닐라와 마라위 시에서 실시하였다.

Abdul Rahman, Rohanifanh D. Student, Mindanao State University, Marawi City, Lanao Del Sur, Mindanao.

Abdurazab, Madali. Student, Mindanao State University, Marawi City, Lanao Del Sur, Mindanao.

Ali B. Panda. Dean, King Faisal Center for Islamic, Arabic and Asian Studies, Mindanao State University, Marawi City, Lanao Del Sur, Mindanao.

Aliola, Masnor D. Student, Mindanao State University, Marawi City, Lanao Del Sur, Mindanao.

Atar, Abdul Hamidullah "Pogie" T. Sultan, Executive Officer, Reconciliatory Initiatives for Development Opportunities, Inc. (RIDO). Marawi City, Lanao Del Sur, Mindanao.

Bato, Ansary H. Arabic Teacher, Mindanao State University, Marawi City, Lanao Del Sur, Mindanao.

Bunsa, Sanisan S. Student, Mindanao State University, Marawi City, Lanao Del Sur, Mindanao.

Cayamodin, Jame. Professor, Institute of Islamic Studies, University of the Philippines, Diliman, Quezon City, Metro Manila.

Conista, Joel, Professor of Biology, Miriam Women's University, Quezon City, Metro

Manila.

Drieza A. Lininding. Founder, Free The Bangsa Moro Movement. Marawi City, Lanao Del Sur, Mindanao.

Gunting, Mohammad Khalid B. Graduate Student, President of Muslim Student Council, Institute of Islamic Studies, University of the Philippines, Quezon City, Metro Manila.

Hafsah, Ibrahim K. Student, Mindanao State University, Marawi City, Lanao Del Sur, Mindanao.

Jalilah, Amboloto M. Student, Mindanao State University, Marawi City, Lanao Del Sur, Mindanao.

Jihan, Macarambar Mohammad, Islamic Studies Deptment, Mindanao State University, Marawi City, Lanao Del Sur, Mindanao.

Nagamura, Abdul Majil. Student, Mindanao State University, Marawi City, Lanao Del Sur, Mindanao.

Otiz, Alay. Lawyer, Philippine Social Security System.

Paragacoga, Harua A. Professor of Sharia Law, King Faisal Center for Islamic, Arabic and Asian Studies, Mindanao State University, Marawi City, Lanao Del Sur, Mindanao.

Sabrin, Ibrahim C. Student, Mindanao State University, Marawi City, Lanao Del Sur, Mindanao.

Sarangani, Abdurasad. Arabic Teacher, Mindanao State University, Marawi City, Lanao Del Sur, Mindanao.

Sarip, Muslimen B. Arabic Teacher, Alim, Mindanao State University, Marawi City, Lanao Del Sur, Mindanao.

Saumay, Nawal K. Student, Mindanao State University, Marawi City, Lanao Del Sur, Mindanao.

인도네시아의 무슬림과
기독교도의 관계

자바 마을의 사례를 중심으로

김형준

1. 들어가며

1965년 공산당원에 대한 공격이 농촌 지역으로 확산되면서 기독교로의 개종이 급증하자, 이에 자극받은 일부 무슬림들이 교회에 대해 공격을 감행했다. 아쩨에서는 교회 건축이 물리적으로 저지되었으며, 마까사르에서는 기독교도의 발언에 분노한 무슬림이 교회에 돌을 던져 피해를 입혔다(Boland 1971: 230~231). 이 사건이 알려진 후 다섯 개의 공식적 종교를 대표하는 종교 지도자들 간의 회의가 개최되었다. 수하르또 대통령이 참가하여 종교도 간 관계에 대한 정부의 입장을 밝혔던 이 회의에서 갈등 해소를 위한 구체적인 해결책이 도출되지는 않았지만(Umar Hasyim 1991: 393~397), 이 회의의 소집 자체는 흥미로운 점을 시사하고 있다. 즉, 일견 대단해 보이지 않는 수준의 갈등이 발생한 후 회의가 소집되었다는 사실은 종교 및 정치 지도자들이 종교에 기인한 갈등이나 대립에 얼마나 익숙하지 않았는지를 보여준다.

최근의 상황은 30여 년 전의 상황과는 상이한 모습을 보이고 있다. 수하르또 퇴진기를 전후하여 발생한 종교도 간 분쟁으로 수천 명의 사상자가 박생했지만, 이 문제를 해결하려는 정치 및 종교 지도자들의 노력은 가시화되지 않고 있다. 종교 지도자들 간의 회의가 몇 차례 개최되었지만, 원론적이고 선언적인 수준에서 종교도 간 화합을 유지하기 위한 방식이 논의되었을 뿐이며, 분쟁을 종식시킬 해결책을 찾으려는 진지한 노력은 보이지 않고 있다. 이들의 소극적인 태도는 지난 30여 년 동안 종교분쟁이 일상화되었거나 이종교도 간 분쟁이 해결될 수 없는 문제로 인식되었기 때문이 아니라 종교도 간 분쟁을 비종교적 관점에서 바라보려는 이들의 시각에 기인한다.

대다수의 종교 지도자들은 수하르또 퇴진을 전후하여 발생한 무슬림과 기독교도의 충돌을 종교적 갈등에 기초한 것으로 바라보지 않는다. 이들 중 상당수는 이러한 충돌을 비종교적인 시각으로 해석하는데, 정치경제적 불만이나 특정 집단의 선동이 물리적 충돌을 야기했고, 일반 대중은 자연발생적으로 참여하게 되었다는 것이다. 종교적 요인이 충돌에 개입되었음을 인정할 경우에도, 종교는 충돌의 주변적인 요인 혹은 충돌 과정에서 근원적인 감정을 자극하기 위해 이용되었던 수단 정도로 취급된다. 최근의 이종교도 간 충돌을 종교 갈등의 시각에서 해석한 사람이 없는 것은 아니지만, 이러한 시각은 극히 최근에야 등장했으며 사회적 담론의 주변부에 위치하고 있다.[1] 따라서 무슬림과 기독교도의 충돌이 지난 몇 년간 격화되었음에도 불구하고, 종교 간 갈등은 존재하지 않으며, 일순간의 혼란기가 끝나면 관용과 화합이 재등장하리라는 시각이 주도적인 담론을 형성하고 있는 흥미로운 상황이 전개되고 있다.

지난 10여 년간의 무슬림과 기독교도의 관계를 살펴보면, 최근의 충돌에 대한 종교 및 정치 지도자들의 해석과는 대치되는 모습을 어렵지 않게 발견할 수 있다. 80년대 후반부터 기독교의 확산을 경계하는 주장이 특정 이슬람 단체를 중심으로 꾸준하게 제기되었으며(Liddle 1996; Schwarz 1994), 중도적인 이슬람 잡지조차 기독교화를 문제시하는 기사를 게재했다. 또한 기독교도와 교회에 대한 무슬림의 공격 역시 이전과는

---

1 최근의 종교도 간 폭동을 바라보는 제 시각과 이를 종교전쟁으로 파악하려는 시각의 등장에 대해서는 김형준(2000)을 참조할 것.

9장 인도네시아의 무슬림과 기독교도의 관계 | 김형준

비교할 수 없을 정도로 빈번하게 발생했다. 한 기독교 단체의 보고에 따르면, 1985년부터 1994년까지 교회와 기독교도에 대한 무슬림의 공격은 연평균 10.4건 발생했으며, 1995~1998년 사이의 연평균치는 68.8건에 이르렀다고 한다(Tahalele n.d.).[2] 이러한 상황은 최근의 무슬림-기독교도 충돌을 정치경제적 요인에 귀속해 해석하려는 시각이 현실을 왜곡하거나 단순화하고 있다는 의구심을 불러일으킨다. 수하르또의 퇴진과 경제위기라는 비종교적 요인이 종교도 간 충돌을 유발할 환경을 제공했음은 부정할 수 없지만, 이러한 요인만으로 충돌을 해석할 경우, 지난 10여 년 동안 진행된 종교도 간 관계의 전개 양상을 적절하게 이해할 수 없게 된다.

이 글의 목적은 무슬림과 기독교도 간의 관계를 지역적 수준의 자료를 통해 검토하는 것이다. 이를 통해 필자는 이슬람 부흥Islamic revival이 집중적으로 보고되기 시작한 1980년대 이래 무슬림과 기독교 간의 관계가 화합에서 긴장의 관계로 변화하기 시작했으며, 이러한 긴장이 물리적 충돌의 형태로 표출되지는 않았지만, 잠재된 상태로 존재해왔음을 주장하고자 한다. 이러한 주장에 따른다면, 최근의 무슬림-기독교도 충돌의 저변에는 상당 기간 충적된 두 종교도 간의 갈등이 중요한 역할을 하고 있다고 할 수 있다.

---

2 이 보고서에서 통계치는 특정한 사건이 아니라 피해를 입은 교회의 수를 기준으로 만들어졌다. 예를 들어 교회에 대한 공격이 발생한 한 지역에서 세 곳의 교회가 파괴되었다면, 통계치에서는 세 차례의 공격으로 계산되었다. 따라서 본문에 제시된 통계치는 기독교도에 대한 공격의 빈도를 과장하는 결과를 가져왔다고도 할 수 있다. 보고서에는 96년부터 98년 11월까지 자바에서 184건의 공격이 일어났다고 기술되어 있지만, 동일한 시기에 같은 지역에서 일어난 공격을 하나의 사례로 간주하여 얻어낸 수치는 72건이었다. 통계 수치가 부풀려졌다는 점은 사실이지만, 자바의 예에서 볼 수 있는 것처럼 원래 통계치 역시 과거와는 비교될 수 없을 정도의 높은 공격 빈도를 보여준다.

이 글의 2장에서는 무슬림과 기독교도 간의 관계를 이해하기 위해 필수적인 국가적 수준에서의 변화, 즉 기독교도의 증가 및 이슬람 부흥과 그 영향을 검토할 것이다. 3장과 4장에서는 족자까르따의 한 지역을 대상으로 하여 무슬림과 기독교도 간의 관계를 검토하고, 특히 기독교도를 바라보는 무슬림의 시각에 논의의 초점을 맞출 것이다. 이를 통해 필자는 기독교, 기독교도, 기독교화에 대해 가지고 있는 무슬림들의 부정적 시각으로 인해 두 종교도 간의 상호작용이 긴장과 갈등의 관계로 나아가고 있음을 제시할 것이다.

2. 기독교도의 증가와 이슬람 부흥

1) 자바의 기독교도 증가 추세

자바에서의 기독교 선교는 19세기 중반부터 허용되었으며, 몇몇 지역에서는 기독교 공동체가 성립되었지만(Hefner 1993b: 99~100), 인구학적으로 바라본 자바의 기독교도는 괄목할 만한 성장을 보이지 않았다.

센서스 기록에 따르면 자바 인구의 0.27퍼센트만이 기독교도였다고 한다(Rauws et al. 1935). 이러한 상황은 독립 후 변화를 겪게 되는데, 1953년과 1964년 사이 천주교 교회의 신도 수는 두 배로 증가했으며(Lembaga Penelitian dan Pembangunan Sosial 1968: table 33), 몇몇 개신교 교회에서 역시 60년대 초반 매년 20퍼센트 이상 신도 수가 증가했다고 한다(Willis 1977: 192).

1965년부터 1970년대 초반까지 기독교 교회는 양적으로 급속히 팽창했는데, 비공식적인 자료에 따르면 1965년부터 1971년까지 100만 명 이상의 자바인들이 기독교로 개종했다고 한다. 지역 수준의 통계 역시 비슷한 양상을 보여주고 있다. 자바에 있는 5개 기독교 교단의 신도 증가율은 1965~1967년 사이 연평균 27.6퍼센트, 1968~1971년 사이 연평균 13.7퍼센트에 이르렀으며(Willis 1971: 110) 가톨릭교회의 신도 증가율 역시 연평균 18.2퍼센트였다(Lembaga Penelitian Dan Pembangunan Sosial 1968). 이러한 기독교도의 증가 추세는 이후에도 계속되어, 1971년과 1990년 사이에 기독교 인구는 200만 명 증가했다. 기독교 인구의 꾸준한 증가로 인해 전체 인구에서 기독교도가 차지하는 비율 역시 높아졌는데, [그림1]은 이러한 추세를 적절하게 보여주고 있다.

  1971년 이후에 발표된 센서스 자료는 자바 기독교도의 지역적 분포라는 점에서 흥미로운 측면을 보여준다. 첫째, 행정구역상 대다수의 농촌 지역이 포함되어 있는 도道, kabupaten 지역보다 도시municipality 지역에서 보다 높은 비율의 기독교도 인구가 보고되고 있다. [표 1]에서 볼 수 있는 것처럼

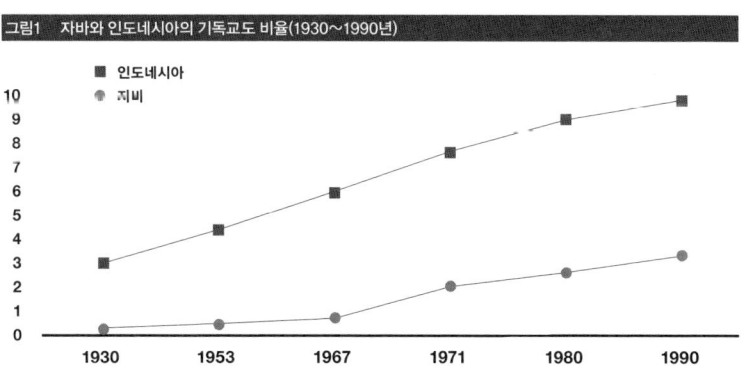

그림1 자바와 인도네시아의 기독교도 비율(1930~1990년)

■ 인도네시아
● 자바

출처 | 1930: Rauws et al.(1935); 1953, 1967: 개신교도, Cooley(1967); 가톨릭교도, Lembaga Penelitian Dan Pembangunan Sosial(1968); 1971, 1980, 1990: 센서스 자료

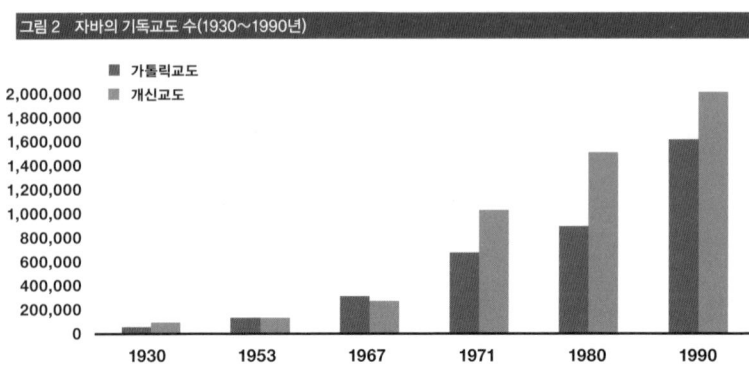

그림 2 자바의 기독교도 수(1930~1990년)

■ 가톨릭교도
■ 개신교도

2,000,000
1,800,000
1,600,000
1,400,000
1,200,000
1,000,000
800,000
600,000
400,000
200,000
0

1930   1953   1967   1971   1980   1990

출처 | [그림1]과 같음.

도시 지역의 기독교도 비율은 1971년 9.9퍼센트였고 1980년 10.9퍼센트였던 반면 도에서의 비율은 1.0퍼센트와 1.2퍼센트였다. 도시 지역과 농촌 지역의 기독교도 분포에 대한 보다 신뢰할 수 있는 자료는 종교도를 도시와 농촌 지역으로 구분하여 제시하고 있는 1990년 센서스 자료를 통해 얻을 수 있는데, 이 자료에 따르면 도시 지역의 기독교도는 7.5퍼센트, 농촌 지역은 1.0퍼센트였다.

둘째, 센서스 자료에 따르면 각 도의 기독교도 분포 비율이 커다란 차이를 보이고 있음을 알 수 있는데, 예를 들어 족자까르따의 슬레만Sleman 도의 기독교도 비율은 전체 인구의 8.2퍼센트인 반면, 동부 자바의 삼빵Sampang 도에서는 0.09퍼센트, 서부 자바의 찌르본Cirebon 도에서는 0.3퍼센트였다. 이는 기독교도가 지역적으로 불균등하게 분포되어 있음을 보여준다. 이러한 차이는 기독교 선교의 역사, 이슬람의 영향력 그리고 종교적 경향 등의 차이에서 비롯된 것이라 추정된다.

| 표 1 | 자바의 기독교도 비율(도시와 도 / 도시지역과 농촌지역) |

	1971년			1980년			1990년		
	도시	도	합계	도시	도	합계	도시지역	농촌지역	합계
자까르따	8.0	–	8.0	9.3	–	9.3	10.9	–	10.9
서부 자바	7.8	0.6	1.1	8.0	0.5	1.1	4.6	0.4	1.8
중부 자바	12.9	1.4	2.2	14.0	1.7	2.6	8.2	1.4	3.2
족자까르따	14.9	3.0	4.6	18.1	4.9	6.8	13.2	5.6	9.0
동부 자바	8.9	0.9	1.7	9.9	1.1	2.1	7.1	0.9	2.6
자바	9.9	1.0	2.1	10.9	1.2	2.6	7.5	1.0	3.3

출처 | 센서스 자료

2) 이슬람 부흥과 기독교화에 대한 태도 변화

1965년 이후 계속된 기독교도의 증가는 일부 이슬람 지도자들의 주목을 끌기에 충분했으며, 그 결과 기독교 교리를 비판하는 내용의 간행물 출판이 급증했고, 기독교도의 전략에 대한 비판적 견해가 광범위하게 유포되었다(Boland 1982: 226~229). 70년대 말까지 이슬람 지도자들은 교회의 자유로운 선교활동을 저지하기 위한 법적 제도 확립에 노력을 기울여서, 1969년 종교 건물의 건립과 관련된 규정의 제정, 1978년 자바에서의 합법적인 선교를 불가능하도록 한 규정의 제정과 같이 획기적인 결과물을 얻어낼 수 있었다.

1969년 종교성에 의해 발표된 규제안은 종교 건물 신축 시 지방 행정부의 수장으로부터 허가를 받도록 규정하고 있으며, 1975년의 규제안은 일반 가옥을 교회 혹은 정기적인 종교적 모임의 장소로 이용하는 것을 금지했다(Umar Hasyim 1991: 437~439). 이러한 규정들로 인해 기독교도가 다수 존재하지 않는 지역에 교회를 설립하는 일이 법적으로는 거의 불가능해졌다고 할 수 있다. 1978년 종교성과 사회성 명의로 공포된 규정은 보다 구체적인 수준에서 선교활동에 제한을 가했는데, 그 핵심 내용은 아래와 같다.[3]

> 종교의 포교는 다음과 같은 경우 허용될 수 없다.
>
> (1) 이미 다른 종교를 가지고 있는 사람 혹은 사람들을 대상으로 행할 때.
>
> (2) 이미 다른 종교를 가지고 있는 사람을 유혹할 목적으로 돈, 의복, 음식물, 의료품 등을 배포하는 방식으로 행할 때.
>
> (3) 거주자가 다른 종교를 가지고 있는 지역 혹은 가구에 팸플릿, 화보, 잡지, 서적 혹은 다른 인쇄매체를 배포하는 방식으로 행할 때.
>
> (4) 이미 다른 종교를 가지고 있는 사람의 집을 방문하면서 행할 때.

1978년 규정은 선교의 문제를 이슬람식으로 처리할 법적 토대가 마련되었음을 보여준다. 동시에 이는 종교 자유에 대한 이슬람식 시각과 해석 틀이 국가법 체계에 뿌리를 내렸음을 시사하고 있다. 즉, 상당수의 이슬람 지도자들에게 있어 종교 자유는 개인 혹은 종교 공동체가 전적으로 책임을 질 수 있는 문제라기보다는 국가의 적절한 규제나 간섭을 통해 성

---

3 1978년 규정이 제정된 배경과 그 의미에 대한 보다 자세한 설명은 Kim(1998a)을 참조할 것.

취될 수 있는 것으로 이해되고 있는데, 앞의 규정은 조화로운 이교도 간의 관계를 확립하기 위해 국가가 종교 문제에 간여해야 함을 명시하고 있다. 이러한 변화는 개인 혹은 특정 공동체가 자체적으로 종교 문제를 해결할 수 있다는 구질서의 자유주의적 태도와는 차이를 보인다.

1978년 규정은 정부와의 관계에서 이슬람 집단이 일정한 성과를 얻어냈음을 보여주지만, 법적인 규제가 실질적인 효과를 가져온 것은 아니었다. [표 1]에서 볼 수 있는 것처럼, 선교가 사실상 비합법화된 80년대에도 기독교도는 꾸준히 증가했는데, 이는 자바인의 대다수를 구성하는 무슬림의 개종 없이는 불가능한 것이었다. 기독교도의 지속적인 성장을 가능케 한 요인으로는 교회의 "비합법적인" 선교활동, 미온적인 정부의 태도, 법 집행의 현실적인 어려움, 종교 문제를 터부시하는 사회 분위기, 사회적 갈등 표출의 억압, 전제적인 정치적 분위기 등이 있을 것이다. 이러한 요인과 함께 고려되어야 하며, 어떤 의미에서 이들보다 더욱 중요한 요인은 자바 무슬림의 종교적 지향이었다.

종교적 혼합주의syncretism는 자바 무슬림의 종교적 지향을 특징짓는 개념으로 이용되어 왔다. 불교, 힌두교, 이슬람, 토작신앙 등이 서로 혼합되어 소화롭게 공존하고 있다는 의미의 혼합주의는 클리퍼드 기어츠Clifford Geertz의 연구 이래 학계에서뿐만 아니라 일반인들 사이에서도 지배적인 설명 틀로 자리를 잡았다. 혼합주의적 종교관과 연장선상에 있는 또 다른 종교적 지향은 상대주의이다. 특정한 종교를 진리에 접근하는 절대적인 방식으로 취급하지 않으며, 특정한 믿음을 통해서만 창조주에 접근할 수 있는 것이 아니라는 종교 상대주의는 상이한 종교적 요소들의 잠재적인 갈등을 완화시키는 데 일조했다. 혼합주의와 상대주의는 자바 무슬림들이 기독교도들에 대해 배타적이지 않은 태도를 갖도록 도와주었으며, 일부 학자들의 주장에 따르면(Hefner 1993), 기독교도로의 개종을 용이하게 만든 요인이었다고 한다.

80년대 이래 기독교도-무슬림 관계의 변화 과정을 이해하기 위해서는 자바의 무슬림 공동체에서 나타난 변화를 이해해야 한다. 많은 학자들이 이 기간 동안 "이슬람 부흥"이라는 현상이 나타났음을 보고했는데(Hefner 1987; Johns 1987; Pranowo 1991), 이는 이슬람을 삶의 중심부로 위치시키려 하고 이슬람에 따라 행동하고 사고하려는 사람이 증가했음을 의미한다. 이러한 경향은 전통적인 상대주의, 혼합주의와 쉽게 조화될 수 없는 것으로, 이슬람을 중심으로 한 종교적 절대주의의 부상을 의미한다고 할 수 있다. 1980년대 이슬람 부흥의 초점이 사적인 종교생활에 놓여 있었다면, 이후 무슬림들의 관심은 공적인 영역으로 확장되었으며,[4] 이러한 관심의 확대로 인해 이교도 특히 기독교도와의 관계를 바라보는 시각 역시 변화되었다.

80년대 말부터 상당수의 이슬람 잡지에서 기독교 선교와 관련된 기사가 빈번하게 게재되기 시작했으며, 이들 기사에서는 불법적인 기독교 선교를 중점적으로 다뤘다. 기독교화에 대한 기사를 매달 게재하고 있는 『메디아 다꽈*Media Dakwah*』라는 잡지의 기사 제목과 간단한 요약문을 살펴보면 이들의 관심이 어디에 놓여 있는지를 알 수 있다.

---

4   80년대 이후 지식인층과 일반인층을 중심으로 전개된 이슬람의 변화에 대해서는 김형준(2000)을 참조할 것.

표 2   『메디아 다꽈』 잡지의 기사 제목과 요약문

제목	발간 시기	요약문
응아웬 지역의 이슬람과 기독교	1990. 12.	마스지드 옆에 교회를 짓기 시작했다. 1978년 규정에 따라 무슬림들이 항의했지만, 교회 건축은 계속되었다.
빚을 신앙과 바꾸어버림	1991	기독교도들은 더욱더 공격적이 되었다. 새로운 방법이 고안되었다. 이번에는 신앙을 사고파는 방식을 통해…….
개종운동이 대학을 가장하여	1992. 2.	주민의 5퍼센트가 이미 세례를 받았다. 목사 후보생들은 가난하고 궁핍한 사람을 희생양으로 삼아 개종운동을 한다.
네 개의 마스지드 사이에서 개최되고 있는 불법적인 종교모임	1993. 2.	불법적인 대규모 기독교 모임이 3년 동안 무슬림이 주민의 대다수를 구성하는 지역에서 계속되고 있다. (…) 종교성의 경고는 무시되고 있다.
개종운동이 의료의 탈을 쓰다	1994. 3.	많은 무슬림들이 가난하고 우매하고 아픈 상태에 놓여 있는 것은 사실이다. 이러한 조건은 인도네시아에서 기독교화 운동의 목표가 되고 있다.

기독교화에 대한 우려와 기독교도의 불법적인 행동이 이슬람 잡지에서만 거론되었던 것은 아니며, 국가적 수준의 이슬람 조직 역시 이에 대한 문제를 제기해왔다. 인도네시아의 이슬람 조직을 대표하는 두 단체 중 무함마디야가 기독교화의 문제를 보다 심각하게 취급하고 있다는 인상을 준다. 1990년에 개최된 무함마디야 총회에서 기독교화 문제는 전면에 부각되었고, 무슬림에 대한 선교 금지 규정을 위반하는 기독교도에 대해 정부가 보다 강력한 대응책을 마련해야 한다는 결의안이 채택되었다. 기독교화에 대한 무함마디야의 시각은 『메디아 다꽈』에서 제시된 것과 큰 차이를 보이지 않는데, 이 단체의 공식적 입장을 살펴보면 다음과 같다 (Muhammadiyah 1991: 104~105).

인도네시아에서 볼 수 있는 것처럼, 개신교와 가톨릭교는 전문적으로 그들의 종교를 선교해왔다. 신질서 정부가 들어선 후 20년 동안 우리는 이 두 종교가 놀라울 정도로 교세를 확대해왔음을 목격했다. (전체 인구에서) 기독교도 비율의 증가, 수많은 교회 (건축), (기독교도에 의해 세워진) 학교의 농촌 지역으로의 확대. 잘 알려진 대로, 기독교가 갖는 매력은 그 교리나 경전에 있지 않으며, 가난한 자에게 음식과 옷을 분배하고 고아, 노약자, 재난을 당한 사람들을 도와주는 것과 같은 사회적 서비스를 수행할 능력에 있다.

기독교화에 대한 『메디아 다꽈』와 무함마디야의 시각은 지식인층에만 국한되어 논의되고 있는 것은 아니며, 다양한 통로를 통해 일반인들에게도 유포되었다. 그중 가장 주목해야 할 매체는 이슬람 부흥 과정에서 종교 지도자들과 일반인들 사이의 가장 효과적인 교류의 통로로 부상한 "뺑아지안pengajian"이라 불리는 이슬람 강연회이다.[5] 뺑아지안에서 취급되는 주제 중 상당수는 순수한 종교적인 문제이지만, 무슬림들이 직면한 사회문화적 문제 역시 빈번하게 거론되고 있으며, 기독교화 문제는 중요한 이슈로 취급되고 있다. 한 예로 필자의 조사 지역에서 기독교화 문제는 1년에 수차례씩 집중적인 조명을 받았다.[6] 기독교화 문제가 가져올 수 있는 위기의식, 무슬림 간의 결속의 당위성을 고취시킬 수 있다는 점 등을 고려할 때 기독교화 문제는 일반인의 공감을 이끌어낼 수 있는 주제라 할

---

5 뺑아지안은 원래 아랍어 독경을 배우거나 공동으로 독경을 행하는 의식을 일컬었지만, 이슬람과 관련된 강의가 진행되는 모임 역시 뺑아지안이라 불린다. 뺑아지안의 개최 빈도는 지역에 따라 상이하지만, 필자의 조사 지역의 경우 일주일에 최소한 한 번 이상의 뺑아지안이 열렸다.

수 있다.

이슬람이 일반인들의 삶에서 차지하는 역할이 더욱 확대되고 있는 상황에서 지속된 기독교도의 증가는 무슬림과 기독교도 간의 긴장을 고조시켰다. 수하르또 정권의 강력한 통제로 인해 이러한 긴장이 외적으로 표출되지는 않았지만, 외형적인 평온이 과거와 같은 이종교도 간의 평화로운 공존을 의미하지는 않았다. 앞서 지적한 대로 무슬림들 사이에서는 기독교, 기독교도, 기독교화에 대한 적대적이고 비판적인 담론이 유포되고 있었으며, 이는 기독교도에 대한 부정적인 시각을 확립하는 방향으로 나아갔다.

3장에서는 이슬람을 일상생활에서 실천하려고 노력하는 무슬림들이 기독교, 기독교화, 기독교도에 대해 어떤 시각을 가지고 있는지를 족자까르따의 농촌 마을의 사례를 통해 검토할 것이다. 조사 지역의 기독교도 인구 비율이 전체 인구의 30퍼센트에 이르고 있다는 독특성으로 인해 이 지역의 상황을 자바, 나아가 인도네시아의 상황과 동일시할 수는 없지만, 조사 지역의 사례는 무슬림-기독교도 관계가 전개될 수 있는 하나의 패턴을 보여준다는 점에서 두 종교도 간의 관계를 이해할 좋은 자료를 제공해주고 있다고 할 수 있다.

---

6 뺑아지안의 강사로 인근 지역의 종교 지도자를 초빙하는데, 특정한 기념일을 경축하기 위한 뺑아지안의 경우 외부에서 강사를 초빙했다. 이들 외부 강사는 전문적으로 강의만을 행하는 사람들로, 이들은 자바 내의 여러 지역을 돌아다니면서 뺑아지안에서 설교했다. 따라서 이들이 형성하는 뺑아지안 네트워크는 정보의 흐름을 가속화하고 정보의 공유를 강화시키는 데 커다란 역할을 했다.

3. 기독교, 기독교도, 기독교화에 대한 무슬림의 시각

1) 조사지 개관

조사가 행해졌던 꼴로종고^{Kolojonggo}(가명) 마을은 족자까르따 시에서 서쪽으로 9킬로미터 정도 떨어진 곳에 위치하고 있다. 1993년 꼴로종고의 인구밀도는 제곱킬로미터당 1,800여 명에 이르렀는데, 이는 자바의 평균치보다도 훨씬 높은 수치이다. 마을 주민 중 1940년 이전에 태어난 대다수의 남성은 농업 부문에서 일을 하지만, 청·중년층 남성들 중에서는 비농업 부문에서 일하는 사람의 비율이 훨씬 높았다. 여성들의 경우, 상업이 가장 중요한 수입원이었지만, 젊은 여성들 중에는 공장 노동자, 가게 점원, 선생이나 공무원, 자영업자로 일하는 경우가 중장년 여성들보다 많았다.

1993년 전체 인구에 대한 기독교도의 비율은 대략 30퍼센트에 이르렀다. 이는 행정구역상 꼴로종고가 속해 있는 슬레만 도나 족자까르따 주의 평균치보다도 훨씬 높은 비율이었다. 꼴로종고 마을의 135가구 중 30가구에 개신교도가, 7가구에는 가톨릭교도가 거주하고 있었으며, 이들 37가구 중 11가구에서는 무슬림과 기독교도가 동거했다.

경제적인 측면에서 바라보았을 때, 기독교도가 포함된 37가구는 다른 무슬림 가구들과 눈에 띌 만한 차이를 보이지 않았다. 계층, 직업 구조, 교육이라는 측면에서 보았을 때에도 기독교도는 다른 무슬림과 비슷한 특성을 보였다. 많은 경우에 있어, 무슬림과 기독교도는 친족관계를 맺고 있었는데, 이 마을에서 처음으로 기독교를 수용한 두 가구만이 무슬림과 친족관계를 가지고 있지 않았다.

2) 이종교도 간 관계에 대한 무슬림들의 태도

꼴로종고의 독실한 무슬림들[7]은 1978년 규정을 잘 알고 있었다. 이 규정에 대한 해석 역시 국가적 수준에서 이슬람 지도자들이 제시했던 것과 거의 유사한데, 때로 보다 극단적인 방식의 해석이 거론되기도 했다. 종교성에서 하급관리로 일하는 마을 주민에 따르면, 이 법령의 핵심은 특정한 종교를 믿고 있는 사람에게 다른 종교에 대해 언급하는 일을 금지하는 것이라고 하는데, 기독교도 아들이 무슬림 부모에게 기독교에 대해 이야기하는 것 역시 불법이라고 했다. 이 규정의 근간이 되고 있는 종교적 비간섭주의는 인도네시아의 다양한 종족들을 통합할 수 있는 단 하나의 원칙으로 평가되었으며, 이슬람 역시 이러한 원칙을 지지했다. 이러한 비간섭의 원칙을 가르치는 것으로 무슬림들에 의해 빈번하게 인용되던 꾸란의 구절은 "알까피룬Al-Kaafiruun"이었다. 이 장章의 내용은 다음과 같다.

오, 불신하는 너희 무리여! 나는 너희가 숭배하는 것을 숭배하지 아니하노라. 또한 너희는 내가 숭배하는 것을 숭배하지 아니하노라. 그리고 나는 너희가 숭배하는 것을 숭배하지 않을 것이며, 또한 너희도 내가 숭배하는 하나님을 숭배하지 않을 것이니라. 너희에게는 너희의 종교가 있고, 내게는 나의 종교가 있음이니라.

---

7 종교활동에의 참여, 신앙심 등과 같은 기준으로 보았을 때 조사지 무슬림들을 몇 그룹으로 나눌 수 있었다. 그중 본문에서 독실한 무슬림으로 불리는 주민들은 가능한 한 모든 종교활동에 참여하는 사람들을 일컬으며, 비율로 보았을 때 무슬림 주민 중 15퍼센트 정도를 구성했다. 이에 대한 보다 자세한 논의는 Kim(1998b)을 볼 것.

국가의 규정과 꾸란에 의해 이교도 간 화합을 유지할 방법이 제공되고 있기 때문에, 이들에게 있어 기독교도와의 조화로운 관계는 그리 어렵지 않게 얻을 수 있는 것으로 비추어졌다. 하지만 이들의 평가에 따르면 현실은 그리 밝지 않은데, 빤짜실라의 정신 및 이슬람의 가르침과 일치하지 않는 사건이 기독교도에 의해 발생되어 종교도 간의 관계를 위태롭게 했다고 한다. 이러한 주장을 뒷받침하기 위해 가장 먼저 지적되는 증거는 기독교도의 증가를 들 수 있는데, 기독교도가 자유의사에 따른 개종만을 인정한다는 원칙을 준수했다면, 기독교도 인구의 증가는 현실적으로 불가능하지만, 실상은 그 반대였다고 이야기했다.

이들 무슬림들의 견해는 공정성을 잃었다고도 할 수 있는데, 이는 이종교도 간 갈등의 원인 모두를 기독교도 측으로 돌리고 있기 때문이다. 이러한 일방적인 견해가 형성, 유지되고 있는 배경을 이해하기 위해서는 이들이 기독교도에 대해 가지고 있는 부정적인 이미지를 검토해야 한다. 즉, 기독교도들이 무슬림의 존재를 무시하고, 무슬림의 종교생활을 방해하며, 불법적인 방식으로 무슬림을 "유혹"하려 하는 집단으로 그려지고 있기 때문에 모든 갈등의 근원을 기독교도로부터 찾을 수 있다는 것이다.

기독교도에 대한 부정적인 이미지는 외부로부터의 영향과 일상생활의 경험을 통해 형성되었다. 외부에서 만들어진 기독교도에 대한 부정적 이미지가 여러 경로를 통해 마을로 유입되는데, 2장에서 지적했듯이 가장 중요한 매개는 뺑아지안이었다. 또 다른 매개는 도시의 몇몇 이슬람 단체들이 개설한 정기 혹은 부정기 강좌로서, 여기에서는 기독교도들의 전략과 그에 대한 대응 방식을 교육했다. 조사 마을의 몇몇 젊은이들이 이 강좌에 참여했으며, 그곳에서 진행된 강의가 카세트테이프로 녹음되어 마을 사람들 사이에서 유통되기까지 했다. 이러한 공적인 경로 외에도 사적인 접촉의 가능성 역시 열려 있다. 아래에 제시된 사례는 이러한 사적인 정보의 흐름을 적절하게 보여준다.

> 모스크에서 구했던 두 페이지짜리 문건을 복사하고 집에 돌아왔을 때, 그 문건을 건넸던 젊은이들이 집 앞에 앉아 있었다. 방 안으로 들어가자마자, 그들은 내게 복사를 했는지 여부를 물었다. 내가 그렇다고 대답하자, 그들은 사과의 말을 하며 원본과 복사본을 자기들에게 돌려달라고 요청했다. 그 문건을 모스크로 가져왔던 구노 씨가 그것을 회수하라고 했다고 한다. 그 문건 내용을 조사 노트에 적지 않았던 것이 너무나도 후회됐지만, 그들의 태도를 보았을 때 돌려주지 않을 수 없었다. 그들의 얼굴에 안도의 표정이 흐르는 것을 본 후, 나는 구노 씨 집을 같이 방문하자고 이야기했다.

문건의 첫 부분에는 기독교 대학생 운동^{Gerakan Mahasiswa Kristen}이라는 이름이 뚜렷하게 적혀 있었다. 이 문건에는 16개의 항목이 있었는데, 그것들 모두는 기독교 대학생이 그들의 임무를 완수하기 위해 사용할 전략과 관계가 있었다. 불행하게도 그것 모두를 기억할 수 없었지만, 기억할 수 있었던 몇몇 항목은 다음과 같았다. 무슬림 친구를 돕지 말 것, 공부 자료를 빌려주지 말 것, 새로운 사람을 만날 때 기독교도라는 사실을 숨길 것, 강의실이나 공적인 장소에 있을 때 다른 기독교도와 같이 있지 말 것, 무슬림과 이야기할 때 여성 해방, 인권과 같은 문제를 제기할 것, 그리고 특히 여학생의 경우, 무슬림 남학생과 가까운 관계를 유지할 것.

구노 씨에 따르면 이 문건은 기독교도 학생들 사이에서 비밀스럽게 유통되고 있었다고 했다. 그는 친구로부터 그것을 얻었고, 다른 무슬림들이 기독교도 활동의 본질을 실감할 수 있도록 하기 위해 모스크로 가져왔다고 했다. 기독교도의 궁극적인 목적이 이슬람 공동체 파괴에 있다는 말을 던진 후, 그는 빤짜실라가 가르치는 관용의 정신이 무슬림에 의해서 얼마나 잘 지켜졌고, 기독교도에 의해 어떻게 지켜지지 않았는지를 열정적으로 토로했다. 마지막으로 그는 그 문건을 내게 줄 수 없는 이유를 우회적으로 이야기했다. 그는 나를 통해 그 문건이 기독교도 측에 알려지고, 기독교도를 자극하는 결과를 초래할 가능성을 우려하는 듯했다.

기독교도에 대한 부정적인 이미지의 형성에 있어 외부로부터의 영향만큼 중요한 것은 일상생활의 경험이다. 이를 이해하기 위해 간과해서는 안 될 점은 과거와 비교했을 때 현재의 일상생활 자체는 커다란 변화를 겪지 않았던 반면 특정한 사건을 해석하는 무슬림의 시각은 변화했다는 점이다. 예를 들어, 10여 년 전까지 무슬림 주민이 개종하는 것은 기독교도들의 사악한 전략에 기인한 것으로 해석되지 않았다. 하지만 같은 현상이 지금 일어날 경우, 이는 무슬림에 대한 기독교도의 도발적인 태도로 간주되었다. 금식월에 행하는 결혼은 또 다른 예이다. 과거 소수의 무슬림만이 금식을 행할 때, 금식월에 거행하는 결혼식은 어떤 문제도 제기되지 않았다. 결혼식 통계를 월별로 살펴보아도, 금식월이 결혼식을 행하기에 금기시되었던 기간이 아니었음을 알 수 있다.[8] 하지만 이러한 상황은 90년대 들어 변화했다. 1993년과 1994년의 금식 기간 동안 조사지에서는 단 한 건의 결혼식만이 기독교도 가족에 의해 개최되었으며, 독실한 무슬림들은 이 결혼식을 상이한 방식으로 해석했다.

딸의 임신 사실을 알게 된 사스뜨로 씨는 결혼식을 곧바로 개최하려했다. 전통관습이나 자신의 종교인 기독교 모두 금식월에의 결혼식을 문제시하지 않기 때문에 그는 결혼식 날로 금식월이 끝나갈 즈음을 선정했다. 하지만 사스뜨로 씨의 이러한 결정은 무슬림의 종교활동에 대한 기독교도의 비관용적인 태도를 보여주는 예로 간주되었다. 이러한 해석은 타당성을 가지고 있었는데, 이는 음식 없는 결혼식을 상상할 수 없으며, 음식 준비를 위해 사스뜨로 씨 가족은 주변의 무슬림들에게 도움을 요청해야만 했기 때문이다. 따라서 결혼식을 돕기 위해 동원된 무슬림들이 금식을 행하지 못할 가능성은 대단히 높았다.

화합^{rukun}이라는 마을의 규범이 있었기에 독실한 무슬림 청년들은 자신들의 분노를 표출하지 않았다. 하지만 이들이 아무런 행동을 취하지 않았던 것도 아니어서, 이들 중 한 명인 마을 청년회 회장이 사보타주 전략을 시도했다. 바쁘다는 핑계를 대며, 그는 결혼식에 필요한 젊은이들의 노동을 배치하기 위한 모임을 열지 않았다. 그의 사보타주는 결혼식 3일 전

8 꼴로종고 마을이 속해 있는 면面의 1979~1990년 사이 월별 결혼식 빈도는 다음과 같았다.

월	빈도	월	빈도	월	빈도
수로 Sura	4	주마딜 아왈 Jumadil Awal	50	뽀소 Pasa(금식월)	63
사빠르 Sapar	49	주마딜 악히르 Jumadil Akhir	68	샤왈 Sawal	70
마울루드 Maulud	82	르즙 Rejeb	94	둘까이다 Dulkaidah(Sela)	73
박도 마울루드 Bakdo Maulud	92	루와 Ruwah	23	브사르 Besar	144

까지 계속되었고, 이를 견디다 못한 사스뜨로 씨는 기독교도 젊은이를 모스크로 보냈다. 그 젊은이의 방문은 놀라운 일이었는데, 조사 기간 동안 기독교도가 모스크를 방문한 단 한 번의 사례였기 때문이었다. 결국 청년회 회장은 다음 날 모임을 열어 젊은이들에게 일감을 배분했다. 이 사례는 무슬림들의 내적인 변화로 인해 동일한 사건이 상이한 각도에서 해석되고 있음을 보여주며, 이러한 전환된 시각으로 인해 기독교도에 대한 부정적인 이미지는 강화되었다.

금식월은 기독교도들이 무슬림에게 끼치는 피해를 쉽게 인식할 수 있는 기회를 제공해주었다. 예를 들어, 기독교도들이 이웃의 노동력을 동원한 후 관습대로 음식을 제공한 경우, 기독교도들이 무슬림 앞에서 담배를 피운 경우, 그리고 기독교 모임을 열어 찬송가를 부른 경우 등은 무슬림에 대한 기독교도들의 도발적이고 비관용적인 태도를 보여주는 사례로 간주되었다.

4. 개종

기독교도에 대한 부정적 이미지를 생산, 재생산하는 데 핵심적인 역할을 하는 문제 중의 하나는 개종이다. 개종은 무슬림 주민들 사이에서 빈번하게 이야기되고 있으며, 개종과 관련된 다양한 사례가 유통되고 있다. 이슬람에서 기독교로의 개종과 관련되어 무슬림이 거론하는 이야기들 모두는 부정적 측면을 포함한다(유혹, 사기, 파울 플레이, 위법). 이와는 반대로 기독교에서 이슬람으로의 개종은 긍정적인 측면을 강조한다(진실, 합리성, 관용, 영적인 탐구). 이러한 상황은 개종 문제와 관련하여 무슬림들이 기독교도들과의 이데올로기적 전쟁을 선포했다는 인상을 주기에 충분하다. 하지만 이러한 공격적인 태도는 기독교도보다는 무슬림 자신을 주요 대상으로 하고 있다. 무슬림과 기독교도가 만나서 개종에 대해 토론할 수 있는 공적인 영역이 존재하지 않으며, 기독교도들이 무슬림과 종교적인 토론을 하지 않으려는 경향을 보였기 때문이다.

독실한 무슬림들에 따르면 기독교로의 개종을 유발한 요인 중 어느 것도 종교적 진리 추구, 신앙심과 관련되지 않는다고 한다. 첫번째 거론되는 요인은 경제적 이득이다. "라면 기독교도(끄리스뗀 사리미Kristen sari-mie)"라는 용어가 1960년대의 "쌀 기독교도(끄리스뗀 버라스Kristen beras)"가 함축했던 의미와 동일하게 이러한 견해를 요약해준다. 교회가 라면 박스를 배포함으로써 무슬림을 유혹하려 한다고 생각하기 때문에 "라면 기독교도"는 경제적 이익을 받고 자신의 믿음을 팔아버린 가난한 무슬림을 일컫는다. 마을 수준에서 개종과 관련된 이야기는 라면보다는 소와 연결되어서, 개종한 사람이 교회로부터 물소를 희사받았다는 소문이 돌았다.

무슬림들은 이러한 경제적 도움이 박애(봉사)라는 이름하에 정당화되고 있음을 잘 알고 있으며, 이러한 활동이 종교도의 의무 중 하나임을 인정했다. 하지만 이런 식의 태도가 교회이 봉시활동을 용납하는 방향으로 나아가지는 않는데, 이는 교회의 의도가 순수하다면 교회의 이름을 걸고 봉사활동을 행하거나 직접 경제적 도움을 분배할 이유가 없다는 생각 때문이었다. 즉, 이종교도 간의 관계가 갖는 미묘한 성격을 고려한다면, 기독교도들은 기금이나 물건을 수집한 후 그것을 정부 혹은 모스크 관리위원회에 기부하는 방식을 취해야 한다는 것이다. 이러한 시각에서 바라볼 때, 교회의 이름을 내걸고 경제적 도움을 주어야 한다는 기독교도의 주장은 봉사 이외의 다른 의도가 숨겨져 있음을 보여준다고 해석될 수 있다.

종교도 간 결혼^{kawin campur}은 무슬림이 기독교로 개종하는 두번째 요인으로 거론되는데, 이는 경험상 쉽게 받아들일 수 있는 이론이었다. 기독교 가구에 있는 37쌍의 부부 중 다섯 경우만이 기독교도 간의 결혼이었던 반면, 열여덟 경우는 기독교도와 무슬림이, 여덟 경우는 무슬림끼리 결혼한 경우였다. 기독교도 간의 결혼이 많지 않았던 이유는 최근까지 같은 종교를 가진 사람끼리 결혼해야 한다는 사회적 압력이 강하게 존재하지 않았기 때문이다. 이종교도 간의 결혼 이후 개종한 측은 대부분 무슬림이었다. 이종교도끼리 결혼한 18건의 사례에서, 무슬림이 기독교로 개종한 경우가 17건이었으며, 한 쌍의 부부는 각자의 종교를 고수하고 있다.

이러한 상황으로 인해 이종교도 간 결혼은 뺑아지안에서 빈번하게 거론되었던 주제였다. 이러한 논의 과정에서, 기독교도들은 비윤리적인 존재, 즉 자신들의 목적을 성취하기 위해 인간성의 기초라 할 수 있는 사랑조차 주저 없이 이용하려는 존재로 그려진다. 무슬림 사이에서 이야기되는 이종교도 간 결혼의 전형적인 예는 다음과 같다.

어려움을 겪고 있는 무슬림에게 기독교도 여성이 접근하여 유혹한다. 그들이 사랑에 빠져 결혼하려 할 때, 기독교도 여성은 연인에게 기독교로 개종할 것을 요구한다. 사랑에 눈이 먼 남자는 자신의 신앙을 바꾸어버린다.

가족 구성원 중 한 사람의 개종이 가족 전체의 개종으로 나아갈 개연성이 높기 때문에, 무슬림들은 이종교도 간 결혼에 대해 민감한 태도를 보였다. 이러한 결혼을 방지하기 위한 가장 좋은 방법은 무슬림과 기독교도 간의 친근한 관계 형성을 저지하는 것으로, 한 마을 사람의 이야기에 따르면 "무슬림 부모는 열심히 노력해서 자신들의 아이들이 비무슬림들과 사랑에 빠지지 않도록 해야 한다"고 했다.

경제적 이익, 이종교도 간 결혼 이외에 기독교로의 개종을 유발하는 요인으로 거론되는 것에는 기독교계 학교에서의 교육, 기독교도 친구, 서양식 예술 집단에의 가입, 서양 문화에 대한 탐닉 등이 있었다.

기독교도의 공세에 대응할 방법에 대해 무슬림들은 많은 논의를 진행했다. 신앙심을 깊게 만들어 기독교도의 유혹에 넘어가지 않도록 하는 것이 가장 시급한 과제로 간주되었다. 기독교의 전략에 대한 더 깊은 이해, 종교 교육의 강화, 무슬림 경제력의 향상, 무슬림 공동체 구성원 간의 복지체계 확립 역시 거론되었다. 하지만 이러한 방법은 원론에 불과한 것으로 쉽게 실천할 수 없었다. 이러한 상황에서 보다 효과적인 방법은 무슬림 공동체의 경계를 명확히 하여 공동체 구성원 간의 유대를 강화하고, 이를 통해 개종하려는 무슬림에게 집합적인 압력을 행사하는 것이다. 하지만 이 방법 역시 쉽게 수행하기 어려웠다. 타인의 일에 직접 간섭하는 것을 금기시하는 사회적 관습으로 인해(김형준 1999), 집합적인 압력을 행사하는 일이 쉽지 않았기 때문이었다. 마을 생활에서 관습의 힘이 얼마나 강력하게 작용하는지는 조사 기간 중에도 확인할 수 있었다. 한 주민의 개종 소문이 퍼졌지만, 지도자급에 해당하는 무슬림 중 어느 누구도 사실 확인을 하려 하지 않았으며, 단지 내부적으로만 불만이 표출되었을 뿐이었다.

개종에 대처할 뚜렷한 방법을 가지고 있지 않음에도, 이 문제에 대한 무슬림들의 담론은 종교생활을 바라보는 무슬림들의 관점에 변화가 일어나고 있음을 보여준다. 즉, 개종을 종교 공동체라는 틀 내에서 취급하려는 이들의 태도는 사적이고 개인적인 문제로 취급되었던 종교생활이 점차 집합적이고 공적인 문제로 변해나가기 시작했음을 의미한다. 이러한 변화는 이슬람 부흥 과정에서 무슬림 공동체의 경계가 보다 뚜렷해짐에 따라 발생한 것으로, 타인의 종교적 정체성과 신앙심이 같은 종교집단에 속한 사람들의 관심 영역으로 점차 통합되어 가고 있는 추세를 보여준다.

5. 맺으며

20세기 초 첫 개종자가 나타난 이래 기독교도와 무슬림은 꼴로종고 마을에서 공조해왔지만, 10여 년 전까지 이들 간의 종교적 차이는 종교적 영역을 넘어서서 커다란 의미를 가지지 않았다. 몇몇 경우는 종교활동에 있어서조차 두 종교도 간의 분리가 명확히 나타나지 않았는데, 금식월과 크리스마스 때 무슬림과 기독교도가 서로를 방문하고 음식을 교환하는 일이 좋은 예였다고 할 수 있다. 하지만 이슬람 부흥이 가속화됨에 따라 이러한 상황에 변화가 일어났다. 무슬림 집단과 기독교 집단을 분리하는 명확한 선이 형성되었으며, 종교적 차이에 대한 의식 역시 강화되었다. 두 종교도 간의 명확해진 경계는 종교적 영역에 머무르지 않고, 비종교적 영역으로 확장되었다(Kim 1998c). 그 결과, 기독교도와 친구관계를 맺어야 하는지, 기독교도와 사귀어야 하는지, 선거에서 기독교도에게 표를 던져야 하는지, 기독교도를 도와야 하는지와 같은 질문은 점차 무슬림들의 삶에 있어 중요한 문제로 대두되었다(Kim 1998c).

종교적 차이에 대한 의식이 명확해짐에 따라 무슬림과 기독교도 사이에는 갈등과 긴장이 고조되기 시작했다. 무슬림 사이에서는 기독교도에 대한 부정적인 이미지가 형성되었는데, 기독교도들은 무슬림의 존재를 무시하고, 무슬림의 종교생활을 방해하는 존재로 그려지게 되었다. 갈등과 긴장을 야기한 또 다른 요인으로는 기독교로의 개종으로, 기독교도가 불법적인 방식으로 타 종교도를 "유혹"하고 있다는 생각이 무슬림 사이에서 확고해졌다. 기독교도에 대한 불만의 축적에도 불구하고, 두 종교도 사이의 관계는 외적으로 평온한 상태를 유지해왔다. 사회적 불만의 표출을 용납하지 않았던 수하르또 정권의 억압적 분위기, 사회적 갈등 표출을 금기시하는 전통관습은 외적인 평온 상태를 유지하는 데 커다란 역할을 했다. 하지만 이러한 상황이 같은 무슬림 공동체 내에서도 적용되는 것은 아니어서, 기독교도에 대한 부정적인 담론은 자유롭게 유통, 확대, 재생산되었다.

지금까지 살펴본 꼴로종고의 사례는 많은 학자들과 정치, 종교 지도자들에 의해 당연시되어 왔었던 무슬림과 기독교도의 화합과 평화가 두 종교도 간의 관계를 특징짓는 단일한 요소가 아닐 수 있음을 보여준다. 기독교 인구의 꾸준한 증가, 무슬림의 삶에서 종교가 갖는 역할의 확대, 무슬림들의 종교적 지향에서 나타나기 시작한 절대주의, 기독교도에 대한 부정적 이미지의 확산 등은 두 종교도 간의 관계를 긴장으로 이끌어갈 개연성을 가지고 있으며, 기독교도에 대한 불만은 수하르또 정권에서의 외적인 평온에도 불구하고 내부적으로는 심화되어 왔다고 할 수 있다. 이러한 상황을 고려했을 때, 최근 자바, 말루꾸 등지에서 일어났던 무슬림과 기독교도의 충돌을 비종교적 요인으로 환원해 설명하려는 시도에는 무리가 있다고 할 수 있다. 정치적 자유화와 사회경제적 불만이 이러한 충돌이 발생하는 데 중요한 역할을 했음을 부정할 수 없지만, 기독교도에 대해 무슬림들이 가지고 있던 불만은 그 충돌을 격화하고 장기화하는 데 일조했다. 따라서 무슬림과 기독교도 간의 화합과 평화로운 공존은 민주주의의 공고화와 경제적 안정에 따라 자동적으로 회복될 수 있는 것이 아니라 새롭게 만들어져야 하는 것으로 전환되었다고 이야기할 수 있다.

김형준. 1999. "폭동을 통해 본 인도네시아 자바 문화의 지속과 변화: 이슬람과 전통 사이에서". 『국제지역연구』 8(1): 47~65쪽.

_____. 2000. "인도네시아의 무슬림-기독교도 관계의 변화: 말루꾸 사건에 대한 해석을 중심으로". 『동남아시아연구』 11(1): 29~51쪽.

Adnan, Z. 1990. "Islamic Religion: Yes, Islamic Ideology: No! Islam and the State in Indonesia." Arief Budiman (ed.) *State and Civil Society in Indonesia*. Victoria: Monash University.

Boland, B.J. 1982. *The Struggle of Islam in Modern Indonesia*. The Hague: M.Nijhoff.

Departemen Agama, Yogyakarta. 1990. *Munakahat Membina Keluarga Sakinah dan Keputusan Forum Dialog Pemuka-Pemuka Agama Prop. Daerah Istimewa Yogyakarta*. Yogyakarta: Kantor Departemen Agama.

Hefner R. 1987. "Islamizing Java: Religion and Politics in Rural East Java." *The Journal of Asian Studies* 46(3): pp. 553~554.

_____. 1993b. "Of Faith and Commitment: Christian Conversion in Muslim Java." R. Hefner (ed.), *Conversion to Christianity: Historical and Anthropological Perspectives on a Great Transformation*. Berkeley & Los Angelous: University of California Press.

Johns, A.H. 1987. "Indonesia: Islam and Cultural Pluralism." J. Esposito (ed.), *Islam in Asia: Religion, Politics and Society*. New York & Oxford: Oxford University Press.

Kim, H-J. 1998a. "Changing Concept of Religious Freedom in Indonesia." *Journal of Southeast Asian Studies*, 29(2): pp. 357~373.

_____. 1998b. "From Bamboo Langgar to Brick Masjid: Islamic Development in a Javanese Village." M-S Oh & H-J Kim (eds.), *Religion, Ethnicity and Modernity in Southeast Asia*, Seoul: Seoul National University Press.

_____. 1998c. "Unto You Your Religion and Unto Me My Religion: Muslim-Christian Relations in a Javanese Village." *SOJOURN* 13(1): pp. 62~85.

Lembaga Penelitian Dan Pembangunan Sosial. 1968. *Ichtisar Statistik Tentang Geredja Katolik di Indonesia 1949-67*.

Liddle, W. 1996. "Media Dakwah Scripturalism: One Form of Islamic Political Thought and Action in New Order Indonesia." M. Woodward (ed.), *Toward a New Paradigm:*

Recent Developments in Indonesian Islamic Thought. Arizona University Press.

Muhammadiyah. 1991. *Berita Resmi Muhammadiyah*. Yogyakarta: Pimpinan Pusat Muhammadiyah.

Rauws, J. et al. 1935. *The Netherlands Indies*. London & New York: World Dominion Press.

Tahalele, P. n.d. *The Church and Human Rights in Indonesia*. Surabaya: Indonesia Christian Communication Forum.

Tamara Nasir. 1986. *Indonesia in the Wake of Islam: 1965-1985*. Kuala Lumpur: Institute of Strategic and International Studies.

Pranowo Bambang. 1991. "Creating Islamic Tradition in Rural Java." Ph. D. Thesis. Victoria: Monash University.

Umar Hasyim. 1991. *Toleransi dan Kemerdekaan Beragama Dalam Islam: Sebagai Dasar Menuju Dialog dan Kerukunan Antar Agama*. Surabaya: Pt. Bina Ilmu.

Willis, A. 1977. *Indonesian Revival: Why Two Million Came to Christ*. California: William Barey Library.

서파푸아 무슬림과 기독교도 간
긴장과 갈등의 원인

조태영

1. 들어가며

인도네시아는 전 세계 최대 무슬림 국가이지만, 헌법으로 종교의 자유를 보장한다.[1] 인도네시아의 국가 모토인 "다양성 속의 통일Bhinneka Tunggal Ika" 은 다양한 언어와 문화, 종족, 종교를 인정하고 통일된 국가를 지향한다는 의미이다. 하지만 20세기 말 인도네시아 곳곳에서 발생한 분쟁은 실제로 인도네시아의 지역사회에서 다양성이 수용되지 않고 있다는 것을 말해준다. 이러한 분쟁에는 다양한 사회적 원인이 내재되어 있지만, 그 표면은 항상 이슬람과 기독교의 이분법적 구도로 표출되어 왔다는 특징이 있다. 인도네시아의 지역분쟁에서 "종교와 신념"이 항상 큰 원인이 되어왔다(Suaedy et al. 2012: 3)는 것은 "종교"가 집단 간의 갈등을 조장하는 원천적 역할을 하고 있다는 것을 의미한다. 이와 관련하여 20세기 말 발발한 포소Poso와 말루꾸 유혈사태를 상기하면, 인도네시아의 집단 간 갈등에서 이슬람과 기독교가 지니는 편협성을 가늠할 수 있다.

2002년 지방자치제가 시작된 서西파푸아는 네덜란드 식민 말기부터 분리운동을 전개해왔기 때문에 그동안 이들의 분리운동과 종교와의 관계에 대한 의문이 제기되지 않았다. 하지만 서파푸아에 이슬람과 기독교가 전파된 후 경쟁관계를 통해 발전되어 온 과정은 이곳에도 두 집단의 대립구도가 존재한다는 것을 말해준다. 서파푸아에 이슬람은 16세기경 바찬Bacan과 티도레Tidore 이슬람 왕국을 통해 소개(Athwa 2004: 44)되었

---

1   인도네시아 헌법 28E조는 "모든 사람은 종교의 선택과 각자의 종교에 따른 예배에 참여할 자유가 있다 (Setiap orang bebas memeluk agama dan beribadah menurut agamanya)."라고 명시하고 있다(Suaedy et al. 2012: 51).

지만 그 전파가 제한적이었던 반면, 기독교는 1855년 이래 네덜란드 식민 정부에 힘입어 다수의 신자를 거느린 종교로 성장할 수 있었다. 하지만 1960년대 말 수하르또 정권의 이주정책 복권으로 외부 무슬림들이 대규모로 유입되면서 이곳의 종교적 판도가 바뀌었고, 무슬림들의 성장에 위협을 느낀 기독교도들과 이들을 분리주의자로 낙인찍은 무슬림들 간에 대립구도가 형성되었다(Crisis Group 2008. 06. 16., p.1). 이후 1998년 수하르또가 퇴진하자 양 집단의 대립구도는 정치·사회 영역으로 확대되어 인권 유린과 자원착취, 인도네시아 군대와 이주 무슬림들의 철수를 내세운 기독교도들의 시위와 이를 저지하려는 무슬림들의 대립으로 이어졌고, 종교적으로는 더욱 구조화되고 심화되었다.

21세기 들어 두 집단의 관계는 급진주의 단체들에 의해 더욱 악화되었다. 2000년대 초 말루꾸 분쟁이 약화됨에 따라 서파푸아에 들어온 히즈붓 타흐리르와 살라피 무슬림들은 원리주의를 앞세운 다와da'wah를 통해 공격적인 이슬람화를 전개해나가고 있으며, 기독교의 오순절pentecostal과 카리스마charismatic 교단 등은 배타주의를 내세운 예배 콘서트를 통해 무슬림들과 맞서고 있다(Crisis Group 2008. 06. 16. p.17~19). 이뿐만 아니라 양측의 상이한 역사 인식 또한 양 집단의 대립각을 넓히고 있다. 서파푸아에 이슬람이 기독교보다 2세기 앞서 유입되었다는 최근의 연구 결과들은 무슬림들에게 서파푸아 권리수호에 정당성을 부여하고 있는 반면, 1855년 마녹와리Manokwari를 통해 서파푸아 전역으로 성장한 기독교 역사는 기독교도들의 편협적인 정체성 강화에 힘을 실어주고 있다. 이와 같이 서파푸아에 이슬람과 기독교가 유입된 이후 지속적으로 악화된 대립구도는 오늘날 포소와 말루꾸 유혈사태 이후 분쟁 발발 가능성의 담화로 주목받고 있다.

서파푸아 무슬림과 기독교도의 대립구도는 근본적으로 인도네시아라는 국가적 배경에서 접근할 필요가 있다. 서파푸아라는 지역적 배경에서 다수인 기독교도들과 소수인 무슬림들은 인도네시아에서는 그 위치가 바뀌기 때문에 양 집단의 관계는 인도네시아 다수 무슬림 사회의 움직임과 변화에 치중될 수 있다. 이와 관련하여 1970년대 나타난 이슬람 부흥은 양 집단의 관계에 큰 변화를 준 요인으로 꼽힌다. 경전 중심주의와 종교적 의무실천을 강조한 이슬람 부흥은 점차적으로 사회문제에 무슬림들의 집합적인 대응을 꾀했는데(김형준 2001: 44~45), 특히 무슬림들의 부정적인 시각이 가장 많이 표출된 대상은 기독교도들이었다. 이에 대한 근본적 이유로는 인도네시아에 존재하는 기독교 사회(서파푸아 같은)는 이슬람법(샤리아)의 실행에 대립된다는 인식이 무슬림들을 지배했기 때문이다.[2] 한편 이러한 인식은 역으로 다수 기독교도 사회 내의 소수Al-Aqalliyyât 무슬림들을 향한 관심으로 이어지기도 했는데, 서파푸아의 무슬림들을 보호한다는 명목하에 급진주의 단체들이 유입되었고 이슬람화는 공격적으로 변모했다. 따라서 이러한 상황은 기독교도와의 관계를 더욱 악화시키게 되었다.

본고는 오늘날 서파푸아에서 급격히 늘어난 무슬림들과 이곳의 다수

---

2 꾸란의 45장 자씨야Al-Jāthiyah 18절은 "하나님은 그대를 '바른 길sharia' 위에 두었으니 그대는 그 길을 따르되 알지 못하는 자들의 유혹을 따르지 말라."(최영길 1997: 952)라고 언급한다. 경전 중심주의에 따르면, 다수 무슬림 국가에서 이슬람법의 실행은 당연한 것이다. 인도네시아 이슬람 원리주의자들은 90퍼센트에 가까운 인구가 무슬림인 인도네시아에서 이슬람법이 실행되기를 찬성한다(Suaedy et al. 2012: 21~22).

기독교도들 간의 긴장과 갈등을 조명하고 그 원인을 분석한다. 우선적인 갈등의 원인으로 양 집단 내의 종교적 변화를 검토한다. 이를 위해, 이슬람 부흥과 같이 인도네시아 다수 무슬림 사회의 변화와 최근 서파푸아 기독교 사회에 유입된 급진주의 교단들의 활동을 제시할 것이다. 계속해서, 양 집단의 대립구도에 영향을 준 사회적 배경 또한 검토할 것이다. 수하르또 퇴진 전후를 중심으로 이주 무슬림들의 성장과 기독교도들의 분리운동, 말루꾸 분쟁의 영향, 그리고 양 집단의 상이한 역사인식을 분석할 것이다. 서파푸아 무슬림과 기독교도 간의 갈등을 논의한 기존의 연구(Pamungkas 2014; Qadir 2014)가 있었지만, 사회경제적 배경에 초점을 두고 있기 때문에 양 집단의 이질적인 종교적 배경과 그것이 실천되는 사회적 배경을 갈등의 원인으로 밝혀내지 못했다. 따라서 본고에서는 서파푸아 무슬림과 기독교도의 갈등을 조장하는 원인에 대한 종교와 사회적 배경의 논의가 이루어질 것이다. 이러한 논의는 서파푸아의 다수 기독교도들에 맞선 인도네시아 무슬림들의 이슬람화 전개 방식과, 역으로 다수 무슬림 사회인 인도네시아 내에서 서파푸아의 기독교도들이 기독교 정체성을 고수하는 방식을 검토하는 데 일조할 수 있을 것이다.

다음 장에서는 서파푸아 이슬람의 유입과 성장을 살펴보고, 제3장에서는 기독교의 전파와 파푸아인들의 기독교 정체성에 대해 알아본다. 제4장에서는 서파푸아 무슬림과 기독교도의 대립구도가 공적으로 표출되는 양상을 살펴보기 위해 21세기 마녹와리와 카이마나Kaimana, 그리고 자야푸라Jayapura에서 발생한 일련의 갈등 사례를 제시한다. 이후 제5장에서는 서파푸아 무슬림과 기독교도의 갈등의 원인을 종교와 사회적 배경으

로 나누어 분석한다. 마지막 장에서는 서파푸아 무슬림과 기독교도의 갈
등은 종교와 사회적 배경을 중심으로 다양한 맥락에 기인하고 있으며, 오
늘날 악화되고 있는 양 집단의 관계는 서파푸아에서 제2의 포소와 말루
꾸 유혈분쟁의 발발 가능성을 시사하고 있다는 예측으로 마무리한다.

2. 서파푸아 이슬람의 초기 유입과 성장

서파푸아의 인구는 약 436만 명이며,[3] 전체 면적(42만 540제곱킬로미터) 대
비 인구밀도는 1제곱킬로미터당 10명이다.[4] 또한 이곳에서 사용되는 지
역어는 276개로 인도네시아에서 가장 많은 수의 언어가 사용되고 있다
(Lewis 2009: 427). 광활한 영토와 많은 수의 지역어에 비해 인구수와 인구
밀도가 낮다는 것은 언어 생태계의 밀도가 높고 작은 언어 그룹들이 널
리 분포해 있으며,[5] 나아가 이곳의 사회구조가 씨족집단으로 이루어져 있
다는 것을 말해준다. 서파푸아의 씨족집단은 거주지와 생활방식에 따라
① 해안 지역(어업), ② 내륙 저지대(농작, 밀렵), ③ 산림과 계곡(농작, 목축업,
사냥), ④ 내륙의 산기슭(원시생활)으로 나뉜다(Athwa 2004: 9~11). 이들은
해안에서 내륙으로 들어갈수록 원시생활의 성노와 외지인에 대한 경계
가 심해지기 때문에 과거 이슬람과 기독교는 서파푸아의 해안 지역(북서
부)을 통해 전파되었다(Arnold 1914: 402~404).

　최근 몇몇 학자들은 14세기에 이슬람이 처음으로 서파푸아에 소개되

3　2014년 서파푸아의 인구는 436만 3,869명이다(https://en.wikipedia.org/wiki/West_Papua_(region)).

4　자바의 인구밀도 2,800명과 비교해보면, 이곳의 광활한 면적 대비 적은 인구수를 가늠해볼 수 있다.

5　서파푸아가 위치한 뉴기니 섬은 세계에서 언어의 다양성이 가장 높다(Nettle et al. 2000: 80).

었다고 주장한다. 이들은 당시 수마뜨라와 자바 이슬람 왕국들의 무역망을 통해 이슬람이 서파푸아에 유입되었을 것으로 추측한다.[6] 특히 14세기 인도네시아 군도를 장악했던 마자빠힛 왕국의 네트워크가 서파푸아에 처음 이슬람을 소개한 경로였을 것이라는 의문이 제기되고 있다. 이와 관련하여, 서파푸아가 처음 등장하는 고문헌 역시 마자빠힛 왕국이 남긴 "느가라꺼르따가마Nāgara Kṛtāgama"이다.[7] 느가라꺼르따가마에는 "오닌" 반도가 마자빠힛 왕국의 영토로 소개되어 있다(Riana 2009: 102). 학자들은 14세기 중반 마자빠힛 왕국이 무슬림들에게 우호적이었으며, 왕궁 주변에 무슬림 공동체가 존재했던 사실(Tjandrasasmita 2009: 76)[8]을 토대로 이슬람은 당시 마자빠힛 왕국의 네트워크와 왕국 내 통치 지역[9] 중 이슬람을 먼저 수용한 말레이시아와 브루나이를 통해서도 서파푸아에 소개되었을 것으로 추측한다(Pustaka-Azet 1988: 253~254). 더 나아가 이들은 마자빠힛 왕국 이후의 데막 이슬람 왕국은 마자빠힛 왕국의 네트워크를 통

---

6 라자암팟Raja Ampat과 오닌Onin, Wwanin 반도에는 1360년(761 H) 수마뜨라의 압둘 가파르Abdul Ghafar가 이곳에서 14년 동안 이슬람을 전파했다는 구전이 전해온다(Hidayatullah 2015. 07. 27.). 14세기 마자빠힛 왕국의 네트워크를 감안하면, 당시 수마뜨라와 자바 무슬림들의 서파푸아 방문이 불가능하지는 않았을 것이다.

7 "느가라꺼르따가마"는 마자빠힛 왕국의 네번째 왕 하얌우룩Hayam Wuruk(1334~1389)의 업적을 기리는 찬송시Old Javanese Eulogy이다. 1365년 불교승인 음푸 프라판차Mpu Prapanca가 론타르지에 기록했다. 느가라꺼르따가마에는 마자빠힛 왕국의 최전성기였던 하얌우룩의 통치시기에 대해 자세히 기록되어 있다. 보다 자세한 내용은 Riana 2009 참조.

8 마자빠힛 왕국이 남긴 많은 비문에는 힌두·불교와 이슬람이 융화된 내용들이 자바어 고문자와 아랍 문자로 기록되어 있다. 이러한 사실은 마자빠힛 왕국이 이슬람에 우호적이었을 것이라는 추측을 가능하게 해준다(Athwa 2004: 39~40).

9 마자빠힛 왕국은 영토를 여덟 개 지역으로 구분·통치했다. 제1지역은 자바, 제2지역은 수마뜨라, 제3지역은 깔리만딴, 제4지역은 말레이반도, 제5지역은 누사뜽가라, 제6지역은 술라웨시, 제7지역은 말루꾸, 그리고 제8지역은 파푸아이다(https://id.wikipedia.org/wiki/Hasta_Mandala).

해 서파푸아에 보다 강력한 이슬람의 영향력을 과시했을 것으로 내다본다(Athwa 2004: 41~42). 하지만 서파푸아에 이슬람이 처음 소개된 곳으로 알려진 라자암팟과 오닌 반도에서는 마자빠힛 왕국과 관련된 이슬람 전파의 흔적이 발견되지 않고 있기 때문에 이들의 주장에는 설득력이 없어 보인다. 따라서 서파푸아에 이슬람이 14세기 마자빠힛 왕국을 통해 소개되었을 것이라는 추측에 일리가 있다 하더라도 간접적이며 부분적이었을 것으로 사료된다.

마자빠힛 왕국 이후, 이슬람이 본격적으로 서파푸아에 영향을 미치게 된 것은 16세기 초 라자암팟과 오닌 반도 그리고 야펜^{Yapen} 등지가 말루꾸의 바찬과 티도레 이슬람 왕국의 영향 아래에 놓이면서부터이다(Athwa 2004: 44). 영국의 동양학자 아널드$^{Thomas\ W.\ Arnold}$는 16세기부터 라자암팟이 바찬 이슬람 왕국의 지배하에 있었으며, 17세기 초에는 그 영향력이 오닌 반도까지 확장되어 많은 수의 파푸아인들이 이슬람으로 개종했다고 한다(Arnold 1914: 403). 바찬 이슬람 왕국이 서파푸아에 영향력을 행사하게 된 것은 무역 때문이었다. 라자암팟과 오닌 반도에서는 계피와 육두구^{nutmeg}가 풍부하게 재배되었고, 코카투^{cockatoo}나 극락조$^{bird\ of\ paradise}$[10] 같은 희귀 조류가 서식했기 때문에 비찬과 티도레 무슬림 상인들은 무역을 통해 자연스럽게 이슬람을 소개할 수 있었다(Arnold 1914: 403). 이와 관련하여, 1606년 오닌 반도를 여행한 스페인의 토레스$^{Luis\ Váez\ de\ Torres}$는 말루꾸 무슬림 상인들에 대한 목격담을 기록하고 있으며(Lukman 1997: 1~2),

---

10 월리스(Wallace 1962) XXXVI, XXXVII, XXXVIII장 참조.

1860년 라자암팟의 와이게오^{Waigeo}를 방문한 영국의 생물학자 월리스^{Alfred}
^{Russel Wallace}는 이 지역이 매년 티도레 이슬람 왕국에게 극락조와 거북이 등
딱지, 그리고 사고^{sago}를 조공했다고 기록하고 있다(Wallace 1962: 404~405).
월리스의 기록으로 보아 당시 말루꾸의 이슬람 왕국은 서파푸아에 단순
히 이슬람의 소개가 아닌 정기적인 조공을 바칠 수 있는 기반을 갖춘 술
탄제도를 탄생시킬 정도의 영향력을 행사했을 것으로 추측해볼 수 있다.
서파푸아의 이슬람 군소왕국들은 대부분 16~17세기경 라자암팟과 오닌
반도에서 출현했는데,[11] 이들의 건국 시기와 위치만 보더라도 이 지역의
이슬람 성장에 말루꾸 이슬람 왕국이 지대한 영향력을 미쳤다는 것을 알
수 있다.[12]

서파푸아에 이슬람 군소왕국들이 세워진 시기를 주목하면, 과거 이슬
람은 1855년 오토우^{Carl Wilhelm Ottow}와 가이슬러^{Johann Gottlob Geissler}가 이곳에
처음 기독교를 전파한 시기보다 2세기 앞서 전파되었다는 것을 알 수 있
다(Athwa 2004: 45). 더구나 이들이 티도레 이슬람 왕국의 허락하에 서파
푸아를 방문(Athwa 2004: 70)할 수 있었다는 사실은 오늘날 이곳의 우위
종교이자 이슬람과 대립구도에 있는 기독교를 상기해보았을 때 아이러
니한 역사의 단면이라고 할 수 있다. 이와 같이, 서파푸아에 이슬람이 일

---

11 서파푸아의 이슬람 군소왕국들은 라자암팟과 오닌 반도에서 출현했다. 라자암팟에는 와이게오, 미술^{Misool},
살라와티^{Salawati}, 사일롤로프^{Sailolof} 왕국 등이 존재했으며, 오닌 반도에는 파타가르^{Fatagar}, 룸바티^{Rumbati},
코위아이^{Kowiai}, 아이두마^{Aiduma}, 그리고 카이마나 왕국이 있었다(https://sultansinindonesieblog.
wordpress.com/papua/).

12 이들 지역에서는 최근까지 티도레 이슬람 왕국의 술탄이 귀족을 임명하고, 티도레 성씨를 사용하는 주민
들이 적지 않다는 사실에 주목할 필요가 있다(Suwiryadi 1997: 8).

찍 전파되었음에도 불구하고 오늘날 이곳은 이슬람과 무관한 지역으로 여겨지는 경향이 없지 않아 있다. 이러한 이유는 파푸아인은 원시적이라는 견해와 함께 네덜란드 식민정부의 획일적인 기독교 전파의 결과로 오늘날 기독교가 이곳의 우위종교로 성장했기 때문이다. 이러한 인식 때문에 동남아 이슬람 학자들조차도 서파푸아는 제외한 채 말레이반도와 자바 그리고 필리핀의 민다나오에만 연구의 초점을 맞추어왔다(Gibb 1964: 20~21). 하지만 오늘날 서파푸아의 무슬림 수가 전체 인구의 약 40퍼센트(약 160만 명)로 성장하게 된 것은 이곳이 더는 이슬람과 무관한 지역이 아니라는 것을 말해준다.[13]

서파푸아의 원주민 무슬림 수는 약 4만 명이 안 되지만,[14] 전체 무슬림 수가 약 160만 명으로 보고되는 이유는 무슬림들 대부분이 외지 출신의 이주자들이기 때문이다. 많은 수의 외지 무슬림들이 서파푸아에 거주하게 된 것은 수하르또 정부의 이주정책 때문이었다. 특히, 이주정책이 절정이었던 1975년부터 1985년 사이 서파푸아의 무슬림 수는 약 6만 5,000명에서 21만 명으로 급격히 성장했고, 당시 이곳은 인도네시아 정부의 가장 큰 지원을 받는 이주지였다(Crisis Group 2008. 06. 16. p.12). 이 기간의 이주자들은 내부분 자바 무슬림들로서,[15] 이들은 자야푸라, 머라우케Merauke, 마녹와리, 파니아이Paniai, 그리고 소롱Sorong 등지에 정착했다(Djopari 1993:

---

13 https://ainspirasi.wordpress.com/2008/11/28/umat-islam-di-papua-40/

14 과거 말루꾸 이슬람 왕국들로부터 이슬람을 받아들인 서파푸아 원주민 종족은 다음과 같다. ① 레게넴 Legenyem: 약 250명, ② 이하Iha: 약 5,500명, ③ 이라루트Irarutu: 약 4,000명, ④ 코위아이: 약 600명, ⑤ 암바이Ambai: 약 1만 100명, ⑥ 아유 자이르Awyu Jair: 약 2,300명, ⑦ 야카이Yaqay: 약 1만 명(Lewis 2009: 427~441).

115~127). 이와는 다르게 생계를 위해 자의적으로 이주한 외지인들도 있었는데, 대부분 부기스인과 마까사르인이었던 이들은 이주정책에 의한 이주자들과 출신지만 달랐을 뿐 무슬림이라는 점은 같았다. 외지 무슬림들의 수는 1959년에 약 1만 4,000명이었지만, 1970년 인도네시아 정부가 서파푸아의 여행 금지령을 해제한 이후 급격히 성장하여 2000년에는 56만 명을 넘었다(McGibbon 2004: 20~23). 외지 무슬림의 대대적인 유입에 따라 종교시설 또한 급격히 늘어나 90년대까지 서파푸아 전역에 약 600개의 사원과 약 350개의 기도실^{mushalla}이 세워졌으며(Athwa 2004: 102), 1989년에는 서파푸아 최초의 이슬람 고등교육기관인 이슬람대학^{STAI:} ^{Sekolah Tinggi Agama Islam}이 자야푸라에 설립되었다. 이와 같이, 이주정책을 통한 외지 무슬림들의 대거 유입과 늘어난 종교시설은 서파푸아 이슬람 사회에 가시적 성장을 가져다주었지만, 이곳의 다수 기독교도들에게는 긴장과 위협으로 다가왔다. 따라서 서파푸아의 기독교도들 역시 기독교 정체성의 강화를 통해 이주 무슬림들을 위시한 이슬람화에 대응하기 시작했으며(Wonda 2007: 71), 이에 따른 양측의 긴장은 이주 무슬림들과 기독교도들 간의 대립구도를 점차적으로 심화시키기에 이르렀다. 다음 장에서는 네덜란드 식민정부를 통해 서파푸아 전역으로 확산된 기독교와 파푸아인들이 지향하는 기독교 정체성에 대해 살펴보기로 한다.

---

15 자바의 반유왕이와 그로보간^{Grobogan}은 서파푸아에 가장 많은 이주민을 보낸 지역이다. 두 지역은 인도네시아의 가장 큰 이슬람 조직인 나다똘 울라마의 중심지라는 사실에 주목할 필요가 있다(Crisis Group 2008. 06. 16. p.12).

3. 네덜란드의 기독교 전파와 서파푸아의 기독교 정체성

서파푸아에 기독교가 처음 전파된 것은 1855년 2월 5일 네덜란드선교사협회Nedelandisch Zendeling Genootschap의 오토우와 가이슬러가 마녹와리 앞의 만시남Mansinam 섬에 도착하면서부터이다(Athwa 2004: 45). 당시 서파푸아에서 기독교는 울창한 밀림과 열대병, 배우기 힘든 지역어, 그리고 원주민들의 원시적인 생활 등으로 전파에 진척이 없었지만, 이후 네덜란드 식민정부의 기독교 정책에 힘입어 오늘날 이곳의 우위종교로 성장하게 되었으며, 마녹와리는 "복음의 도시Bible City"로 알려지게 되었다(Pamungkas 2014: 10). 식민 초기 네덜란드 식민정부는 서파푸아를 식민지 개발의 당면성이 부족한 낙후된 지역으로 여겼기 때문에 1848년 영국으로부터 서파푸아의 지배권을 정당화한 후에도 지하자원의 발굴을 위한 지질탐사 외에는 별다른 활동을 하지 않았다. 하지만 지하자원의 발굴이 점차 성공하자 네덜란드는 서파푸아를 본격 개발하기 위해 1898년에는 팍팍Fak-fak과 마녹와리에, 그리고 1902년에는 머라우케에 식민정부 사무소를 개소했다(Athwa 2004: 62). 네덜란드는 당시 서구 국가들이 아시아와 아프리카에서 행했던 것처럼 서파푸아에서 ① 원주민에게 기독교를 전파하여, ② 경제적인 목적을 달성하고, ③ 자국의 이익을 추구하는 "3G(Gospel, Gold, Glory)" 전략을 사용했다(SarDesai 1989: 61). 기독교는 원주민들을 친서구화하여 식민통치 당국의 경제적 목적을 수월하게 해주기 때문에 네덜란드 식민정부에게 기독교는 중요한 전략적 수단이었다. 이 때문에 당시 서구의 기독교 단체들은 서파푸아에 파송할 선교사들의 보안과 편의를 위해 일부러 네덜란드에 사무소를 열기도 했다. 이 중 독일의 고스너Johannes

Gossner 목사는 네덜란드의 제튼^{Zetten}에서 선교 후보생들을 훈련시켰으며,[16] 바티칸의 가톨릭 선교회인 포교성성$^{Sacra\ Congregatio\ de\ Propaganda\ Fide}$은 네덜란드 틸부르흐^{Tilburg}에 사무소를 개소했다(Athwa 2004: 88~89).

19세기 말부터 20세기 초 마녹와리와 팍팍, 그리고 머라우케 등지에 식민정부 사무소가 문을 열자 기독교 전파는 더욱 가속되었다. 1898년 마녹와리에 사무소가 개소되자 기독교는 단시간 내 길빙크^{Geelvink} 만의 비악^{Biak} 섬과 야펜 섬 일대로 전파되었다. 특히, 야펜 섬 북부의 윈데시^{Windesi}는 네덜란드선교사협회의 중요한 전략적 위치가 되었으며, 이곳의 비악인과 눔포르^{Numfor}인들은 네덜란드인들을 도와 기독교 전파에 앞장섰다(Drooglever 2010: 54). 머라우케에서는 1902년 식민 사무소의 개소와 함께 사크레쾨르$^{Sacré\ Coeur}$ 가톨릭 선교단체가 사무소를 열었다. 또한 일찍이 1882년 말루꾸 남부의 카이^{Kai} 군도에서 활동한 예수회는 1895년 르코크$^{Le\ Cocq\ d'Armandville}$ 신부를 앞세워 오닌 반도까지 세력을 확장했다(Drooglever 2010: 55).[17] 이와 같은 네덜란드 식민정부의 적극적인 기독교 전파 지원으로 1930년대까지 개신교로 개종한 파푸아인은 약 6만 명

---

16 독일의 고스너 목사는 네덜란드의 헬드링$^{Ottho\ Gerhard\ Heldring}$ 목사와 함께 네덜란드 제튼에서 선교 후보생들을 훈련시켜 인도네시아에 보냈다. 이들 중 두 명이 바로 서파푸아에 처음 기독교를 전한 오토우와 가이슬러이다. 오늘날 헬드링 목사는 "서파푸아의 복음의 아버지"로 여겨지고 있다(Godschalk 2010: 1~2).

17 서파푸아에서 네덜란드 식민정부의 기독교 정책은 개신교와 가톨릭의 경쟁을 낳기도 했다. 1925년 네덜란드 식민정부 규정^{Regeringsreglement} 23조와 네덜란드–동인도 법조항$^{Wet\ op\ staatsinrichting\ van\ Nederlandsch-Indië}$ 177조는 서파푸아에서 개신교와 가톨릭의 이중선교$^{double\ mission}$를 허락한다고 명시하고 있지만, 실제 네덜란드 측은 가톨릭과 개신교 간의 경쟁이 유럽인에 대한 부정적인 이미지를 조장한다는 이유로 이중선교를 피하려 했다. 따라서 가톨릭과 개신교는 1928년 암본^{Ambon}에서의 신사협정을 통해 서파푸아의 중앙 산악지대를 기준으로 북부와 남부를 각각 개신교와 가톨릭의 영역으로 구분했다(Drooglever 2010: 60~61).

이상이었으며, 가톨릭 신자는 약 1만 명이 넘게 되었다(Athwa 2004: 62; Drooglever 2010: 56). 당시 서파푸아의 인구가 약 32만 명이었던 것을 감안하면, 서파푸아의 기독교는 20세기 초 30년 동안 전체 인구의 20퍼센트로 성장한 것이다(Drooglever 2010: 51). 이후 기독교는 계속 성장하여 1940년대에는 기독교도의 수가 약 13만 명으로 늘어났다(Drooglever 2010: 54). 10년 사이 기독교 개종자가 두 배 이상으로 늘어날 만큼 당시 네덜란드 식민정부는 서파푸아 전역의 기독교 전파에 힘을 쏟았다.

기독교 전파 외에 네덜란드 식민정부가 서파푸아 지역사회에 중점을 둔 것은 서구식 교육이었다. 20세기 초중반 기독교의 무리한 확장은 인도네시아 다수 무슬림들과의 충돌을 일으킬 수 있었기 때문에 식민 말기 네덜란드는 서구식 교육을 통해 기독교 전파의 대안을 마련하고자 했다. 교육은 미개하다고 여겨지는 원주민들의 개화에도 적합했기 때문에 식민정부는 보다 안전한 기독교 전파와 원주민의 개화를 위해 서구식 교육을 시행했다. 때마침 19세기 말 네덜란드가 도입한 사립학교 정부지원제도는 기독교 단체들로 하여금 앞다퉈 교육사업에 뛰어들도록 했다(Drooglever 2010: 58~59). 1938년부터 네덜란드선교사협회는 원주민들에게 사회적 필요와 기독교 교육을 제공하는 "개화(문명)학교Beschavings scholen"를 운영했는데, 개화학교는 식민정부의 지원을 받아 서파푸아 전역에 약 400여 개로 확장될 수 있었다(Drooglever 2010: 59). 20세기 중반까지 식민정부는 서파푸아 전체 예산의 약 11퍼센트를 교육에 할당했는데, 이러한 막대한 예산으로 당시 서파푸아 전역에는 원주민들의 기초교육을 담당한 초등학교가 약 770개나 세워졌다(Athwa 2004: 64~65). 하지만 서구식 학교는 원주민들에게 순수교육보다는 기독교 전파를 우선시했기 때문에 대부분의 학교는 기독교를 앞세운 서구 우월주의만을 강조했다. 또한 식민정부는 필요한 교사들을 충당하기 위해 인도네시아 타 지역의 현지 기독교도들을 동원했다.[18] 이들은 피부색이 다른 네덜란드인들보다 원주민들에게 쉽게 접근할 수 있었기 때문에 오지에 파견되어 기독교 전파와 교육에 앞장섰지만,[19] 종종 원주민들과 갈등을 빚기도 했다. 앞서 서구문명과 기독교를 받아들인 이들은 원주민들을 비하하는 표현(멍청한 파푸아인 Papua Bodoh)을 서슴지 않았기 때문이다(Drooglever 2010: 57~58). 하지만 이와 같은 편견 속에서도 많은 원주민들은 기독교를 받아들였고, 성적이 우수한 학생들은 말루꾸 남부와 술라웨시의 미나하사 등지에서 유학의 기회를 갖기도 했다.[20] 타 지역의 기독교 기관에서 유학을 마친 이들은 서파푸아의 기독교화에 동원되었고, 이들의 활동으로 20세기 중반 서파푸아 전역에는 약 500개 이상의 선교학교가 세워졌다(Athwa 2004: 65).

서파푸아에서 기독교 전파는 이슬람보다 2세기가 늦었지만, 오늘날 다수가 따르는 종교로 성장하게 된 이유는 앞서 살펴보았듯이 네덜란드 식

---

18 개신교는 주로 말루꾸의 암본인들과 술라웨시 북부의 미나하사Minahasa인들을 동원한 반면, 가톨릭은 말루꾸 남부의 카이인들과 중국계-인도네시아인Baba들의 도움을 받았다(Drooglever 2010: 57).

19 1905년 이후 식민지 윤리정책이 강화되면서 인도네시아의 고지대 및 내륙지대의 종족들은 기독교 전파의 목표가 되었다. 대부분이 씨족사회인 이들은 대규모 해안가 종족들과는 달리 자신들을 소수자로 여겼기 때문에 네덜란드선교사협회는 선교사와 교사들을 동원하여 이들에게 기독교를 전파하고 씨족집단을 통합하여 지역공동체를 이루도록 도왔다(박금희 2005: 147).

20 17세기 네덜란드 식민정부는 말루꾸 암본에서 종교와 교육을 통합한 기독교 학교를 운영하며 대대적인 기독교 전파를 이루었으며(Chauvel 1990: 25), 술라웨시 북부의 미나하사에서도 1679년 우호조약을 통해 본격적으로 기독교를 전파했다(박금희 2005: 146). 성적이 우수한 서파푸아 학생들은 대부분 이곳으로 보내져 교육을 받았다.

민정부의 기독교 정책과 서구식 교육, 그리고 이를 조직적으로 운영한 네덜란드선교사협회가 있었기 때문이다. 하지만 이러한 정책과 활동이 지속적으로 시행될 수 있었던 것은 기독교 단체의 사회사업과 제반 인프라 시설이 지역사회에 근대화를 마련해주어 원주민들이 기독교에 우호적 자세를 취했기 때문이라는 것을 묵과할 수 없다. 이 중 의료사업은 원주민들의 기독교 개종에 큰 영향을 준 사회사업이었다. 1908년 식민정부는 열대병과 원주민들의 무분별한 성관계로 인한 질병을 감소시키기 위해 예방주사 캠페인을 시행했는데, 설상가상으로 1920년대 세계적으로 유행한 스페인독감이 서파푸아에서도 만연하자 예방주사 캠페인은 네덜란드선교사협회의 네트워크에 힘입어 본격적인 의료사업으로 확대되었다. 질병에서 벗어난 원주민들에게 서구의 의료기술은 기독교로의 개종에 큰 동인이 되었다(Drooglever 2010: 54~56). 의료기술에 의한 기독교 전파가 성과를 보이자 의료기술을 오지에까지 공급해줄 인프라의 발달이 필요했다. 당시 서구의 선박과 항공기는 서파푸아 전역에 기독교 전파와 의료기술의 공급을 수월하게 해준 손과 발이 되었는데, 1950년대 네덜란드 서바Koninklijk Pakervaart Maarschappij과 힝 룽Koninklijk Luchvaart Maatschappij은 비악과 마녹와리, 그리고 소롱과 팍팍 및 미라우케 등시에 노선을 운항했으며, 기독교 단체들 역시 선교항공협회Mission Aviation Fellowship와 선교항공연합Associated Mission Aviation을 통해 서파푸아 전역에 항공 네트워크를 조직했다(Athwa 2004: 65~66).

이뿐만 아니라, 서구 선교사들은 원주민들의 원시적인 생활과 문화적 요소를 기독교 전파에 유리하게 이용하기도 했다. 서파푸아의 원시적인 생활은 이슬람이 다수인 인도네시아의 타 지역과는 달리 기독교 전파에 유리했으며, 몇몇 문화적인 요소는 혼합주의적인 방법을 통해 기독교 전파를 수월하게 해주었다. 하나의 예로 원주민들은 만스렌 망운디Manseren Mangundi라는 조상이 장차 재림하여 후손들을 외지인들로부터 해방시켜 줄 것이라는 전설을 믿었는데, 선교사들은 만스렌을 예수와 동일시하여 기독교 전파에 효과적으로 사용했다(Athwa 2004: 73~74). 오늘날 서파푸아의 교회에서 행해지는 전통의식과 혼합된 형태의 예배는 서구의 기독교가 오랫동안 이곳의 지역문화와 밀접한 관계를 가지며 전파되었다는 것을 말해준다. 이와 같이, 네덜란드 식민정부는 서구식 교육과 각종 사회사업을 통해 서파푸아에 근대화를 소개하고, 지역의 문화적 요소를 기독교와 혼합하여 원주민들에게 기독교 정체성을 보다 쉽게 심어줄 수 있었다. 결국 파푸아인들의 마음에 서구인들은 문명을 가져다주고, 질병을 치료해주며, 영혼을 구원해준 선한 사람들이라는 이미지가 자리 잡게 되었다(Pamungkas 2014: 5~6).

과거 서구 선교사들이 이룩한 파푸아인들의 기독교 정체성은 오늘날 현지 기독교 지도자들을 통해 지속적으로 이어져 오고 있다. 마웨네Mawene 목사는 그의 저서 『신이 파푸아를 어루만질 때Ketika Allah menjamah Papua』에서 "1885년 오토우와 가이슬러가 마녹와리에 처음 도착한 이후 서파푸아는 하나님께 속하게 되었다. 이 모든 것은 하나님의 주권이므로 그분께 절대 복종해야 한다."라고 언급하며, 파푸아인들의 기독교에 대한 절대성을 강조했다(Mawene 2003: 54). 서파푸아 침례교 단장인 요만Socratez Sofyan Yoman 목사는 그의 저서 『멜라네시아의 적, 서파푸아의 침통한 역사의 침묵을 깨자*Pemusuhan Etnis Melanesia, Memecah Kebisuan Sejarah Kekerasaan di Papua Barat*』에서 파푸아인들의 정체성이 기독교에 있는 이유는 기독교만이 파푸아인들의 인권을 수호해주기 때문이라고 설명한다. 이와 관련하여, 그는 아쩨에서 이슬람법이 자유롭게 시행되고 있는 것과는 다르게 자바에서는 기독교도들이 핍박받고 있으며, 서파푸아에서는 무슬림들이 급증하고 있는 예를 제시하며 인도네시아에서 이루어지고 있는 기독교에 대한 차별을 언급했다(Pamungkas 2014: 6).

이뿐만 아니라, 오늘날 파푸아인들의 기독교 정체성은 외부 무슬림들의 유입과 중앙정부의 부당함에 따른 대응을 통해서도 강화되고 있다. 대부분이 기독교도인 파푸아인들은 이들의 권리를 위해 종종 "파푸아, 평화의 땅*Papua, the land of peace*", "파푸아는 신의 축복을 받은 땅*Papua is the blessed land of God*"과 같은 기독교적 표어를 사용해왔는데, 최근 이러한 표어들은 인도네시아 중앙정부에 대한 부당함을 표출함과 동시에 이들을 기독교로 단합하게 하는 도구가 되고 있다는 것이다(Arwam 2003: 88). 이에 대해, 자야푸라의 가톨릭 주교인 레오 라바 라자르*Mgr. Dr. Leo Laba Ladjar O. F. M.*는 파푸아인들의 기독교 정체성을 강화해야 하는 큰 이유는 인도네시아로부터 정치적 독립을 위한 단결에 있다고 주장한다. 그의 주장은 서파푸아에서의 기독교 정체성은 이주 무슬림들과의 종교적 문제뿐만이 아닌, 인도네시아 정부와의 정치적 문제와도 긴밀히 연결되어 있다는 것을 암시한다. 이러한 주장을 확증이라도 하듯, 그는 파푸아인들의 희망은 멜라네시아 국가의 일원이 되는 것이지 인도네시아가 아니라고 덧붙였다(Pamungkas 2014: 8).[21]

오늘날 파푸아인들이 기독교 정체성을 강화하는 이유는 인도네시아 정부에 대항한 정치적 대응이기도 하지만, 지역민족주의local nationalism와 연결된 또 다른 형태의 파푸아화Papuanization라고도 할 수 있다(Mawene 2003: 2). 네덜란드 식민정부가 강화한 서파푸아의 기독교 정체성은 이후 인도네시아에 합병되는 과정에서 지역민족주의를 강화한 구실이 되었으며, 계속해서 오늘날 인도네시아화Indonesianization가 이주 무슬림들을 통해 이슬람화로 나타나고 있는 현실은 파푸아 기독교도들로 하여금 지역민족주의를 기독교화로 표명할 수밖에 없는 구도를 제공하고 있다. 즉, 오늘날 서파푸아에서 급격히 늘어나고 있는 무슬림들과 오래전부터 다수를 유지해온 기독교도들 간에는 국가와 지역 간의 민족주의가 종교적 구도를 통해 갈등으로 표출되고 있는 것이다. 다음 장에서는 서파푸아에서 무슬림과 기독교도 간의 긴장과 갈등이 공적으로 표출되는 양상을 살펴보기 위해 21세기 마녹와리와 카이마나, 그리고 자야푸라에서 발생한 일련의 갈등 사례를 제시하고자 한다.

4. 서파푸아 무슬림과 기독교도 간 갈등 사례

앞서 살펴본 바와 같이, 지역민족주의에 편승된 파푸아인들의 기독교 정체성이 현재 인도네시아 중앙정부를 통해 이곳을 위협하는 이슬람화에

---

21 서파푸아 무슬림과 기독교도 간의 갈등이 인도네시아 타 지역의 갈등과 다른 특수성은 서로 다른 인종에 있다. 인종학적으로 서파푸아는 인도네시아 타 지역과는 달리 멜라네시아 계통에 속한다. 겉으로 보아도 타 지역의 인도네시아인과는 명확히 다른 인종학적 차이는 서파푸아의 다수 기독교도들로 하여금 이들의 정체성을 멜라네시아의 기독교 국가들에서 찾고자 하는 이유를 제공하고 있으며, 인도네시아로부터 이주해온 무슬림들과는 조화를 이루지 못하는 이유이기도 하다(Athwa 2004: 3).

강경 대응하고 있는 사실은 양 집단의 관계를 더욱 긴장된 상황으로 몰아가고 있다. 이와 관련하여, 2005년 "예루살렘의 베란다serambi Yerusalem"로 알려진 마녹와리에서 발표된 이슬람 대사원Masjid Raya 건립 계획과 이에 대응한 기독교도들의 복음지역법규 초안은 21세기 인도네시아에서 "사라SARA"[22]의 갈등이 여전히 존재한다는 것과 동시에 서파푸아에서 양 집단의 악화된 관계를 대표적으로 반영하는 사건이다. 본 장에서는 앞서 확인한 서파푸아에서의 이슬람과 기독교 간의 상이한 역사적 전파와 성장 안에서 형성된 대립구도가 오늘날 이곳의 지역사회 내에서 어떠한 양상을 통해 갈등으로 전개되는지 살펴본다. 이를 위해, 21세기 서파푸아에서 양 집단의 갈등을 공적화한 세 가지 사건을 제시한다. 이들은 2005년 마녹와리에서 이슬람 대사원 건립 계획과 복음지역법규 초안을 둘러싸고 발생한 무슬림과 기독교도 간의 긴장과 2007년 카이마나와 자야푸라에서 각각 크리스마스트리 설치와 이슬람대학교 건설을 둘러싸고 발생한 일련의 사건들이다.

1) 마녹와리: 이슬람 대사원 건립 계획과 복음지역법규 초안

마녹와리는 서파푸아에서 기독교가 처음 전파된 곳이다. 따라서 매년 이곳에서는 기독교 전파를 기념하는 행사가 대대적으로 개최되어 왔다.[23] 하

---

22 사라SARA는 수하르또 시절 논의가 금지된 종족Suku, 종교Agama, 인종Ras, 집단Antargolongan을 가리키는 용어이다(Husein 2005: 92).

23 제3장에서 설명한 바와 같이, 서파푸아에서 마녹와리는 1855년 2월 5일 네덜란드선교사협회의 오토우와 가이슬러가 기독교를 처음 전파한 지역이다. 따라서 매년 2월 5일 마녹와리에서는 서파푸아 전역의 기독교도들이 모여 대대적인 기념행사를 개최한다(Romli 2008: 150).

지만 2005년 서파푸아 주지사 후보에 출마한 캇종Rahimin Katjong은 마녹와리의 무슬림 유권자들에게 이슬람 대사원 건립을 공약했고, 2005년 10월 4일 사원건립위원회는 마녹와리 군郡에 사원 건립 허가를 요청했다.[24] 이에 대해, 같은 달 19일 마녹와리교회협력기관BKAG: Badan Kerjasama Antar Gereja은 군수에게 이슬람 대사원 건립에 대한 반대 성명을 전달했고, 기독교도들은 사원 건립 반대와 위원회 해산, 그리고 마녹와리를 "복음의 도시"로 규정할 지역법규 제정을 대대적으로 요구했다(Media Papua 2005. 11. 19.).[25]

기독교도들이 대대적으로 반대 입장을 표명하자, 사원건립위원회와 인도네시아 이슬람지도자협의회MUI의 파푸아 사무소는 파푸아국민위원회MRP: Majelis Rakyat Papua와 기독교 지도자들에게 이들의 입장을 전달했다. MUI 파푸아 사무소는 2004년 종교부 결정 사항[26]에 따라 이슬람 대사원 건립은 합법이지만 기독교도들의 반대가 심하므로 서파푸아의 주도를 소롱으로 옮기고, 마녹와리는 특별종교시로 남겨두자고 제안했다. 하지만 MUI 파푸아 사무소의 제안은 기독교도들의 감정을 더욱 상하게 했을 뿐 별다른 변화를 이끌어내지 못했다.[27] 한편 마녹와리의 이슬람 대사원 건립에 대한 기독교도들의 대대적인 반대는 인도네시아 이슬람 지하드

---

24 1969년 종교부와 내무부가 함께 발표한 결정서(SKB Menteri Agama dan Menteri Dalam Negeri 01/BER/MDN/MAG/1969)에 따르면 예배 장소의 건립은 지방정부의 승인을 받아야 한다(Sudomo 2006: 157~160).

25 당시 마녹와리에서 시작된 기독교도들의 분노는 서파푸아 전역으로 확산되었는데, 자야푸라에서도 파푸아기독학생연대Solidaritas Mahasiswa dan Masyarakat Kristen di Tanah Papua가 가두시위를 통해 이슬람 대사원 건립 반대와 이주 무슬림들로부터 서파푸아 기독교도들을 보호할 지역법규 제정을 요구했다(Cenderawasih Pos 2005. 11. 18.).

26 2004년 종교부 결정 사항은 인도네시아의 모든 주도에 이슬람 대사원이 위치해야 한다고 명시하고 있다(Al Akhyar 2015: 174).

단체들의 이목을 끌었다. 2005년 말 자마아 이슬라미야 조직과 말루꾸의 지하드 단체 등이 마녹와리를 방문하여 이들의 개입 의사를 전달했지만, 지역의 무슬림 지도자들은 상황이 더욱 악화될 것을 우려하여 이들의 제안을 거절했다(Crisis Group 2008. 06. 16. p. 4).

한편 2006년 7월 캇종은 부주지사에 취임했지만, 마녹와리 군은 캇종의 공약에 따라 이슬람 대사원 건립이 추진될 경우 기독교도들이 더욱 거세게 반발할 것을 우려해 사원 건립을 잠정 중단했다. 사원 건립이 중단되자, 여기에 힘입은 기독교 지도자들은 2007년 2월 1일 "만시남과 마녹와리를 복음의 도시로 만들자Making Mansinam and Manokwari Gospel City"라는 세미나를 개최했고(Hutabarat 2008: 51), 세미나에서 에라리Phil Erari 목사는 마녹와리를 "복음의 도시"로 보존하기 위한 지방정부의 적극적인 자세를 요구했다(Crisis Group 2008. 06. 16. p. 5). 이후, 이슬람 대사원 건립 계획에 대항하기 위한 기독교도들의 여론에 따라 3월 7일 기독교 지도자들은 "정신과 영적 쇄신 지역법규Raperda Pembinaan Mental dan Spiritual"(이하 복음지역법규) 초안을 발표하게 되었다.[28]

복음지역법규는 마녹와리의 무슬림들뿐만 아니라 인도네시아 전역의 무슬림들을 분노케 했다. 2007년 3월 15일 MUI와 무함마디야, 그리고 나다뚤 울라마는 복음지역법규가 서파푸아에서 무슬림들을 몰아내려는 음모라고 지적했다(Suara Islam 2007. 04. 13.). 상황이 악화되자, 마녹와리

---

27 당시 MRP의 심비약Hofni Simbiyak 위원은 사원 건립이 반대에 부딪힌 것은 마녹와리이슬람연합PUIM: Persatuan Umat Islam Manokwari이 기독교도들과 충분한 대화를 하지 않았기 때문이라고 지적했고, PUIM은 예배소 건립은 각 종교의 기본권이라는 답변으로 응수했다(Pamungkas 2014: 10).

군과 지역입법부는 복음지역법규는 공식 승인되지 않았으며 논란이 있는 항목들은 수정될 것이라고 밝혔지만(Cenderawasih Pos 2007. 05. 29.), 이미 악화된 무슬림들의 분노는 제어할 수 없었다. 결국 2007년 8월 MUI의 제5지역(서파푸아, 술라웨시, 말루꾸) 모임에서 복음지역법규를 대항할 지하드와 서파푸아의 통제는 MUI가 맡아야 한다는 주장이 제기되었다. 이뿐만 아니라, 몇몇 지하드 단체들은 마녹와리에 조직원들을 파견했으며, 남부 술라웨시의 준둘라Jundullah와 포소의 극단주의 무슬림인 아르살Haji Adnan Arsal은 유사시를 위해 무자히딘mujahideen의 파견을 제안하기도 했다. 당시, 복음지역법규를 둘러싸고 무슬림들 간에는 인도네시아 동부에 "대☆아라푸라 기독교 국가Arafura Raya Christian State"가 건설될 것이라는 음모론이 나돌기도 했다.[29]

2008년 5월 기독교 지도자들은 수정된 복음지역법규 초안을 재발표했다. 하지만 새로운 제목인 "정신과 영적쇄신 및 복음전도 마을규정 지역법규Raperda Tentang Penetapan Kampung-Kampung Sebagai Perkampungan Penginjilan Pembinaan Mental

---

28 지역법규는 기독교 교리에 기반을 두기 때문에 "복음지역법규Peraturan Daerah Injil"로 더욱 알려졌다. 복음지역법규는 배타적인 내용 때문에 무슬림들과의 관계에서 논란을 일으켰는데, 특히 제25조 "본 법규는 기독교 믿음을 고백하는 서파푸아의 다수 원주민들의 역사와 문화, 그리고 전통가치에 따라 이행된다."는 기독교를 서파푸아의 최우선적 가치로 정의하고 있어서 무슬림들의 분노를 샀으며, 제26조 "지방정부는 서파푸아 원주민들이 대부분 기독교도들임을 고려하여 공공장소와 관공서에서 기독교 상징물의 설치 권한을 가진다."와 제28조 "일요일은 주일로 지정하고 모든 경제적 행위는 일체 금지한다."와 같이 기독교 가치를 공공법규로 지정하고 있는 항목들은 무슬림들과의 갈등을 불러일으키기에 충분했다. 계속해서, 제30조 "특정 종교의 예배소 건립은 지역주민 150명의 동의가 있어야 하며, 지역주민들의 종교가 기독교인 경우에는 이슬람 사원 건립을 금지한다."와 제37조 "여성들의 머리가리개는 특정 종교의 선전물이므로 공공장소나 학교, 그리고 관공서에서 여성들의 머리가리개 착용을 금지한다."는 무슬림들을 비하하는 의도로 비추어졌다(Crisis Group 2008. 06. 16. p. 5~6).

29 이러한 음모론은 2004년 필리핀의 아로요 대통령이 동남아기독교제국을 건설하기 위해 미국의 부시 대통령에게 도움을 요청한 것과 결합되어 다양한 루머를 낳았다(Crisis Group 2008. 06. 16. p. 7).

Spiritual"에서 "복음전도penginjilan"라는 단어가 무슬림들에게 기독교로의 개종으로 비추어졌고, 양 집단 간의 논란이 되는 몇몇 항목들은 여전히 수정되지 않았다. 현재 복음지역법규는 지방의회의 승인을 기다리는 중이며, 이슬람 대사원은 기독교도들의 반대로 건설이 중단된 상태이다.[30] 하지만 이슬람 대사원 건립 계획과 복음지역법규 초안을 둘러싸고 마녹와리에서 발생한 무슬림과 기독교도 간의 긴장은 양측의 갈등을 서파푸아 전역으로 확산시킨 계기가 되었다. 이후, 카이마나 및 자야푸라 등지에서 연이어 발생한 무슬림과 기독교 간의 갈등은 서파푸아에서 양 집단의 종교적 양극성을 더욱 악화시킨 결과로 이어졌다.

2) 카이마나: 예배 콘서트와 크리스마스트리 설치[31]

카이마나는 오랫동안 무슬림과 기독교도 간에 화합과 공존이 있어왔던 곳이다. 기독교도가 무슬림보다 많지만 양측의 수가 거의 대등한 이곳에서 무슬림들은 교회 건설을 도왔고, 기독교도들은 라마단 기간에 무슬림들에게 새벽음식sahur을 만들어주는 등 양 집단 간에 공존의 질서가 유지되어 왔다. 하지만 이곳의 양 집단 간에 긴장이 들이시게 된 것은 외부에서 유입된 인도네시아개신교단GPI: Gereja Protestan Indonesia[32]이 2007년 10월 교회 건축자금을 모금하기 위해 예배 콘서트를 계획하면서부터였다. 그동

---

30 서파푸아 소롱의 국립이슬람대학교STAIN: Sekolah Tinggi Agama Islam Negeri의 이스마일Ismail Suardi Wekke 교수에 따르면, 이슬람 대사원 건설 계획은 기독교도들의 극심한 반대로 현재 중단된 상태라고 한다.

31 본 절은 Crisis Group 2008. 06. 16. p. 8를 참조하여 작성했다.

32 서파푸아에서 활동하는 인도네시아개신교단의 전신은 말루꾸개신교단GPM: Gereja Protestan Maluku이다.

안 카이마나에서 예배 콘서트는 종종 개최되어 왔지만, 이번 행사는 라마단 기간 중 저녁예배tarawih 시간인 오후 6시에 이슬람 사원 옆에서 계획되었다는 것이 화근이었다. 따라서 이에 대한 무슬림들이 분노가 있었지만, 다행히 무슬림 지도자들이 중재에 나서 행사 시간을 오후 9시로 옮길 수 있었고 양측 간의 갈등을 피할 수 있었다.

같은 해 12월 중순 양 집단의 긴장을 촉발한 새로운 사건이 발생했다. GPI가 카이마나의 다수 교단인 복음주의교단GKI: Gereja Kristen Injili과 지역 무슬림들과의 논의 없이 시민휴식공원Taman Hiburan Rakyat에 거대한 크리스마스트리를 세운 것이었다. 특히 크리스마스트리 위에 설치한 카리스마 교단의 상징인 "다윗의 별star of David"은 무슬림들의 분노를 더욱 자극하기에 충분했다. 성난 무슬림들의 규명 요구에 GPI는 군수로부터 크리스마스트리의 설치를 허가받았다고 주장했으나, 군수인 아흐맛Hasan Achmad은 보고받은 것이 없다고 밝혔다. GPI의 안일한 태도에 분개한 무슬림들은 크리스마스트리를 무력으로 철거하기 위해 카이마나 전역에서 모여들었고, 기독교도들 역시 무슬림들에 대응하기 위해 만반의 준비를 했다. 2007년 12월 14일 양측의 긴장이 큰 사태로 악화될 조짐을 보이자, 카이마나의 군수는 양측 지도자들의 만남을 주선했고, 양측은 크리스마스트리의 설치를 이듬해 1월 21일까지 허락하는 데 동의했다.

하지만 12월 28일 무슬림들의 갑작스러운 공격을 우려한 GPI는 크리스마스트리의 사전 철거와 이에 앞서 크리스마스트리 앞에서의 기독교 연합예배를 제안했다. GKI는 공공장소에서의 연합예배는 무슬림들을 자극할 수 있으며, 또한 크리스마스트리 철거가 참석한 기독교도들을 분노케 할 수 있다는 이유로 제안을 거절했다. 이에 대해 GPI는 무슬림들의 공격에 대비하여 말루꾸 투알Tual의 기독교도들이 대기하고 있다고 밝혔다. 다행히 이들의 계획을 사전 입수한 경찰은 GPI 교구장을 소환하여 계획을 취소하도록 했다. 이듬해 2008년 1월 1일 실제로 투알의 기독교도들을 태운 페리가 카이마나에 도착함에 따라 긴장이 감돌았지만, 큰 사건은 발생하지 않았다. 크리스마스트리 철거를 약속한 1월 21일이 되자 무슬림들은 트리 철거를 지켜보기 위해 모여들었고, 기독교도들 역시 만일의 사태에 대비했다. 하지만 GPI는 크리스마스트리 철거는 군수의 소관이라면서 불현듯 철거를 거절했고, 기독교도들에 동요된 군수 역시 선뜻 나서지 않았다. 결국 크리스마스트리는 양측의 타협으로 철거될 수 있었지만, 그동안 카이마나에서 무슬림들과 기독교도들 간에 유지되었던 공존의 질서는 다시 복구할 수 없게 되었다.

3) 자야푸라: STAIN 건립

2007년 자야푸라에 준공된 국립이슬람대학교STAIN는 1989년 설립된 이슬람대학교STAI가 국립으로 승격되면서 새로 건립된 이슬람 교육기관이다. STAIN의 소유주인 파푸아기업교육법인YPWP: Yayasan Pendidikan Wiraswasta Papua은 학교 건립에 앞서 2003년 2월 파푸아 주지사의 승인을 받았으며, 계속해서 지방의회와 지방종교부, 그리고 첸드라와시Cendrawasih대학교의 추천과 이듬해에는 파푸아기독교회와 메가와띠 대통령으로부터도 추천을 받았다(Pamungkas 2014: 13). 이에 따라, 2007년 STAIN은 학교 부지를 위해 카이게레Kaigere족이 거주하는 와에나Waena 지역에 10헥타르의 토지를 구입했지만, 불현듯 인도네시아목사연합API: Asosiasi Pendeta Indonesia은 STAIN의 토지매매가 불법이라는 주장과 함께 자야푸라 시장에게 진정서를 올렸다.[33] API는 "관련 토지매매는 서파푸아의 전통토지법을 침해하며, STAIN은 서파푸아의 다수 기독교 청년들에게 적합한 교육을 제공할 수 없다. 이슬람교육기관의 설립은 파푸아인들에게 이슬람을 강요하기 위한 이슬람화의 일부분이다."(Pamungkas 2014: 14)라고 주장했다.

한편 파푸아국민위원회가 API 측을 지지하며 STAIN에 대한 반대 의사를 표명하자, STAIN 역시 파푸아무슬림위원회MMP: Majelis Muslim Papua와 연대하여 이들의 입장을 주지사에게 알렸다. 이들은 "토지매매의 반대가 당사자인 카이게레족이나 자야푸라의 기독교도들로부터 시작되었다면 수용의 여지가 있겠지만, 외부 기독교 단체인 API의 반대는 이슬람에 도발적이고 대결적이라고 볼 수밖에 없다. 또한 STAIN의 목적은 순수하게 파푸아인들의 교육에만 있다."라는 입장을 전달했다. 이에 따라 주지사는 양측의 회담을 주선했고, 회담에서 STAIN은 "STAIN의 건립 목적은 저소득층 무슬림 아이들에게 양질의 교육을 제공하고 궁극적으로 서파푸아의 종교적 평화를 알리기 위함에 있다."라며 이들의 입장을 재차알렸다(Pamungkas 2014: 16). 결국 양측은 타협을 이루어냈고 2007년 6월 STAIN의 준공이 시작될 수 있었다. 이후 API는 STAIN 건립에 반대를 표명했던 이유는 토지매매와 관련한 인근 부족 간의 불만이 이들에게 접수되었기 때문이라고 밝혔다(Pamungkas 2014: 17). 이에 대해 파푸아전통위

---

33 오늘날 서파푸아에서 활동하는 인도네시아목사연합 회원들은 대부분 술라웨시의 마나도Manado와 토라자Toraja 그리고 수마뜨라의 메단Medan 출신 목사들이다(Crisis Group 2008. 06. 16. p. 10).

원회DAP: Dewan Adat Papua는 각 부족의 전통토지법은 다르기 때문에 부족 간의 불만은 일어날 수 없으며, API의 반대 이유는 STAIN이 이슬람 교육기관이기 때문에 교육을 통한 서파푸아의 이슬람화를 우려했기 때문인 것으로 추측된다는 의견을 나타냈다(Crisis Group 2008. 06. 16. p. 10).

상기 제시한 서파푸아 무슬림과 기독교도 간의 갈등 사례를 살펴보면, 긴장의 일차적 배경은 상이한 종교적 교리와 실천에 있지만, 갈등의 전개와 발전은 양 집단의 종교적 실천이 표출되는 사회적 배경을 통해 이루어진다는 것을 알 수 있다(Romli 2008: 155~156). 마녹와리의 이슬람 대사원 건립 계획은 이슬람의 실천을 위한 종교적 배경에 기인하지만, 이러한 계획이 사회적으로 표출될 수 있었던 것은 주지사 선거와 관련된 공약 때문이며, 이후 이에 맞서 발표된 기독교 측의 복음지역법규 초안과 이에 따른 인도네시아 이슬람 극단주의 단체들의 움직임은 양측의 긴장과 갈등을 발전시킨 사회적 배경이다. 자야푸라에서 STAIN의 건립 역시 이슬람의 실천에 기인하지만, 서파푸아와 관련 없는 인도네시아목사연합의 반대를 통해 양측의 갈등이 전개되는 것은 서파푸아에서의 이슬람화는 서파푸아와 인도네시아 기독교도들의 연대를 통해 이슬람에 대응하는 사회적 배경을 형성하고 있기 때문이다. 계속해서, 카이마나에서 역시 양측의 긴장은 기독교의 종교적 실천인 크리스마스트리의 설치에서 시작되었지만, 외부 출신의 인도네시아개신교단의 지역 사정을 무시한 배타적인 활동이 양 집단의 갈등을 점차 고조시킨 사회적 배경이 되고 있다. 특히 이슬람과 기독교의 상이한 종교적 실천에서 발생한 긴장이 사회적 배경을 통해 갈등으로 전개됨에 따라 눈길을 끄는 것은 양 집단의 종교가 점차 이념 선전의 도구로 전락하고 있다는 것이다. 마녹와리에서 무슬림들의 이슬람 대사원 건립 계획과 이에 대응한 기독교도들의 복음지역법규 초안, 그리고 자야푸라에서의 STAIN의 건립에 대한 이유가 각 종교의 교리에 기인하여 상호 대응하는 것은 종교가 집단 간 이념 선전의 도구로 사용되고 있다는 예이다. 다음 장에서는 상기 살펴본 서파푸아 무슬림과 기독교도 간의 갈등 사례를 중심으로 양 집단의 갈등을 종교와 사회적 배경으로 나누어 분석해봄으로써 그 원인을 살펴보기로 한다.

5. 갈등의 원인

2013년 기준으로 인도네시아 전역에서 "종교와 신념"의 차이가 집단 간의 마찰로 이어져 발생한 사건은 총 245건이다. 이 중, 관련 집단이 갈등의 주체가 되어 일어난 사건은 139건이며, 중앙 및 지역정부가 갈등의 직·간접적 원인을 제공한 사건은 106건이다(Qadir 2014: 233). 이 자료는 인도네시아 무슬림과 기독교도 간의 갈등은 관련 집단의 종교가 일차적 원인이지만, 중앙 및 지역정부와 관련된 사회적 배경 역시 이차적 원인으로 작용하고 있다는 것을 시사한다. 다시 말하자면 "종교와 신념"의 차이가 인도네시아 집단 간의 갈등에 근본적 원인이 되고 있다는 것은 분명하지만(Suaedy et al. 2012: 3), 다양한 사회적 요인들 또한 집단 간의 대립구도에 얽혀 있기 때문에, 그 갈등의 원인을 이해하기 위해서는 종교와 사회적 배경을 통해 접근해야 할 필요가 있다는 것이다.

종교는 사회와 상호 의존적이며, 종교와 관련된 문제들은 사회를 통해 반영되기 때문에(Durkheim 1961: 470), 종교와 얽혀 생산되는 사회적 현상들은 그 자체적으로 그 현상을 이해하는 배경이 된다(Geertz 1966: 20~21). 따라서 종교와 그것이 실천되는 사회와의 관계에서 종교의 역할을 이해하는 것은 상이한 두 종교 간의 갈등이 사회적 배경을 통해 발생하는 원인에 접근할 수 있도록 해준다. 더 나아가 종교가 관련 집단(사회) 내에서 실천되는 방식은 뒤르켐^{Emile Durkheim}의 설명과 같이 종교가 지니는 집단적 "비등^{沸騰}"의 힘을 통해 구성원들과 집단(종교)의 일치로 나타난다(Kunin 2003: 20~21). 이러한 집단적 일치는 인도네시아처럼 무슬림과 기독교도들이 오랜 시간 대립구도를 형성해온 곳에서는 각 집단의 교리와 실천을 강화하고, 종교가 집단의 이익을 위한 상징적 도구로서의 전환을 가능하게 해준다. 더욱이, 이러한 과정에서 양 집단 간에 논쟁이 발생하면 집단적 일치를 통해 강화된 교리와 실천은 적대와 갈등을 조장하는 요소로 변모되고 폭력을 정당화하는 도구가 되기도 한다(Qadir 2014: 236). 따라서 서파푸아의 무슬림들과 기독교도들의 갈등은 인도네시아에서 오랫동안 각각의 상이한 종교적 배경에서 집단적 일치를 형성한 이슬람과 기독교가 사회적으로 집단의 이익을 위한 상징적 도구로 전환되는 과정에서 상호 표출된 긴장과 갈등의 표징으로 이해될 수 있다. 본 장에서는 서파푸아 무슬림과 기독교도 간의 갈등의 원인을 종교와 사회적 배경으로 나누어 검토한다.

1) 종교적 배경

서파푸아 무슬림과 기독교도 간 갈등의 종교적 배경으로는 먼저 20세기 말 인도네시아의 이슬람 사상을 변화시킨 이슬람 부흥을 제시할 것이다.

이에 따라, 이슬람 부흥을 통해 나타난 경전 중심주의와 교리실천의 강화가 서파푸아 소수[Al-Aqalliyyât] 무슬림들에게 어떠한 영향을 주었는지 검토할 것이다. 이와 함께, 21세기 서파푸아에서 증가하고 있는 이슬람과 기독교 급진주의 단체들 역시 양 집단의 갈등을 심화하는 종교적 배경이 되고 있다는 점에서 이들의 활동에 대해서도 살펴볼 것이다.

(1) 인도네시아 이슬람 사상의 변화

20세기 말 인도네시아 전역에서 급증한 종교, 종족 간 갈등에는 무슬림들의 영향력을 강화시킨 이슬람 부흥이 자리하고 있다는 사실을 묵과할 수 없다. 인도네시아 군도에서 수백 년 동안 세력을 넓혀왔던 이슬람이 1970년대 이후 믿음이 아닌 실천의 대상으로 변모함에 따라 그 영향력이 사회와 문화를 넘어 경제와 정치 영역으로까지 확산되었기 때문이다. 사회 전반에 걸쳐 이슬람의 분위기가 상승되자 모든 현상을 이슬람의 시각으로 바라보려 했고, 이는 이슬람과 비이슬람이라는 이분법적 구분을 부각시켰다. 이러한 현상은 꾸란과 하디쓰의 절대적 위상을 증대시켰고 결국 경전 중심주의가 생겨났다(김형준 2013: 205). 이후, 경전 중심주의는 일상생활을 이슬람화하려는 무슬림들의 노력에 의해 그 영향력이 확산되었다. 이러한 영향력은 이슬람의 교리에 따라 살아야 한다는 단순명제와 함께 이슬람적인 것과 비이슬람적인 것의 차이를 절대적인 것으로 간주하는 무슬림의 증가를 가져왔다. 이슬람과 비이슬람을 명확히 구분하고자 하는 경전 중심주의는 이슬람의 부흥을 장기화하는 데 긍정적인 영향을 주었지만, 역으로 비이슬람적인 것에 대한 배타성을 사회 전반에 형성함으로써 타 종교와의 갈등을 심화시켰다.

1990년대 사우디아라비아와 예멘 등지에서 유학한 학생들이 돌아오자 무슬림들은 사회적 문제에 집합적이고도 급진적으로 대응하기 시작했다. 반이슬람적인 잡지사에 대한 공격과 폐쇄, 교육법안 개정, 이슬람법원의 위상 강화, 여학생의 질밥jilbāb 착용 등 이슬람화의 범위가 사회적 영역을 포괄하고 비이슬람적인 것들이 무슬림 공동체 내에서 집합적으로 취급되었는데(김형준 2001: 44), 이러한 분위기는 최종적으로 기독교에 대한 부정적인 시각을 부추기게 되었다.[34] 인도네시아의 기독교도들은 이슬람법(샤리아)의 완성에 방해가 되며, 나아가 이들의 꾸준한 증가[35]가 이슬람을 위협한다고 여겼기 때문이다. 특히, 1978년 사회성과 종교성이 공식적인 기독교 선교를 금지했음에도 기독교도들이 증가한 것은 비합법적인 선교가 무슬림을 대상으로 이루어졌다는 증거로 볼 수 있기 때문에 기독교도들은 이슬람 공동체를 파괴하는 적대적 대상으로 여겨졌다(김형준 2001: 46). 따라서 기독교도들에 대한 무슬림들의 대응은 종종 폭력으로 표출되기도 했다.[36] 기독교도와 교회에 대한 공격이 급증했고, 인도네시아의 다수 무슬림들은 말루꾸와 서파푸아와 같은 다수 기독교도 사회를 이슬람화를 확고히 해야 하는 대상 지역으로 여겼다.[37]

---

34 기독교도에 부정적인 시각을 견지하는 무슬림들은 의외로 이슬람을 평화의 종교로 소개한다. 이것은 이슬람의 다원적 종교관에 따른 것으로써(김형준 2001: 45), 꾸란의 2장 바카라Al-Baqarah 256절 "종교에는 강요가 없나니"(최영길 1997: 69)와 109장 카피룬Al-Kāfirūn 6절 "너희에게는 너희의 종교가 있고 나에게는 나의 종교가 있을 뿐이라."(최영길 1997: 1272)를 통해 확인할 수 있다.

35 지난 30년간 인도네시아에서 기독교도는 꾸준히 증가해왔다. 1971년 6.7퍼센트(784만 4,209명)였던 기독교도들은 1980년 8.8퍼센트(1,286만 1,271명), 그리고 1990년 9.6퍼센트(1,723만 2,563명)로 증가했다(김형준 2001: 46).

이와 더불어 말루꾸와 서파푸아처럼 다수 기독교도들 내에 거주하는 소수 무슬림[38]에 대한 관심도 증대되었다. 비이슬람 국가나 사회는 그 자체뿐만 아니라 통치체제나 사회규범 또한 이슬람과 대립하기 때문에 이곳의 소수 무슬림들에게 있어서 이들의 거주 지역을 "전쟁지역Dâr al-harb"으로 여겨야 하는지에 대한 문제가 이슬람 소수법Fiqh al-Aqalliyyât 내에서 주요 논의 대상으로 거론되었기 때문이다(Suaedy et al. 2012: 30). 전통적으로 이슬람은 모든 이교도 지역을 "전쟁지역"으로 분류하고 지하드를 통해 이슬람화를 수행해야 할 곳으로 여겼는데(Suaedy et al. 2012: 31), 이러한 사고는 경전 중심주의와 맞물려 서파푸아의 무슬림들을 보호한다는 명목하에 이슬람 급진주의 단체들의 유입을 불러왔다. 한편, 서파푸아의 다수 기독교도들은 인도네시아의 국가적 수준에서는 소수 이교도들이기 때문에 이들은 이슬람 규범에 따라 다수 무슬림들에게 복종할 의무가 있는데(Suaedy et al. 2012: 30),[39] 최근 분리운동을 위시한 이슬람 대사원 및 교육시설 등의 건립에 집단적 반대를 표명하는 것은 무슬림들로 하여금 납득할 수 없는 것들이었다. 더군다나 말루꾸 분쟁 이후 서파푸아

---

36 꾸란의 8장 안팔Al-Anfâl 15~16절은 "믿는 자들이여 너희가 싸움터에서 불신자들을 만날 때 그들로부터 너희의 등을 돌리지 말라. 그러한 날에 등을 돌리는 자는 그것이 전쟁을 위한 준비나 어떤 무리에 합류하려는 의도가 아니라면 이는 분명 하나님의 분노를 자아낼 것이며 그의 주거지는 지옥이 되리니 최후가 저주스러우니라."(최영길 1997: 304)라고 언급한다.

37 이슬람 부흥의 효시인 "무슬림형제단"은 세상을 "이슬람의 평화지역Dâr al-Islâm"과 "전쟁지역"으로 나누었다. 이들에게 비이슬람 지역은 "이슬람의 평화지역"으로 전환시켜야 할 목표였다. 인도네시아에서는 서파푸아 같은 기독교 지역이 여기에 해당한다.

38 소수 무슬림에 대한 관심은 1990년대 비이슬람 국가에 거주하는 무슬림들에 대한 이슬람법의 적용 문제가 대두되면서, 1994년 미국의 "북미율법위원회Fiqh Council of North America" 장이었던 알알와니Thaha Jabir Al-Alwani와 1997년 "유럽율법연구위원회European Council for Fatwa and Research"를 세운 알카라다위Yusuf Al-Qaradawi가 무슬림 소수법을 거론하며 시작되었다(Suaedy et al. 2012: 23).

에서 활발한 활동을 전개하고 있는 히즈붓 타흐리르가 이교도들을 이슬람 칼리파 국가$^{Dawlat\ al\text{-}Khilafat\ al\text{-}Islamiyyah}$ 건설에 있어서 흠으로 여기는 사실(Suaedy et al. 2012: 28)은 극단적이지만 서파푸아 기독교도들에 대한 인도네시아 다수 무슬림들의 시각을 대변한다.

이와 같이, 1970년대 나타난 이슬람 부흥으로 인도네시아 무슬림 공동체 내에서 경전 중심주의가 증대된 것은 21세기 서파푸아에서 기독교도와의 갈등을 확산시킨 시발점이 된 2005년 마녹와리 이슬람 대사원 건립 계획의 저변에 이슬람적 사고를 형성한 배경이기도 하다. 이와 관련하여, 하디쓰는 "이 땅에 예배소(이슬람 성전)를 건축하면, 하나님^{Allah}께서도 천국에 같은 장소를 준비하실 것이다."라고 기록하고 있으며,[40] 이슬람 전통 규범은 건축된 성전에서 예배하는 무슬림의 수와 건축자가 받을 축복의 양이 비례하다고 가르치고 있다. 따라서 경전 중심주의에 입각하여 바라보면 성전 건축은 무슬림들에게 천국행과 "아말 자리야$^{amal\ jariyah}$(지속적인 선행에 대한 상)"를 보장해주는 최고의 선행이라는 것을 이해할 수 있다. 하지만 기독교도들의 반대에 의해 사원 건설 계획이 중단되었다는 것은 무슬림들의 천국행과 이후 받을 축복이 깅틸되있다는 것을 의미하기 때문

---

39 꾸란의 9장 타우바$^{Al\text{-}Tawbah}$ 29절은 "하나님과 내세를 믿지 아니하며 하나님과 선지자가 금기한 것을 지키지 아니하고 진리의 종교를 따르지 아니한 자들에게 비록 그들이 성서의 백성이라 하더라도 항복하여 인두세^{jizyah}를 지불할 때까지 성전하라. 그들은 스스로 저주스러움을 느끼리라."(최영길 1997: 328)라고 언급한다. 전통적으로 이슬람에서는 이슬람 국가 내의 소수 이교도들이 다수 무슬림들에게 복종하고 인두세를 지불하는 경우 이들의 안전을 보장해주었지만, 현대의 국가에서 이러한 개념은 다수 무슬림들에게 정치적으로 복종하고(Suaedy et al. 2012: 32) 이들의 주도권을 자발적으로 인정하는 것(Ahmed 1987: 101~102)으로 이해할 수 있다.

40 부카리$^{Al\text{-}Bukhārī}$의 하디쓰 65장 441절에는 "I heard the Prophet saying, 'Whoever built a mosque, Allah would build for him a similar place in Paradise."(Khan 1985: 263)라고 명시되어 있다.

에 무슬림들 역시 범[汎]인도네시아적으로 집단적 대응을 꾀하려 했던 것이다.[41]

한편, 이슬람 부흥과 관련하여 기독교도 간의 갈등이 더욱 심화되었다는 차원에서 무슬림들의 배타성을 지적하지 않을 수 없다. 마녹와리는 서파푸아에서 기독교가 처음 유입된 다수 기독교도들의 도시임에도 불구하고 이슬람 대사원 건립 계획에 앞서 기독교도들과의 논의를 생략한 무슬림들의 태도는 인도네시아 다수 무슬림들의 배타적 성향에 기인한다. 인도네시아 무슬림들의 배타성은 무슬림이 다수인 인도네시아의 사회적 상황에서 자신의 것을 우위로 여기는 태도가 점차적으로 종교적 믿음과 어우러져 형성된 것이다. 이러한 성향은 구성원들로 하여금 행동하고 반응하고 의문의 여지가 없는 특정한 종교적 규칙을 통해 집단적 인식과 행동 그리고 실천을 이끌어낸다(Pamungkas 2014: 22). 따라서 마녹와리와 자야푸라에서 무슬림들이 기독교도들의 반대에도 불구하고 이슬람 대사원 건립을 추진하려 했던 것과 알파타 국립이슬람대학교를 건립한 것은 이슬람적 습관에 기인한 다수 무슬림들의 배타성이 정치·종교적 실천과 어우러져 나타난 것으로 볼 수 있다.

이와 같은 무슬림들의 배타성은 서파푸아의 다수 기독교도들에게서도 찾아볼 수 있는데, 마녹와리의 이슬람 대사원 건립 계획에 대응하여

---

41 부카리의 하디쓰 63장에는 "It is not for pagans to maintain the mosques of Allah While they witness against their own souls of disbelief the works of such bear no fruit: In fire shall they abide. The Mosques of Allah shall be maintained only by those who believe in Allah and the last day offer prayers perfectly and give obligatory charity and fear none but Allah. It is they who are expected to be on true guidance."(Khan 1995: 261)라고 명시되어 있다.

발표한 복음지역법규 초안이 바로 이러한 예이다. 복음지역법규 초안은 이슬람화에 맞서 기독교도들의 권익을 보호할 수단으로 만들어졌지만, 이슬람법(샤리아)과 같이 기독교적 교리를 강하게 표출하고 있다는 점은 서파푸아 다수 기독교도들의 배타성을 나타내고 있기 때문이다. 결과적 으로 이슬람 부흥을 통해 강화된 인도네시아 다수 무슬림들의 배타성은 기독교도들과의 관계를 긴장과 갈등으로 몰고 갔을 뿐만 아니라, 역으로 서파푸아의 다수 기독교도들에게도 무슬림에 대항한 배타성을 심어주 었다.

(2) 이슬람과 기독교 내 급진단체 등장

오늘날 서파푸아에서 이슬람의 히즈붓 타흐리르와 살라피 그리고 기독 교의 오순절과 카리스마 교단은 양립할 수 없는 종교 원칙으로 상대를 적으로 주시하고, 공개 토론과 예배 콘서트 등을 통해 공적 갈등을 심화 하고 있다는 점에서 주목받고 있다. 먼저, 히즈붓 타흐리르는 2000년대 말루꾸 분쟁의 영향으로 서파푸아에 유입되었고, 자유학생운동Gerakan Mahasiswa Pembebasan 같은 학생단체를 통해 성장했다(Fealy 2007: 151~164). 서 파푸아에서 이들의 주요 활동은 기독교도들의 분리운동을 막는 것이 다. 이들은 미국과 호주 등이 동남아의 최대 이슬람 국가인 인도네시아 를 분열시키기 위해 서파푸아의 분리운동에 깊이 관여하고 있다고 생각 한다.[42] 또한 프리포트Freeport-McMoRan와 같은 미국 회사가 서파푸아의 부 를 착취하는 것 역시 분리운동의 원인이며, 이는 부의 공정한 분배에 대 한 이슬람의 교리와도 상반되기 때문에(Hizbut Tahrir Indonesia 2007. 07.

12.) 서파푸아의 서구 기독교 세력을 견제해야 한다고 생각한다. 이와 관련하여, 히즈붓 타흐리르의 서파푸아 지도자인 가라마탄Mohamed Zaaf Fadzlan Garamatan은 서파푸아의 무슬림들은 서구 식민주의의 잔재에 대항하여 이곳의 분리를 막고(Hizbut Tahrir Indonesia 2007. 07. 12.), 이슬람에 기인한 인도네시아 민족주의를 수호해야 한다고 주장한 바 있다. 그의 주장대로라면, 서파푸아에서 히즈붓 타흐리르의 활동 목적은 기독교 세력의 견제와 인도네시아 중앙정부를 위시한 이슬람화의 전개라는 것이 명확하다. 오늘날 이들의 자선단체인 알파티 카파 누산타라AFKN: Al-Fatih Kaafah Nusantara가 파푸아 아이들을 자바와 마까사르 등지의 뻐산뜨렌에서 교육시키는 것은 이러한 맥락과 일맥상통한다.[43]

살라피 역시 오늘날 서파푸아의 이슬람 사회에 급진적 영향을 미치고 있다. 이슬람의 초기 교리를 고집하는 살라피즘이 서파푸아에 유입된 것은 2002년 라스카르 지하드Laskar Jihad가 해산되면서 일부 대원들이 이곳의 살라피 조직원이 되었기 때문이다.[44] 히즈붓 타흐리르와 달리 대부분 자바 무슬림들로 이루어진 이들은 서파푸아에서 큰 조직으로 성장하지 못했다. 따라서 히즈붓 타흐리르가 과격한 활동을 통해 서파푸아의 정

---

42 히즈붓 타흐리르는 2007년 미연방 하원의원인 팔레오마바에가Eni Faleomavaega와 유엔의 인권옹호특별보고관인 질라니Hina Jilani의 서파푸아 방문을 인도네시아로부터 서파푸아를 분리하기 위한 서방 세계의 전략 중 하나로 보고 있다(Hizbut Tahrir Indonesia 2007. 07. 13.).

43 오늘날까지 AFKN의 지원으로 자바와 마까사르 등지의 뻐산뜨렌에서 이슬람 교육을 받은 서파푸아 아이들은 약 2,200명에 달한다(http://www.afkn-nuuwaar.com/tengtang-kami/program-kerja-afkn/).

44 탈립Ja'far Umar Thalib의 라스카르 지하드는 2000년 6월 와히드 대통령이 말루꾸 분쟁에 대한 긴급사태를 선포한 이후 서서히 세력을 잃게 되고(박금희 2005: 145), 이후 2002년 10월 부대가 해체됨에 따라 일부 부대원들은 서파푸아의 살라피 조직원이 되었다(Crisis Group 2008. 06. 16. p. 16).

치적 문제들을 거론할 수 있는 반면, 살라피는 이슬람의 초기 교리에 입각한 순수 종교 문제만을 다룬다. 이러한 차이 때문에 이들은 서파푸아의 정치적 문제들과 관련하여 과격한 지하드를 배제하고, 이슬람의 지식을 통한 지하드를 내세운다. 이들이 지향하는 "충성과 거부Al-Wala' wa'l-Bara'"는 "이슬람을 따르고 이교도는 배척한다."라는 의미를 담고 있는데(Crisis Group 2008. 06. 16. p. 18), 이것은 기독교도들과의 관계에서 히즈붓 타흐리르의 과격한 활동보다 더욱 깊은 편협을 조장하는 원인이 되고 있다.

이와 더불어, 제마 타블릭Jemmah Tabligh 역시 살라피 조직과 마찬가지로 이슬람의 초기 교리에 입각한 공개 토론과 다와를 통해 서파푸아 무슬림들에게 원리주의 영향을 증대시키고 있다. 1952년 인도네시아에 유입된 제마 타블릭은 서파푸아에는 1988년 자까르따에서 10명의 조직원이 파견되면서 전해졌다. 이들이 처음 정착한 자야푸라는 메디나의 베란다라는 칭호와 함께 제마 타블릭의 서파푸아 본부가 되었다. 이들은 무슬림이 따라야 할 최고의 모델을 무함마드로 삼고 이슬람의 초기 교리에 입각한 원리주의를 강조한다. 이들은 10여 명이 타 이슬람 사회를 방문하여 무슬림들의 도덕성과 이슬람의 초기 교리를 강조하는 것을 주요 활동으로 삼는다. 인도네시아에는 주로 파키스탄과 아프가니스탄의 조직원들이 방문하는데, 최근 이들은 서파푸아와 말루꾸 등지에 거주하는 무슬림들을 방문하는 데 집중하는 추세를 보이고 있다. 현재 자야푸라와 소롱, 그리고 마녹와리에서 활동하는 약 2,500명의 회원은 대부분 자바 출신의 무슬림들이지만, 최근 카이마나와 팍팍을 중심으로 파푸아 무슬림들의 가입이 늘어나면서 이슬람의 원리주의 성향이 지역 무슬림들에게서도 강화되고 있다(Crisis Group 2008. 06. 16. p. 19).

기독교 측에서도 최근 오순절과 카리스마 교단 등이 서파푸아 기독교도들에게 급진주의적 교리를 주입하며 무슬림들과의 긴장을 악화시키고 있다.[45] 이슬람과의 관계에서 이들이 문제시되는 이유는 무슬림들을 기독교로 개종시키는 것을 장려할 뿐만 아니라, 기독교로 개종한 무슬림들을 이슬람 사회와 불화하도록 조장하기 때문이다(Farhadian 2005: 119).[46] 이들의 배타적 교리의 실천은 대규모 예배 콘서트와 같은 노골적인 예배 스타일로 나타나는데, 대규모 집회는 소음 논란뿐 아니라 기독교로 개종한 무슬림들을 공개 간증에 내세움으로써 이슬람 사회와의 마찰을 일으키는 주요 문제가 되고 있다. 예배 콘서트는 1980년대 말 영적부흥예배 Kebaktian Kebangkitan Rohani라는 이름으로 시작되었는데, 이 예배는 보통 급진주의 교단들의 연합체적 모임으로서 보통 수천 명의 기독교도들이 대동된다. 일례로 2007년 5월 자야푸라에서 순복음국제실업인협회FGBMFI: Full Gospel Business Men's Fellowship International[47]가 개최한 영적부흥예배에는 약 2만 명의 기독교도들이 참석했다(Cenderawasih Pos 2007. 05. 28.).

---

45 오늘날 카리스마 교단이 서파푸아에서 부흥하는 이유는 이들의 교리가 멜라네시아인들의 믿음과 비슷하기 때문이다. 외지인들의 도래를 파푸아인들의 구원으로 바라보는 카르고 운동cargo cults은 서구 전도사들을 대두하여 활동하는 이들의 "성공신학theology of success" 교리와 상응한다(Farhadian 2005: 7, 23).

46 일례로 2003년 무슬림에서 기독교로 개종하여 카리스마 교단의 목사가 된 필레몬Muhammad Filemon은 인도네시아의 유명한 이슬람 지도자인 자이누딘Zainuddin MZ에게 세례를 베풀었다고 주장하고 있으며, 또 다른 목사인 바크리우딘Fachli Bachriudin은 68명의 이슬람 지도자와 400명의 지하드 부대원들에게 세례를 주었다고 주장하여 당시 무슬림들의 큰 적개심을 일으키기도 했다(Gatra 2008. 05. 19.).

47 미국의 캘리포니아에 본부를 둔 순복음국제실업인협회는 최근 서파푸아 기독교도들에게 큰 영향을 미치고 있는 급진주의 교단 중 하나이다. 이 협회는 160여 국에 5,000개의 지부와 약 100만 명이 넘는 회원을 통해 전 세계적으로 급진주의 기독교적 교리의 영향력을 과시하고 있다(Crisis Group 2008. 06. 16. p. 20).

앞서 밝혔듯이, 영적부흥예배의 가장 큰 문제는 기독교로 개종한 무슬림들을 공개 간증에 내세워 이슬람 사회와의 불화를 일으킨다는 것이다. 한 예로 2008년 2월 소롱에서 개최된 영적부흥예배에 간증으로 나섰던 한 무슬림 여성에게, 당시 지역 무슬림들은 이슬람을 모욕하고 무슬림들의 분노를 일으키는 행위라는 것을 경고하기도 했다. 오늘날 서파푸아에서 급진주의 교단들이 대범한 활동을 벌이게 된 이유는 이들과 지역정부 간의 긴밀한 유착관계 때문이다. 이들은 "정부는 하나님의 대리자, 정부의 비난은 곧 하나님의 비난"이라는 교리를 내세우는데, 이러한 설교는 대부분이 기독교도인 서파푸아의 지방정부 관리나 고위 공무원들의 마음을 열어 이들 교단으로 하여금 정치와 경제의 중심 세력에 쉽게 접근할 수 있도록 해준다. 따라서 오순절 및 카리스마 교단은 가톨릭과 개신교와는 달리 서파푸아의 정치적인 문제에 쉽게 접근할 수 있는 동시에 지방정부의 지원 또한 받아낼 수 있는 것이다(Crisis Group 2008. 06. 16. p. 21). 항상 수천 명의 기독교도들이 참석하는 영적부흥예배만 보더라도 대부분의 예산을 지방정부가 지원해주고 있다는 사실은 이들 교단과 권력 간의 긴밀한 유착관계를 설명해준다(Giay 2006: 40~41).

최근 서파푸아에서 급진주의 교단들이 빚어내는 무슬림들과의 긴장이 가장 빈번한 곳은 카이마나이다. 이곳의 주요 급진주의 교단은 카리스마 교단인 성길교구Jemaah Jalan Suci와 순복음주의 교단인 베델베다니Bethel and Bethany 교회인데, 이들 역시 배타적 교리를 통해 활동 영역을 넓혀가고 있다. 특히 성길교구의 배타성을 예로 들면, 2006년 성탄절을 며칠 앞둔 무렵 사전 논의 없이 무슬림 거주 지역에 대형 십자가를 설치하여 무슬림들의 분노를 샀다(Crisis Group 2008. 06. 16. p. 9). 이뿐만 아니라 인도네시아개신교단GPI 역시 서파푸아의 지배 교단인 복음주의교단과 경쟁구도를 벌이며 배타적 노선을 걷고 있다. GPI는 1969년 서파푸아가 인도네시아로 합병되면서 이곳으로 이주한 말루꾸 관리와 교사들이 속해 있던 말루꾸개신교단GPM으로부터 시작되었다. 카이마나에서 이들의 배타성은 1999년 암본과 투알의 유혈사태로부터 피신 온 GPM 기독교도들이 암본 무슬림들의 잔악성을 부풀려 유포함에 따라 이곳 무슬림들과의 관계가 악화되면서 시작되었다. 2007년 카이마나에서 GPI가 개최한 영적부흥 예배와 크리스마스트리 설치로 인한 무슬림들과의 긴장은 그 씨앗이 말루꾸 분쟁에 따른 급진주의 기독교도들의 배타성에서 시작되었다고 볼 수 있다.

오늘날 외부의 기독교 급진주의 교단들이 서파푸아에 유입하여 무슬림들과의 긴장을 초래하고 기독교 정체성을 강화하는 것은 인도네시아의 전체적 종교 상황을 통해 이해할 필요가 있다. 서파푸아의 기독교 사회는 현실적으로 무슬림의 수가 압도적인 인도네시아의 종교적 판도에 많은 영향을 받아왔다. 인도네시아의 국가적 관점에서는 서파푸아의 다수 기독교 사회 또한 소수에 속하기 때문에 이들에게 있어서 외부 기독교도들이 인도네시아 무슬림들로부터 겪는 차별과 억압은 이들과 동떨어진 문제가 아니다. 이와 관련하여, 2005년 마녹와리의 이슬람 대사원 건립 계획에 있어서 마녹와리교회협력기관BKAG: Badan Kerjasama Antar Gereja이 중앙정부의 기독교 차별을 우려한 것과 2008년 자야위자야의 중앙산맥교회연합Perseketuan Gereja-gereja Pegunungan Tengah Jayawijaya 역시 지역 내 이슬람 시설의 반대 입장을 표명하면서 인도네시아 전역의 기독교도들이 겪는 차별에 대해 토로했다(Pamungkas 2014: 19)는 것은 바로 이러한 차원에서 이해할 수 있다. 따라서 서파푸아의 기독교 사회가 마주한 종교적으로 다수이면서도 소수인 이중적 위치는 배타성을 앞세운 급진주의 교단들로 하여금 기독교적 정체성을 강화하고 무슬림들과의 긴장을 자아내는 공간적 배경을 제공하고 있는 것이다.

2) 사회적 배경

종교집단 간의 긴장은 상기 살펴본 바와 같이 각 종교의 상이한 교리와 실천의 차이가 갈등의 근본원인이 될 수 있지만, 종교가 사회 내에서 관련 집단의 이익을 규정하는 도구로 변모될 때, 갈등의 원인은 다양한 사회적 배경과 결합되어 나타날 수 있다. 본 장에서는 서파푸아 무슬림과 기독교도 간 긴장의 원인을 사회적 배경을 통해 살펴본다. 이를 위해, 인도네시아 중앙정부와 서파푸아 지역 간의 관계를 중심으로 수하르또 정부의 정책과 퇴진 이후에 나타난 영향을 검토한다. 계속해서, 말루꾸 분쟁이 잠식됨에 따라 서파푸아에 유입된 잔재 영향과 최근 서파푸아 이슬람의 유입과 발전사에 대한 새로운 인식 또한 또 다른 사회적 배경으로 제시할 것이다.

(1) 수하르또 정부 정책과 퇴진 이후의 영향

수하르또 정부는 다양한 언어와 문화, 종족, 그리고 종교로 구성된 인도네시아를 하나로 통합하기 위해 정권 초기부터 사라에 기반을 둔 정책을 추구했다(Husein 2005: 93). 하지만 인구분산정책과 정권 말기의 이슬람 포용정책은 인도네시아 지역사회의 갈등과 분쟁을 초래하는 원인이 되었다. 이 중 이주정책은 장기경제개발계획의 일환으로 전국의 균형적 발전을 위해 도입되었다. 자바 중심의 경제정책으로 위생문제와 빈민문제 등이 대두되자 자바와 마두라, 그리고 마까사르 등 고밀도 지역의 주민들을 인구밀도가 낮고 발전이 미비한 지역으로 이주시킬 필요가 있었기 때문이다(제대식 2004: 201; 박금희 2005: 159). 하지만 이주정책이 간과한 큰 문제는 이주민들과 원주민들 간의 상이한 종교와 문화였다. 대부분이 무슬림이었던 이주민들과는 달리 이주 지역의 원주민들은 기독교도였기 때문에 서로 다른 종교와 문화가 인위적으로 혼합됨에 따라 갈등이 초래될 수밖에 없었다.

서파푸아로의 이주가 절정이었던 1975년부터 1985년까지 이곳에 정착한 자바 출신의 무슬림은 6만 5,000명에서 21만 명으로 크게 성장했는데, 이는 서파푸아 원주민인 다수 기독교도들과의 갈등을 초래한 무슬림들의 양적 증가가 대단했음을 지적한다(Djopari 1993: 115~127).[48] 자바 무슬림 다음으로 서파푸아에 많이 이주한 종족은 술라웨시의 부기스와 마까사르 무슬림들이었는데(McGibbon 2004: 20),[49] 이들은 특출 난 경제적 특성을 가지고 자야푸라와 마녹와리 그리고 소롱 등지에서 지역 상권의 70퍼센트 이상을 점유하고 운송업의 대부분을 장악했다(Athwa 2004:

---

48 1980년대 말 서파푸아로의 이주정책이 이슬람화를 조장한다는 국제적 비판이 일자, 1986년 수하르또는 대통령령(no. 4/1986)을 통해 플로레스와 동부 누사텡가라의 기독교도 주민들을 서파푸아로 이주하도록 했다(Crisis Group 2008. 06. 16. p. 12).

104~105).[50] 외부 무슬림들의 대거 유입과 경제권 장악에 따라 원주민들의 토지가 줄어들고 실업률이 증가하자(Osborne 1985: 2~3), 이는 자바 및 부기스 무슬림들에 대한 원주민들의 반발심과 이슬람에 대한 거부감의 증대로 이어졌다. 결과적으로 원주민들 사이에서는 이주정책의 목적이 서파푸아에 대한 자바화Javanization를 통해 파푸아인들의 말살을 시행하기 위함이라는 비난이 날로 고조되기에 이르렀다(제대식 2004: 197).

인구분산정책에 있어서 이주민의 대부분이 무슬림이었다는 사실은 수하르또 정권 말기의 이슬람 포용정책과 맞물려 중앙정부를 위시한 인도네시아 이슬람화에 대한 비무슬림들의 의심을 증폭시켰다. 사실, 수하르또는 정권 초기에 이슬람을 적대시했으나, 정권 말기로 접어들면서 정권 연장을 위한 책략으로 이슬람 포용정책을 표방했다(제대식 1999: 151). 다수 종교인 이슬람은 지역의 탈중앙집권화를 막고 통일된 국가 건설을 위한 방편으로도 적절했기 때문에, 그는 군부의 요직에 이슬람 근대주의자들을 앉히고, 이슬람 사원과 학교 및 은행 건립을 지원했으며, 선교활동을 돕는 등 이슬람을 그의 정치적 전위세력으로 이용했다(Liddle 1996: 621, 박 름의 2005: 154).[51] 이와 관련하여, 때마침 1970년대 일어난 이슬람 부

---

49 서파푸아의 다수를 차지하는 기독교도들은 지난 1964년부터 2004년까지 40년간 40만 360명에서 150만 3,124명으로 약 3.7배 성장했지만, 같은 기간 무슬림들은 5만 1,700명에서 58만 3,628명으로 약 11배 이상 성장했다(Crisis Group 2008. 06. 16. p. 11). 서파푸아에서 양 집단의 성장의 차이는 이주정책으로 인한 외지 무슬림들의 대거 유입이 이곳의 종교적 판도를 바꾸고 다수 기독교도들과 대립구도를 초래하게 되었다는 것을 말해준다.

50 오늘날 서파푸아에서 부기스와 마까사르 무슬림들은 대부분의 지역 상권을 장악했다. 이들은 원주민들의 조업 지역은 물론 음식 가판대나 상점, 경비, 건설, 노점상, 택시운전 등 대부분의 경제 분야에서 원주민들을 몰아냈다(Genthong 2007: 122~125).

흥은 수하르또의 이슬람 포용정책에 따라 사회적으로 활발히 전개될 수 있었고, 20세기에 들어서는 사회 전반에 이슬람과 비이슬람이라는 이분법이 대두되어 모든 문제를 이슬람의 시각으로 해결하려는 움직임이 일어났다.

또한 1990년 12월 수하르또가 지원한 "인도네시아 무슬림지식인연대"는 당시 부통령 하비비를 선두로 이슬람 지도자들과 지식인, 공무원 및 군부의 엘리트 등을 회원으로 맞이하여 준*정치조직으로 자리매김함에 따라 이슬람은 정치 영역으로도 확장될 수 있었다. 이와 같이, 이슬람이 사회 및 정치 영역으로 확대되자 무슬림들의 요구는 점차 공적 영역으로 이동하게 되었고, 이슬람식 관점이 사회적으로 확산되었다(김형준 2013: 195~196). 이슬람의 정서가 사회 전반으로 확산되자 상대적으로 비이슬람에 대한 반감이 증대되었고, 이는 기독교도들에 대한 부정적인 시각으로 이어졌다. 기독교도들에 대한 부정적인 시각은 때때로 폭력적인 방식으로 표출되기도 했는데, 수하르또 정권 시절에 무슬림들이 파괴한 교회의 수가 456개로 가장 많다는 것은 당시 비무슬림을 향한 공격적인 이슬람화의 표출이 은연중에 묵인되어 왔다는 것을 말해준다.[52] 특히, 기독교도들이 다수인 말루꾸와 서파푸아 등지는 공격적인 이슬람화의 주

---

[51] 수하르또의 이슬람 포용정책은 특히 1980년대 말부터 1990년대 초까지가 가장 현저했다. 특히 ① 1988년 12월 이슬람사법 통과, ② 1989년 공립학교에 종교 과목 삽입, ③ 1990년 10월 무함마드 모독죄로 「모니토르Monitor」 주간지 폐간 및 편집장 구속, ④ 1990년 12월 "인도네시아 무슬림지식인연대" 창설, ⑤ 1991년 질밥 허용, ⑥ 1991년 6월 수하르또 가족 성지순례, ⑦ 1991년 11월 "인도네시아 무아말랏 은행 Bank Muamalat Indonesia" 설립 등이 대표적이다(제대식 1999: 151; Husein 2005: 113~116; 김형준 2013).

[52] 인도네시아 역대 정권별로 무슬림들이 파괴한 교회의 수는 수까르노 2개, 수하르또 456개, 하비비 156개, 외히드 232개, 그리고 메가와띠 114개이다(Gatra 2007. 05. 03.).

요 대상지가 되었다.

1998년 5월 수하르또 정부의 붕괴는 그동안 인구분산정책으로 인한 대규모 외지 무슬림들의 유입과 그의 이슬람 포용정책의 그늘에 가려졌던 서파푸아 기독교도들의 분노 표출로 이어졌다. 이러한 분노는 인권유린과 자원착취, 그리고 인도네시아 군대와 이주 무슬림들의 철수를 내세운 시위로 가시화되었고, 서파푸아 전역에서는 독립의 열기와 함께 독립파푸아조직OPM: Organisasi Papua Merdeka의 새벽별기bendera bintang kejora가 휘날렸다.[53] 2000년 5월 29일 개최된 제2회 파푸아의회Kongres Papua에는 독립을 열망하는 수천 명의 원주민들이 참석했다. 당시, 원주민들은 그동안 이주 무슬림들로부터 공공연히 받아온 억압과 차별에 대한 앙갚음으로 서파푸아의 독립과 함께 이주 무슬림들을 추방하고 이들의 재산을 몰수해야 한다고 주장했다(Mote et al. 2001: 130). 한편, 대부분 기독교도로 이루어진 파푸아인들의 강경한 입장은 이주 무슬림들의 분노를 일으켰고, 만약의 사태를 대비해 이주 무슬림들 역시 대응 준비에 나섰다.

파푸아 기독교도들의 반이슬람 정서가 고조됨에 따라 이주 무슬림들은 서파푸아에 주둔하고 있는 인도네시아 군대의 힘을 위시하여 반독립단체에 가입했고, 양 집단의 긴장은 인제라도 큰 분쟁으로 이어질 상황으로 치달았다. 이와 관련하여, 앞서 1998년 7월 8일 소롱에서는 한 기독교독립단체가 이주 무슬림들을 공격하자, 이에 맞서 "남부술라웨시국가통

---

[53] 수하르또 정부가 붕괴된 1998년 중반부터 2000년대 말까지 서파푸아에서는 이른바 "파푸아인의 봄Papuan Spring"이라는 시기가 펼쳐졌다. 이 시기 서파푸아에서는 사상표현과 정치기구의 설립이 비교적 자유로웠기 때문에 도시를 중심으로 지식인과 공무원, 기독교 지도자, 인권운동가, 그리고 종족 지도자들이 연합하여 독립운동을 적극적으로 전개했다(Chauvel 2006).

일가족연대Kelompok Pro Persatuan dan Kesatuan Bangsa Kerukunan Keluarga Sulawesi Selatan "라는
이주 무슬림 단체가 인도네시아 733보병대대의 지원을 받아 칼과 쇠파이
프 등을 동원하여 OPM에 도발적인 시위를 일으키기도 했다(Crisis Group
2008. 06. 16. p. 14). 토지와 경제권의 장악에 이어 독립까지 저지하려는 이
주 무슬림들의 도발적인 시위는 결국 원주민들의 억눌린 감정을 터트린
계기가 되었다. 2000년 10월 와메나에서 독립을 열망하는 수천 명의 파
푸아인들이 이주 무슬림들을 공격하여 37명이 사망하고(이주 무슬림 24명)
89명이 중상을 입었으며, 약 1만 3,500명이 구류되는 사건이 발생했는데
(Kompas 2000. 10. 10.), 이 사건으로 수천 명의 이주 무슬림들은 집과 재산
을 잃고 와메나를 떠날 수밖에 없었다. 이주 무슬림들에 대항한 파푸아
인들의 분노가 종교적 구도로 변모하게 된 것은 바로 이때쯤이었다. 다수
기독교도들로 이루어진 시위대는 시위 때마다 십자가와 성경 구절, 그리
고 찬송가를 동원하기 시작했고, 이주 무슬림들은 서파푸아 분리운동
의 저변에 기독교가 자리하고 있다는 것을 인식하게 되었다(Crisis Group
2008. 06. 16. p. 15). 즉, 수하르또 정권의 이주정책과 이슬람 포용정책은 파
푸아인들에게 외부 무슬림들과의 차별, 경제권 박탈, 그리고 이슬람화의
위협으로 대두되었고, 이러한 현상에 대응하는 과정에서 파푸아인들로
하여금 이들의 지역민족주의를 기독교 정체성으로 표명하게끔 만든 원
인이 되었다는 것이다.

(2) 말루꾸 분쟁의 영향

말루꾸 분쟁이 가라앉은 무렵인 2000년 7월 소롱에서는 말루꾸 세람

^{Seram} 출신의 무장청년 100여 명이 군사훈련을 받고 있다는 소식이 한 인권단체로부터 보고되었다(Kompas 2000. 07. 27.). 당시, 사회적으로 이 소식에 대한 의심이 제기되었지만, 파푸아인들은 말루꾸 분쟁의 영향이 서파푸아에서도 확산되고 있다는 사실에 대해서는 의심하지 않았다. 이와 관련하여, 기독교도들인 서파푸아 독립지도자들은 말루꾸 분쟁의 영향이 서파푸아의 분리운동을 종교분쟁으로 변모시켜 독립을 좌절시킬 수도 있다는 판단하에 우선적으로 말루꾸의 기독교 피난민들의 유입을 금지하기로 했다. 이와 같은 결정의 첫번째 희생자들은 2000년 7월 27일 말루꾸에서 피난 온 3,000여 명의 기독교도들이었다. 독립지도자들은 이들을 싣고 온 여객선이 자야푸라의 도본솔로^{Dobonsolo}에 입항하는 것을 금지했지만, 난민들의 생명을 걱정한 인권단체들의 항의에 따라 이들에게 두 달간의 정박을 허락했다(Kompas 2000. 07. 31.).

도본솔로 사건은 말루꾸 분쟁이 서파푸아의 종교 갈등을 분쟁으로 이끌 수 있다는 가능성을 시사해준 일련의 첫 사건이었다. 도본솔로 사건이 일어난 후 얼마 지나지 않아서 말루꾸 분쟁에서 활약한 이슬람 극단주의자들이 서파푸아에 들어와 주둔하고 있다는 소식이 연이어 들려오기 시작했다. 첫번째로는 말루꾸 분쟁에서 많은 수의 기독교도들을 공격했던 탈립의 라스카르 지하드[54]가 서파푸아에 도착했다는 소식이 들려왔으며, 이후 2000년 9월에는 1,000명의 지하드 부대원들이 소롱과 마녹와리, 비악, 나비레^{Nabire}, 자야푸라, 그리고 아르소^{Arso} 등지에서 군사훈련을 받

---

[54] 2001년 1월 탈립은 라스카르 지하드를 발족하고 약 4,000명의 부대원을 말루꾸 분쟁에 파견했다(Davis 2002: 12~13).

고 있다는 소식이 지역의 한 언론사로부터 보고되었다. 이뿐만 아니라, 서파푸아의 주요 도시에서는 터번과 흰색의 긴 옷jubba을 입은 무슬림들에 대한 목격담이 줄을 이었다(Crisis Group 2008. 06. 16. p. 15).

당시 실제로 라스카르 지하드의 지도자인 탈립은 서파푸아 무슬림들의 지하드 부대에 대한 필요를 알아보기 위해 부대원들을 파견했다고 밝혔다. 그의 말에 의하면, 지하드 부대원들은 인도네시아 동부의 기독교도들이 말루꾸와 서파푸아를 중심으로 기독교 국가를 만들려는 음모에 맞서 서파푸아의 분리운동을 무산시키는 임무를 수행할 것이라고 했다(Crisis Group 2008. 06. 16. p. 16). 이뿐만 아니라, 그는 "서파푸아 기독교도들의 분리운동은 인도네시아 무슬림들의 성전을 자극하는 원인이 되고 있기 때문에, 이를 위한 유일한 방법은 무자히딘을 파견하여 이들의 분리운동을 무마시키고 통일 인도네시아를 수호하는 것이다."(Thalib 2000: 2~5)라고 주장했다. 탈립의 주장은 서파푸아의 종교적 긴장은 인도네시아 중앙정부와 서파푸아 지역 간의 정치적인 문제와 결부되어 있는 동시에 말루꾸 분쟁에서 활약했던 극단주의 단체들로 하여금 서파푸아의 종교문제에 관심을 가지도록 했다는 것을 보여준다.

하지만 서파푸아의 무슬림들은 탈립의 라스카르 지하드와 같은 외부의 극단주의 단체들이 이들의 종교문제에 개입하는 것을 원치 않았다. 특히 인도네시아 이슬람지도자협의회의 파푸아 사무소장인 후사인H. Zubeir Hussain은 탈립의 라스카르 지하드가 서파푸아의 종교문제에 개입하게 되면 제2의 말루꾸 유혈분쟁으로 변모하게 될 가능성을 염두에 두고 그 어떤 무장 이슬람 단체의 개입도 허락하지 않았다(Sinar Harapan 2002. 03.

25.). 따라서 당시 서파푸아에 파견된 라스카르 지하드 부대원들은 탈립의 명령을 기다리는 동안 극단적인 활동보다는 다와 활동에 중점을 두었고, 이후 2002년 10월 부대가 공식 해산되면서 부대원 일부는 서파푸아의 살라피 조직원으로 흡수되기에 이르렀다(Crisis Group 2008. 06. 16. p. 16). 하지만 라스카르 지하드의 활동에 대한 루머는 완전히 사라지지 않았다. 2003년 2월 소롱에서 살라피의 조직원인 코야^{Muhamad Koya}가 그의 사무실에 불법 무기를 숨겨왔다는 혐의로 체포되었다. 당시 경찰은 지하드 부대와의 관련을 입증하지 못했지만, 기독교 지도자들과 대부분의 파푸아인들은 살라피의 전신이 라스카르 지하드라는 것을 토대로 이들이 은연중 활동을 재개하고 있다는 의심을 버리지 않았다.

1999년 초 말루꾸 분쟁이 지역의 다수 기독교도들과 이주 무슬림들 간의 갈등으로부터 발발되었다는 점은 오늘날 서파푸아가 직면하고 있는 종교적 상황과 비슷할 뿐만 아니라, 두 지역이 근접해 있는 지리적 특성은 말루꾸 분쟁에서 활약했던 이슬람 극단주의자들이 서파푸아에 유입하는 원인이 되었다. 라스카르 지하드와 같은 극단주의 단체들의 서파푸아 시고의 유입이 이곳의 양 공교 산의 갈등을 큰 유혈문제으로 이끈 직접적 원인을 제공하지는 않았지만, 이후 이들 대부분이 살라피와 같이 다와 활동에 중점을 둔 조직원으로 재탄생해 이곳 기독교도들과의 대립구도에 긴장을 여전히 늦추지 않고 있다는 점은 말루꾸 분쟁이 서파푸아의 종교적 갈등에 미치는 영향을 간과할 수 없다는 점이기도 하다.

(3) 서파푸아 이슬람 역사에 대한 새로운 인식

마녹와리의 이슬람 대사원 건립 계획과 자야푸라의 STAIN 교육시설 건립 등을 위시한 이슬람화가 최근 서파푸아에서 활발히 진행되고 있는 것은 21세기 서파푸아 이슬람 역사에 대한 새로운 인식이 이곳의 이슬람화에 정당성을 실어주고 있기 때문이다. 앞서 제2장에서 살펴보았듯이 16세기 말루꾸의 바찬과 티도레 이슬람 왕국을 통한 서파푸아의 이슬람 전파는 이후 1855년 마녹와리에 기독교가 전파된 것보다 2세기 앞서 진행되었다는 사실을 알려준다(Athwa 2004: 45). 더군다나 오늘날 서파푸아 기독교의 선구자로 추앙받는 오토우와 가이슬러 역시 바찬과 티도레 이슬람 왕국의 허락하에 마녹와리에 들어올 수 있었다(Athwa 2004: 70)는 사실은 오늘날 이곳의 이슬람화에 커다란 힘을 실어주는 역사적 배경이 되고 있다. 이와 같이, 서파푸아에 이슬람이 기독교보다 먼저 전파되었다는 연구 결과[55]들은 서파푸아의 이슬람 역사에 대한 사회적인 인식의 전환점을 마련해주는 동시에 이곳의 이슬람 회복의 움직임에 힘을 실어주고 있다. 무슬림들은 필리핀의 "발릭-이슬람" 운동[56]과 같이 서파푸아에 먼저 전파된 이슬람이 뒤늦게 유입된 기독교에 의해 소수로 전락되었다는 논리를 앞세워 서파푸아에 대한 이슬람의 권리를 부르짖고 있다.

이러한 최근의 학술적 움직임으로는 2008년 4월 23일 곽곽에서 히즈

---

55 서파푸아에 이슬람이 기독교보다 앞서 전파되었다는 것에 대한 대표적인 연구는 Athwa 2004가 있다.

56 최근 필리핀에서는 기독교에서 이슬람으로 개종하는 "발릭-이슬람"이 급증하고 있다. 과거 이들은 무슬림이었지만, 스페인과 미국에 의해 강제로 기독교도가 되었기 때문에 이슬람으로 복귀하는 것이라고 설명한다. 보통 사우디아라비아 등 중동에서 근로자로 있으면서 이슬람으로 복귀하는 사례가 많다(Crisis Group 2008. 06. 16. p. 21).

붓 타흐리르와 지역정부에 의해 개최된 이슬람 세미나 "이리안 무슬림들의 자각: 역사와 진보 그리고 도전 사이에서Geliat Muslim Irian: Antara Sejarah, Kiprah dan Tantangannya"를 주목해볼 수 있다. 세미나에 참석한 푸아라다Wahidin Puarada 군수는 "오늘날 이리안Irian은 비무슬림(기독교)만을 위한 지역이 아니다." 라고 토로하며, 은연중 서파푸아의 이슬람 회복을 강조했다. 이뿐만 아니라, 그는 곽곽의 곳곳에 설치된 표어(한 화덕에 받침돌 세 개)[57]를 언급하며, 서파푸아에서의 이슬람과 개신교, 그리고 가톨릭 간의 종교적 관용 또한 강조했다(Hidayatullah 2008. 04. 11.). 서파푸아의 이슬람 회복과 종교 간의 관용을 함께 주장하는 그의 입장은 오늘날 기독교도가 다수인 서파푸아에서 종교적 관용을 앞세워 이슬람의 성장을 꾀하는 무슬림들의 역설적인 모습을 보여주고 있다. 한편, 같은 달 26일 마녹와리에서 서파푸아 기독교 전파 100주년 축제가 "복음의 땅 파푸아"라는 선언과 함께 대대적으로 개최된 것은 이곳에서 이슬람의 성장을 꾀하려는 무슬림들의 움직임과 상반된 현실을 보여주고 있다.[58] 오늘날 서파푸아에서의 이슬람의 성장은 이곳의 기독교도들에게 긴장감과 도전을 주는 것이 분명하다. 하지만 문제는 서파푸아의 기독교도들 역시 기나긴 역사를 통해 형성된 기독교 정체성에 지역민족주의를 앞세워 이주 무슬림들을 위시한 인도네시아 이슬람 사회에 대응하고 있다는 것이다(Wonda 2007: 71). 서파푸아에서 양 집단의 상반된 종교적 역사 인식은 양측의 종교적 실천에 대한

---

57 "한 화덕에 받침돌 세 개Satu Tungku, Tiga Batu"는 서파푸아의 주요 세 종교인 이슬람, 개신교, 가톨릭을 의미한다. 이 표어는 오늘날 서파푸아의 종교적 다양성뿐만 아니라 이들 종교 간의 긴장과 갈등을 암시한다.

58 http://news.liputan6.com/read/189074/seratus-tahun-pekabaran-injil-diperingati-di-papua

정당성으로 작용함으로써 이들 간의 긴장과 갈등을 지속하고 강화하는 원천적 힘이 되고 있다는 사실을 시사한다.

6. 맺으며

지금까지 서파푸아 무슬림과 기독교도 간의 긴장과 갈등의 원인을 종교와 사회적 배경으로 구분하여 살펴보았다. 이를 위해, 양 종교가 서파푸아에 유입된 후 성장해온 역사적 과정을 살펴보았고, 이러한 과정을 통해 형성된 대립구도가 공적으로 표출되는 양상을 알아보기 위해 21세기 마녹와리와 카이마나, 그리고 자야푸라에서 발생한 일련의 갈등 사례를 제시했다. 서파푸아 무슬림과 기독교도 간의 긴장과 갈등은 일차적으로 상이한 종교적 교리와 실천에 기인하지만, 이차적으로는 다양한 사회적 맥락과 어우러진 인도네시아 다수 무슬림들과 서파푸아 기독교도들 간의 종교·정치적 관계에 기인한다. 본고에서 검토한 종교적 배경의 주원인은 1970년대 발생한 이슬람 부흥과 이에 따라 강화된 경전 중심주의가 사회 전반적으로 이슬람적인 것과 비이슬람적인 것의 구분을 확산시킨 것이다. 이에 따라, 기독교가 비이슬람의 대표적 대상으로 취급되었고, 서파푸아 같은 다수 기독교도 지역에서의 이슬람화의 강화와 관련 지역의 소수 무슬림들에 대한 관심이 높아지면서 급진주의적 이슬람 단체들의 활동이 증가되었다. 한편 서파푸아 기독교 사회 내에서도 이슬람화에 맞선 급진 교단들의 활동이 강화되었는데, 양 집단의 배타적인 활동은 상호 간의 긴장과 갈등을 더욱 심화하고 구조화했다.

사회적 배경의 일차적 원인은 다수 기독교도들이 군림해온 서파푸아에 외부 무슬림들의 이주를 통해 이슬람의 성장을 불러온 수하르또의 이주정책에 있다. 이후 수하르또 정권의 붕괴는 인권과 경제문제에 불만을 품은 파푸아인들이 외부 무슬림들에 대항한 대규모 시위로 이어졌으며, 이러한 과정에서 파푸아인들의 기독교 정체성은 지역민족주의를 통해 더욱 강화되었다. 말루꾸 분쟁의 영향 역시 하나의 원인으로 지적되고 있다. 말루꾸 분쟁이 약화됨에 따라 서파푸아로 유입한 이슬람 급진단체들이 제2의 긴장과 갈등을 조장하고 있기 때문이다. 이뿐만 아니라, 양측의 상이한 역사 인식 또한 갈등의 원인이 되고 있다. 서파푸아에 이슬람이 기독교보다 앞서 유입되었다는 새로운 연구 결과들은 이곳의 이슬람화에 정당성을 부여하고 있으며, 기독교도들 역시 서파푸아 전역으로 성장한 기독교 역사를 바탕으로 편협적인 정체성 강화에 힘을 쏟고 있기 때문이다. 이와 같이 종교와 사회적으로 다양한 배경적 원인에 기인한 양 집단의 긴장과 갈등은 상호 배타성을 강조하는 가운데 마녹와리에서 이슬람 대사원 건립 계획에 맞선 복음지역법규 초안과 카이마나의 크리스마스 트리 설치에 따른 갈등, 그리고 자야푸라의 이슬람 교육시설 건립에 따른 기독교도들의 반대 등 일련의 사건으로 이어져 오고 있다.

현재 서파푸아의 무슬림과 기독교도 간의 긴장과 갈등에는 분쟁의 가능성이 내재해 있다고 해도 과언이 아니다. 기독교도들은 외부 무슬림들의 지속적인 이주에 위협을 느끼고 있으며, 이주 무슬림들은 현재 심화되고 있는 기독교도들의 폭정으로 겪게 될 차별과 추방에 두려워하고 있다. 양 집단 간에 긴장과 갈등을 가져온 일차적 요소가 외지 무슬림들의 대대적인 이주임에는 틀림없지만, 이들의 이주가 당장 중단된다 하더라도 양 집단의 양극성은 지속될 것으로 추측된다. 서파푸아의 기독교도들은 인도네시아 전역의 기독교도들이 무슬림들로부터 겪는 종교적 차별과 무자비한 공격의 주체를 인도네시아 중앙정부와 결부된 이슬람화로 여기고 있기 때문이다. 이러한 상황은 서파푸아의 국수주의를 부추기고 있으며, 이에 맞서 인도네시아의 무슬림들 역시 이주 무슬림들을 옹호한다는 이유로 이곳에서의 이슬람화를 지속함으로써 양측 간의 팽팽한 긴장이 계속되고 있다. 그렇다고 서파푸아의 양 종교 간의 긴장과 갈등을 중재할 대안이 전혀 없는 것은 아니다. 현재 양자 간의 관계를 중재할 기관으로 기대되고 있는 것은 파푸아무슬림위원회이다. 파푸아 무슬림들로 구성된 이 기관은 이슬람 급진주의나 근본주의를 멀리하고 있으며, 원주민 무슬림이라는 특수성이 인도네시아의 무슬림들과 파푸아 원주민 기독교도들 간의 중재와 화합에 다리 역할을 할 수 있으리라는 기대가 있기 때문이다(Crisis Group 2008. 06. 16 p. 22~23). 하지만 서파푸아의 히즈붓 타흐리르와 알파티 카파 누산타라가 이들을 분리주의자로 견제하고 있기 때문에 이들의 역할은 두고 봐야 할 것이다. 한편, 오늘날 인도네시아의 분권화decentralization에 따라 진행되는 서파푸아의 행정 분할은 지역적 정치 수준에서 양 집단의 긴장과 갈등을 조장하는 새로운 요소로 부각되고 있다(Crisis Group 2008. 06. 16. p. 24). 분권화로 인해 서파푸아의 기독교 정체성이 더욱 강화되고 있기 때문이다. 이에 따라, 서파푸아의 정부관리 및 공무원들은 양 집단 간의 긴장을 예의 주시할 필요가 있으며, 나아가 특정 종교에 치우치지 않은 비정부단체들의 국가 또는 지역적 수준의 중재 또한 필요하다. 결과적으로 서파푸아 무슬림과 기독교도 간의 긴장과 갈등을 완화할 수 있는 사회 다방면적인 노력이 이루어지지 않는다면, 현재 악화 중에 있는 양 집단 간의 긴장과 갈등은 제2의 말루꾸 유혈사태로 이어질 가능성을 내재하고 있음을 부정할 수 없다.

참고 문헌

김형준. 2001. "인도네시아의 무슬림-기독교도 관계의 변화: 말루꾸 사건에 대한 해석을 중심으로". 『동남아시아연구』 11: 29~51쪽.

_____ . 2013. "이슬람 부흥의 전개와 영향: 인도네시아의 사례". 『동남아시아연구』 23(3): 181~215쪽.

박금희. 2005. "인도네시아 기독교도-무슬림 종교분쟁의 원인: 중부 술라웨시의 뽀소와 말루꾸 군도를 중심으로". 『동남아시아연구』 15(1): 131~171쪽.

제대식. 1999. "인도네시아 군부와 이슬람 세력 간의 역학관계: 어제와 오늘". 『한국이슬람학회논총』 9(1): 122~161쪽.

_____ . 2004. "수하르또 정권이후 표면화된 인도네시아 지역분쟁". 『한국이슬람학회논총』 14(2): 177~207쪽.

최영길. 1997. 『성 꾸란 의미의 한국어 번역』. 메디나: 파하드 국왕성 꾸란 출판청.

AFKN Nuu Waar. 2003. "Program Kerja AFKN." http://www.afkn-nuuwaar.com/ tengtang-kami/program-kerja-afkn/ (검색일: 2016. 05. 13.)

Agung Inspirasi. 2008. "Umat Islam di Papua 40%." https:// ainspirasi.wordpress. com/2008/11/28/umat-islam-di-papua-40/ (검색일: 2016. 03. 10.)

Ahmed, Istiaq. 1987. *The Concept of an Islamic State. London: Frances Pinter Publisher.*

Al Akhyar, Agus Ali Imron. 2015. *Mutiara di Tengah Kota Tulungagung (Menelusuri Jejak-Jejak Kesejarahan Masjid Agung Al-Munawwar).* Yogyakarta: Deepublish.

Arnold, Thomas Walker. 1914. *The preaching of Islam: a history of The propagation of the Muslim faith (Second Edition).* New York: Charles Scribner's Sons.

Arwam, Mark Rumbiak. 2003. *Ketika Ideologi Sebuah Bangsa Tiba di Persimpangan Solusi Damai.* Yogyakarta.

Athwa, Ali. 2004. *Islam atau Kristenkah agama orang Irian?.* Jakarta: Pustaka Da'i.

Chauvel, Richard. 1990. Nationalist, Soldiers, and Separatists. Leiden: KITLV Press.

_____ . 2006. "Australia, Indonesia and the Papuan Crises." http://nautilus.org/ apsnet/0614a-chauvel-html/ (검색일: 2016. 05. 18)

Davis, Michael. 2002. "Laskar Jihad & The Political Position of Conservative Islam in Indonesia." *Comtemporary Southeast Asia* 24(1): pp. 12~31.

Djopari, Johannes Rudolf Gerzon. 1993. *Pemberontakan Organisasi Papua Merdeka.* Jakarta:

Gramedia.

Drooglever, P. J. 2010. *Tindakan Pilihan Bebas! Orang Papua dan Penentuan Nasib Sendiri.* Yogyakarta: Penerbit Kanisius.

Durkheim, Emile. 1961. *The Elementary Forms of the Religious Life.* New York: Collier Books.

Farhadian, Charles E. 2005. *Christianity, Islam and Nationalism in Indonesia.* New York: Routledge.

Fealy, Greg. 2007. "Hizbut Thrir in Indonesia: Seeking a 'Total' Islamic Identity." Akbarzadeh, Shahram and Mansouri, Fethi (eds.), *Islam and Political Violence: Muslim Diaspora and Radicalism in the West.* London and New York: I. B. Tauris. pp. 151~164.

Geertz, Clifford 1966. "Religion as a Cultural System." Banton, Michael (eds.), *Anthropological Approaches to the Study of Religion.* London: Tavistock Publications. pp. 1~46.

Genthong, Aryo Wisanggeni. 2007. "Orang Asli Papua Yang Terasing di Tanah Sendiri." *Laporan Jurnalistik KOMPAS* August 18, pp. 122~125.

Giay, Benny. 2006. *Pembunuhan Theys, Kematian HAM di Papua.* Yogyakarta: Galang Press.

Gibb, H. A. R. 1964. *Mohammedanism.* London: Oxford University Press.

Godschalk, Jan A. 2010. "Geelvink Bay: Carl Wilhelm Ottow and Johann Gottlob Geissler." *A Brief Survey of the Land and People on the Northeast Coast of New Guinea.* Vol. 1 Early Accounts of Melanesian Cultures. White on Black.

Husein, Fatimah. 2005. *Muslim-Christian Relations In the New Order Indonesia: The Exclusivist and Inclusivist Muslim' Perspectives.* Bandung: Mizan Pustaka.

Hutabarat, Binsar A. 2008. "Perda Agama (Injil) dalam Persfektif Kristiani." *Jurnal Perempuan* Edisi (60): pp. 45~60.

International Crisis Group. 2008. *Indonesia: Communal Tensions in Papua (Asia Report N°154).* Brussels: International Crisis Group.

Khan, Muhammad Mushin. 1985. *The Translation of the Meanings of a h Al-Bukhār : Arabic-English (vol. 1).* Beirut: Dar Al Arabia.

Kunin, Seth D. 2003. *Religion: The Modern Theories.* Edinburgh: University of Edinburgh.

Lewis, M. Paul. 2009. *Ethnologue Languages of the World (Sixteenth Edition).* Dallas: SIL

International.

Liddle, William. 1996. "The Islamic Turn in Indonesia: A Political Explanation." *Journal of Asian Studies* 55(3): pp. 613~634.

Liputan6. 2008. "Seratus Tahun Pekabaran Injil Diperingati di Papua." http://news. liputan6.com/read/189074/seratus-tahun-pekabaran-injil-diperingati-di-papua (검색 일: 2016. 05. 10.)

Lukman, R. Bst. 1997. "Islam dan Perkembangannya di Kabupaten Fak-fak." Paper presented at the Conference of *Sejarah Masuknya Islam dan Perkembangannya di Papua.* Fak-fak. 23 June.

Mawene, M.Th. 2003. *Ketika Allah Menjamah Papua.* Jayapura: Panitia Perayaan Tingkat Provinsi 148 tahun Injil Masuk di Tanah Papua.

McGibbon, Rodd. 2004. *Plural Society in Peril: Migration, Economic Change and the Papua Conflict.* Washington DC: East-West Center.

Mote, Octovianus and Rutherford, Danilyn. 2001. "From Irian Jaya to Papua: The Limits of Primordialism in Indonesia's Troubled East." *Indonesia* 72: pp. 115~140.

Nettle, Daniel and Romaine, Suzanne. 2000. *Vanishing Voices: The Extinction of the World's Languages.* New York: Oxford University Press.

Osborne, Robin. 1985. *Indonesia's Secret War: The Guerilla Struggle in Irian Jaya.* Sydney: Allen & Unwin.

Pamungkas, Cahyo. 2014. "The Representation of Religious Identity in Papua Indonesia-ness and Papua-ness." Paper presented at the Conference of *The 7th International Indonesia Forum.* Bandung. 19 August.

Pustaka-Azet. 1988. *Leksikon Islam.* Jakarta: Pustazet Perkasa.

Qadir, Zuly. 2014. "Contestation of Religious Public Space: Christians VS Muslims Cases in Papua." *Borneo Journal of Religious Studies* 3(2): pp. 233~247.

Riana, I Ketut. 2009. *Kakawin Dēśa Warṇnana uthawi Nāgara Kṛtāgama Masa Keemasan Majapahit.* Jakarta: Penerbit Buku Kompas.

Romli, Mohamad Guntur. 2008. "Mengapa Ada Raperda (Kota) Injil di Manokwari?" *Jurnal Perempuan Edisi* (60): pp. 147~157.

SarDesai, Damodar R. 1989. *Southeast Asia Past and Present (Second Edition).* Colorado:

Westview Press.

Suaedy, Ahmad, Dja'far, Alamsyah M., Azhari, M. Subhi and Rumadi. 2012. *Islam dan Kaum Minoritas: Tantangan Kontemporer.* Jakarta: The Wahid Institute.

Sudomo, Laksamana. 2006. "Beberapa Pemikiran Sekitar Pembangunan Rumah Ibadah." Weinata Sairin (eds.), *Kerukunan umat beragama pilar utama kerukunan berbangsa: butir-butir pemikiran.* Jakarta: PT BPK Gunung Mulia. pp. 157~160.

Sultans and Raja's in Indonesia. 2014. "Papua." https:// sultansinindonesieblog.wordpress. com/papua/ (검색일: 2016. 02. 17.)

Suwiryadi, Kasibi. 1997. "Sejarah Islam dan Masa Depannya." Paper presented at the Conference of *Sejarah Masuknya Islam dan Perkembangannya di Papua.* Fak-fak. 23 June.

Thalib, Ja'far Umar. 2000. *"Jihad fi Sabilillah Solusi Problematika Bangsa dan Negara Indonesia."* Majalah Salafy (34): pp. 2~5.

Tjandrasasmita, Uka. 2009. *Arkeologi Islam Nusantara.* Jakarta: KPG.

Wallace, Alfred Russel. 1962. *The Malay Archipelago.* New York: Dover Publications, Inc.

Wikipedia. 2016. "Hasta Mandala." https://id.wikipedia.org/wiki/Hasta_Mandala (검색일: 2016. 04. 10.)

Wikipedia. 2016. "Western New Guinea." https://en.wikipedia.org/wiki/West_Papua_ (region) (검색일: 2016. 06. 13.)

Wonda, Sendius. 2007. *Tenggelamnya Rumpun Melanesia.* Yogyakarta: Galang Press.

신문

Cenderawasih Pos 2005. 11. 18.; 2007. 05. 28.; 2007. 05. 29.

Gatra 2007. 05. 03.; 2008. 05. 19.

Hidayatullah 2008. 04. 11.; 2015. 07. 27.

Hizbut Tahrir Indonesia 2007. 07. 12.; 2007. 07. 13.

Kompas 2000. 07. 27.; 2000. 07. 31.; 2000. 10. 10.

Media Papua 2005. 11. 19.

Sinar Harapan 2002. 03. 25.

Suara Islam 2007. 04. 13.

찾아보기

이 책을 쓴 사람들

김형준 서울대학교에서 학사를 이수하고, 오스트레일리아국립대학교 인류학과에
서 자바 중부 농촌 마을의 종교적 변화에 관한 논문을 제출해 인류학 박사 학
위를 받았다. 현재 강원대학교 문화인류학과 교수로 재직하고 있다. 최근 논
문으로 "이슬람과 할랄 소비: 인도네시아 할랄제품보장법을 중심으로"(2017),
"'히자버'와 '질밥': 히잡 착용의 다양화와 인도네시아 보수 남성 무슬림의 대
응"(2017), "이슬람화와 종교적 다원성: 인도네시아 이슬람의 사례"(2016) 등
이 있고, 저서로 『Revolusi Perilaku Keagamaan di Pedesaan Yogyakarta』
(2017), 『Advancing the Regional Commons in the New East Asia』(2016, 공
저), 『ASEAN Community and Managing Traditional and Non-Traditional
Security』(2016, 공저) 등이 있다.

홍석준 서울대학교에서 학사, 석사학위를 받고, 동 대학교 대학원 인류학과에서 말레
이시아 농촌 마을의 이슬람화와 문화변동에 관한 논문을 제출해 1997년에 인
류학 박사학위를 받았다. 현재 목포대학교 문화인류학과 교수로 재직 중이며,
(사)한국동남아연구소 소장을 역임했다. 최근의 주요 논문으로는 "East Asian
Maritime Silk Road, Cultural Heritage, and Cruise Tourism"(2016), "The
Social Formation and Cultural Identity of Southeast Asian Frontier Society"
(2016), "The Development of Multiculturalism and the Role of ASEAN-
Korea Center to Improve Multiculturalism in Contemporary Korea"(2015),
"클리퍼드 기어츠의 해석인류학"(2014), "동남아시아 문화연구의 특징과 전망"
(2013) 등이 있고, 주요 저역서로는, 『베트남 전쟁의 유령들』(2016, 공역), 『베품
의 즐거움』(2016, 공역), 『글로벌시대의 문화인류학』(2015, 공역), 『맨발의 학자들』

(2014, 공저), 『그들은 왜 기러기가족을 선택했는가』(2013, 공저) 등이 있다.

최경희 인천대학교에서 학사를 이수하고, 한국외대 정치외교학과에서 동아시아 5개
국을 중심으로 정치체제 민주성과 민주주의 비교논문으로 정치외교학 박사학
위를 받았다. 현재는 서울대 아시아연구소 동남아센터 선임연구원으로 재직하
고 있으며, 최근 주요 논문과 저서로는 "민주주의 심화과정에서 본 2009년 인
도네시아 선거에 관한 연구"(2009), 『한국 속 동남아 현상: 인간과 문화의 이동』
(2012, 공저), 『동남아 헌정체제와 민주주의』(2014, 공저), 『ASEAN Community
and Managing Traditional and Non-Traditional Security』(2016, 공저), 『기회
의 땅, 아세안 경제를 보다』(공저, 2016), 『아시아의 꿈, 아세안 공동체를 말하다』
(2016, 공저), 『인도네시아와 말레이시아의 소비문화: 맛과 멋, 공간 그리고 할랄』
(2017, 공저) 등이 있다.

김동엽 중앙대학교에서 정치외교학 학사를 이수하고, 국립 필리핀대학교 정치학과에
서 국제지역레짐으로서 아세안의 생존능력을 평가하는 논문으로 1998년에 석
사학위를, 1990년대 한국과 필리핀의 통신서비스산업 자유화정책에 대한 비교
연구 논문으로 2003년에 박사학위를 받았다. 현재 부산외국어대학교 동남아
지역원에서 HK교수로 재직하고 있으며, 최근 연구는 "The Galleon Trade and
Its Impact on the Early Modern Philippine Economy"(2012), "필리핀 민주주
의의 헌정공학: 권력공유, 책임성, 효율성, 안정성"(2013), 『동남아의 역사와 문
화』(2012, 공역), 『동아시아공동체: 동향과 전망』(2014, 공저), 『나를 만지지 마라』
(2015, 역서), 『민주화운동의 세계사적 배경』(2016, 공저) 등이 있다.

이재현 아산정책연구원의 아세안-대양주 연구프로그램 선임연구위원이다. 연세대학
교 정치외교학과에서 정치학 학사, 동 대학원 정치학과에서 정치학 석사학위
를 받고, 호주 머독대학교에서 정치학 박사학위를 받았다. 학위 이후, 한국동남
아연구소 선임연구원을 거쳐 외교통상부 산하 국립외교원의 외교안보연구소

에서 객원교수를 지냈다. 주요 연구 분야는 동남아 정치, 아세안, 동아시아 지
역협력 등이며, 비전통 안보와 인간 안보, 오세아니아와 서남아 지역에 대한 분
야로 연구를 확장하고 있다. 주요 연구 결과물은 다음과 같다. "Transnational
Natural Disasters and Environmental Issues in East Asia: Current Situation
and the Way Forwards in the perspective of Regional Cooperation"(2011),
"전환기 아세안의 생존전략: 현실주의와 제도주의의 중층적 적용과 그 한계"
(2012), 『동아시아공동체: 동향과 전망』(공저, 아산정책연구원, 2014), "미-중-
동남아의 남중국해 삼국지"(2015), "인도-퍼시픽, 새로운 전략 공간의 등장"
(2015).

윤대영   1995년부터 동남아시아 역사를 본격적으로 공부하기 시작했고, 그중에서도
주로 베트남 역사를 연구 대상으로 삼았다. 특히 식민지 시기를 공부하기 위해
프랑스에 한동안 체류했는데, 연구의 주요 주제는 제1세대 독립 운동가들의 지
적 모색과 민족주의 활동이었다. 2015년에는 베트남전쟁 당시와 그 이후에 파
월 기술자들이 모여 살던 지역의 맞은편 한구석에 라망뜨(L'amante)라는 작은
연구 공간을 만들었다. 현재는 참파 왕국의 고중세 역사에 관심을 갖고 이따금
씩 베트남 중남부 지역을 떠돌고 있다.

조태영   한국외국어대학교에서 인도네시아언어학 학사와 석사를 이수하고, 인도네시
아 국립하사누딘대학교 언어학과에서 17세기경부터 술라웨시 남부에서 사용
된 세랑(Serang)문자의 사용과 발전사에 관한 논문을 제출해 언어학 박사학위
를 받았다. 현재 한국동남아연구소의 연구정회원과 미국 댈러스의 응용언어학
대학원에서 방문연구원으로 있다. 최근의 주요 논문으로 "필리핀의 이슬람화:
이슬람 교육의 발전과 마드라사(Madrasah) 통합교육"(2015), "남부술라웨시
전통문자의 형성과 역할"(2015), "Differences in the Romanized Spelling of
Arabic Loanwords in Bahasa Melayu in Malaysia, and Bahasa Indonesia"
(2016), "서 파푸아 무슬림과 기독교도 간 긴장과 갈등의 원인"(2016) 등이 있

고, 주요 저역서로 『Aksara Serang dan Perkembangan Tamadun Islam di Sulawesi Selatan』(2012)이 있다.

동남아의 이슬람화 2

인도네시아, 말레이시아, 필리핀, 베트남에서의 정치, 사회문화의 다양성과 갈등

1판 1쇄 찍음 2017년 8월 24일

1판 1쇄 펴냄 2017년 8월 31일

엮은이 김형준 · 홍석준

펴낸이 정성원 · 심민규

펴낸곳 도서출판 눌민

출판등록 2013. 2. 28 제25100-2017-000028호

주소 서울시 마포구 월드컵로10길 37, 서진빌딩 401호 (04003)

전화 (02) 332-2486   팩스 (02) 332-2487

이메일 nulminbooks@gmail.com

© 김형준 홍석준 최경희 김동엽 이재현 윤대영 조태영 2017

Printed in Seoul, Korea

ISBN 979-11-87750-09-3 94280

       979-11-951638-1-6 (세트)

· 이 책은 2012년 정부(교육과학기술부)의 재원으로 한국연구재단의 지원을 받아 수행된 연구의 결과입니다(NRF-2012S1A5A2A03034378).